ちくま学芸文庫

ノーベル賞で読む現代経済学

トーマス・カリアー
小坂恵理 訳

筑摩書房

INTELLECTUAL CAPITAL
by
Thomas Karier

First published in English language by Cambridge University Press.
Japanese translation published by arrangement
with Cambridge University Press
through The English Agency (Japan) Ltd., Tokyo.

目次

ノーベル経済学賞受賞者一覧

年度	受賞者	国籍	章
1969	ラグナル・A・フリッシュ	ノルウェー	13
	ヤン・ティンバーゲン	オランダ	13
1970	ポール・A・サミュエルソン	アメリカ	7
1971	サイモン・S・クズネッツ	アメリカ	9
1972	ケネス・J・アロー	アメリカ	11
	ジョン・R・ヒックス卿	イギリス	5
1973	ワシリー・W・レオンチェフ	アメリカ	9
1974	フリードリヒ・A・フォン・ハイエク	イギリス	2
	K・グンナー・ミュルダール	スウェーデン	7
1975	レオニード・V・カントロヴィチ	ソ連	9
	チャリング・C・クープマンス	アメリカ	9
1976	ミルトン・フリードマン	アメリカ	2
1977	ジェイムズ・E・ミード	イギリス	12
	ベルティル・G・オリーン	スウェーデン	12
1978	ハーバート・A・サイモン	アメリカ	6
1979	W・アーサー・ルイス卿	英領西インド諸島	12
	セオドア・W・シュルツ	アメリカ	3
1980	ローレンス・R・クライン	アメリカ	7
1981	ジェイムズ・トービン	アメリカ	7
1982	ジョージ・J・スティグラー	アメリカ	3
1983	ジェラール・ドブルー	アメリカ	11
1984	J・リチャード・N・ストーン卿	イギリス	9
1985	フランコ・モディリアーニ	アメリカ	7
1986	ジェイムズ・M・ブキャナン・ジュニア	アメリカ	2
1987	ロバート・M・ソロー	アメリカ	7
1988	モーリス・F・アレ	フランス	11
1989	トリグヴェ・M・ホーヴェルモ	ノルウェー	13
1990	ハリー・M・マーコウィッツ	アメリカ	4
	マートン・H・ミラー	アメリカ	4
	ウィリアム・F・シャープ	アメリカ	4
1991	ロナルド・H・コース	アメリカ	3
1992	ゲイリー・S・ベッカー	アメリカ	3
1993	ロバート・W・フォーゲル	アメリカ	14
	ダグラス・C・ノース	アメリカ	14

1994	ジョン・C・ハーサニ	アメリカ	10
	ジョン・F・ナッシュ・ジュニア	アメリカ	10
	ラインハルト・ゼルテン	ドイツ	10
1995	ロバート・E・ルーカス	アメリカ	8
1996	ジェイムズ・A・マーリーズ卿	アメリカ	5
	ウィリアム・S・ヴィックリー	アメリカ	5
1997	ロバート・C・マートン	アメリカ	4
	マイロン・S・ショールズ	アメリカ	4
1998	アマルティア・K・セン	インド	12
1999	ロバート・A・マンデル	カナダ	12
2000	ジェイムズ・J・ヘックマン	アメリカ	13
	ダニエル・L・マクファデン	アメリカ	13
2001	ジョージ・A・アカロフ	アメリカ	6
	A・マイケル・スペンス	アメリカ	6
	ジョセフ・E・スティグリッツ	アメリカ	6
2002	ダニエル・カーネマン	アメリカ／イスラエル	6
	ヴァーノン・L・スミス	アメリカ	5
2003	ロバート・F・エングルⅢ世	アメリカ	13
	クライヴ・W・J・グレンジャー卿	イギリス	13
2004	フィン・E・キドランド	ノルウェー	8
	エドワード・C・プレスコット	アメリカ	8
2005	ロバート・J・オーマン	イスラエル	10
	トーマス・C・シェリング	アメリカ	10
2006	エドムンド・S・フェルプス	アメリカ	8
2007	レオニード・ハーヴィッツ	アメリカ	10
	エリック・S・マスキン	アメリカ	10
	ロジャー・B・マイヤーソン	アメリカ	10
2008	ポール・R・クルーグマン	アメリカ	12
2009	オリヴァー・E・ウィリアムソン	アメリカ	14
	エリノア・オストロム	アメリカ	14

はじめに

私が本書の出版について考え始めたとき、ノーベル経済学賞の受賞者は合計でまだ二〇人程度だったと思う。きっかけは、イリノイ大学の図書館で書架をまわって探し物をしている最中に訪れた。このとき私は、第一回ノーベル経済学賞の受賞者のスピーチを偶然見つけた。高学歴の一般聴衆が相手であっても、数学の助けをかりずに自分の貢献を説明することはむずかしい。いかにわかりやすくするか、受賞者たちの工夫の跡がうかがえる興味深い内容だった。歴代受賞者のスピーチを見ると、素晴らしい功績の説明にすべてが成功しているわけではないが、経済学の動向について、あるいは受賞者自身のキャラクターや研究の動機について知る手がかりになるものは多いことがわかった。以後二〇年間、私は毎年の経済学賞受賞者のファイル作りを進めた。その間には時代に多くの変化が生じ、たとえば以前は大学図書館の狭い範囲に限定されていたスピーチそのものが、いまではインターネット上で簡単に入手できるようになった。

本書のコンセプトは、経済学とはまったく無関係な本をヒントに具体化された。それはスティーヴン・ホーキングの『ホーキング、宇宙を語る』である。この秀逸な作品は数学に頼らずに科学の理論を解き明かすだけでなく、ノーベル物理学賞受賞者たちの功績を実に明快に説明している。一般相対性理論や量子力学といった物理学の偉大なアイデアをこのような形で説明できるならば、経済学の偉大なアイデアも説明できるのではないか。私はそう考えたのである。そして十分な資料がそろったと判断した時点で、一九六九年に経済学賞が創設されてからの四〇年間に選ばれた六二人の受賞者すべてを対象に、研究成果を紹介する作業に取り組み始めた。目ざとい読者は、四一回目の受賞者も含まれていることに気づかれるはずだ。四一回目の経済学賞が発表されたとき、本書はまだ執筆の途上だった。

長丁場のプロジェクトは大勢の人たちの協力があってこそ成り立つもので、本書も例外ではない。初稿に目を通してくれた方々の好意には特に感謝している。おかげで本書の焦点や調子を微調整することができた。ポール・デパルマとダグ・ハモンドは原稿に目を通して改善点を指摘してくれ、本人たちが思っている以上に私は助けられた。リサ・ブラウンも忘れてはいけない。本書の内容や構成について貴重な意見を提供してくれたが、本書の最終章でノーベル平和賞を受賞した経済学者ムハマド・ユヌスの功績について紹介したのは、彼女の独創的な助言のおかげである。ほかにも各章の内容については、それぞれ専門分野の研究者に内容の確認をお願いした。ダグ・オール、ウィリアム・ミルバーグ、クレア・ブラウン、ジョージ・アカロフ、ゾーレ・エマミ、ジョン・デイヴィス、テレサ・

ギラルドゥッチは、手間のかかる作業を快く引き受けてくれた。どれも的確なコメントばかりで、かりに本書に不手際があるとすれば、それは彼らのアドバイスを忠実に生かせなかった私の責任である。ケンブリッジ大学出版局のチームとは気持ちよく仕事をすることができた。スコット・パリスとアダム・レヴィンの努力があったからこそ、本書は無事に出版までこぎつけた。表紙のおしゃれなデザインは、カリアー・デザインならびに私の姉妹ナンシーに依頼した。

しかし、誰よりも感謝しなければいけないのは家族だろう。このマラソンプロジェクトに熱中する私をいやな顔ひとつせず許してくれた。私が自分の世界に没頭し、ノーベル賞で評価された偉大なアイデアを悪戦苦闘しながら整理しているときも、温かい目で見守り励ましてくれた。ヴィクター、マーナ、ジョーズ、マルコ、そして妻のマリア・エスター、本当にありがとう。

ノーベル賞で読む現代経済学

本書は、二〇一二年一〇月、筑摩書房より『ノーベル経済学賞の40年——20世紀経済思想史入門　上・下』（筑摩選書）として刊行された。文庫化に際しては上下巻合冊とし、タイトルを改めた。

第1章　ノーベル経済学賞とは

一八九六年に没したとき、アルフレッド・ノーベルはおそらくヨーロッパ一の大富豪になっていた。科学者そして発明家としての真摯な生涯は、決して平坦だったわけではない。爆発性が強いニトログリセリンの実験は、当初は身の危険を伴った。実験室での爆発事故で弟の命を奪われ、自分もあやうく死にかけて、失意のどん底に突き落とされた時期もあった。しかしノーベルは研究意欲も自信も失わず、粘り強い努力のすえに技術的な問題を克服し、爆発物としての安定性と実用性に勝るダイナマイトの発明にこぎつけたのである。ダイナマイトは爆薬としての威力こそニトログリセリンと同じだが、優れた安定性ゆえ何倍も有効で、運河や道路や鉄道の建設、さらには鉱山での作業の様相を一変させた。十九世紀の偉大な発明品のひとつに数えられるダイナマイトは、産業革命の進行を加速させ、産業や交通の近代化に大きく貢献した。

ダイナマイトの実用性は発明直後から注目され、需要が急増して大きなビジネスチャンスが訪れた。発明家はとかく商売が苦手なものだが、アルフレッド・ノーベルの豊かな才能は実験室だけでなく、発明を製品化して売り込む分野でも発揮された。彼はダイナマイト製造工場を各地に建設し、特許にも万全の対策で臨み、世界を視野に入れたダイナマイト販売計画を立てていく。父親が始めた機雷開発も続けてはいたが、金になったのは圧倒的にダイナマイトだった。

十九世紀末に晩年を迎えたアルフレッドは、莫大な財産を築いたのはよいが、後継者がいないという現実に思いいたった。彼は生涯独身を貫き、子どももいなかったので、巨万の富を手元に残しても意味がなかった。そこで一八九五年に遺書を作成し、当時としては史上最高額の寄付金を慈善事業に供すること、その寄付金を基に賞を創設することを明記した。これが五つの部門から成るノーベル賞の始まりである。

最初に選ばれた三部門——物理、化学、生理学・医学——は、科学者、発明家としてのノーベルのキャリアを反映しているが、彼の興味は専門以外の分野にもおよんだ。ノーベルは生涯を通じて熱心な読書家で、様々な分野にわたって膨大な書籍を所蔵していた。そこで、自分にインスピレーションを与えてくれた偉大な作家たちの功績にも報いるため、文学賞を創設した。最後に賞に加えられたのがノーベル平和賞だった。ダイナマイトなどの爆発物の発明者がなぜ「平和」賞なのか、不思議に思う人もいるだろう。様々な兵器を発明したことへの罪ほろぼしか、あるいは親しい友人であり、平和主義者として有名な作家ベルタ・フォン・ズットナーへの譲歩だったのか。歴史家はどちらの可能性もあると見ているが、はっきりとはわからない。いずれにせよ、アルフレッド・ノーベルは五つの部門で賞を創設し、第一回ノーベル賞の授賞式は一九〇一年に行なわれた。ノーベルの遺産は有価証券に投資され、そこから発生する莫大な利子が賞金として使われる。

経済学賞の創設

こうして五つの部門からなるノーベル賞が誕生したわけだが、一九六八年、ノーベル財団は新たな部門の追加をスウェーデン国立銀行（スヴェリイェス・リクスバンク）から提案された。経済学である。しかも同行は、経済学賞の賞金は毎年自己負担すると申し出た（一九六九年の賞金は七万三〇〇〇米ドル、二〇〇八年には一四〇万米ドルにまで膨れ上がっていた）。こんな良い条件は拒めるものではない。かくして一九六九年、経済学賞はノーベル財団によって六番目の賞として認定され、「前年までに人類のために最大の貢献をした」経済学者に授与されることになった。

しかし、彼らは人類に対してどんな貢献を行なったのか。経済学賞受賞者の貢献によって、世界はどれだけよくなっているのだろう。受賞者は、人類のためにどんな謎を解き明かしたのか。メディアの報道や論説を読んでも、どうもピンとこない。経済学賞が発表されると、「将来の研究の発展の礎を築いた功績」が決まり事のように評価され、時として経済学に新しい学問分野を拓いた業績が称えられる。そして、受賞者の研究が将来におよぼす影響力の大きさや斬新さが強調される。たとえばジェイムズ・ブキャナンは「将来に大きな影響力をおよぼし」[*1]、ジョセフ・スティグリッツは「将来への大きな影響力は賞に値する偉業であり」[*2]、クライヴ・グレンジャー卿は「一九七〇年代から八〇年代にかけての功績が将来に大きな影響を残し」[*3]、ロナルド・コースは「将来に大きな影響力を持つ著作」[*4]を残した、とメディアで報じられた。しかしこれでは、彼らが何を発見したのか、さっぱりわからない。具体的に何を評価されたのかと、疑問だけが残る。いったいどんな発見によって人類に貢献したのだろうか。本書では、経済学賞の受賞理由となった発見の中身や受賞者の人物像について紹介していく。

経済学者はけっして世間から広く尊敬を集める人種ではないかもしれないが、毎年十月に新たな受賞者が発表されるときだけはちょっぴり尊敬され、ノーベル賞受賞者という名士の列に一名、二名、あるいは三名の経済学者が仲間入りを果たす。ここにはアルベルト・アインシュタインやマリー・キュリー、核分裂の謎に挑んだエンリコ・フェルミ、光の速度を測定したアルバート・マイケルソンなど、錚々たる顔ぶれが名を連ねる。作家のアーネスト・ヘミングウェイ、トニ・モリスン、ジョン・スタインベックもメンバーである。ほかにはウィンストン・チャーチル、セオドア・ルーズベルト、バラク・オバマ。経済学賞の創設をきっかけに、当代随一の科学者や作家や平和運動家で構成される少数のエリート集団に経済学者も招かれるようになった。

この新たな展開に経済学者はどのような反応を示したか。経済学賞の創設からほどなく、経済学者の間では受賞者を予想する賭けが始められた。人びとは全米大学体育協会（NCAA）のバスケットボール・トーナメントやスーパー・ボウル、あるいはケンタッキー・ダービーを賭けの対象にするが、経済学者は自分たちを対象に賭けを楽しむ。ノーベル賞はその絶好の機会を提供してくれた。アメリカでは毎年、名門大学の経済学部に所属する学生や教授たちが賭け金を供し、経済学賞の栄冠を手にする人物を予想するのが恒例になっている。

本書は創設から四〇年にわたる経済学賞の歴史を取り上げているが、四〇年目に当たる二〇〇八年までの受賞者六二人は、全員が男性だった。四一年目となる二〇〇九年にようやく、インディアナ大学のエリノア・オストロムが、女性初の受賞者に選ばれた。資源配分においてコミュニティの果たす役割の研究が、受賞理由として評価されたのである。なぜこれほど女性が少ないのだろう。ほかの五つの部門でも、女性の受賞者は少ない。全受賞者のなかで女性が占める割合はわずか四・四パーセント。そのほとんどは平和賞（女性一二人）、文学賞（一〇人）、生理学・医学賞（八人）に集中している。物理学賞にはたった二人、化学賞も三人にすぎない。

経済学賞に値する成果を残した女性がいなかったわけではない。たとえばケンブリッジ大学のジョーン・ロビンソンは経済学界の重鎮で、独占的競争理論、ケインズ経済学、経済成長理論における功績は受賞理由として遜色ない。なかでも、一九三〇年代にイギリスで彼女が、さらにアメリカでハーバードの経済学者エドワード・チェンバリンが個別に展開した独占的競争理論は画期的で、経済学原理の教科書ではほぼ必ず紹介されている。おまけに彼女はケンブリッジでジョン・メイナード・ケインズの同僚で、彼が革新的な理論を洗練させるうえで強力な後ろ盾となった。しかし、少数のスウェーデン人経済学者からなる選考委員会にとって、これだけでは十分ではなかったようだ。結局、ロビンソン教授は一四年間にわたって何度か候補に挙がりながら、栄冠を得ることなく一九八三年にこの世を去った。現在のルールでは、本人が生存していなければ受賞は認められない。

ジョーン・ロビンソンは政治色が強すぎたから、あるいはせっかくの賞を辞退する恐れがあったために、経済学賞を逃したのではないかと一部では憶測された。選考委員会の委員長を務めたアサール・リンドベックはロビンソンが除外された理由をつぎのように打ち明けた。「賞を辞退する恐れもあったし、脚光を浴びる機会に乗じて主流派経済学を非難する可能性も考えられたからだ」[*5]。しかし、どちらの理由もロビンソンの経済学への貢献とは関係ないし、ほかの受賞者にこのような基準は適用されていない。辞退する恐れのあったジャン・ポール・サルトルはノーベル委員会から文学賞の受賞者に選ばれ、予想通り辞退している。理由はどうあれ、二十世紀最高の経済学者のひとりに数えられ、たまたま女性だった人物が、ノーベル賞を授与されなかったということだ。

このようにノーベル経済学賞受賞者のリストには、今日の経済学の巨匠がもらさず含まれているわけではない。偏見の強いノーベル賞選考委員会は、知名度も人気も抜群の二十世紀の経済学者をもうひとり、賞の対象から外してしまった。ハーバード大学で教鞭をとり、ケネディ大統領の顧問やアメリカ経済学会の会長を務め、二十世紀を代表する経済学者のひとりに数えられるジョン・ケネス・ガルブレイスである。彼は貧困や所得分配や失業など、社会が直面する諸問題の研究に取り組んだ。そして金融バブルや拮抗力の理論、あるいは現代の大企業の内部構造に関する学問的研究に加え、一般向けの著書も数多く執筆している。経済学者としても著述家としても一流で、国政においても社会においても最高の地位に上りつめた彼の名声は全米に知れ渡った。

ガルブレイスは名著『大暴落1929』で、一九二九年の株式市場崩壊について取り上げた。世界恐慌の一〇年の先駆けとなった大暴落を歴史と経済の両面から解説したもので、出版からおよそ五〇年以上が経過したいまも高く評価されている。難解な経済問題も、ガルブレイス独特の記述的スタイルのおかげで一般の関心をぐっと惹きつけた。さらにガルブレイスは、ノーベル賞受賞者ミルトン・フリードマンとの間で激しい議論をたたかわせ、地味な経済問題に世間の注目を集めた。ただしノーベル賞の選考に関しては、人気が災いしたのかもしれない。保守的な経済学者のグループはガルブレイスの人気を槍玉にあげ、大衆から熱烈に支持されるのは、研究に対する「厳格な姿勢」が十分ではない証拠にほかならないという内容の発言を行なった。選考委員会のメンバーにとって、ガルブレイスはリベラルすぎて、数学的でない、ということだろう。理由はどうあれ、巨匠ガルブレイスの名がないことは、受賞者の名簿の不備をはっきりと際立たせるもうひとつの例である。いまにノーベル委員会も考え直すのではないかという憶測も流れ続けたが、二〇〇六年にガルブレイスが死去すると、そんな憶測にも終止符が打たれた。

ノーベル経済学賞は、そもそも一九六八年、スウェーデン国立銀行が賞金とメダルの拠出を申し出たことをきっかけに創設された。ノーベル財団は新たな部門の追加にあたり、アルフレッド・ノーベルの遺志を尊重して従来の五部門と形式をそろえることにした。したがって、ほかの部門と同じく経済学賞の受賞者は十月にノーベル賞選考委員会によって正式に告知され、その後で受賞者発表とプレスリリースが行なわれる。受賞者には、ほかの五部門と同じ金額の賞金がスウェーデンの通貨クローナで贈られ、十二月に開催される授賞式では、ほかの受賞者と一緒に金のメダルがスウェーデン国王から授与される。さらにほかの部門の受賞者と同じく、経済学賞の受賞者には講演の機会が与えられ、ノーベル財団の公式ウェブサイトに受賞者として名前が記載される。これだけ共通点があるのだから、経済学賞の立場はほかの五つの賞と平等であるような印象を受けるかもしれないが、すべてがまったく平等というわけではない。

よくよく観察すると、若干の違いが見えてくる。たとえば、経済学賞の受賞者に授与されるメダルは、科学と文学の受賞者に渡されるオリジナルのメダルとは異なる。ただし、平和賞のメダルもデザインが異なることを考えれば、これは大した違いではない。もっと決定的なのは、経済学賞の正式な名称だ。「アルフレッド・ノーベル記念経済学スウェーデン国立銀行賞」という。これではノーベル賞なのかスウェーデン銀行賞なのかよくわからない。さらに驚くべきことに、ノーベル財団も正式な委員会のメンバーも、経済学賞に言及するとき「ノーベル賞」という部分を省くのが一般的である。ノーベル財団の公式ウェブサイトでは「ノーベル物理学賞」「ノーベル化学賞」などと紹介されるが、最後の部門は「経済学賞」とのみ記される。そしてほかの五つの部門の受賞者は「ノーベル賞受賞記念講演」を行なうが、経済学賞の受賞者の講演は単に「記念講演」と呼ばれる。[*6]

対照的に報道関係者の間では微妙なニュアンスが無視され、ノーベル経済学賞という表現が定着している。スウェーデンのノーベル財団という組織が授与するのだから、ノーベル経済学賞でよいという発想である。訂正しようとしたが改まらず、いまではノーベル財団も気にしなくなったようだ。本書では「ノーベル賞」という表現を経済学賞にも使うが、ノーベル財その一方、それが正式な名称ではないことに配慮して、経済学賞では prize という単語を大文字で始めない。正式名称であるスウェーデン銀行賞という場合には大文字のPを使う。

経済学は科学か？

経済学は科学だろうか。アルフレッド・ノーベルは物理、化学、医学、生理学の社会への貢献を認めたが、同じく経済学も、科学としての社会的貢献を賞という形で報いるべき学問なのだろうか。科学関連部門の受賞者は、物質やエネルギーや人体の隠された性質の解明に貢献している。このような性質は時や場所をほぼ超越して存在するものであり、間違いなく発見に値する。科学的な方法で根気強く研究を続けるうちに謎が徐々に解明され、最終的に基本的な真実が姿を現す。このプロセスのなかで様々な理論があるときは確認され、あるときは論破され、そこからさらに新しい仮説が創造されていく。

では、どのような形の経済学ならば科学の名にふさわしいのだろうか。研究に科学的な手法を取り入れれば、それだけで科学になるのだろうか。そもそも経済学は、人びとが制度やルールの下でどのようにして様々な欲求や欲望を満たすかについて考える学問である。企業や市場や政府は財やサービスを生産し、その生産品を分け合うことによって人びとは欲望を満たす。つまり、経済学にも科学と同じく基本法則が存在するなら、それは人間の行動に関わるものでなければならない。すべての企業や市場や政府は、人間を基本要素として成り立っているのだ。ところが人間の行動はとかく気まぐれで当てにならず、基本方程式を少しばかりとりまとめて仕組みを解明できるわけではない。これは経済学が直面する最も厄介な問題のひとつであり、それゆえ経済学は科学とは一線を画するのである。

スウェーデン国立銀行もノーベル賞の選考に関わる経済学者たちも、そんな違いには興味を示さない。関心を持つのは類似点のみ。だから、この賞が単なる「経済学」ではなく、「経済を扱う科学」を対象としていることをしきりに強調したがり、受賞者にも科学者のような「印象」を期待する。これでは当然ながら、数学や統計の要素が目立つ研究で成果を挙げた学者が好まれてしまう。関係者は人間の気まぐれな行動については目をつぶってでも、経済学を物理学や化学や医学と同列に扱いたいのである。

数学への偏好

経済学賞の受賞者は、ほぼ全員がかつて数学に深く関わった経験を持つ。したがってほとんどの理論は、物理などの科学で使われる公式を模倣して独創的に表現されている。実際、経済学賞受賞者のなかには物理や工学や数学などの科学を専攻してから経済学に進んだ学者が驚くほど多い。もともと経済学は数学的な厳密さを重視する方向に進んでいたが、ノーベル経済学賞は確実にその傾向を強めた。映画『ビューティフル・マインド』に取り上げられたジョン・ナッシュ、あるいはロバート・オーマンなどは数学で博士号を取得しており、経済学の教育を正式に受けた経験はほとんどない。

本書では、経済学のアイデアを数式ではなく言葉で解説していく。経済学賞受賞者にとっては、頭にひらめいたアイデアを数式に置き換えるほうが独創的な概念を説明しやすい。

経済学のアイデアを数式で表現することがノーベル賞に値するというのもおかしな話だが、ある意味、現代の経済理論の大部分には数式が導入されている。馴染み深いアイデアをうまく数式にできると、経済学者は深い満足感を味わう。ほかの人たちにとっての常識を数式で証明できたときには、さらに大きな達成感にひたる。

数学の利点は、定義がきわめて厳密で、どんな国のどんな職業の人にも通じる共通言語になることだろう。数学的な表現で科学としての側面を強調すれば、ノーベル賞選考委員会に好印象を与えるのは間違いない。しかし、数学的な表現に限界があるのもまた事実である。たとえば前提条件を伴う公式では、経済理論の正確さが実際以上に誇張されてしまう。おまけに位相幾何学《トポロジー》などの高等数学まで経済学に導入されたものだから、一部の分野は経済学とは呼べないほど様相が一変してしまった。こうした分野で考案された理論の多くは、大半のプロの経済学者ですら十分に理解できないといっても過言ではない。

このような展開の結果、今日の経済理論の多くは現実の経済というよりも、完全に架空の世界に関わる学問になってしまった。これでは、せっかくの経済モデルが砂上の楼閣で終わりかねない。いくら複雑な理論でも、現実の世界に応用できなければ無用の長物である。そこで本書は数学ではなく経済学のアイデアに注目し、理論や洞察をすべて言葉で解説することにした。

経済学への数学的なアプローチは、さらにもうひとつの危険を伴う。経済理論の客観性と正しさについて、間違った印象を与えてしまうのだ。数式に置き換えられた経済理論は偏見とは無縁のような印象を受けるが、常にそうとはかぎらない。たとえば自由市場を信奉する経済学者は、出来る限り最高の状態の市場を前提にしがちだ。人間は完全に合理的で、完全な情報にもとづいて客観的に行動し、結果として市場は効率的に機能すると考える。完全な条件の下ならば完全な結果も生じやすい。

これに対し、自由市場の懐疑主義者は完全な行動や条件を想定しない傾向が強く、結果として自由市場の完全性には関心を持たない。過去四〇年間の経済学賞受賞者の顔ぶれを見ると、どちらのグループの学者も含まれている。いずれも最初は似たような方程式から始めるが、それぞれ独自の修正を加えるうちにモデルは異なった方向に進んでいく。したがって、ふたりの経済学者が矛盾する結論に達したとしても、どちらも数学的に正しい可能性は大いにあり得る。ノーベル賞の科学部門の受賞者の間には、理論的な矛盾はまず存在しないものだが、経済学部門では矛盾が決してめずらしくない。最たる例は一九七四年だ。この年の受賞者は反社会主義者として有名なフリードリヒ・フォン・ハイエクと、社会主義者のグンナー・ミュルダール。どちらも相手の健闘を称えることはなかった。

経済学の起源

経済学賞受賞者のなかには、経済学のふたりの巨人――アダム・スミスとジョン・メイナード・ケインズ――のいずれかの流れを汲む学者が驚くほど多い。スミスはもちろん、一七七六年に出版された古典『国富論』のなかで自由市場を熱烈に擁護した。彼はシンプルな前提にもとづいて、需要と供給から成る市場の機能について解説している。スミスが生きた十八世紀の経済モデルでは、価格が中心的な役割を果たした。価格が財の余剰や不足のシグナルとなり、望ましい結果を市場にもたらす。見えざる手に導かれるかのように、自由な市場は経済のなかで無理なく効率的に生産や分配を調整するというのがスミスの持論だった。スミスの著書では政府が悪役として登場する。政府が価格のシグナルに介入すると、自由市場で本来実現するはずの理想的な結果が妨げられてしまう。

経済学賞受賞者の多くは規制のない自由な市場に寄せる信頼をアダム・スミスと共有しており、学問的にも大きな影響を受けている。自由市場経済学者については第2章で紹介するが、いずれも政府の介入に反対する姿勢を鮮明に打ち出し、民間市場を擁護した。ここにはシカゴ学派のリーダー的存在であるミルトン・フリードマンらが登場するが、彼らは完全競争という抽象的なモデルを使い、市場経済に関する自らのビジョンを擁護した。

アダム・スミスの影響は、〝新古典派経済学〟の発展にもおよんだ。十九世紀末、市場経済についてのスミスの記述からインスピレーションを得た経済学者は、市場を数学的に表現する傾向を強めた。新古典派の経済学者によれば、人間の合理的な行動は一貫性と確実性を伴う予測可能なもので、自己利益に深く根ざしていた。実際、人間の合理的な行動を前提とする経済モデルは広く普及しており、いま紹介した特徴をすべて併せ持つような架空の生き物は〝ホモ・エコノミクス〟（経済人）と命名された。

この合理性にもとづく理念はいくつもの道に分かれて進化したが、道のひとつはイギリス人経済学者アルフレッド・マーシャルに行き着いた。彼は十九世紀の経済学者が提唱した理論の数々を統合し、その集大成として〝ミクロ経済学〟と呼ばれる学問を打ち立てた。マーシャルは需要と供給に関する新しい発想の数々を紹介し、それらを税金や貿易などの経済政策にいかに応用すればよいかを示した。経済学賞受賞者のなかには、この流れを汲むミクロ経済学者も多い。ある者は新しい概念を考案し、ある者は従来の概念をまったく新しい分野に応用した。第3章ではシカゴ学派の経済学者を取り上げ、家族、犯罪、教育、公害、公共の電波など、幅広いトピックへのミクロ経済学の応用について解説する。つぎに、ミクロ経済学の金融市場への応用に貢献した受賞者に関しては、第4章で取り上げる。彼らの研究は株式、ミューチュアルファンド、デリバティブといった市場の拡大への貢献を絶賛された時期もあったが、その同じ市場の不安定さが目立つようになると、一転して胡散臭い目で見られるようになった。「ミクロ」の分野の受賞者は第5章にも登場する。ここで紹介する学者たちは、ミクロの数理モデルを洗練させ、最適課税の決定や入札の仕組みの解明にミクロの理論を応用している。

もちろん、完全な合理性こそ人間にとってベストの行動モデルであると、すべての経済学者が信じるわけではない。経済学賞受賞者のなかでも行動主義者と呼ばれる学者たちは、ミクロ経済学のこうした前提の一部に異議を唱えている。彼らの研究については第6章で触れるが、いずれも人間が人間らしく行動するとき、すなわち欠点のある人間が完全な情報や完全な洞察力を持たない状態で行動する場合、市場にどのような効果がおよぶかに関心を寄せている。

一方、すべての経済理論がアダム・スミスの思想を原点としているわけではない。アルフレッド・マーシャルの弟子で、ケンブリッジ大学の経済学者だったジョン・メイナード・ケインズは、まったく異なる経済学を開拓した。ケインズにとっての出発点は完全市場という想定ではなく、一九三〇年代に先進国世界を打ちのめした暴落市場という現実だった。ケインズは新古典派経済学が提唱するホモ・エコノミクスなどの前提にとらわれず、最後はまったく異なる理論を考案した。

ケインズのアプローチは新しい世代の学者たちに受け入れられ、ケンブリッジから発信されたアイデアは海を渡ってアメリカ各地の大学の経済学部に広がった。そしてここでもお馴染みのパターンが繰り広げられた。新たに誕生したケインズ信奉者は手始めに、ケインズの理論を数式や幾何学的図形で表現しなおした。その結果、より緻密で洗練度の高い定義が考案されたのである。こうした形でケインズ経済学の擁護や拡大に努めた経済学者たちの一部には、ノーベル賞を受賞する機会が与えられた。彼らについては第7章で取り上げる。ただし革命的なアイデアの例に漏れず、ケインズ経済学は自由市場経済学者からの反発を招き、理論もそれにもとづく政策も槍玉にあげられた。ケインズに反対する学者たちは一九七〇年代になると古典的な経済学の復活に努めるが、このグループについては第8章で紹介する。

経済学賞受賞者のなかでも一部の特殊なグループは、経済問題の分析にきわめて有効なツールを発明した。彼らはスミスやケインズといった経済学者たちの影響を受けながらも、現実の経済を細かく観察してユニークな洞察を手に入れた。いずれも第9章で紹介するが、国民所得勘定、投入産出分析、線形計画法などのツールは、今日でも経済問題を研究するために多くの経済学者によって使われている。

さらにもうひとつ、合理的な行動という概念に大きく影響されながらも、独自のアプローチを発達させた分野がある。それはゲーム理論で、その本質は単純なゲームを支配する数学的ルールの解明である。パイオニアであるジョン・フォン・ノイマンは経済学者ではない。彼はプリンストン大学の天才数学者で、一九五七年に没していなければ有力なノーベル賞候補になっていたはずだ。彼の死から一一年後、経済学賞は創設された。第10章では、ノイマンの偉大な業績を受け継いだ受賞者たちの貢献を取り上げる。

スミスを出発点とする道のひとつはアルフレッド・マーシャルへと続いたが、もうひとつ、フランスの経済学者レオン・ワルラスへと続いた道もあった。ワルラスは一八七四年、市場行動に関するアダム・スミスの記述を数式で表現しなおすことに成功した。スミスの著作は人間のあらゆる行動やその動機を網羅した大作だったのに対し、ワルラスの著作は数学の公式や証明についての概論から成る無味乾燥な内容だ。彼はそこで需要と供給に関する公式をふんだんに使って経済全体を表現することに成功した。そこから〝一般均衡理論〟が誕生したのである。このようにワルラスはスミスの市場モデルを方程式に置き換えることに可能性を見出したが、後の世代の数学者たちはワルラスの方程式をさらに高度な数学に発展させようと試みた。おかげで数式はますます抽象化され、その功績を認められた一部の学者にノーベル賞が与えられた。その話は第11章に登場する。

ほとんどの経済理論は市場経済への何らかの応用が想定されているが、国際貿易や経済開発は独自の問題をいろいろ抱えている。アダム・スミス以来、経済学者は常にこれらの問題に関心を寄せてきたが、第12章で紹介する経済学者はこの分野での功績によってノーベル賞を受賞した。一方、実践的な経済学者は、現実世界の活動について洞察を得るための手段として、理論だけでなく統計分析にも頼った。第13章に登場する経済学者は、統計分析のテクニックを革新した功績をノーベル賞で報われた。

四〇年あまりの歴史を通じ、ノーベル経済学賞をめぐっては様々な理論が競合し、論争は紛糾するばかりだった。特に意見が分かれるのが、政府の適切な役割である。市場の失敗を修復するため、あるいは不公平な結果を改善するため、自由市場をどのくらい信用し、対する政府にはどの程度頼るべきか。経済学賞受賞者の多くはこの問題に確信をもって答えているが、自由市場を信奉するグループもいれば、政府の介入を支持するグループもいる。一時、経済学賞選考委員会は対立する両陣営の学者を平等に選び、バランスをとろうとした。たしかに公平かもしれないが、それが科学としての経済学の名声確立に役立つとは思えない。科学ならば、矛盾する理論が同時に正しいことなどあり得ない。意見の対立はほかにもあるが、本書ではそれらも取り上げていく。第14章で紹介するふたりの経済史家は、十九世紀における鉄道の経済的重要性についての見解が食い違っている。同じく第14章では二〇〇九年のふたりの受賞者の研究について触れるが、それぞれ企業統治と協同組合組織について興味深い疑問を投げかけている。

最終章ではノーベル経済学賞のこれまでの成果を総括し、人類のために最大の貢献をした経済学者が正しく選ばれているかどうか評価を下す。偉大な研究が認められているのは事実だが、まだ改善の余地はある。

選考の妥当性

本書で紹介する経済学賞受賞者のほとんどは、特に有名人というわけではない。ミルトン・フリードマン、ポール・クルーグマン、ポール・サミュエルソンのように、専門書のほかに一般書を執筆している受賞者は例外的である。多くは、賞が発表される当日に名声が頂点に達する。そもそも経済学賞受賞者の大多数は研究者で、学長や学部長や学科長によって運営される大学が生活の中心である。自説を発表する場所は学会、学術誌、大学院のゼミ、学術書などに限られ、簡潔で明快な文章よりも緻密な数式や抽象的な記述が重んじられる。十月に賞が発表される日の早朝、自分の研究成果を全世界に向けて説明するための心の準備ができている学者はほとんどいない。自宅のリビングや大学の研究室に報道陣が押し寄せ、なぜ賞をとれたと思いますかと訊ねられても、答えを用意しているケースは稀で、相手を落胆させるような回答もしばしばだ。大体はあまりにも曖昧かつ不明瞭、せっかく撮影してもニュース番組で紹介できるレベルではない。結局、経済学者がダイナマイトのような具体的なものを発見したわけではないという事実は、ほどなく報道関係者の知るところとなる。

一九八一年に経済学賞を受賞したジェイムズ・トービンは、ラジオのインタビューで自らの貢献について問われ、こう答えたという。「そうだな、すべての卵をひとつのバスケットに入れておくべきではないことが証明されたということかな」。この年、生理学・医学賞の受賞者は右脳と左脳がべつべつに機能することを発見し、物理学賞の受賞者は、レーザーによって原子から切り離した電子の特徴についての研究成果を認められた。平和賞は、世界各地の何百万人もの難民のために活動している国連難民高等弁務官事務所に与えられた。そして、経済学賞の受賞者は、すべての卵をひとつのバスケットに入れておくべきではないことを証明したというのだ！　ちなみに、作家のミゲル・デ・セルバンテスも同じように考えていた。「賢い人間は今日ではなく明日を考えて行動する。すべての卵をひとつのバスケットに入れるような危険は冒さない」。セルバンテスがこの文章を書いたのは一六〇〇年頃だから、このアイデアに関してはセルバンテスのほうに優先権がある。

もちろん、トービンは卵よりもはるかに重大な問題について素晴らしい成果を残した。しかしこのようなコメントが注目されることから判断するかぎり、経済学の研究成果はほとほと理解に苦しむと同時に、平凡なものと誤解されやすい。実際には、経済学賞受賞者のアイデアは、私たちの考え方に変化をもたらすばかりか、政府の政策にきわめて重大な影響をおよぼす可能性もある。賞の対象になった豊かな発想は知的資本の充実につながり、そこから私たちは政治や社会に関する政策のヒントを引き出す。経済学の知識がなければ、何も知らない私たちは確実に深刻な事態に巻き込まれていたはずだ。ハイパーインフレや株の暴落、金融危機、いや大恐慌さえ、気づかぬうちに発生していたはずだ。一九二九年の大暴落の直後に連邦準備理事会が迅速に対応していれば、大恐慌も避けられたはずだという見解が今日では定着している。しかし当時、連邦準備理事会が取るべき適切な行動の裏づけとなる理論は存在しなかった。それはもっと後のことだ。良し悪しはともかく経済学の知識を生かしてこそ、社会にさらなる繁栄をもたらすために欠かせない戦略や政策は出てくるものだ。

一国の政府や国立銀行が採用する経済理論は、ひとりひとりの国民や国全体、さらには全世界に大きなインパクトを与える可能性がある。ノーベル賞の受賞理由となった理論は、たとえ地味でも、それが世界銀行の政策のたたき台として採用されれば、インドの農民への融資条件にまで影響をおよぼすときもある。携帯電話の電波周波数は、ゲーム理論の原理にもとづいた入札によって割り当てられるし、イーベイのオークションや二酸化炭素排出権取引の仕組みにも、ノーベル賞の受賞理由となった理論は応用されている。あるいは受賞者のなかには、ソ連との冷戦時代に戦略の策定に貢献した経済学者もいる。一見地味な経済理論が、世界中の何百万もの人びとの幸福に役立っている。過小評価するのは間違いだ。

ノーベル賞で評価されたアイデアの一部はたしかに重要だが、すべてが重要なわけでも独創的なわけでもない。なかには、せっかくのアイデアの影響力が経済学の世界ですら限定されているケースも見受けられる。これでは外の世界への影響力など到底期待できない。結局は、アイデアも受賞者自身もたちまち忘却の彼方に追いやられてしまう。後に残るのは名前が刻まれた金のメダルだけで、本書でもごく簡単に紹介している。あるいは、経済学賞選考委員会によって認められたアイデアが、受賞者の発案ではないケースもある。この事実が明白なこともあれば、選考委員会によって指摘されるまでわからないこともある。どこまでがオリジナルなのか、線を引きづらいこともめずらしくない。前述のセルバンテスの引用からもわかるが、トービンはすべての卵をひとつのバスケットに入れないほうが賢明だということを「証明した」かもしれないが、けっして発見したわけではない。この発見はトービン以前、さらにはセルバンテス以前になされたものだ。

最後になるが、経済学のアイデアが重要で幅広い影響力を持っていても、常に正しいとはかぎらない。経済理論が複雑な数式で表現されても、あるいは発案者にノーベル賞をもたらしても、現実の世界で機能することの保証にはならない。実際、なかには特に目立った成果を残せなかったものもある。経済学者は抽象的な概念の「証明」に心血を注ぐが、経済学のアイデアは現実の世界で生かされてこそ、真価を認められる。ノーベル経済学賞受賞者の大小さまざまの洞察から生まれたアイデアを評価するうえで、現実の世界に勝る場所はない。

第2章　自由市場主義者の経済学

フリードリヒ・A・フォン・ハイエク　（一九七四年）
ミルトン・フリードマン　（一九七六年）
ジェイムズ・M・ブキャナン・ジュニア　（一九八六年）

一九四七年、フリードリヒ・A・フォン・ハイエクは、経済学者をはじめ学者仲間をスイスのモントルーに招集し、戦後のヨーロッパとアメリカにおける最大の不安材料について話し合った。その不安材料とは、飢えでも失業でもなく、まして共産主義でもない。政府だった。出席者は全員が強い自己主張を持っていたが、全員が大きな政府こそ戦後世界の最大の脅威だと考え、「文明の根本的な価値が危機にさらされている」[*1]という認識を共有していた。そして、「人間の尊厳や自由にとって欠かせない条件が、地球の大部分ですでに消滅してしまった……」[*2]と嘆いたのである。この悲観論の背景にあるのは「私有財産や競争市場に対する信頼の低下」だった。「その結果として権力やイニシアチブが分散されなくなると、個人の自由が効果的に守られる社会の実現は難しくなる」[*3]

こうした危機感からモンペルラン・ソサエティが設立され、初代会長にハイエクが選出された。同ソサエティは個人の自由を何よりも大切に考え、「特に福祉分野での政府の役割の拡大、労働組合の台頭、事業独占、インフレの脅威の継続と実現が引き起こす危険」を深く憂慮した。メンバーを束ねる理念はリベラリズム(現代のリベラリズムとは、ほぼ正反対)である。今日ではリベラリズムよりも、リバタリアニズムという名称のほうで知られる。モンペルランというのは、第一回会議の開催場所の近くの山にちなんだ命名である。第二回目以降は世界各地に開催場所を移し、出席者は個人の自由について意見や研究を交換した。モンペルラン・ソサエティには様々な国から会員が集まったが、会員数が五〇〇人を超えたことはない。会員からは、歴代の会長をはじめ合わせて八人のノーベル賞受賞者が生まれた。[*4] 初代会長のハイエク、七代目のミルトン・フリードマン、十四代目のジェイムズ・M・ブキャナン・ジュニアは、いずれも経済学賞を受賞した。

リバタリアンは、政治や経済の複雑な問題をすべて、ひとつの質問への回答という形で解決しようとする姿勢を特徴としている。「この政策は個人の選択の自由を侵害するものか否か」と問いかけ、答えがイエスならほぼ間違いなく反対する。このリトマステストによってリバタリアンは政策への立場を決定し、経済問題に関しては超保守的、社会問題に関してはきわめてリベラルな姿勢を打ち出した。[*5] たとえば、徴兵制に反対してマリファナの合法化に賛成するようなリベラルな人は、最低賃金や公教育といったリベラルな政策に賛成するものだと思われるが、リバタリアンは最低賃金にも公教育にも反対する。実際、これはすべてミルトン・フリードマンがキャリアの一時期に支持した立場である。これらの立場に共通しているのは、個人の選択から政府の影響力を排除することを一貫して目指している点である。リバタリアンによれば、戦地に赴くか、マリファナを吸うか、あるいは最低賃金を支払うかといった選択は、政府ではなくて個人が下すものであり、個人の自由の尊重が大前提になっている。政策への立場を決めるにあたって、評判、同情、よりよき選択、利他主義、機会均等、戦略的優位などには影響されない。ただひとつの要因、すなわち個人の自由によってすべては決定される。

現実には、個人の自由の多くは諸刃の剣である。誰かにタバコを吸う自由を認めれば、その行為によってタバコに汚染されない空気を吸う自由を侵害される人が発生する。しかし、リバタリアンはこうした問題に関心を持たない。むしろ、公教育、低所得者向け住宅、食料配給券、保健福祉などを、低所得世帯の児童向けのものですら廃止することに闘志を燃やす。どんなに必要であっても、他人の犠牲のうえに成り立つようなサービスを一部の人たちに提供することには拒絶反応を示す。個人の自由を守り抜くためには、ほとんどの公共政策に対して聖戦に向かうかのような情熱で挑むのである。

フリードリヒ・A・フォン・ハイエク（一九七四年受賞）

フリードリヒ・A・フォン・ハイエクは一九二〇年代から三〇年代にかけて貨幣や価格や景気循環の原因に関して優れた研究成果を残し、それが一九七四年の経済学賞受賞につながったと公式記録には残されている。しかし正直なところ、問題への鋭い洞察といっても四〇年も昔の話で、七四年には遠い過去の出来事になっていたはずだ。オーストリア学派の流れを汲む景気循環論も、固定相場制を擁護する発言も、七〇年代には文献リストであまり目にしなくなっていた。

むしろハイエクは、一九三〇年代から四〇年代にかけて繰り広げられたケインズ派理論への猛烈な批判で人びとの記憶に残り、少数ながら熱狂的な支持者を獲得した。そして、一九四四年に出版された『隷属への道』の著者としての知名度はさらに高い。この本は、ヨーロッパで進行中の社会民主主義の実験やアメリカのニューディール政策を取り上げ、いずれも行き着く先は全体主義だとして西側世界に鋭い警告を発した。ハイエクによれば、社会保障制度や公的医療といった政策からソビエト共産主義やドイツファシズムの冷酷な独裁政権までは、ほんのひとまたぎだという。政府主導の政策を拒み、自由な市場と個人の自由を支持することが、全体主義の深淵への転落を避ける唯一の方法だと西側世界に強く訴えた。純粋な皮肉の意味を込めて、ハイエクはこの本をヨーロッパとアメリカの社会主義者たちに捧げた。社会主義者の何気ない善意が、隷属化や全体主義への道筋をつけてしまうと考えたからである。

幸い、ハイエクの鋭い警告は現実にはならなかった。たとえばデンマークは所得税率が五〇パーセントを超え、政府主導の公共制度が充実しているが、それでも民主主義政治がうまく機能し続けている。しかし一九四四年といえば第二次世界大戦の真っ只中で、ナチスや共産主義者が深刻な脅威を与えていた時代である。彼の主張はヨーロッパ大陸やイギリスやアメリカで多くの支持者を得た。

ハイエクは一八九九年、ウィーンの中流家庭に生まれた。父親のアウグスト・ハイエクは医師であり、ウィーン大学の教授だった。後に息子のフリードリヒは父親と同じ大学に進み、まず法学の博士号を、一九二三年には政治学の博士号を取得した。一九二一年、ハイエクは会計局に法務担当として就職し、第一次世界大戦中に返済が滞っていた債務の清算業務を担当した。当時、就職を取り巻く環境は厳しかったが、彼は数カ国語——フランス語、イタリア語、後には英語——に堪能だったうえ、オーストリアの著名な経済学者ルートヴィヒ・フォン・ミーゼスから推薦状をもらっていた。フォン・ミーゼスは、貨幣論や社会主義に関するハイエクの著作に強い影響を与えた人物である。

一九二三年にハイエクはニューヨーク市を訪れ、いかにも学者らしく公立図書館で大半の時間を費やした。ここで彼は第一次世界大戦中のアメリカの新聞記事に目を通し、強烈な印象を受けた。同じ時期のオーストリアの新聞記事に比べ、内容がはるかに充実していたのだ。オーストリア国民が重要な情報を知らされていなかったという事実にハイエクはすっかり落胆し、その責任はオーストリア政府にあると決め付けた。以後、ハイエクは何かにつけて政府を非難するようになっていく。このニューヨーク滞在中、ハイエクはニューヨーク大学経済学部の博士課程に籍を置き、学位論文の執筆も考えたが実現には至らなかった。そして学校に通うかたわら、アメリカの偉大な経済学者であり社会学者であるソースティン・ヴェブレンの講演に出席し、コロンビア大学のウェズリー・クレア・ミッチェルの講演にも何回か足を運んだ。すでに当時、ミッチェルは全米経済研究所で景気循環の研究に専念し、膨大なデータを集めていた。

一九二四年、オーストリアに帰国したハイエクは、役人としての仕事を再開した。面白いことに、彼は役人だったくせに役人ぎらいだった。「お上に仕えていると、どんな経済学者も性根が腐ってしまう」[*6]とのちに語っているほどだ。ハイエク本人はオーストリア政府での在職期間が短く、要職に就いたわけでもなかったので、決定的なダメージを受けずにすんだようだ。しかし友人のライオネル・ロビンズはそうはいかなかった。ハイエクによれば、ロビンズが第二次世界大戦中にケインズの理論に傾倒し、最終的にケインズ派に鞍替えしたのは、役人だったからだという。さらにハイエクは、「大衆向けの講演や執筆」にも同じように厳しい目を向けた。ただし彼は一九四〇年代、大衆向けの著作『隷属への道』を執筆し、講演活動にも精を出したすえ、結局は大衆路線を放棄して、学問の研究に専念する道を選んだ。[*7]物事の有害な影響を十分に理解するためには、実際に経験してみるのが最善の手段だということだろう。

ヨーロッパに戻ってほどなく、ニューヨークでの見聞を生かす機会が訪れた。フォン・ミーゼスの支援を受けて、景気循環研究所を設立したのである。研究所の活動はハイエクの論文執筆が中心だったが、やがてそれはロンドン・スクール・オブ・エコノミクス（LSE）のライオネル・ロビンズの目に留まり、LSEでの連続講演が実現した。この講演をきっかけにハイエクはLSEから正式に招かれ、一九三一年から五〇年まで在籍することになった。ハイエクにとって三〇年代の初めは「経済理論の発展にとって最も刺激的な時期だった」という。たしかに刺激的だったかもしれないが、だからといって生産的だったとは言いがたい。ハイエクによれば、この時代に経済理論は「最高の瞬間」を経験した後、悪しきケインズ派の学説の数々に蝕まれていったのである。

ハイエクとケインズ

一九三〇年代にロンドンで安定した地位を確保したハイエクは、ケンブリッジ大学でケインズ派の理論が花開いていく様子をリングサイドからじっくり観察する機会に恵まれた。ケインズとの初対面は一九二八年に開催された景気循環に関する会議で実現しており、その後もキングス・カレッジで何度か顔を合わせる機会があった。ケインズと妻のリディア・ロポコワを「親友」とまで呼ぶほど、ふたりの経済学者は順調に友情を育んでいくが、戦争が間近に迫った三九年、ＬＳＥのキャンパスが一時的にケンブリッジに移転されると亀裂が生じた。ケインズを批判する人や中傷する人は、たとえ彼の理論や推論にまったく賛成できなくても学問的な資質まで非難したりはしない。しかしハイエクは違った。大切な「友人」について、彼はばっさり切り捨てた。「ケインズはいいやつだし素晴らしい面も多いけれど、経済学者としては一流ではないね」。さらにハイエクは、ケインズが経済史に関して無知も同然である点も槍玉にあげ、イギリスの主な経済学者のなかで彼が知っているのは師匠のマーシャルぐらいだと指摘した。[*8] これだけケインズをこきおろせば、しっぺ返しをくらうのも当然だ。あるときハイエクはＬＳＥの同僚ハロルド・ラスキから、ケインズが自分について「ヨーロッパでいちばん有名な馬鹿野郎」と言いふらしていることを聞かされた。[*9] ケインズの口からそんな言葉が出るとは信じられず、ハイエクはラスキを「病的なうそつき」[*10]と決めつけた。実際、相手を見下すようなハイエクの発言は、ラスキにかぎらずＬＳＥの同僚の多くにも向けられ、学部長のウィリアム・ベヴァリッジ卿も例外ではなかった。ハイエクの手にかかると、ベヴァリッジは「経済学に関してずぶの素人」になってしまった。[*11]

ハイエクはケインズの見解を論破しようと努めたが、いくら頑張っても大して注目はされなかった。ケインズ派の理論がケンブリッジに定着し、アメリカ、さらには世界各地に広がり、圧倒的な勝利をおさめていく展開を食い止めることはできなかった。ハイエクはケインズの初期の著作『貨幣論』の論評を書いたが、当時もその後もあまり注目されなかった。のちに彼は、ケインズの理論をもっと効果的に非難できなかったことを深く後悔していると語った。何が問題だったのかといえば、ハイエクの対案には説得力が欠けていたのだ。やはりノーベル賞受賞者のポール・サミュエルソンによれば、ハイエクが考案した大恐慌の解決策は難解で、最後まで読み通すのが苦痛だったという。[*12]

やがて講演旅行でアメリカを訪れたハイエクはヘンリー・シモンズと親交を結び、その縁でシカゴ大学のポストを提供された。一九五〇年四月に着任したが、経済学部教授としてではなかった。人格に優れた学究の徒を自認する経済学部の学者たちにとって、ハイエクは政治色がやや強すぎ、『隷属への道』が出版されてからは世間での人気がやや目立ちすぎた。だからハイエクをシカゴ大学に招くことに経済学部として異論はないが、自分たちが引き受けるのは勘弁してほしいと考えたのだ。結局、ハイエクは社会科学ならびに道徳科学の教授として赴任するが、これは経済学というよりも、哲学や心理学との関連が深い学問である。

そもそもハイエクのほうでも、シカゴ大学経済学部をそれほど高く評価しているわけではなかった。たしかにハイエクとフリードマンは多くの見解を共有している。しかし、経済理論に対するフリードマンの大きな貢献、すなわち実証主義とマネタリズムのふたつをハイエクは槍玉にあげ、経済のあらゆる現象に関して原因と結果を単純に考えすぎるあやまちが繰り返されていると批判した。それでもお世辞を言うだけの余裕はあって、フリードマンの文章は簡潔でわかりやすいと持ち上げているが（間違いなく皮肉である）、その一方フリードマンの『実証経済学の方法と展開』に対し公式に批評しなかったことを後悔していた。ハイエクにとってこの著作は、「ケインズの『貨幣論』と同程度に危険なもの」に映ったのである。[*13] シカゴ学派のメンバーのなかでハイエクが最も尊敬したのはゲイリー・ベッカーだった。後にノーベル賞を受賞したベッカーについては、フリードマンやジョージ・スティグラーよりも「思想家として洗練されている」と評した。[*14]

一九九一年十一月にロシアで、引き続き東ヨーロッパで共産主義が崩壊すると、ハイエク理論への関心は一時的に復活した。九一年十一月、ジョージ・H・W・ブッシュ大統領は、アメリカの民間人に与えられる最高の栄誉である大統領自由勲章を彼に授与した。「二十世紀のいかなる人物よりも、東欧の一連の出来事によって理論の正当性が認められた」[*15]とホワイトハウスのスポークスマンは語った。

かつてのハイエクは景気循環の量的分析から有益な結果が引き出されることを期待していたが、一九七四年にノーベル賞を受賞する頃にはとっくに希望を捨てていた。そしてノーベル賞記念講演でも、その点に大半の時間を割いた。特に彼は、経済学に数学的要素を取り入れて物理などの科学を真似しても、うまくいかないと確信していた。「あるパターンの一般的な特徴」を説明するうえで数学が果たす役割こそ否定しなかったものの、その役割が際限なく膨らんでいく事態を憂慮したのである。[*16] ハイエクはゲーム理論についても限界を超えていると考え、ジョン・フォン・ノイマンとオスカー・モルゲンシュテルンによる共著『ゲームの理論と経済行動』をつぎのように評した。「本書の数学としての大きな成果は認めよう。ただし、経済学を取り上げている第一章は間違っている。ゲーム理論が経済学に大きな貢献をしたとは思わない。数学としては非常に興味深いのだが[*17]」

結局のところ、市場で生じる結果を予測することも市場の優位性を証明することも不可能だと確信したハイエクは、その必要すらないと信じるようにもなった。何千もの企業や何百万人もの消費者から情報を集めたうえで、消費者は何を望み、企業は何を生産したいのか伝えられる存在は市場以外に考えられない。だから自由市場の優位性を認めれば、それで十分。わざわざ証明する必要はないし、証明など不可能というわけだ。

ハイエクはスポーツをたとえに使い、その持論を具体的に説明した。試合で対戦するふたつのチームに関して膨大な統計を集め、その情報にもとづいて勝者を予想することは不可能ではない。ハイエクはそんな方法を〝パターン予測〟と呼んだが、その一方、これは科学的なやり方ではないと指摘した。実際には、ほかにも様々な要因が試合の結果を左右するもので、そこには選手の生理機能をはじめ、人間の恣意的な選択が多く含まれる。実際に試合結果を決めるのはおびただしい数の細かい情報であって、それを「科学的に」モデル化するのは容易ではない。いや、不可能だ。スポーツよりもさらに多くの人間の多くの決断が関わってくる市場は、少なくともハイエクの目には科学の領域を超えたものに映ったのである。

ハイエクはいかにも洗練されたエリートとしての雰囲気を漂わせていたが、それは古典教育によるところが大きい。大学では経済学以外の分野でふたつの学位を取得したが、十九世紀の経済理論に精通していた。そしてほかの経済学者を評するときには、相手が自分の説に賛同しているかだけでなく、どのくらい古典の素養があるかも判断材料にしたものだ。キケロの作品からラテン語の文章を引用し、LSEの同僚が誰一人としてそれを理解できなかったときには驚きを隠せなかった。

ハイエクは一九六〇年代からドイツのフライブルクで隠遁生活に入り、一九九二年に九十二歳で没した。彼は生涯にわたり、ソ連の計画経済、ケインズ派経済学の隆盛、政府主導の政策の拡大、経済学における数学重視の傾向などに対して困難な戦いを挑んだ。いずれも圧倒的な時代の趨勢であり、彼がいくら必死に抵抗の声をあげても、大方は咆哮にかき消されてしまった。しかし、経済学のなかに保守的なリバタリアンの伝統をいち早く定着させた先駆者としての功績は評価すべきであり、ハイエクの遺産はいまだに生き残っている。公共サービスの大半やその資金源としての税金に反対を貫いた姿勢は、シカゴ学派の経済学者に刺激を与え、引き継がれていった。

ミルトン・フリードマン（一九七六年受賞）

歴代の経済学賞受賞者のなかで最も有名にして、おそらく最も世間を騒がせた人物はミルトン・フリードマンだろう。一九七六年の唯一の受賞者である。彼は経済理論だけでなく、一国の経済政策にも大きな変化を促した数少ない経済学者のひとりだといっても過言ではない。現代のアダム・スミスにもたとえられるフリードマンは、市場こそが経済を有効に機能させ、繁栄を実現するための強力なツールたり得るというメッセージを広めた。自由市場を守るためにはいっさいの妥協を許さず、容赦ない攻撃は政府にも向けられた。それは彼の最大の遺産としていまだに評価されているが、その一方、フリードマンはマクロ経済理論に関しても広い範囲で重要な業績を残している。これらの理論の詳細の多くはいまだに歴史的な検証が済んでいないが、従来の枠にとらわれないフリードマンの発言はほとんど常に反論を招き、白熱した議論が戦わされた。そんなとき、攻撃的でも冷静なフリードマンのアプローチは、論争相手の学者にさえも経済学者として成長する機会を提供したものだ。

政府の介入によってすべての経済問題が解決されるわけではない。フリードマンはこの事実を政策立案者や経済学者に突きつけた。最も有名なのは貨幣政策だろう。経済に混乱を引き起こさずに政府が供給できる貨幣の量には限界があるという事実は、今日では広く認識されている。しかしフリードマンがアンナ・シュウォーツとの共著『合衆国貨幣史一八六七〜一九六〇』を発表した一九六三年には、これは明白な事実ではなかった。この本は、ほぼ一世紀にわたる貨幣の歴史を理解するための貴重な資料であり、貨幣供給量の無制限な拡大に対するフリードマンの警告が歴史的な事例によって裏づけられている。今日、貨幣供給量の無制限な増加が経済に壊滅的な結果をもたらす可能性について、異論をはさむ人はいない。

この同じ歴史的な事例にもとづいてフリードマンは、インフレと失業の間の関係を表わすフィリップス曲線についても疑問を抱くようになった。今日のわれわれは、フィリップス曲線が安定していないことを知っているが、それを明白に示す出来事が起こる前にフリードマンがそのことを指摘していた点は、高く評価されるべきだ。さらに彼は、固定相場制を国際市場で維持する難しさも予想していた。各国通貨の為替レートを固定するブレトン・ウッズ体制は、ケインズの発案で第二次世界大戦後に創設された。しかし数十年が経過する頃にはうまく機能しなくなり、結局は一九七〇年代始めに崩壊した。代わって採用されたのが、フリードマンが強く支持した変動相場制だった。ここでも彼は、問題とその解決策を見事に予測していたのである。

過激な主張

こうした功績はノーベル賞の受賞理由としていずれも高く評価されたが、長年にわたって精力的に活動したフリードマンは、他にも多くの成果を賞に値する功績として認められた。マクロ経済学の視点から幅広い分野に貢献したことだけで満足していれば、彼は二十世紀の偉大な経済学者のひとりとして誰からも認められる存在で終わっていたかもしれない。しかしフリードマンは、理論も政策提言も極限まで追究するのが常だった。だから、行き過ぎた金融緩和の危険について警告するだけでは満足できず、貨幣供給量を管理する政府の取り組みはすべて逆効果だと指摘せずにはいられなかった。そんなことをしなければ彼の主張はもっともな経済理論として認められていたかもしれないのに、代わりに激しい論争の種を提供してしまった。問題は変動相場制にもおよんだ。変動相場制に賛成する経済学者は多かったが、フリードマンは極端だった。通貨危機の自然発生を回避するための介入を、政府はいっさい控えるべきだと主張したのである。こうした過激な姿勢は支持者を熱狂させる一方、反対者をひどく怒らせた。

こうした性格ゆえ、フリードマンは間違いも注目された。レナード・シルクは一九七六年、〈ニューヨーク・タイムズ〉でつぎのように指摘した。「フリードマンは七四年の夏、国際石油カルテルがまもなく崩壊し、原油価格は第四次中東戦争以前の水準にまで落ち込むと予測した。二年が経ったが、いまだにそうなっていない[*18]」。長年の間にはＯＰＥＣにも紆余曲折はあったが、フリードマンの発言からおよそ三五年後、本書の執筆段階でもOPECはいまだに存在している。これは決して小さな間違いではない。自由市場を信奉するフリードマンやシカゴ大学の同僚は、いかなる形のカルテルも理論的には存続が不可能であり、脅威にはならないと信じていた。メンバーはそれぞれ自己利益を考えて行動するから、いかなるカルテルも最終的に崩壊を免れないと確信していたのである。ここでもまた、理にかなった理論が極端に解釈されている。カルテル内に対立が存在するのは事実かもしれないが、現実にはそれが常に崩壊を引き起こすわけではない。その証拠にOPECはいまだに存在している。予測の正しさを評価基準にするならば、この理論には落第点しかつけられない。

ほかにもフリードマンの理論は、現実世界への応用で似たり寄ったりの評価を受けている。たとえばノーベル賞の受賞理由にも挙げられた〝マネタリズム〟の理論によれば、インフレや景気後退のリスクを回避するためには貨幣供給量を安定した割合、具体的には年に二~五パーセントの割合で増やし続けなければならない。一九七九年に連邦準備理事会の議長に就任したポール・ボルカーは、早速この処方箋を政策として採用するが、結果として失業率は記録的な水準に跳ね上がり、八二年にこの政策は放棄された。それ以後のボルカーは貨幣供給量を一気に増やすが、それがフリードマンには面白くない。八三年はまだ大丈夫かもしれないが、早ければ一九八四年にはインフレが発生すると警告した。連邦準備理事会は八三年を過ぎてもどんどん貨幣供給量を増やしつづけ、それにつれてフリードマンの警告はさらに声高になっていった。

やがて政策が奏功して景気回復が定着してくると、連邦準備理事会はいきなり方針を正反対に転換し、今度は貨幣供給量の伸び率をおさえた。フリードマンのマネタリスト・モデルによれば、これはさらに悪い選択だった。一貫性に欠ける政策は、インフレ率と失業率を同時に上昇させてしまうことになりかねない。連邦準備理事会の近視眼的な政策は、「スタグフレーション――景気後退に伴いインフレ率と金利が上昇する事態――を確実に再現させる」[*19]とフリードマンは危惧した。この時期、彼は〈ニューズウィーク〉にたびたび記事を寄稿して、不吉な予測を繰り返した。こんな予測をする経済学者はフリードマンぐらいだったが、彼は自分の警告を無視する連邦準備理事会を激しく非難した。ところが、マネタリストのモデルでは避けられないはずの事態が、現実の世界ではその徴候すら見せなかった。一九八三年、八四年、さらにそれ以降も、フリードマンの予測とは対照的に失業率は下降線をたどり、経済は着実に成長し続け、インフレ率は低レベルで安定した。フリードマンにノーベル賞をもたらしたモデルが、彼の評価を下げてしまったのである。連邦準備理事会は、フリードマンの失敗から教訓を学んだ。この数十年間は、景気後退やインフレの対策として金融政策を継続している。

フリードマンとシュウォーツの共著『合衆国貨幣史』には、貨幣と通貨の歴史における主なイノベーションについて重要な指摘もある。しかしそれ以外の部分は挑発的な内容で、たとえば大恐慌を引き起こした犯人として連邦準備理事会を非難している。連邦準備理事会は大恐慌の兆しを読み取って、貨幣供給量の減少を食い止めるための措置をただちに講じるべきだった、それに失敗したから「ありふれた景気後退」が「大惨事」にまで拡大したのだと論じている。自由市場が大恐慌を引き起こした可能性など、ミルトン・フリードマンには到底受け入れられない。だから政府――この場合には連邦準備理事会――に責任を押し付けるしかなかった。

大恐慌を引き起こした原因を突き止めることは、不可能ではないにしても実に難しい。ただし、一九三〇年代はじめに貨幣供給量が落ち込んだ原因が、銀行の経営破綻と預金の流出だったことはよく知られている。三四年には政府も行動を起こし、てこ入れ策として連邦預金保険公社を設立して銀行の信頼回復を目指した。三〇年代初めの銀行をめぐるパニックを防ぐには遅すぎたが、この行動によって将来的な大恐慌の再現が食い止められたのは間違いない。

しかしフリードマンにとって、この程度では十分ではなかった。民間銀行を救済するための十分な対策を怠った政府を非難しておきながら、いざ政府が行動を起こして預金保険公社を設立すると、今度はそれにも反対した。政府は銀行の活動に介入すべきでないと確信していたからである。連邦準備理事会はもっと迅速に行動して銀行制度を救済するべきだったと後から言うのは簡単だが、そもそも銀行制度の救済が必要な事態がなぜ発生したのか。フリードマンはこの問題から目を背けた。それに答えようとすれば、重大な市場の失敗を認めざるを得ないからだ。

絶頂期のフリードマンは単純な経済行動を独創的なストーリーで説明する能力に優れていた。なかでも特にふたつの理論が、経済学賞選考委員会から受賞理由として評価された。たとえば、典型的な貧困家庭はその日暮らしでほとんど貯蓄がない。かなりの金額を貯蓄している富裕層の家庭とは対照的である。普通なら貯蓄額が異なる理由を収入の違いで片付けるだけだが、フリードマンは〝恒常所得仮説〟という新しい理論を考え出した。貧困家庭にもかつて裕福だった時期があって、高い〝恒常所得〟に慣れていたかもしれない。そうなると、以前よりも低い金額を〝変動所得〟として受け取るようになっても、かつての消費行動が染み付いているので貯蓄にいっさい回せない。だから貧困家庭は貯蓄率が低いのだという発想である。ひょっとしたらその通りかもしれない。しかしひょっとしたら、必需品を購入するだけで精一杯なのだとも考えられる。

そしてもうひとつが、短期〝フィリップス曲線〟に関する説明である。フィリップス曲線は、インフレ率が上昇すれば失業率は下がり、逆にインフレ率が下がれば失業率は上昇する傾向にあることを示すが[*20]、フリードマンはこの現象についてつぎのように考えた。インフレ時に物価が上昇すると、企業は一時的な錯覚に陥り、雇用を拡大する方向に進む。

だからインフレ率の上昇は失業率の低下に（少なくとも一時的には）つながるというのだ。しかしこの理論は、企業組織全体が錯覚に陥らなければ成り立たない。フリードマンともあろう人物が、ずいぶんおかしなストーリーを考えたものだ。

独裁政権とのつながり

フリードマンの理論は、そのほとんどが経済学者の間でさかんに議論されている。しかし一般の人たちがフリードマンの最大の問題として取り上げるのは、軍事独裁政権との関わりだろう。フリードマンがノーベル賞を受賞すると、科学部門の受賞者たちによる抗議文が〈ニューヨーク・タイムズ〉に掲載されるという、異例の事態も発生した。一九六七年に医学賞を受賞したジョージ・ワルドは、一九五四年の化学賞ならびに一九六三年の平和賞の受賞者であるライナス・ポーリングとの連名で、フリードマンの受賞に反対する投書を送った。一九七〇年代はじめ、チリの軍事政権と密接な関係にあったことを問題視したのである。同じく、デイヴィッド・ボルティモア（一九七五年医学賞）とＳ・Ｅ・ルリア（一九六九年医学賞）のふたりも、フリードマンの受賞に反対した。この場合も、問題の焦点はチリの軍事政権との関わりだった。フリードマンは「民主主義の敵を支援している」と指摘し、そんな人物にノーベル賞が与えられるのは「チリ国民……特に、軍事政府によって獄中に捕らわれている人や国外に追放された人びとに対する侮辱に他ならない」[*21]―

と非難した。

ノーベル賞への異例の反応はそれだけではない。チリの軍事政権と関わりを持つフリードマンの受賞に抗議して、スウェーデンでは数千人規模のデモ行進が行なわれた。事態の制圧に三〇〇人の警察官が動員されたが、大した成果はあがらなかった。ある人物は、参加者が限られている受賞パーティーにホワイトタイと燕尾服の正装で確信犯的に忍び込んだ。そしてセレモニーの最後になって「フリードマン、帰れ」「チリ国民、万歳」と叫び会場を追い出された。[*22] フリードマンはチリ政府の顧問を務めた経験はないと否定しておきながら、一九七五年にチリを六日間訪れたのを最後に「いっさいの接触を断った」と付け足した。[*23] これでは話に説得力がない。

実際のところフリードマンは、南米での休暇を楽しむためにチリを訪れたわけではない。アウグスト・ピノチェトが軍事クーデターに成功すると、政府関係者の招きで現地を何度も訪れ、セミナーや会議に出席した。フリードマンには、シカゴ大学とピノチェト政権との橋渡し役として友人のアーノルド・ハーバーガーが同行した。[*24] ハーバーガーはアメリカ国際開発局を介し、チリ・カトリック大学との協定のもとでシカゴ大学経済学部のための資金を確保していた。[*25] 政府関係者や軍事政権のメンバーとのミーティングが終了すると、フリードマンとピノチェト将軍との個人的な会談が行なわれるときもあり、そこではチリの経済状態が議題にのぼった。

フリードマンがチリで提言した政策は、彼の経済理論の典型とも言える内容だったが、それが前代未聞の規模と速さで実行に移されたため、論争の的になった。インフレを数カ月で収束させるために、フリードマンは「ショック療法」と呼ばれる厳しい対処法を提案したのである。具体的には、政府の支出を半年間で一律二五パーセント削減し、貨幣供給量を制限し、実質的な変動相場制を継続した。民主的に選ばれた政府であれば、こんな厳しい政策の実行をためらうところだ。しかしピノチェトの全体主義政府にとって一連の提案は実に魅力的で、どれも躊躇なく実行に移された。それを支えたのは国内の経済学者集団で、シカゴ大学の卒業生が多いことから、シカゴボーイズと呼ばれた。フリードマンは軍事政権にアドバイスを行なった事実を否定したかもしれないが、誰かがそれをピノチェト将軍に伝えるのを忘れてしまった。ピノチェトはフリードマンに送った書簡でつぎのように記している。「わが祖国の経済状況の分析への貴殿の多大なる功績に感謝したい。誰よりも貴殿を尊敬する私の気持ちを、この場をかりて表明する」[*26]

では、この政策はうまく機能したのだろうか。一九八二年には、チリの「経済の奇跡」は期待はずれだったことが明らかになっていた。〈ニューズウィーク〉の記事で、フリードマンはつぎのように認めている。「現在チリが深刻な問題を抱えているのは事実だ。いまは世界の多くの国が同じ状態で苦しんでいる……この一時的な後退はそのうち克服されるだろう[*27]」。しかしその一方、不参加選択が許されるオプトアウト式の社会保障制度や教育バウチャーなど、自分のお気に入りの政策が実行に移されたことは素直に喜んでいる。これらの政治プログラムをフリードマンは「驚くべき政治的奇跡」と評し、人権侵害を改めようとしない軍事独裁政権に惜しみない賛辞を贈った。

フリードマンはチリの人権問題に関しては口が重かった反面、ストックホルムで行なわれた抗議運動については積極的に発言した。せっかくの授賞式に汚点をつけたデモ参加者に腹を立て、まるでドイツのナチスのような「ごろつき」だと非難した。[*28] そして「空気中にナチズムの臭いが漂っている。鼻が腐りそうだ。言論の自由は聞く自由を伴わなければならない。言論の自由において、都合の悪い発言を無理やり押さえ込むような行為は許されない」と語ったとされる。[*29]

このチリの事例からもわかるように、フリードマンは自分の経済理論を政治の場で役立てることに抵抗感を持たなかった。一九六四年には大胆にも大統領選でゴールドウォーター上院議員陣営に顧問として参加した。このときは失敗に終わるが、一九六八年にニクソン陣営に参加したときは、選挙戦を成功に導いた。さらに、アパルトヘイト政策が国際的に非難されていた時代、南アフリカ政府の経済顧問を務めている。一九六六年からは〈ニューズウィーク〉でコラムの連載を始め、持論を展開して世間に様々な反応を引き起こした。たとえば社会保障、最低賃金、労働組合、公教育には反対意見を述べたが、いかにもリバタリアンらしく、政治的な動機にもとづいた課税所得控除、石油会社への補助金、徴兵制にも反対した。フリードマンは、何をやっても波風を立てるようだった。

科学的客観性か、政治的実現か

リバタリアンの哲学を自由市場への情熱と融合させることは、ハイエクにとってもフリードマンにとっても難しくなかった。どちらも小さな政府を目指すからだ。しかし、リバタリアンの哲学を科学的客観性と結びつけるのは難しい。たとえば、市場調査の結果がリバタリアンとしての価値観と矛盾するときにはどうすればよいか。科学的客観性とリバタリアンの原理のどちらを優先させればよいのか。この根本的な問題に対し、ハイエクとフリードマンの回答は異なっていた。おそらくフリードマンよりも哲学者として優秀なハイエクは、経済学で科学的客観性を守ろうとしても時間の無駄だとしてジレンマを解消した。市場は規制されないほうがよいと信じていればそれで十分とし、科学的な正当化が必要だなどと思わないように諭した。経済データに埋め込まれている真実は、経済学者には簡単に発見できないとハイエクは信じていた。経済学賞受賞者としては興味深い発想である。

しかしフリードマンのほうは、それほど簡単に科学への情熱を放棄しなかった。何しろ彼は、経済学は客観的にも科学的にもなり得る学問であり、政治や個人的偏見に影響されないとする〝実証経済学〟で有名になった人物である。フリードマンは、科学的研究と政治・思想上の立場とは切り離せると主張した。科学の「帽子」をかぶっているときには、考案した理論をデータにもとづいて客観的にテストすることが可能であり、フリードマンはこれを実証主義と呼んだ。一方、政治の帽子をかぶっているときは、必ずしも科学とはいえない政治的な見解であっても自由に表現することが許され、これを〝規範主義〟と呼んだ。科学者フリードマンと政策提言者フリードマンとの間に一貫性がなくてもかまわない。前者は科学を追究し、後者は見解を述べる。クローゼットにふたつの帽子が用意されていれば、客観的な科学者とリバタリアンの間に矛盾は存在しないというのが彼の言い分だった。

このようにフリードマンはきわめて政治色の濃い経済学者でありながら、政治的に中立な経済学に関する著作で経済学者として賞賛されたのだから、ある意味で皮肉な話である。こんな都合の良い考え方を受け入れられない経済学者はハイエクだけではなかった。シカゴ大学でフリードマンを指導したヘンリー・シモンズも、同じように懐疑的だった。シモンズは、経済学の論文は本質的に「偏見と先入観」にもとづくものだと考えていた。[*30] そして、経済学において科学的客観性が可能だと考える経済学者に不満を隠さず、「経済学者がそんなふりをするのは実に虚しい」と記した。[*31]

これにはさすがのフリードマンも考え直したようである。一九九八年に回顧録を執筆した際、妻であり共著者であるローズが経済学の客観性を信じていなかったことを記している。[*32] そして、時間の経過と共に自分もローズの立場に徐々に移行していったと指摘してから、彼らしからぬ率直さでつぎのように認めている。「四〇年以上前に方法論についての論文を執筆したときには、間違っているのは自分ではなく妻のほうだと確信していたが、いまではその確信が大きく揺らいでいる」[*33]。フリードマンは科学的客観性をすっかり放棄したわけではないかもしれないが、それに対する信頼は失ってしまったようだ。それなりに経済学賞選考委員会は、経済学へのフリードマンの大きな貢献のひとつとして実証経済学を紹介している。

実証経済学にはもうひとつ、批判者たちを悩ませる一面が備わっている。経済モデルの仮定が非現実的であっても、予測が役に立つかぎりは許されるというフリードマンの主張である。これは明らかに常識に反する発想だが、結局のところすべての経済モデルは人間の行動を何らかの方法で一般化しており、一般化というものは常に完璧とはかぎらない。それでも、ほとんどの経済学者は自分の経済モデルの前提が妥当で正しくあってほしいと願う。ところがフリードマンの場合、どんなに非現実的な前提であっても、それを弁護しようとすらしなかった。レナード・シルクは、まるでフリードマンが「「非現実的な」前提を都合よく利用しよう」としているように見えると語った[*34]。

フリードマンの両親は、カルパティア・ルテニアからの移民である。ここはハンガリー、つぎにチェコスロバキア、そのつぎにソ連に併合された地域で、ソ連崩壊後はウクライナの領土になった。ミルトン・フリードマンは、一九一二年にニューヨーク州ブルックリンで生まれた。母親は小さな乾物店を営み、日雇い労働者の父親はマンハッタンに通っていた。請求書の支払いが困難な時期もあったが、乾物店からのささやかな収入のおかげで贅沢さえしなければ暮らしに困ることはなかった。唯一の贅沢が、ミルトン少年と三人の姉たちが受けた音楽のレッスンだったが、フリードマンはバイオリンのレッスンを受けたものの才能に恵まれず、本人も音楽をほとんど好きになれなかった。小学生の頃は宗教に深く傾倒していたが、やがて不可知論者に転向して反宗教的傾向を強めた。[*35]

ニュージャージー州から支給された奨学金でラトガース大学に入学したフリードマンは、数学と経済学を学んだ。奨学金で足りない分は、ウェイターとして働き、ソックスや古本や花火を売り歩き、ラーウェイ市の高校生たちの家庭教師で稼いだ。[*36]ところが、保険数理士として輝かしいキャリアをスタートさせるはずだったのに、入学から二年後に挫折する。必修の単位をいくつか落としてしまったのだ。[*37]フリードマンの数学の能力は、保険数理士としては正確さにやや難があったが、経済学者としては十分に通用するレベルで、一九三二年にラトガース大学を卒業すると秋には奨学金を獲得してシカゴ大学に進み、当時の最先端の経済学者と触れ合う機会に恵まれた。そして早速、フランク・ナイトとヤコブ・ヴァイナーが率いる自由市場主義者のグループに参加して、修士の学位取得に十分な範囲と思われる数学の講義を履修した。さらに初めて出席した経済理論の講義で、ウクライナからやって来た若い女性の隣に座る幸運にも恵まれた。この女性、ローズ・ディレクターは、のちに彼の妻となり、重要なプロジェクトのいくつかでパートナーを務めた。

大学院に進学すると、フリードマンはコロンビア大学のウェズリー・クレア・ミッチェル、全米経済研究所のサイモン・クズネッツ、同じシカゴ大学のジョージ・スティグラーなど、錚々たる顔ぶれの経済学者と共同研究する機会を持った。卒業後は政府機関や大学でいくつかの職を経験した後、一九四六年にシカゴ大学経済学部の常勤となる。以後長年にわたり、フリードマンは志を同じくする経済学者たちと共に経済学部の知名度の普及に努め、シカゴ経済学派として有名になる派閥を築き上げたのである。

自由で制約のない市場を擁護する理論は、たしかにフリードマンが最初に提唱したわけではない。しかし、彼がこの理論の普及に最も貢献した人物であることは間違いない。フリードマンの研究論文も、一般向けの著作も発言も、すべては自由市場の実現というゴールを目指したものである。そしてそれは、科学的な内容というよりも、政治運動の様相を呈した。市場の失敗に関する実例は無視して、自由市場は政府の介入よりも優れているという信念を貫き通したのである。しかし、そんな「極端な」アプローチが見逃されるはずはなかった。フリードマンがノーベル賞を受賞した機会をとらえ、〈ニューヨーク・タイムズ〉は論説でつぎのように問いかけた。「高度に産業化され、組織が巨大化した今日の世界では、国民の健康や福祉を守るための社会活動は不可欠である。自由市場の効力が誇張されすぎると、それがおろそかにされはしないか*38」。これはまさに核心をつく疑問だった。

ノーベル賞の受賞を知らされたとき、フリードマンは驚くほど冷淡で、「これは私のキャリアの頂点ではない」と発言した。さらに「七人のメンバーから成る委員会は、私が科学的な研究の評価を委ねる陪審員としてふさわしいとは思えない」といって受け入れようとしなかった。[*39] しかしすぐに考え直し、一六万ドルの小切手を受け取った後は受賞を喜んだようである。一九七七年、フリードマンはシカゴ大学を退官するが、引き続きスタンフォード大学のフーバー研究所に在籍した。そして二〇〇六年、九十四歳で没する。

ジェイムズ・M・ブキャナン・ジュニア（一九八六年受賞）

ジェイムズ・M・ブキャナン・ジュニアは、祖父こそ一八九〇年代にテネシー州知事だったが、南部の貧しい農家の息子として生まれ、乳絞りを手伝って小遣いを稼いだ。長じて、けっして名門とは言えないミドルテネシー州立大学に進んだ。一九四〇年に卒業すると、四一年にテネシー大学で修士号を取得し、五年間を海軍で過ごす。第二次世界大戦中はチェスター・ニミッツ司令長官のスタッフとして太平洋での軍事作戦にも参加した。やがて、教育が新たなチャンスを開いてくれた。終戦後の四八年、ブキャナンはシカゴ大学から博士号を取得したのである。

ノーベル賞がその年の賞金二九万四〇〇〇ドルと共に単独の受賞者であるブキャナンに授与されることが発表されたとき、彼はバージニア州フェアファックスにあるジョージ・メイソン大学の教授だった。実際、彼は同大学の関係者としてノーベル経済学賞を受賞した最初の人物である。研究に重点が置かれた名門大学と違い、ここは主に教育を目的とした大学だったからだ。当時ブキャナンは公共選択研究センターの所長でもあったが、これは自分が創造した学問分野の研究機関として自ら設立したものである。

ブキャナンは目標に向かって努力を惜しまないタイプで、努力できない人間には容赦しない傾向があった。厳格で、近寄りがたい雰囲気すら漂うとの評判が、同僚の間では定着していた。アメリカ南部経済学会で彼と一緒に役員を務めた経済学者は、「あんな冷たい人間には滅多にお目にかかれない」と評している。[*40] たしかに人付き合いは得意ではなかった。八十歳の誕生日を迎えた経済学者、アルメン・アルキアンの貢献を称えるためのパネリストとして招待され、祝辞を頼まれたときには、アルキアンとの個人的な逸話にはわずかに触れる程度にとどめ、その後はアルキアンに鋭い質問をつぎつぎと浴びせ、彼の研究とはかけ離れたアイデアについての見解を質した。誕生祝いのスピーチには、ふさわしくない内容である。

シカゴ大学経済学部で、ジェイムズ・ブキャナンは水を得た魚のようだった。ミクロ経済学の理論を熱心に吸収し、リバタリアンの信条に心酔し、フリードマンの実証主義哲学を受け入れた。そしてフリードマンと同じく、自分の研究を客観的な科学と見なし、自由市場への傾倒や政府への軽蔑を隠そうとせず、そんな信条と矛盾しない結論を常に導き出した。フリードマンにとって有効だった打開策――科学的客観性とリバタリアンの価値観の結合――は、ブキャナンにも同じように有効だった。

博士課程に進んで市場の基本モデルの研究を始める学生にとって、最初の課題はモデルの応用である。モデルの修正ではなく、新たな分野に応用し、できれば新しい洞察を得ることを目指す。マクロ経済を対象に選ぶ学生もいれば、社会制度に応用しようとする学生もいる。ブキャナンは、公共サービスを提供する人たちの個人的な行動にミクロ経済の原理を応用することをテーマに選んだ。たとえば、すべての行政官庁、すなわち議員や官僚の全員が自己利益のために行動したら、どんな事態が発生するだろうか。ブキャナンは行政官庁で発生する問題に経済の基本モデルをそのまま応用しようと考えた。後にノーベル委員会は、この功績を主な受賞理由のひとつとして紹介した。

公職にある者が自己利益のために行動するという前提からは、どんな洞察が得られたのだろう。そもそも、彼らにも私利私欲があるという前提そのものが大きな発見だった。その可能性が以前から知られていなかったわけではないが、公共政策や公金の使い道の決定に携わる人間が自己利益を優先し、国民の意思を無視するかもしれないという〝公共選択論〟の発想は、共鳴した人たちにとって素直な驚きだった。

公共選択論がこの観察結果をすべての公共機関に当てはめ、リーダーの私利私欲が部下の利益と矛盾する可能性はいかなる組織でもあり得ると結論づけた点に、ノーベル賞選考委員会は注目した。そしてこの発見を「重要な科学的成果」として称えたが、その一方で選考委員会は、この多少なりとも明白な事実の発見者としてブキャナンを認めたわけではなかった。[*41] ブキャナンをはじめとする公共選択論の提唱者は、どちらかといえば単純な概念にもとづいて、政治学と経済学にまたがる包括的な理論を築き上げた功績を選考委員会から評価されたのである。

公共選択論は政府の介入に反対する手段として使われたが、ブキャナンにとっては、市場の明らかな失敗を修正するための政府の介入も例外ではなかった。自己利益を優先するような官僚で構成された政府に問題の解決を期待するよりは、欠点のある市場に任せるほうがましだと考えたのである。政府が正当な役割を持つだけでは十分ではない。政府を公益のために奉仕させるメカニズムが必要だというのが持論だった。

ブキャナンの研究も公共選択論も、公共的意思決定のプロセスでコンセンサスを重視する傾向がかなり強い。二十世紀初頭を代表する哲学者であり、ブキャナンが尊敬する経済学者だったクヌート・ウィクセルもコンセンサスを擁護している。[*42] コンセンサス重視というと聞こえはよいが、実のところ、これは政府の役割を制限するための新たな戦略のひとつである。コンセンサスが原則ならばすべての国民に拒否権が与えられ、国家の役割は限定される。これが投票の規準となれば、政府の活動のほとんどが制限されるだろうが、公益にかなう行動まで制限される恐れがある。

こうしてブキャナンはコンセンサスの義務づけを重視したが、無条件というわけではない。いわゆる基盤に関わる問題の決定にのみ採用すべきだと考えた。それがどんなものか理解するために、バスケットボールの試合を例にとろう。勝つためにゾーン・ディフェンスやマンツーマン・ディフェンスを勧めるのは、戦略についての意見にすぎない。しかしスリーポイント・サークルや二四秒ルールなどのルールの変更を勧めるとなれば、これはゲームの基盤に関わる問題である。ブキャナンにとって、経済の法則は秩序の基盤に関わる問題であり、したがってコンセンサスが義務づけられるべきだった。

ブキャナンが特に均衡予算の原則を好んだのは、政府が赤字を発生させる可能性が取り除かれるからだ。彼は、同時代の有権者が赤字予算を支持する姿勢には共鳴できなかった。そんな予算が自分たちの利益につながったとしても、まだ投票権を持たない将来の世代は犠牲を強いられてしまう。国家は明らかに財政規律を失ってしまったとブキャナンは嘆き、このような事態を招いた「張本人は誰あろうケインズ卿だ」と非難した。[*43] 赤字が政治的に許される状況を作ったケインズは「学問的に途方もなく大きな過ちを犯した[*44]」とブキャナンは確信していた。

エリート嫌い

ケインズに対するブキャナンの強い憎しみは、経済学だけでなく個人的な資質にもおよんだ。たとえばあるエッセイでは、「ケインズは民主主義者ではない。彼は自分のことを少数精鋭のエリート支配階級の人間だと思い込んでいる」[*45]と話を結んでいる。この発言は、ジェイムズ・M・ブキャナンの人柄を知る新たな手がかりになる。とにかく彼は、エリート大学出身の知識人が大嫌いなのだ。自分は南部の小さな大学出身なので、ハーバードやイェールの卒業生と差別されているように感じていた。海軍士官学校で士官候補生から外されたのも、シカゴ大学ですら公平な扱いを受けなかったのも、すべてはエリート主義のせいだと決めつけていたのである。[*46]

大恐慌で家計が破綻していなければ、ブキャナンも名門のバンダービルト大学に進学し、エリート学者の仲間入りをしていたかもしれない。ところが現実には、家計への負担が少ないミドルテネシー州立大学に進み、書籍代や授業料を払うため四年間ずっと朝晩の乳搾りを続けた。[*47] 彼は自分を「下層民のひとり」と卑下し、東部の名門大学出身のエリートを非難し続けた。

一九八六年にブキャナンは、自分がリバタリアンだから経済学の主流から外されていると不満を漏らしている。おまけに在籍しているのがジョージ・メイソン大学では、ハーバードやシカゴやバークレーの教授と同じようには尊敬されなかった。当然ながら、バージニア大学やバージニア工科大学やジョージ・メイソン大学の教え子たちは、学問の世界での就職に苦労した。教え子のひとり、ポール・クレイグ・ロバーツはこう語る。「私たちは全員、純血種の思想家の手で学究生活から閉め出された異端児だった。だからジム・ブキャナンの教え子の多くは、レーガン政権に参加した」[*48]。実際、ノーベル賞が発表されるまでは、やたら愚痴っぽい変人というのが多くの経済学者のブキャナン評だった。

しかも不思議なことに、政府の介入に反対する保守的な経済学者の圧倒的多数が、ブキャナンの公共選択論を評価しなかった。ブキャナンはノーベル賞を受賞する二年前のスピーチで、自分の功績は決して評価されないだろうと絶望感を打ち明けた。他の経済学者がブキャナンの研究を批判するのは、論拠の説明が抽象的で、数学というよりも論説文のような印象を受けたからでもある。それでもブキャナンは自分の研究方針に強くこだわり、従来の経済学者たちを非難して「自分たちの空想の世界でしか通用しない命題の証明に血眼になっている」とこき下ろした[*49]。自分に好意を寄せない経済学者は「石頭」、いや「イデオロギー的な去勢者だ」と発言をエスカレートさせた[*50]。

友人によれば、ブキャナンは自分が「学問の世界の最前線[*51]」にふさわしい人間であることを証明するための努力を決して放棄しなかったという。そして満たされない野望は、研究の充実にもつながった。ブキャナンは執筆活動にも精力的に取り組み、現在までに二三冊の著作を発表している。特に共同研究の機会が多いゴードン・タロックとの共著『公共選択の理論』は労作である。さらに、執筆や編集に携わった論文の数は何百にもおよび、公共選択センターでは将来のリーダーとして期待される学生の教育に熱心に取り組んだ。[*52]

しかし学者として認められるための孤独な厳しい戦いにも、三〇年目にしてようやく終止符が打たれた。一九八六年、ブキャナンはノーベル経済学賞に選ばれた。賞が発表されるや、記者たちは騒然となった。ジョージ・メイソン大学など、ほぼ初めて聞く名前だったからだ。たしかに当時、ここは創立からまだ三〇年目の大学だったが、その一方、保守的な看板教授の給料の高さではすでにかなりの評判になっていた。八六年のブキャナンの年収は一一万四一三〇ドル。大学教授の給料としては、全米でも最高ランクだった。給料の三分の一は、民間財団からの寄付によってまかなわれた。[*53]ノーベル賞はブキャナンを日陰の定位置からひきずり出し、主流派経済学のなかで日のあたる場所を新たに確保してくれた。

ブキャナンの主張にはわざわざ教えられるまでもないものもある。彼の支持者もその点は認めるが、それでもなお重要だと訴えた。彼の研究は、レーガン政権やリバタリアンやシカゴ大学の間で人気の高かった基本的な市場モデルや反政府的なテーマの強化につながった。均衡予算を政府に義務付ける憲法修正案、歳出上限の設定、そして減税は、このゴールを実現するための手段として採用され、いずれも一九八〇年代の政治で大いにもてはやされた。実際のところ政府の機能は、ミドルテネシー州立大学への助成金のような有意義なものと、業績好調な企業への補助金や租税優遇措置のような無駄なものとに区別されることもなかった。とにかく政府のいかなる介入も認めない。その姿勢が、リバタリアンである富裕層から大きな支持を集めたのである。

しかし経済理論は、歴史的な出来事によって形勢を逆転されるものだ。そもそもブキャナンは、財政赤字と債務の肥大化を招いた張本人としてケインジアンを非難していた。ところが八〇年代、そんな彼の教え子をはじめとしてレーガン政権に参加していた盟友たちが、アメリカ史上最悪とも呼べる財政赤字を発生させた。あまりにも膨大な赤字はその後四年間のブッシュ政権、さらに八年間のクリントン政権の時代にまで引き継がれてからようやく解消された。ところが二〇〇三年、今度は息子のブッシュ政権が富裕層の減税を断行し、イラク戦争を長引かせ、再び財政赤字を記録的な規模に膨らませてしまった。結局この期間、共和党政権は民主党政権よりもはるかに大きな財政赤字を発生させてしまった。

公共選択論の創始者のノーベル賞受賞のニュースは、みんなからあたたかく歓迎されたわけではなかった。たとえばマイケル・キンズリーはノーベル賞選考のからくりを槍玉にあげ、〈ウォールストリート・ジャーナル〉につぎのような嘲笑的な記事を寄せた。「報道関係者から集めた情報によると、どうやらノーベル賞選考委員会は変人の学者を選んでしまったようだ。その変人は、なんと、政治活動はすべて自己利益を原動力にしていることを発見したらしい。ノーベル賞といっても、そんなすごいものではないのだろう。こんな理論、私でも考えられる。今後のために、ここで私の持論をいくつか紹介しておこう。ブキャナンを選んだノーベル賞選考委員会も、彼を破格の給料で雇った大学も、彼を賞賛した編集委員会も、みんな自己利益を原動力として行動している」[*54]

辛らつなパロディはしばしば過激な反応を引き起こすもので、キンズリーが放った矢も的の中心を見事に射止めてしまった。編集者のもとには抗議の手紙が殺到し、差出人のひとりはなんとミルトン・フリードマンだった。フリードマンは投書だけでは気が治まらず、シカゴ大学の同窓生を呼び集め、キンズリーのコラムは子どもじみて悪質で、馬鹿馬鹿しいと非難した。[*55] 幼稚ないたずらだと表現したのはサンフランシスコ州立大学のデイヴィッド・シャピロである。ワシントン大学のトーマス・ディロレンゾは、根拠のない卑劣な発言だと評した。[*56] 公共選択論が尊敬に値することを確認するためには何か証拠が必要なのかとディロレンゾは問いただしたうえで、「政治と経済の両分野でトップの学術誌のすべてに」掲載された事実があれば、証拠として十分ではないかと指摘した。[*57] かつて経済学者のアルメン・アルキアンは「経済の学術誌に掲載されている論文の九五パーセントは間違っているか不適切である」と発言しているが、[*58] それでもノーベル賞選考に際し、学術誌での掲載は常にリトマステストとして採用されてきた。

ロバート・レカッチマンは〈ニューヨーク・タイムズ〉紙上で、ノーベル経済学賞が純粋に経済分野での独創的な成果を理由に選ばれていれば、「呆れるほど簡単に嘲笑されることもないのだろうが」と語っている。彼の見解によれば、経済学が政治色の強い学問であることはブキャナンの研究からも明らかであり、これでは歴史や政治学と同じく科学とは呼べないとした。彼は特に、基本的競争モデルに対する経済学賞選考委員会の極端なこだわりを指摘した。それはもっともだろう。何しろアダム・スミスの理論を再発見しただけの研究者が、数年おきに選ばれているのだ。〔訳注　ブキャナンは、二〇一三年一月に死去〕

第3章　ミクロの信奉者——シカゴ学派

ゲイリー・S・ベッカー（一九九二年）
ジョージ・J・スティグラー（一九八二年）
セオドア・W・シュルツ（一九七九年）
ロナルド・H・コース（一九九一年）

市場に関する従来の経済学者の知識のほとんどは、ミクロ経済学に見出すことができる。ミクロ経済学は十八世紀、市場の行動に関するアダム・スミスの著作をきっかけに誕生した。そして二十世紀はじめ、アルフレッド・マーシャルは需要と供給を現代風に表現しなおして、この学問分野の普及に貢献した。今日でもミクロ経済学は大学での人気が高く、ノーベル賞受賞者がこの分野のふたつのグループから選ばれている。ひとつは基本となるコンセプトを数学で高度に抽象化した経済学者たち。そしてもうひとつは、基本コンセプトを本来の市場とは無関係の問題に応用した人びとだ。本章では後者、すなわちミクロ経済学の新たな分野への応用が評価され、ノーベル賞を受賞した経済学者を紹介する。

需要と供給という単純な概念は多くの経済モデルのヒントになっている。あらゆる状況のあらゆる経済行動を容易に説明できるからだ。しかしミクロ経済学、それも特に完全競争モデルは極端で、市場の理想的な行動を数学的に細かく解き明かすことを目指す。完全競争モデルの前提は、シンプルかつ非常に抽象的で、多くの企業や消費者が完全な情報にもとづいて合理的に行動することになっている。新しい市場に参入する企業でさえ、何をすべきか正確に理解していると考える。これだけ理想的な条件が整えば、経済について数学的な結論を引き出すのも不可能ではない。しかし実際のところ、それがどんな意味を持つのか。現実とかけ離れたモデルが、現実の世界についてどのような洞察を提供できるのだろう。

本章に登場する四人のノーベル経済学賞受賞者――ゲイリー・S・ベッカー、ジョージ・J・スティグラー、セオドア・W・シュルツ、ロナルド・H・コース――は、いずれもシカゴ大学の出身である。これは決して偶然の一致ではない。いちばんの有名人であるミルトン・フリードマンの指導によって、シカゴ大学経済学部は彼の理論に共鳴する経済学者のみを長年にわたって採用してきた。したがって、完全競争モデルに強いこだわりを持ち、政治的には自由市場を好む人物しか選ばれなかったのだ。これから紹介する四人の経済学者はシカゴ学派の巨人とも言える存在で、全員がミクロの信奉者である。

ゲイリー・S・ベッカー（一九九二年受賞）

ゲイリー・S・ベッカーはコロンビア大学で教鞭をとっていた時期のある日、ニューヨーク市内で駐車スペースを探しながら突如ひらめいた。そのひらめきがのちにノーベル賞をもたらすことになる。この日、ベッカーは博士課程の学生の面接試験を控えていたが、コロンビア大学には教職員専用の駐車場がなく、市内で駐車スペースを確保する必要があった。しかしキャンパスが近づくにつれて、ふたつの選択肢が頭を悩ませはじめた。車通勤者には、めずらしくない悩みである。規則どおり有料駐車場を利用するべきか、それとも目的地に近いところに無断駐車して、ついでに駐車料金を節約するべきか。決断を迫られたベッカーは推理した。どちらを選ぶかは、違反切符を切られる可能性と違反金の金額に大きく左右されるのではないか。博士課程の受験生に質問すれば気の利いた回答が返ってくるだろうとベッカーは期待したが、実際に訊ねたところ満足な回答は得られなかった。そこで数年かけて自分でこの問題に取り組み、その結果、犯罪経済学という画期的な分野で多数の研究成果を残したのである。

犯罪と差別の経済学

犯罪行動についてのベッカーの理解は、ミクロ経済学の伝統的な前提、すなわち完全な合理性と完全な情報にもとづいている。犯罪者はつかまる可能性と刑期の長さを客観的に計算したうえで犯行におよぶと彼は推定した。当初、経済学者をはじめ多くの人にとって、この理論はくだらない印象を与えた。実際、ベッカーは本気なのかといぶかる向きも多かった。仲間の学者を挑発して面白がっている部分はあったかもしれないが、それでも彼は本気そのものだった。従来は社会学に限られていた領域にまでシカゴ学派の経済学を拡大させた点を功績として認められ、一九九二年、ノーベル経済学賞の単独受賞者として一二〇万ドル相当の賞金を獲得したのである。

ベッカーの両親は小学校八年生までの教育しか受けていなかったかもしれないが、息子のゲイリーは秀才で、特に数学には並外れた才能を発揮した。ビジネスマンだった父親は金融関係のニュースを欠かさず読み、視力をほとんど失った後は息子のゲイリーに金融新聞を読ませた。子どもには少々退屈だったかもしれないが、見返りはあった。ビジネスや金融の記事を読むうちに、ベッカーはいつのまにか経済学の知識を吸収していた。

やがてプリンストン大学に進学したベッカーは経済学を専攻し、四年の課程をわずか三年で修了した。その間、得意の数学は必修以外にも複数の講義を受講する。卒業後はシカゴ大学大学院の経済学部に進学するが、すでにプリンストンの最終学年で経済学への興味を失いはじめていた。経済学への情熱が復活したのは一九五一年、はじめて出席したミルトン・フリードマンの講義がきっかけだった。フリードマンの「深遠な影響力」は本人も認めるところで、以後はシカゴ学派を代表する経済学者へと大きく成長していった。そんな愛弟子をフリードマンも絶賛し、「同世代のなかでは群を抜いて独創的な経済学者」と評した。ベッカーのノーベル賞受賞が発表されたとき、フリードマンは「長年ずっと彼を賞に推薦してきたからね」と打ち明けた。[*1]

モンペルラン・ソサエティの会長を務めた経歴、そして政府のほとんどの介入に反対して民間市場の自主性を好む傾向など、ベッカーにはフリードマンとの共通点が多い。社会保障制度や最低賃金に反対し、教育バウチャー、個人退職年金、チリの独裁者ピノチェト将軍の経済政策に賛成した点も同じである。フリードマンがマリファナの合法化を主張して世間を騒がせたときも支持を表明した。[*2]

ベッカーはシカゴ大学在学中にセオドア・シュルツの講義を受ける機会にも恵まれ、教育は〝人的資本〟への投資だという考え方を学んだ。やがて大学院をわずか三年で修了すると、彼はそのままシカゴ大学の助教授に迎えられる。ところが順風満帆だったはずのキャリアは、自らの経済モデルと矛盾するような行動によって予期せぬ方向に進んだ。シカゴ大学での高給の職を放棄して、給料の安いコロンビア大学に移ったのである。本人の弁によれば、自分ひとりで成功できるところを証明するための巣立ちだったという。

ベッカーは様々な言動で世間を騒がせたが、その発端となったのが一九五七年に出版された処女作『差別の経済学』である。差別に経済学の視点を取り入れる発想は、シカゴ大学の博士論文執筆の際に思いついたものだ。冒頭で、自分と同じ人種を優遇しようとする気持ちが差別の原因だという見解が紹介される。このような嗜好を持つ人たちは、異人種との接触を避けるために経済的な損失も厭わない。つまり、労働者は異人種や異民族集団との接触を避けるために支払いの良い職を拒み、企業は人種的な偏見のために利益率の低下を覚悟で優秀な労働者を拒むというのがベッカーの差別理論の前提だった。

差別をずいぶん狭い視点からとらえたものだが、これ自体は特に目くじらを立てるような内容ではない。ベッカーを批判する人たちが注目したのは、むしろその先である。ベッカーの定義によれば、差別が生じるのは、差別する人が経済的な損失をこうむるときのみだという。経済的な損失を伴わなければ、差別的な行為でも差別とは見なされないのだ！たとえば、白人のみを採用した企業が経済的な損失をこうむらなければ、そこには差別が存在しない。あるいは、白人の店子だけを選んだ家主が家賃を一度も滞納されずに財産を守ることができれば、家主の行為は差別とは見なされない。ベッカーの理論では、企業や家主が自らの決断のせいで経済的な打撃を受けたとき、はじめて差別は成立するのである。

ベッカーは差別に関する定義を完全競争理論と結びつけ、きわめてシンプルな差別解消策を打ち出した。ベッカーによれば、差別の存在する企業は競合他社よりも収益が低くなり、結局は存続できない。だから差別意識の強い企業について心配する必要はない。利益が低下しても差別にこだわり続ければ、完全市場での競争に負けて最後は消滅してしまう。したがって差別撤廃措置も雇用機会均等委員会も、政府による差別禁止法の施行も必要ない。競争市場がうまく制御してくれると考えた。

職場での差別を狭い範囲で定義して非現実的な経済モデルを組み合わせても、役に立つ理論が出来上がるとは思えない。ところが、ノーベル委員会はこの理論をベッカーの大きな業績として紹介した。当初、ベッカーの著書はまったく注目されず、本人によれば「最初の数年間は目立った影響力もなかった」という。[*3] 徐々に注目されるようになるが、敵意のある反響ばかり。もちろん、フリードマンをはじめシカゴ大学の学者たちは例外である。「尊敬してやまない人たちの支えは実にありがたい。おかげでどんな困難も耐え忍ぶことができた」とベッカーは言う。[*4] しかし、自由な競争市場で差別が存在し得ないことを説明する理論は、やはり問題である。差別は実際に存在しているのだ。矛盾する実例に事欠かないような理論が発表されても、素直に擁護はできない。

コロンビア大学で教鞭をとっていた時期、ベッカーはマンハッタンの全米経済研究所にも籍を置き、セオドア・シュルツの人的資本に関するアイデアの研究に取り組んだ。この研究を土台にして執筆されたのが二冊目の著書『人的資本』である。コロンビアの教授陣との研究を通じ、ベッカーはシカゴ学派の哲学の普及に努めた。さらに学生の指導にもシカゴ学派の方式を取り入れ、大学院生が研究成果を発表して話し合うワークショップを再現した。

犯罪や教育、自殺までも含め、ベッカーは特別な行動によって生じる損失と見返りを数式で表現して比較するアプローチをとった。それがいかにシンプルなものか理解するために、ここでは特に犯罪について取り上げてみよう。式から得られる結果のほとんどは、多くの人が「納得できる」。しかもアプローチ自体がシンプルなので、ベッカーの理論を教えやすい。たとえばベッカーによれば、貧しい人が重大な犯罪に手を染めやすいのは教育程度が低いからであり、代償として失うものが少ないからである。ティーンエイジャーの犯罪率が高いのは、将来への影響を深刻に受け止めないからだ。[*5] 同じく薬物常用者に犯罪者が多いのは、生き方が刹那的であり、将来の結果にまで考えがおよばないからだと考えられる。[*6]

ベッカーの犯罪へのアプローチは、犯罪者は合理的だという前提を全面的に採用している。しかし、抜け目のない犯罪者はいるかもしれないが、合理的な犯罪者など本当に存在するだろうか。あらゆる職業の人たちのなかで、犯罪者は不合理な行動を選ぶ傾向が最も強いのではないか。実際、連続殺人犯のような凶悪犯罪者は、ほぼ例外なく不合理なはずだ。もちろん、駐車違反を考える大学教授のような軽犯罪者の場合には、合理的な行動は至極妥当な前提として成り立つだろう。つかまる可能性と罰金の金額が決定要因になるかもしれない。しかし、これは社会に問題を引き起こすような犯罪だろうか。駐車違反の常習犯に怯えながら暮らすコミュニティが、一体いくつ存在するだろう。

ところがベッカーは、再犯率の高さまで合理性にもとづくものだとした。犯罪者は費用と利益を合理的に評価した結果、犯罪は割に合うと判断するのだという。しかし、犯罪者は不合理だから同じ間違いを何度も繰り返すという説明も十分考えられる。[*7] 科学者ならば、ふたつの可能性を考えるところではないか。

しかしベッカーによれば、犯罪行為に走るか否かは将来を大切にする気持ちに大きく左右されるという。将来への悪影響を真剣に考えない人は、たばこを吸ったり薬物を常用したり、あるいは犯罪行為に走る傾向が強い。その結果として将来ガンになるかもしれない、死ぬかもしれない、収監されるかもしれないというところまで考えがおよばないからだ。こうした人たちは経済用語でいうところの〝割引率〟が高い。ベッカーは、薬物常用者に犯罪者が多い理由も割引率の高さで説明できるとした。そもそも割引率は将来のリスクを予想したものであって、直接に観察することはできない。だから経済学者にとっては、ほとんどの問題の原因として指摘できる便利なもので、そこから犯罪行為も割引率の高さと結びつけられる。しかしこのような犯罪経済学の理論は、重大な事実を見落としている。薬物常習者には自分の習慣を維持するための資金が必要で、それを確保するためには合理的な抑制がほとんど効かない。さらにこの理論では、家族の機能不全、家庭内暴力、子どもへの虐待や育児放棄、薬物やアルコールの乱用、不良集団との交際など、犯罪行為との関連性が考えられるほかの要素の役割も無視されている。むしろ割引率が高くても、犯罪とは無縁で幸せに暮らしている人もいるのではないか。

犯罪専門家としての名声を確立したベッカーは、広範な政治問題について見解を述べるようになった。たとえば、三度目の罪を犯した全員が厳しい処罰を受ける三振即アウト法〔訳注　重罪を二度犯すと、三度目の犯罪が軽罪でも懲役二五年以上の刑になる〕には懐疑的で、三度目の犯罪のなかでも対象を悪質な暴力犯罪に限定するべきだと語った。また、武器の不法所持を「合理的な疑い」にもとづいて捜索する自由を警察に与えるべきだと主張する一方で、武器を所持・携行する権利については認めるべきだと訴えた。さらにリバタリアンの面目躍如というか、「薬物行為で有罪となった者に長期刑を言い渡すことには乗り気で」なかった。[*8]

家族の経済学

まだコロンビア大学に在職中、ベッカーは結婚してふたりの娘をもうけた。やがて妻に先立たれると、ベッカーは中東出身の歴史学者ギティ・ナシャットと再婚し、ふたりの息子の継父になった。このような実体験からベッカーは家族について学び、彼にとって家族は犯罪に次ぐ大きな研究テーマとなった。

一九六〇年代末、すでにベッカーはコロンビア大学への不満を募らせていた。郊外からの通勤にも、六八年の学生反戦デモへの大学の対応にも我慢がならなかった。暴動としか思えないデモに「強硬な姿勢」をとらなかったのは、大学当局の重大なミスだと考えた。そして教職員は「学生と同レベル」だと批判するだけでなく、事態の制圧に失敗した当局を「無能」呼ばわりした。[*9] 七〇年にシカゴ大学に復帰したベッカーは家族の問題に改めて取り組み、結婚、離婚、利他主義、子どもの将来への投資といった行動の動機について研究を進めた。その集大成として八一年に出版されたのが『家族論』である。

ベッカーは家族に関するユニークな理論を展開するうえで、競争市場における工場生産の考え方をミクロ経済学から取り入れた。スウェーデンの経済学賞選考委員会のメンバーであるカール・ゲラン・メーラーはこう語る。「ベッカーは、家族とはいったい何かについての従来の考え方を打ち砕いた。家族は自分たちにとって必要なものを生産する工場のような存在だと考えた[*10]」。同じくスウェーデン王立科学アカデミーのアサール・リンドベックも、ベッカーの最も重要な学問的功績について紹介する際、どの家族も「小さな工場」だとするベッカーの発見にわざわざ言及している。[*11]

そもそもなぜ人は独身生活に終止符を打って結婚するのだろう。愛情、情熱、子ども、富、伴侶などの表向きの理由はさておき、ベッカーは経済的な面に注目した。結婚して家族を持てば役割分担が行なわれ、時間が有効に活用されて生活水準が向上すると考えたのである。ひとりが有給の仕事に専念し、もうひとりは家庭で無報酬の仕事に専念すれば、共同作業を通じて活用される時間やお金が最高の生活水準をもたらしてくれる。妻が専業主婦ならば、夫は安心して残業できるというわけだ。

このような分析から「科学的な」興味深い結論が導かれる。美と知性は職場でも家庭でも生産性を向上させるので、結婚相手には美と知性とを兼ね備えた人がふさわしいとベッカーは推論した。「そう考えれば、たとえば知性や魅力に劣る人が結婚しづらいことも納得できる」。ただし、魅力に関するこの結論には「統計的な裏づけはない」との脚注が添えられている。[*12]

この理論は美しい人が結婚する理由について説明しているが、では一夫多妻や一妻多夫についてはどうだろう。結婚がふたりの夫婦にとって利益になるならば、三人、四人、いや五人以上から成る夫婦にも利益になるのではないか。ベッカーはこの疑問には答えるべきだと考えたようで、つぎのように説明した。複数の夫が関わる結婚では「子どもの父親の確認が難しい」。一方、妻が複数だと利益が分散されるので——これも仮定であって、データは示されていない——結局は一夫一婦制が「結婚の形としては最も効率的」である。一夫一婦制が「科学的に」擁護されたのは、おそらくこれが最初だろう。

クレージーでお騒がせ

経済学賞選考委員会に寄せた個人的な声明で、ベッカーはつぎのように語っている。「私のようなタイプの研究は、一流の経済学者のほとんどから長いこと無視されるか、毛嫌いされてきた」[*13]。しかし、彼は人気者を目指したわけではない。〈ビジネス・ウィーク〉には「世間一般の通念に合わせるのは少々くたびれる。人気なんてないほうが愉快に過ごせる」というコメントが掲載された。同じ記事には「キャリアをスタートさせた頃のベッカーは、ほとんどの経済学者から頭はきれるが変人だと見なされていた」とある。そしてベッカーのほうも「体制に逆らうのは爽快な気分だ」といって意に介さない。たとえば「親が子どもの数を減らそうとするのは、子どもの養育費が膨らむからだ」[*14]という説明はみんなを面白がらせた。「子どもを耐久財のように扱うベッカーは、変わり者だと思われた」と経済学者のシャーウィン・ローゼンは言う[*15]。

しかし二〇〇二年に行なわれたミネアポリス連邦準備銀行とのインタビューは、ベッカーはどこまで本気だったのかと首をひねるような内容だった。「意中の女性と結婚すべき理由と結婚すべきでない理由をあらかじめ並べ出し、プラスとマイナスのどちらが上回るか量ったうえで決断する人なんて、いったい何人いるだろう。まずいないと思うね」[*16]。実際のところベッカーは、こんな選び方が将来の伴侶にとって侮辱的であることすら認めている。本当に大切なのは、「愛しているかどうか」だというのだ[*17]。ただし、愛情からでは面白い経済理論は出てこないだろう。

家族をテーマにしたベッカーの研究は、子どもの問題にもおよんだ。子どもは何人持つべきか、子どもの成長にどれだけ投資するべきかという問題である。しかし彼が回答として準備したモデルは、現実的な洞察と呼べないものがほとんどだ。よく引用される発言は、大体が先進諸国の潮流の観察結果にすぎない。たとえば、教育程度が高くなり、養育費にかける比重が大きくなるにつれて、子どもの数を減らす家族が増えるだとか、多くの家族は量より質を優先するようになり、スポーツ教室や音楽のレッスンや校外学習など、あらゆる分野で子どもへの投資を増やすなどと指摘している。

さらにベッカーはシカゴ大学のセオドア・W・シュルツの先例に倣い、教育への投資の見返り、すなわち人的資本について研究した。ほかの研究へのアプローチと同様、彼は大学へ進学する理由の多くには目を向けず、ひとつの重要な動機に焦点を当てた。それは金銭的な見返りである。ベッカーにかぎらず、多くの経済学者が教育への金銭的見返りの測定を試みているが、これは思いのほかむずかしい。大卒者の生涯所得を高卒者のケースと比較することはできるが、両者の違いの原因を教育だけに押しつけるのは間違っている。大学に進学する人とそうでない人は、そもそも性格が異なっているかもしれない。高校の卒業証書だけで満足する集団に比べ、大学進学者は平均的に野心が大きく勤勉で、さらに才能に恵まれている可能性が高い。教育への投資の金銭的見返りを正しく測定するためには、条件のまったく同じ人間同士を比較しなければならない。大学への進学という点を除けば、野心も労働倫理も才能もすっかり同じでなければならないのだ。そんな計算を取り入れた統計的手法は今日に至るまで完成されていない。だからベッカーが研究に取り組んだ一九六〇年代に、信頼できる数字が割り出されるはずがなかった。[*18]

一九九二年、経済学賞選考委員会はゲイリー・S・ベッカーをこの年の唯一の経済学賞の受賞者として発表した。このときアサール・リンドベックは、「経済学のアプローチ」を幅広い社会問題に応用した点をベッカーの功績として紹介した。発表はベッカーを驚かせたが、それは受賞したからではなく、その年に受賞したからである。彼の受賞によって、自由市場理論を標榜するシカゴ大学関係者が、三年連続で選ばれることになったのだ。同じグループに繰り返し名誉を与えると、経済学賞のイメージが定着してしまう。それは選考委員会も避けたいはずだとベッカーは考えていたのである。「まさかわれわれが三年連続して受賞するとはね」と感想を述べた。[*19]

ノーベル賞受賞者にとって——その意味では賭けの勝者にとって——賞金の使い道は当然ながら大きな関心となる。経済学賞受賞者から学問の話を聞かされても退屈だが、話題が賞金の使い道におよぶと、面白い話題を提供してくれるのではないかと期待は膨らむ。しかし報道陣を前に、慈善事業や大学への寄付といった興味深い話題は、いっさい持ち上がらなかった。その代わりベッカーは、賞金は遠慮なく自分のために使わせてもらう、豊かな国の消費者と同じだ、いくら使ったところで欲求が「十分満たされる」わけではないのだからと、くどくど説明した。[20] 一二〇万ドルといえば大金かもしれないが、アンクル・サムつまり政府に税金で「ごっそり」持っていかれれば、いくらも残らないのだという。[21]

ベッカーは自分の研究が科学的かつ客観的である点を強調し、ノーベル賞を政治的に利用しようと目論む受賞者を批判した。「ノーベル賞をもらったら、自分は何にでも答えられると思い違いするような人間になりたくない」と謙虚に語っている。[22] ところが、そう言っておきながらベッカーは誘惑に抗えず、いくつかの問題で自分の見解を公表している。たとえば〈ビジネス・ウィーク〉のコラムでは、スポーツ選手の大学授業料免除、軍への志願入隊、バウチャーを利用した学校間の競争などを奨励し、差別撤廃措置を転作奨励金にたとえている。[23] ほかにも、チリでピノチェトの独裁政権を支える「シカゴボーイズ」の活動を高く評価し、社会保障制度の民営化を支持し、一部の薬物の合法化を訴えた。さらに、ロングターム・キャピタル・マネジメントに緊急融資を行なったニューヨーク連邦準備銀行ならびに関係者でノーベル賞の受賞仲間でもあるロバート・マートンとマイロン・ショールズを批判した。[24] ほかには、彼は無過失離婚法の制定に反対した。「子どもを抱えて離婚した女性の窮状をさらに悪化させる」からである。[25] いやはや。ノーベル賞で「政治的なプロパガンダは許されない。経済学の科学的側面を世間の人たちに理解してもらう機会であるべきだ」[26] と言いきったゲイリー・S・ベッカーと、同一人物による発言とは思えない。

たしかにベッカーは以前から見解の公表をためらっていたわけではないが、ノーベル賞をきっかけに、発言は俄然注目を集めるようになったようだ。たとえば彼は、他分野のノーベル賞受賞者が経済について不適切な発言をすることに不快感を隠さなかった。「物理や化学といった分野でノーベル賞をもらった連中ともずいぶん付き合った。みんな経済問題にずいぶんうるさいけれど、ろくなものじゃない」[*27]。ベッカーは、知識人や仲間の経済学者たちを容赦なくやっつけた。たとえば「多くの知識人や経済学者が意味不明瞭な文章ばかり書いている」という事実が気に入らず、「おそまつな中身をごまかすための意図的な行為ではないか」と指摘している[*28]。ベッカーの毒舌はシカゴ大学の同僚にまでおよび、同大学が法律や経済学の分野で始めた独創的な研究は陳腐に成り下がったと切り捨てた。「かつての活気は失われ、不毛の時期」に突入したと嘆いてから、現実の問題に新たな視点から取り組むべきだと提言している[*29]。

シカゴ・ファーストナショナル銀行のチーフ・エコノミストのジェイムズ・アナベルは、ベッカーのノーベル賞受賞についてコメントを求められたとき、もっと有名な受賞者であるアルバート・アインシュタインの言葉を引用した。「子どものような好奇心で何でも知りたがる人物こそ天才だと、かつてアインシュタインは言った。きわめて好意的に解釈すれば、ベッカーはそんな天才像に当てはまると言えるだろう。彼は非常に重要な疑問を投げかけ、非常に興味深い回答を用意した。答えは常に正しかったわけではないが、常に刺

激的だったことは間違いない」[30]〔訳注　ベッカーは、二〇一四年三月に死去〕

ジョージ・J・スティグラー（一九八二年受賞）

一九八二年のノーベル賞記念講演で、シカゴ学派の経済学者ジョージ・J・スティグラーは少々風変わりなことをしてやろうと決心し、科学の定義をすることにした。「科学とは知識の統合体であり、それを支え発展させていくのは科学者と呼ばれる専門家集団の相互作用である」[31]と語り始めたとき、聴衆は興ざめしたことだろう。何しろ聴衆は、アインシュタインやマリー・キュリーにノーベル賞を授与した委員会のメンバーである。科学者の定義など、いまさら教えられるまでもなかったはずだ。だから、科学者は「科学者としての特権や名声や収入など、個人的なゴールを目指すのは当然だ」という発言を聞かされたときには、何を言っているのかと多くの人が首をかしげただろう。収入？　経済学者にノーベル賞を与えるなんて、誰が決めたのかと憤慨する人もいたはずだ。

スティグラーは生涯にわたり、少なくとも自分が実践する経済学は客観的な科学になり得ることを理解させようと努めた。著書『伝道者としての経済学者』のなかでは、「経済分析における相対的な精度と客観性」の重要さを指摘している。[32]しかし、スティグラーの経済学は日常世界とほとんど関わりがなかった。何よりの証拠に、ノーベル賞記念講演で彼はつぎのように語っている。「経済理論を考案する学者は、研究中は新聞を毎日ていねいに読むわけではない」。なぜなら、「科学が健全な形で存続するためには、新しい理論をつぎつぎとほぼ絶え間なく考えていく必要がある。当然ながら、社会情勢の変化に目を向ける余裕はない」[*33]。しかし社会や社会情勢の変化を無視する姿勢は、経済学者として本当に望ましいのだろうか。

ジョージ・スティグラーの父親はバイエルン出身の醸造業者だったが、禁酒法によってアメリカでのキャリアを奪われ、その後は職を転々としたすえに住宅リフォーム業に落ち着いた。スティグラーによれば、少年時代は愉快だったが遊牧民のように引っ越しの連続だったという。十六歳までは毎年のように引っ越した。父親は住宅を購入してリフォームすると、それを売ってつぎの場所を目指したものだ[*34]。

シアトルの公立高校に通った後、スティグラーはワシントン大学で学位を、一九三二年にはノースウェスタン大学でMBAをそれぞれ取得した。そして大好きな経済学を勉強するためにシカゴ大学へ奨学金で入学する。ここで彼は、学位論文の指導教官フランク・ナイトをはじめ経済学部第一世代の学者たちの薫陶を受けた。ミルトン・フリードマンによればナイトの指導は実に厳しく、シカゴ大学で教鞭をとった二八年間で学位論文が無事に通った学生はわずか三、四人で、そのひとりがスティグラーだったという[*35]。スティグラーは、ナイトの豊かな才能を認めたうえで、ただそこに思想史は含まれなかったと説明して自らの苦労をほのめかした。彼の学位論文のトピックは一八七〇年から一九一五年にかけての生産ならびに流通理論で、不幸にしてこれもナイトにとって苦手分野だった。[*36]

シカゴ大学でスティグラーは、W・アレン・ウォリスとミルトン・フリードマンのふたりとすぐに親交を結んだ。一九三四年から三五年にかけて、三人はシカゴ大学の博士課程で共に学んだ。やがてウォリスはシカゴ大学ビジネススクール、さらにロチェスター大学の学長を歴任するが、スティグラーとフリードマンは何十年にもわたってキャリアを競いつつ友情を育んだ。在りし日のスティグラーについて、フリードマンは六〇年間にわたる「私の無二の親友」と呼んだ。[*37]

第二次世界大戦後、スティグラーはシカゴ大学への就職がほぼ決まりかけたが、土壇場で話が流れた。学長のアーネスト・コルウェルが、スティグラーは経験主義の傾向が強すぎると判断したのだ。代わりに採用されたのは、偶然にも第二候補のミルトン・フリードマンだった。スティグラーはこの話を引き合いに出して、自分はシカゴ学派の立ち上げを助けたと冗談まじりに語っている。[*38] それから一二年後、彼はシカゴ大学ビジネススクールの学長になっていた旧友アレン・ウォリスからのオファーを受け入れ、正式に母校シカゴ大学のスタッフに加わった。

経済学部は復帰したスティグラーを重要人物として歓迎し、名門誌〈ジャーナル・オブ・ポリティカル・エコノミー〉(JPE)の主幹のポストを用意した。以後、彼はこの職に一九年間とどまる。JPEへの論文掲載を経済学者の採用や昇進や終身在職権決定の基準にしている大学は多く、主幹のスティグラーは門番のような存在だった。おまけに、この職は自分の論文を発表するうえでも好都合で、彼自身、全部で二二本の論文を掲載した。在職期間が一九年だから、年平均一本以上の計算になる。[*39]

生前、スティグラーは多くの名誉を与えられた。一九八七年にはロナルド・レーガン大統領からアメリカ国家科学賞を授与され、七六年から七八年にかけてはモンペルラン・ソサエティの会長を務めた。しかし最高の名誉は八二年のノーベル経済学賞である。王立科学アカデミーのラーシュ・ウェリンは、スティグラーの大きな功績として情報と規制のふたつの分野を紹介した。ウェリンによれば、スティグラーの学説は「二〇〇年以上前にアダム・スミスが始めた市場と価格形成についての基本理論」の伝統に一貫して忠実であり続けたという。[*40]

しかし実際のところ、スティグラーの名声を高めたのは情報でも規制でもなかった。正解はカロリーである。一九三九年、スティグラーは出来るかぎり最小限の費用で、しかもカロリーと栄養が連邦政府の最低基準値の勧告を満たす食事の計算に取り組んだ。この計算は軍用食の献立のために考え出されたもので、一九三九年当時で一日わずか一〇セントという安さだったが、栄養はともかく単調なメニューだった。この最小費用は、政府の統計や計画に登場する貧困線を計算する手段としても使われた。ミルトン・フリードマンによれば、過去に政府から支給された食事の費用が高かったのは、味や豊富な品揃えに気を取られて最低基準が「科学的に」考慮されなかったからであり、スティグラーはその事実を明らかにしたという。[*41] なるほど、いくら貧しくても毎日同じ安いメニューを食べ続ければ、家計は改善されるだろう。[*42]

一九三九年には、最小費用の数字を正確に割り出せるような数学ツールは存在しなかった。のちにジョージ・ダンツィクによって単体法が発明されると、早速四七年、国立標準局のジャック・ラダーマンはこの方法を使ってスティグラーの割り出した数字の見直しに取り組んだ。[*43] まだコンピューターのなかった時代のこと、電卓での計算には膨大な時間がかかり、延べ日数は一二〇日にもおよんだ。その結果として算出された食事の最小費用は年間三九ドル六九セント。当初のスティグラーの見積もりをわずか二四セント上回る数字だった。しかし、費用は抑えてもラードのような体に悪い材料を使った食事は、栄養士によって非難された。[*44] やはり経済学者は、健康な暮らしよりもお金のかからない暮らしについてのアドバイスのほうが得意なのだろう。

情報と規制

スティグラーは、ミクロ経済学の基本的競争モデルと現実世界との間の矛盾解消にキャリアを捧げた。たとえば、同じ製品でも常に同じ価格が設定されるわけでないことは、現実の世界では明白な事実である。品薄商品を値上げしないで、むしろ入荷待ちさせる会社は多い。あるいは賃金をカットしないことで入社を志望する人を減らさないようにする会社もあるだろう。いずれも基本的競争モデルとは矛盾する。誰もが同じように完全な情報を持ち、誰もが価格だけに反応すれば、こうした問題は理論的にあり得ない。少し待てば同じ機種のテレビが安く買えるのがわかっていたら、誰もわざわざ高い商品を買わないはずだ。これは市場の失敗、いや、不合理な行動を裏付ける証拠なのだろうか。競争モデルを熱烈に擁護するスティグラーは、べつの解決策を見出した。すべては情報獲得のコストによって説明できると考えたのである。

スティグラーによれば、誰でも完全な情報を持つわけではないし、持つ必要もない。ほかの商品と同じで、利用することの利益が獲得するためのコストを上回る場合のみ、情報は購入されると考えた。このシンプルな洞察にもとづいて、スティグラーは基本的競争モデルと現実世界との間に存在する厄介な矛盾の解消を目指し、情報経済学という新たな学問分野を創造した。従来の経済学者はこのチャンスに飛びつき、理想的な情報レベルを決定する探索モデルの考案に数学ツールを応用した。人間は情報が少なすぎる状態も多すぎる状態も避けたがる。どちらのあやまちも高くつく。この学説はノーベル賞の大きな受賞理由として評価され、スティグラー本人も自分の最大の学問的貢献だと考えた。[*45]

情報の獲得にはコストがかかり、それゆえ獲得量が限定されるというスティグラーの見解には、ほとんど異論がなかった。これは明白な事実である。しかし、そもそも獲得した情報がそれを取得するコストにぴったり一致するような、最適な情報取得などあり得るだろうか。たとえば地元の小売店にもう一度連絡したら、安い薄型テレビが手に入ることがわかるものだろうか。実際のところわからない。想像するしかない。結局はテレビなどの市場と同じく情報の市場にも、最適値など存在しない。スティグラーが競争モデルを苦境から救い出すには思い切った仮説をもうひとつ新たに打ち出す必要があった。それは、情報に関する完全情報である。それがなければ競争市場はいつまでも完全にならない。

もちろん、価格のばらつきが発生する原因を情報取得のコストだけで説明するやり方は、すべての経済学者に受け入れられたわけではない。たとえばノーベル賞受賞者のジョセフ・スティグリッツは、賃金の大きなばらつきの説明としては不適切だと指摘している。賃金や給与は職種が同じでも会社が違えば異なるし、同じ会社内でも部署によって異なる。その原因は本当に情報の多寡なのだろうか。スティグリッツはそう思わなかった。企業間の賃金格差について自分たち経済学者が情報を得られるのだから、当事者である社員も同じ情報を得られるはずだと考えた。もしそのとおりみんなが情報を共有できるとすれば、同じ職種のなかで賃金のばらつきが生じる理由をスティグラーのモデルで説明することはできない。

スティグラーのノーベル賞受賞の二番目の理由は、政府の規制に関する研究である。この研究は、独占行為の規制にせよ消費者の安全の保護にせよ、政府によるあらゆる形の規制を攻撃の対象にしている。スティグラーは、規制は政府の管理下に入った企業を利するものだという考えを示した。「一般に規制とは業界が勝ち取るもので、主に業界の利益のために考案され実行されるものだ」と記している。[*46] そこまで言いきるのだから、スティグラーは政府による規制を全面的に見直したと思うかもしれないが、そうではない。これは頭のなかで考え出したコンセプトで、実際の観察とは無関係だったようだ。

たしかに政府による規制は航空、電気通信、運送などの業界を競争から守ってきた。これらの業界では規制緩和をきっかけに、技術革新や競争の新しい時代が始まった。しかしなかには、政府の規制の動向が関係者の誠意に左右されるケースもあるはずだ。だからこそ、選挙を実施し、倫理に関する法律を制定し、情報公開を行なって関係者に結果責任をとらせることが必要になってくる。しかしスティグラーは政府の改革には関心を持たず、政府の役割を最小限にとどめることにこだわった。

民主主義社会では、選ばれた関係者が公益に奉仕しているかどうか、有権者が判断を下せばよいのではないか。この点について、スティグラーは恩師フランク・ナイトの言葉を引用している。なんと、有権者は「無知で感情的でたいていは不合理」だという。[*47] ナイトによれば、有権者が無能だから「役人は主に自己利益を追求しても許される」ことになる。[*48]
スティグラーはこの見解を支持したようだが、この有権者は経済的な決断を下す人間でもある。同じ人間が政治的な選択では無知で不合理で、経済的な決断では明敏で合理的というように、都合よくいくだろうか。

そして経済学賞選考委員会はもうひとつ、スティグラーの驚くべき発見を受賞理由に挙げている。大規模生産、すなわち規模の経済にはメリットがないことの証明である。スティグラーは、企業が成功するか否かは会社の規模とほとんど関係ないことを明らかにしようと努めた。再び選考委員会のウェリン委員長の言葉を引用すると「スティグラーの発見によって……生産活動においては規模の経済を追求する能力が従来思われていたほど重要ではない事実が明らかになった。平凡な教科書が間違った学説を教えてきたことが証明された」[*49]。しかしその二六年後の二〇〇八年、委員会は方針を変えたようである。この年のノーベル賞受賞者ポール・クルーグマンは、規模の経済の概念を国際貿易に応用した功績を認められた。

スティグラーのミクロ経済学とミルトン・フリードマンのマクロ経済学は似たもの同士だとも言われる。どちらも重要な経済問題に対して競争モデルを機械的に応用した。フリードマンと同じくスティグラーもまずデータを収集してから、いわゆる客観的な科学の範囲内で統計分析を行なった。さらにふたりともシカゴ経済学派の重鎮であり、アダム・スミスに深く傾倒し、モンペルラン・ソサエティの熱心なメンバーとして自由市場を信奉した。ふたりは客観的な科学の意味について真剣に論じ合ってきたが、その科学の内容は、一九三〇年代にシカゴ大学大学院で友情を結んでから一度ならず、個人の自由や自由市場に関する個人的な信条とはかけ離れたものになってしまった。

スティグラーは著書『伝道者としての経済学者』のなかで、知識人の客観性の欠如について不満を隠さず、つぎのように記している。「要するに知識人も、政府の経済的な役割が拡大すればその恩恵にあずかる。だから社会のほかの資源配分の場合と同じで、最高入札者に支持を与えてしまう。知識人にとって大切なのは、いつでもパトロンである」。スティグラーは明らかにこの批判をほかの知識人に向けている。自分自身の名誉――一流大学での終身在職権、名門ジャーナルの主幹、そしてノーベル経済学賞――は、素晴らしい功績に対する当然の見返りだとほぼ確信していた。

スティグラーを知る人たちは、彼の辛らつなウィットについてよく語る。たとえば、自分はゴルフクラブよりも本をたくさん持っているから知識人なのだという発言もあった。[*50]学者仲間やライバルをこきおろしたコメントもめずらしくない。テレビのあるチャンネルにハムレットが登場し、べつのチャンネルにコメディアンが登場しているとき、「テレビを見ながら馬鹿笑いする経済学者が半分もいなければ」よいのだがと語ったこともある。[*51]また、サプライサイド経済学を「トリック」だと言って、レーガン政権内の保守的な友人を怒らせた。[*52]親友のミルトン・フリードマンもつぎのように認めている。「彼をあまり深く知らない人、特に若い頃しか知らない人は、あのウィットに腹を立てるだろう。とにかく辛らつだからね」[*53]。ポール・サミュエルソンはさらに厳しい。「彼のウィットにはとげがある。刺されたら血が流れる」[*54]

生涯にわたってスティグラーは多くの学位論文の指導を手がけ、若い世代の保守的な思想家に大きな影響を与えた。そのひとり、経済学者でコラムニストのトーマス・ソーウェルは言う。「スティグラーは……知識人として誠実であり、分析には厳しく臨み、証拠には敬意を払うようにと、懇切丁寧に教えてくれた」[*55]。一九七一年から、スティグラーは同僚のミルトン・フリードマンと同じスタンフォード大学フーバー研究所に在籍し、一九九一年に没するまでほとんどの時間をここで過ごした[*56]。彼の死に際し、コラムニストのジョージ・ウィルは「知識人として市場を擁護した」功績を称えた[*57]。

セオドア・W・シュルツ（一九七九年受賞）

第一次世界大戦中、ティーンエイジャーだったセオドア・W・シュルツは二者択一を迫られた。高校に入学する道もあったが、その一方で進学をあきらめ、サウスダコタで家業の農場を手伝う選択肢もあった。当時はどこでも労働力が不足しており、ダコタの農村地帯も例外ではなかった。そこでシュルツは農場で働くほうを選び、ついに高校へは通わなかった。ところがそれでも、彼は最終的に大学に通って博士号を取得し、ノーベル経済学賞まで受賞したのである。[58] 人間の運命はわからないものだ。農場での日々は、決して時間の無駄にはならなかった。シュルツの専門分野は農業経済だった。

農業経済学者が経済学の世界で広く認められるのは簡単なことではない。ましてノーベル賞など高嶺の花。農業経済学はあまりにも現実的で、トウモロコシや豚の価格にばかり気を取られているイメージが定着しており、従来の経済学者の尊敬をなかなか得られない。しかしシュルツはそんなハードルばかりか、もうひとつのハードルまで克服した。実は彼は、数学をきちんと学んでいなかった。経済学者の多くは数学を真剣に学ぶか、あるいはもっと勉強しておけばよかったと後悔するものだが、シュルツは違った。もっと歴史を勉強するべきだったと考えた。[59] それでも、シュルツの研究は経済学賞選考委員会に注目された。それはミクロ経済学の完全競争モデルを新しい分野に応用したおかげである。これは、シカゴ学派の十八番とも言えるテーマである。

シュルツはまず一九三〇年にアイオワ州立大学に採用され、学部長に昇進すると研究部門の充実に取り組んだ。あるとき彼はひとりの農業経済学者を熱心に誘ったが、その若者、ジョン・ケネス・ガルブレイスは結局ハーバード大学のほうを選んだ。やがて四三年、アイオワ州立大学でのキャリアは突然終わりを告げる。バターとマーガリンをめぐる激しい論争が原因だった。発端は、ひとりの同僚が執筆した論文だった。バターの代用品としてのマーガリンの良さが紹介されたが、当時は第二次世界大戦の真っ最中であらゆる商品が不足していたのだから、十分納得できる内容だ。しかしアイオワ州立大学ではまずかった。アイオワの酪農業界はまったく受けつけず、論文の削除を大学に迫ったのである。これに対し大学側は学問の自由の名のもとに反撃を始め、シュルツはその運動の先頭に立った。[*60] 最終的にマーガリンと学問の自由が勝利をおさめるが、シュルツは同僚数人と共に酪農業界への抗議の形をとって辞職した。そして早速、格上のシカゴ大学経済学部のポストを打診され、受諾した。[*61]

シカゴ大学でもシュルツは学部長までとんとん拍子に出世して、個性派ぞろいのこわもて集団を上手にまとめた。[*62] そして学部長としての職務をこなすかたわら、自分の研究を続け、博士号の取得を目指す多くの学生の指導にも当たった。[*63] シュルツ自身はあまり数学をやらなかったが、教え子の大学院生のなかには数学の才能に恵まれた人物も多い。そのひとり、ゲイリー・ベッカーは、教育を資本投資と見なすシュルツのアイデアに注目し、それを量的に推計した。このアイデアは、シュルツの功績のなかでも特に重要なものとして評価された。

人的資本

一九五〇年代、将来のノーベル賞受賞者のロバート・ソローをはじめとする経済学者は、新たに考案した方程式によって世界の経済成長を数字で表現する作業を進めていた。労働や資本などのインプットを測定して公式に当てはめ、国内総生産のような経済的アウトプットを決定していく。このいわゆる成長モデルでは、労働や資本が増加すればアウトプットもそれに比例して増えていくはずだが、ある矛盾が存在した。ほとんどの国で経済成長はインプットの増加をはるかに上回るペースで進んでおり、その傾向は日本とドイツで特に顕著だった。[*64] 労働者、設備、工場、資源といったインプットの量的増加では説明できないスピードで世界経済は成長していた。そこから、「技術革新」が労働や資本の生産性の上昇をもたらしているという所見が導かれたのである。

シュルツが注目したのは、インプットは常に同じわけではなく、徐々に改善されていくというシンプルな観察結果だった。技術革新が資本の増加を促すことは多くの経済学者が認めていたが、同じことが労働にも当てはまった。労働者の健康が改善され知識が増えるにしたがって、生産へのインプットは改善されていく。教育が生産性の向上につながるという発想は、新しいものではない。シュルツよりも三〇年前、アルフレッド・マーシャルが「生産の最も強力な牽引役は知識である。自然を克服して欲求を満たすことができるのは知識のおかげだ」と述べている。[*65] シュルツの特徴は、教育をほかの投資と同じと見なし、人間を機械と同じように見なした点だ。彼は一九五八年に発表された論文「新たな経済環境とその高等教育との関わり」で、この主題を初めて取り上げた。[*66] この画期的な論文によって、シュルツは人的資本論を世に送り出した。ただし、彼は最初は人的資本という言葉を使ったわけではない。[*67] 工場への投資を決断する企業に関してアーヴィング・フィッシャーらが考案した理論にシュルツは注目し、それを教育への投資を決断する場合に応用しただけである。両者は明らかに似ている。たとえば人的資本も時間が経過すると価値が低下することは、大学で習ったことを忘れてしまった人なら誰でも身に覚えがあるだろう。人的資本という新しい概念は、ソローの統計における矛盾解消に役立った。経済の成長にはインプットの増加や技術革新だけでなく、労働者ひとりひとりの生産性の向上も大きく関わっているのだ。

教育にはいくつもの利点があるが、人びとの生産性を高め、高給職への道を開くことは明白な事実である。シュルツは人的資本の研究に取り組む同僚と共に、教育のこの一面に注目した。そして、大卒者が受け取る高い給与を測定し、そこから利益率というひとつの指標を作り出した。人的投資への見返りをこのような形で表わせば、株式市場や不動産や豚肉など、ほかのあらゆるものに対する投資への見返りとの比較が可能になる。大学教育はあなたにとって賢明な投資だったか。その授業料を株や商業不動産に投資したほうが良い結果につながっていたか、という具合に。こうした質問なら回答を得やすい。ちなみに教育への投資からは、ほかのほとんどの投資よりも大きな見返りが得られるケースが多かった。

もちろん、人的資本論にも問題はある。教育や医療のそれ以外の利点をいっさい無視するやり方が、はたして賢明だろうかという指摘が一部の学者から寄せられた。一方、完全競争を前提とすることにも反対の声があがった。たとえば人的資本論にしたがえば、大卒者の給与が高卒者の給与を五〇パーセント上回る場合、大卒者は生産性に関しても高卒者を五〇パーセント上回る計算になる。完全競争の状態では賃金が生産性に比例しなければならないからだが、それほど厳密な関係は現実には存在しない。だが競争は常に完全だという前提を信じて疑わないシュルツやベッカーにとって、そんなことは問題ではなかった。

開発途上国への関心

一九七九年、シュルツはアーサー・ルイスと共にノーベル経済学賞を受賞した。どちらも貧しい低開発国の問題に学問的な関心を抱いたが、提唱した救済策はかなり異なる。シカゴ学派の流れを汲むシュルツは自由市場のアプローチで臨んだが、対照的にルイスは政府の賢明な介入を奨励する傾向が強かった。

多くの国が貧困に苦しみ続け、特に農業部門が慢性的な不振に陥っている現状はよく知られているが、注目する経済学者はほとんどいなかった。しかしシュルツをはじめとするミクロ経済学者は、これらの国で経済成長が定着しないのは政府が企業の自由を十分に徹底させていないからだと考えた。ここでもアダム・スミスの教義が顔をのぞかせ、お馴染みの議論が展開されている。シュルツによれば、企業に対する政府の課税や規制は行き過ぎており、一部の企業が不当に優遇されるばかりか、人道的な目的に使われるはずの収入をほかの用途に充てているのだという。

シュルツはノーベル賞記念講演で、農産物価格を抑制する貧困国の政府を槍玉にあげた。このような政策で得をするのは都市部の住民で、貧しく政治力のない農村部の住民は犠牲を強いられるばかりだと指摘したのである。そして「政府の政策が引き起こした歪みのせいで、農業の経済的貢献は本来のレベルを下回っている」と訴えた。[*68] さらに彼の非難は、政府による規制を支持し続ける経済学者や「援助機関」にも向けられた。[*69] そんな経済学者のなかには、経済学賞を分け合ったアーサー・ルイスも含まれていたはずだ。

人的資本と農業発展への関心を結びつけたシュルツは、教育のなかでも特に農民教育の必要性を訴えた。「貧しい人たちの生活を改善するうえで決定的な生産要素は、スペースでもエネルギーでも農地でもない。人間としての質の向上だ」として、教育への出費を投資と考えない人たちを叱責した。[*70] シュルツは自由市場のために戦うシカゴ学派の闘士として、政府の介入全般に反対してきたが、教育にかぎっては政府の支出を支持しているようだ。この点に関してシュルツは「教育への公的支出を「福祉」への支出と見なしたり、「貯蓄」を取り崩すような資源の無駄遣いと見なすのは間違いだ」と語った。[*71]

健康を改善して寿命を伸ばすための対策は、ほかの分野でも貴重な投資を促す。健康保険や医療制度が改善されれば平均寿命は伸びる傾向があるのだから、自己教育への投資意欲はさらに大きいはずだとシュルツは期待した。老後が長ければ、見返りを得られる期間も長くなるからだ。[*72] ただし、市場が提供してくれない医療をどのように確保するかが問題だった。結局、シュルツはこの問題には取り組まなかった。

一方、子どもの問題に関しては、量より質に対する関心が高まっているとシュルツは考えた。これからは子どもの健康や教育にかける費用が増えて、少子化が進むと予測した。要するに、人びとは子どもをたくさん欲しがる代わりに優秀な子どもを望むようになっていく。ミクロ経済学の言葉で言えば「質と量は代替関係にある。量に対する需要が減少すれば、少子化の傾向は強くなる」のである。[*73]

一九九八年に執り行なわれたシュルツの葬儀では、シカゴ大学で発揮したリーダーシップや研究と教育での功績がたたえられた。シュルツによって教育と医療と発展途上国の分野に応用されたミクロ経済学は、学問としてさらに進化を遂げていった。

ロナルド・H・コース（一九九一年受賞）

一九六八年に創設されて以来、ノーベル経済学賞は物理、化学、生物学、医学といった自然科学の影から抜け出そうと奮闘してきた。実際、経済学賞の受賞理由となった学説を説明するのがむずかしいときも多く、ほかの分野ほど功績が高く評価されるわけでもない。

そして経済学賞選考委員会は、中身の不足をしばしばレトリックで補おうとした。なかでも仰々しいのがロナルド・H・コースについての記述だ。「……コースは経済システムのなかに新たな素粒子を確認したと言えるだろう」[*74]

取引コストと所有権

選考委員会は、コースについて特にふたつの学説を紹介した。それぞれ論文も発表されていて、ひとつは一九三七年、もうひとつは六〇年に執筆された。最初の論文は、会社はなぜ存在するのかという根本的な疑問への回答である。下請けに出せばよい業務まで社内で手がける大きな規模の会社があるのはなぜだろうか。これに対し、コースはしごく当たり前の回答を準備した。会社というものは何でも少ない費用ですませようとするものだという。マイクロソフト、ゼネラル・モーターズ、ユニオン・カーバイドのように、大きな組織を作るほうが安上がりなケースもあるだろう。一方、多くの不動産開発業者の間では慣例になっているが、下請けに頼るほうが安いケースもある。社内で働く人材を採用・訓練して監督するにはかなりのコストがかかることは誰でもわかる。しかし、下請けと交渉して契約を順守させるコストは正当に評価されていないとコースは考えた。彼はこれを市場利用のコストと呼んだが、後にこれは〝取引コスト〟として知られるようになった。コースによれば、取引コストが高いと会社規模は大きくなる。真偽の証明は難しいが、指摘されれば納得できるような回答である。

経済学賞選考会によって評価されたふたつ目のアイデアは、汚染などの問題へのユニークな解決法の提案である。このアイデアを理解するために、蒸気機関車を例にとろう。走りながら火花を散らす機関車は、周辺の農場に火事を発生させる恐れがある。これは〝外部効果〟、つまり一方の当事者が発生させたコストをもう一方の当事者が負担するケースの典型例である。もしもこの問題が深刻化すれば、政府は鉄道会社に規制をかけ火花の発生を禁じることができる。しかしイギリス人経済学者のアーサー・ピグーはべつの解決法を提案した。火花を発生させる機関車に政府が税金をかけるのだ。税金を払いたくなければ行動を控えるだろうし、逆に税金が支払われれば被害者である農民への賠償金の財源が確保できる。

コースはさらにべつのアイデアを考えた。火花を発生させる権利を政府が鉄道会社に与えるのだ。農民が火花を出すのをやめてほしいと思えば、その権利を鉄道会社から買い取る。ちょっと変わった発想だが、これなら問題を効果的に解決できるとコースは考えた。あるいは逆に、火花から解放される権利を政府が農民に与え、火花を発生させたい鉄道会社がその権利を農民から買い取ってもよい。理論的にはどちらのアプローチでも問題を解決できる。農民にせよ鉄道会社にせよ、政府が当事者の一方に所有権を発行することが肝心なのだ。その後は、政府は手を引いて解決を市場にまかせればよい。もちろん、これは自由市場主義経済学者の間で評価が高かった。

コースの解決策が機能するには、農民と鉄道会社が正直かつオープンに交渉しなければならない。ところが実際には、農民の間で意見をまとめるのも難しいのだから、鉄道会社との取引を成立させるのは実に困難である。完璧な条件が整えば不可能なものはない、「豚だって翼があれば空を飛べるのだから」と、ある査読者はいやみたっぷりに記した。[*75] つまり、この理論が実際に機能するためには、両当事者が完全な情報を持ち、しかも取引コストがゼロでなければならない。しかし当事者はお互いに情報の提供を控えようとするから、このふたつの条件が満たされるとは思えない。すべてが完全な世界なら、外部効果の問題も所有権で解決できるだろうが、現実の世界ではまず無理だろう。コースも限界を理解していたようだ。「市場で当事者間の交渉にまかせるよりは」、規制や課税や補助金、あるいは政府による所有に頼るほうが良い結果が得られるかもしれないと説明している。[*76] しかし、シカゴ学派のメンバーたちがそんな限界を受け入れるはずがなかった。何しろ、この理論を〝コースの定理〟と命名したのはジョージ・スティグラーである。コースの言葉をかりれば、この定理は「取引コストをゼロと見なし、完全情報を前提とするならば、当事者間の交渉による協定は富の最大化につながる。それは最初にどちらに権利が譲渡されていようとも変わらない」[*77] となった。

コースはかなり厄介な立場に追い込まれた。経済学賞選考委員会が評価した最初の学説では、会社の存在を決定するうえで取引コストが重要な要素として存在することを認めている。ところが二番目の学説、すなわちシカゴ学派からコースの定理と命名されたアイデアは、取引コストがゼロのときのみ通用するのだ。取引コストが発生するとコースの定理は応用できないが、現実の世界において取引コストは常に発生している。

しかし自由市場を信奉する学者の多くは学説のアイデアの限界などに目を向けず、コースの定理は現実世界の多くの問題に対する解決策になると評価した。経済の効率性を達成するためには当事者のどちらに所有権を与えてもよいという点は、特に注目された。「工場も近くの住民も空気に対する所有権を同じように主張できるようになった」と指摘する者もあった。[*78] どちらに所有権を与えるかの決断は公平性の問題で、経済学者よりも哲学者にふさわしいトピックである。しかし経済学者はいろいろな分野で所有権を創造し、どんどん民間の手に委ねるようになった。

コースのアイデアが最善の形で具体化された実例のひとつが、一九九〇年代に考案された〝キャップ・アンド・トレード・システム〟である。火力発電所からの硫黄の排出量を規制するためにイギリスで始められたものだ。この場合、政府は一トンの硫黄を排出する許可証を発行する。これが所有権と見なされ、ほとんどが業界に無料で与えられる。コースの理論では、権利の所有者が誰でもかまわないという点を思い出してほしい。許可証は業界内で比較的自由に売買されるが、汚染の発生源となる企業は、年間一トンの硫黄を排出するごとに許可証を獲得しなければならない。許可証の発行数が減少するだけでなく、発電所に対する規制が強化されるので、硫黄の排出量が減少する仕組みである。同様のシステムはヨーロッパにおける二酸化炭素排出量規制にも採用されており、現在ではアメリカでも同じような制度の導入が検討されている。コースが提案した学説は、これらのシステムを理論的に正当化している。

コースの学説はミクロ経済学を拠りどころにしているが、保守的な経済学者の間ですぐには評価されなかった。実際、学者になってから三〇年間、彼はほとんど無名に近かった。一九一〇年に生まれ、ロンドンの郊外ウィルスデンで過ごした少年時代にも、のちのノーベル賞受賞者の片鱗は見られない。両親の学校教育はどちらも十二歳までで、父親は郵便局に勤務し、母親も結婚するまで同じ職場で働いていた。そんな両親はテニスなどスポーツで体を動かして楽しんだが、息子のロナルドはひとりで勉強しているのが好きだった。チェスを覚えても、誰かと対戦するよりもひとりで楽しむほうを好んだ。本人の話によれば、足が弱かったため「身体障害者専用の学校」に通ったという。映画『フォレスト・ガンプ／一期一会』の登場人物のように、特殊なギプスを装着していた。

ラテン語と数学に興味が持てなかったので専攻科目であれこれ悩んだすえ、コースは一九二九年にようやく決心を固め、ロンドン・スクール・オブ・エコノミクスで競争経済システムとアダム・スミスの「見えざる手」について学び始める。これが人生の転機となり、競争市場へと傾倒していくことになったという。一九三一年、「研修旅行のための奨学金」を獲得したコースは、一年間アメリカを回っていくつもの大企業を訪問し、なぜ大企業が存在するのかという研究に取り組んだ。そして一九三七年、その回答を「企業の性質」と題する論文で発表し、取引コストの概念をはじめて紹介した。

こうしてコースはイギリスとアメリカで研究活動に従事するが、その間、第二次世界大戦中には政府機関で統計業務にたずさわった。数学に興味がない人間にはちょっと意外なキャリアである。のちにシカゴ大学で同僚になるリチャード・エプスタインは、まさかコースが統計の仕事をしていたとは思わなかったようで、「あいつは生まれてから数字を見たことがない」と語っている。[*79]

ディナー・パーティー

第二次世界大戦後、学問の世界に戻ったコースは公共事業を研究テーマに選び、イギリスのラジオ・テレビ放送に関する著書を上梓した。一九五九年には、連邦通信委員会に関する論文を執筆する。アダム・スミスの競争モデルによれば、生産資源は概して最高入札者のもとに向かう。コースは無線周波数帯を生産資源と見なし、この分野にも競争入札制度を導入するべきだと考えた。これは従来の方法とは大きくかけ離れていた。当時、連邦通信委員会は周波数帯を関係者に割り当て、それと引き換えに公共放送としての基準を守り、公益に資することを義務付けていたのである。

この発想は、みんなから直ちに支持されたわけではなかった。コースが提出した論文はシカゴ大学の〈ジャーナル・オブ・ロー・アンド・エコノミクス〉で発表されたが、同誌の主幹アーロン・ディレクターはいくつかの疑問を抱いた。そこで彼は、友人と一緒にコースを自宅でのディナー・パーティーに招待することにした。招待された友人とは、ジョージ・スティグラーやミルトン・フリードマンなど、シカゴ大学経済学部の学者たち。なんと豪華なパーティーだろう！ パーティーが始まったとたん、コースとシカゴ学派の二〇人以上のメンバーとの間で論争が交わされた。そして白熱した議論のすえ、出席者全員がコースの言い分の正しさを認めたのである。「論争の口火を切ったのはミルトン・フリードマンだった。みんなその激しさに圧倒されたが、コースだけは例外だった」とジョージ・スティグラーは回想している。[*80] コースは出席者全員の疑いを晴らし、最も手ごわいミルトン・フリードマンさえ手なずけた。文字通り一夜のうちに情勢は変わった。公的資源を民間に委ね、競争入札で最高入札者に所有権を与えるというコンセプトは、シカゴ学派の基準として認められたのである。少なくともシカゴ学派の経済学者にとって、これは思想史に刻まれるべき素晴らしい瞬間だった。なかでもふたりの出席者は感銘を受け、このときの模様を一九八三年の〈ジャーナル・オブ・ロー・アンド・エコノミクス〉特別号で詳しく紹介している。

当初シカゴ学派がコースのアイデアに抵抗したのは、哲学の違いというよりは馴染みのなさが原因だった。やがて新たな尊敬を勝ち取ったコースは、一九六四年にシカゴ大学でのポストを提供される。ただし経済学部ではなく、ロースクールからの打診だった。コースはこれを受け入れ、早速〈ジャーナル・オブ・ロー・アンド・エコノミクス〉の主幹に就任し、一九八二年までこの地位にとどまった。

単にシカゴ大学のオファーがよかったのか、それともコースをバージニア大学から追い出す陰謀があったのか。サプライサイド経済学と陰謀論に詳しいポール・クレイグ・ロバーツは、コースが社会主義者の秘密結社からターゲットにされたという説を広めた。〈ビジネス・ウィーク〉の記事のなかで、「『右よりの』経済学部からリーダーを取り除くため、大学当局が密かに考えた計画」の犠牲者がコースだったと語っている。[*81] ロバーツによれば、バージニア大学が一九六四年にコース、そして六八年にジェイムズ・ブキャナンを追い出したのは、「社会主義に敵対的な[*82]」ふたりと経済学部とにフォード財団のトップが不満を抱いたからだという。おそらく誇張癖があるのだろう。ロバーツは八一年から八二年にかけての景気後退について、レーガン政権の盟友デイヴィッド・ストックマンの陰謀だと発言したこともある。[*83]

いくつかの点で、コースはノーベル賞受賞者の規格から外れている。ハイエクと同じく、経済についての持論を展開するために彼は統計や数学に頼らなかった。ただしノーベル賞受賞スピーチでは、経済学者が数学を使うことに反対はしないと述べ、経済学にとって数学が必要な時代がやって来るだろうとも指摘して、おそらくまだ機は熟していないとほのめかした。[*84] こんな発言も残している。「子どものとき、馬鹿馬鹿しいことは歌で表現すればよいと言われた。現代の経済学では、数学で表現すればよい」。[*85] コースも研究にもっと数学的要素を取り入れていれば、ノーベル賞を若いうちに受賞していただろうと、〈ボストン・グローブ〉のデイヴィッド・ウォルシュは言う。ノーベル賞を受賞したとき、コースはすでに八十歳になっていた。

コースの著作には実例よりも、鉄道会社と農民のようなたとえ話のほうが多い。ほかの経済学者には実体経済をじっくり観察するように忠告しているくせに、本人はその忠告をほとんど実践していないようだ。一九三一年から三二年にかけて大企業を訪問してまわったのが唯一の例外である。また、彼の文章はわかりやすさが際立っている。シカゴ大学の同僚リチャード・エプスタインは「中学校三年生程度の教育があれば、誰でも理解できる」とコメントしている。[*86] 学者の世界では、これはほめ言葉とはかぎらない。

一九九一年十月に経済学賞が発表された当日、ノーベル委員会は八十歳の老経済学者の居場所の確認に苦労した。彼はその日をわざわざ選び、妻と一緒にフランスの別荘を離れ、チュニジアの古代都市カルタゴを旅行していた。

長いキャリアのわりに、コースは多作ではない。経済学賞選考委員会は二本の論文を評価しているが、それ以外には目立った著作をほとんど残していない。その埋め合わせとでも言おうか、二本の論文のうちのひとつ「社会的費用の問題」は、経済学の論文としては最も頻繁に引用されている。バークレー校ボールト・ロースクールの経済学者ロバート・クーターはこの事実についてこう言う。「たいていの経済学者は著作の数の最大化に努める。コースはほかの学者に自分の文章を引用される機会を最大化させた[*87]」

長らく公共部門に独占されてきた市場の民営化を願う人たちに対し、コースは格好の理論を提供した。所有権を創造して入札にかけ、最高額を提示した関係者に権利を与えるという発想は、ささやかなものだった。しかしそれは放送電波、汚染物質の排出権、自然独占の民営化につながった。公の場所や公のイベントに命名する権利さえ、最大の資金提供者に与えられる傾向がいまでは急速に広がりつつある。まだ所有権が確立していない分野、曖昧な分野、所有権の販売が制限されている分野はたくさん残っている。いまのところ、水や人間の臓器の所有権や養子縁組の権利は自由市場から閉め出されているが、いつかは変化が訪れるかもしれない。そして実現した暁には、最高入札者に所有権を与えられる分野に限界がないことを発見した天才として、ロナルド・コースの名が思い出されるだろう。

フランスに別荘を所有するかたわら、ロナルド・コースは元同僚のミルトン・フリードマンと同じフーバー研究所に上席主任研究官として在籍した。かつてコースはつぎのように語っている。「人びとは（私の研究が）間違っていると考えたわけではないが、重要性を理解しなかった」[*88]。経済学賞選考委員会によってコースの知名度が高まり、主流派経済学のなかで彼のアイデアの普及が加速したのは間違いない。〔訳注　コースは二〇一三年九月、一〇二歳で死去した〕

第4章 カジノと化した株式市場

マートン・H・ミラー（一九九〇年）
ハリー・M・マーコウィッツ（一九九〇年）
ウィリアム・F・シャープ（一九九〇年）
マイロン・S・ショールズ（一九九七年）
ロバート・C・マートン（一九九七年）

一九九七年十月十四日、スウェーデン王立科学アカデミーはノーベル経済学賞の受賞者を発表した。マイロン・S・ショールズとロバート・C・マートンである。金融商品の価値を計算する独創的な数式の考案が、ふたりの受賞理由だった。オプションをはじめとする金融商品は、シンプルながらそれまで価値の算出が容易ではなかった。

ところがそれから一年もたたないうちに、状況は急展開を見せた。ニューヨーク連邦準備銀行は、ウォール・ストリート史上最悪の倒産劇を阻止するために高級事務レベルの交渉を密かに開始したが、この問題には前述のノーベル賞受賞者ふたりが関わっていたのである。トラブルの震源地はロングターム・キャピタル・マネジメント（LTCM）。同社はショールズとマートンの理論を採用するばかりか、ふたりを取締役会のメンバーに迎えていた。ノーベル賞で一躍有名になってからわずか一年足らず……今度は衝撃的な倒産劇との関わりで悪名を轟かせてしまった。LTCMに参加したときは天才として持ち上げられたが、市場が崩壊した途端に奈落に突き落とされた。そもそもなぜマートンとショールズがノーベル賞に選ばれたのか。そしてなぜ、ふたりのアイデアは現実の世界であれほど惨めに失敗したのか。

株式市場は経済が機能する場所としても新しいアイデアの実験場としても、常に経済学者の注目を集めてきた。経済学の難解な理論に精通している経済学者ならば、市場でかなり有利な立場を確保できると思われるかもしれない。しかし実際の記録を見るかぎり、結果は様々である。いちばんの成功例がジョン・メイナード・ケインズで、株式市場ばかりか、複雑な国際通貨市場においても、抜け目ない投資で大成功をおさめた。毎朝起床する前にその日の投資について決断を下し、注文を指示したという言い伝えも残されている。ケインズも損をするときはあり、特に大暴落の際には巨額の損失をこうむった。それでも常に回復し、ポジションを大きく改善することができた。

今日では多くのアドバイザーがポートフォリオ、すなわち運用資産の組み合わせの多様化を勧めるが、ケインズは違った。将来性が見込まれ、バランスシートが堅実だと思われる企業を厳選し、そこに投資を集中させた。この戦略は見事に当たり、ケインズは母校ケンブリッジ大学キングス・カレッジから寄付金の運用をまかされたほどだ。運用期間は二二年におよび、その間には大恐慌も経験したが、同カレッジの資金は平均して年一二パーセントの利益を生み出した。同じ時期、イギリスの株式市場全体で一五パーセントも落ち込んだことを考えれば快挙である。ケインズの投資戦略はアメリカの伝説的な投資家ウォレン・バフェットをはじめ、ほかの投資家たちのお手本になった。

その対極にいる不幸な人物が、アーヴィング・フィッシャーである。イェール大学の著名な数理経済学者だったフィッシャーは一九二九年、株式市場に巨額の投資をし、株式市場は過大評価などされておらず、今後も右肩上がりの成長は続くといって投資家を必死でつなぎとめようとした。しかしイェール大学の経済学者としての地位も、学者としての完璧な能力も、大勢の投資家による株の投げ売りを防ぐには十分でなかった。一九二九年十月、市場は崩壊する。多くの人がコツコツ貯めた貴重な財産を一瞬にして失ったが、フィッシャー教授も例外ではなかった。自分は金融市場の仕組みを理解する才能に恵まれている、だから絶対に金儲けできるはずだという思い込みがつまずきの原因だった。そしてこれから紹介していくマイロン・S・ショールズとロバート・C・マートンも、同じ轍を踏んだのである。

金融経済学の分野では、マートンとショールズに先駆けてすでに三人の学者がノーベル賞を受賞していた。一九九〇年の経済学賞は、数理ファイナンスという新しい分野の三人のパイオニア――マートン・H・ミラー、ハリー・M・マーコウィッツ、ウィリアム・F・シャープ――に授与された。株式市場などでの投資活動にミクロ経済学を応用した功績が主な受賞理由だった。三人が評価された理論は貴重な秘密の解明を目指し、その研究は金融業界の巨大化につながった。

マートン・H・ミラー（一九九〇年受賞）

マートン・ミラーはハーバード大学に通い、一九四四年に経済学部を優等の成績で卒業した。[*1] ハーバードでは経済学入門の講義を受講し、同級生にはのちにノーベル賞受賞仲間となるロバート・ソローがいた。将来のノーベル賞受賞者ふたりに引っ張られるクラスは、ほかの学生にとってさぞかし大変だったことだろう。

卒業後、ミラーはカーネギー工科大学（カーネギー・メロン大学の前身）に赴任して、未来のノーベル賞受賞者フランコ・モディリアーニとの出会いを果たす。企業金融への関心という共通点を持つふたりの交流は、いくつもの成果を生み出した。一九五二年に最初の論文を共同発表した後、五〇年代から六〇年代にかけて共同研究は継続された。そんな成果の一部が評価され、モディリアーニは八五年にノーベル賞を受賞するが、ミラーは絶好のチャンスを逃した。「これで自分はおしまいだと思った」と回想している。[*2] しかし九〇年、ミラーにもチャンスが巡ってきた。この年、スウェーデン王立科学アカデミーは、ミラーをはじめ金融経済学のパイオニアを受賞者に選んだのである。

ミラーがモディリアーニと手がけた共同研究は、企業金融に関する基本原則を確立した点が高く評価された。特に注目されたのが、ミクロ経済学の世界では、株価の決定要因は収益性のみだという発想である。企業が借り入れや株式発行によって業務の拡大を図ろうとも、投資家に配当金を支払おうとも、そんなものは無関係だと考えた。*3 現実世界の営みに無関心なミクロ経済学からそんな結果を導くこともできるのかと、多くの経済学者が興味を惹かれた。

一九六一年、シカゴ大学経営大学院に赴任したミラーはシカゴ学派の哲学に魅了され、「自由市場による経済問題の解決を熱烈に支持するようになった」という。そして早速、政府による規制の問題点を指摘して、商品取引所への行政監督の介入に反対した。それもそのはず、彼はシカゴ商品取引所、のちにはシカゴ・マーカンタイル取引所の理事として、これらの問題に直接関わっていたのだ。

ハリー・M・マーコウィッツ（一九九〇年受賞）

一九五〇年代、ミクロ経済学を企業金融に応用する方法について考えた経済学者は、ミラーとモディリアーニだけではなかった。ミクロ経済学は経済学者にとって強力なツールになっていたが、それを応用するためには独創的な発想が求められ、多くの学者が問題解決に取り組んでいた。そのひとり、ハリー・M・マーコウィッツは、〝リスク〟と〝ポートフォリオの多様化〟という問題に焦点を当てた。リスクは決して新しい概念ではなかったが、マーコウィッツは統計学ではお馴染みの方法である〝分散分析〟を用い、リスクに特別な意味を持たせた。分散分析はウォール・ストリートの注目を集め、リスクの標準測度として直ちに採用された。

ハリー・マーコウィッツは大恐慌の時代にシカゴで育った。両親は小さな雑貨店を営み、アパートに子ども部屋を確保するだけの余裕はあったが、それ以外にはほとんど贅沢が許されなかった。[*4] シカゴの子どもたちの例に漏れず、ハリー少年も地元の公園で野球やアメフトを楽しんだが、その一方、風変わりな一面もあり、科学書や哲学書を好んで読んだ。チャールズ・ダーウィンの『種の起源』や哲学者デイヴィッド・ヒュームの作品などが愛読書だった。

シカゴ大学に入学して二年後、マーコウィッツは経済学に興味を持った。数学者ジョン・フォン・ノイマンの理論に傾倒し、ミルトン・フリードマンをはじめとする未来のノーベル経済学賞受賞者の教えに刺激を受けたのである。そして、有名なコウルズ経済研究委員会に学生メンバーとして参加した。コウルズ委員会は比較的小規模ながら、数理経済学や計量経済学の分野で多くのノーベル賞受賞者を輩出した。

マーコウィッツが論文のテーマとして選んだのは、株式市場への数学的手法の応用だ。その結果、平均収益とリスクというふたつの数字によって投資の組み合わせが決定される、新しいポートフォリオモデルが考案された。マーコウィッツによれば、従来の投資モデルは収益の重要性を強調しすぎる反面、リスクへの関心が十分でなかった。そのため自分のモデルでは、現実世界における投資家の行動との一貫性を心がけた。投資家は、リスクを減らすためにポートフォリオを多様化したいものである。ポートフォリオの銘柄を入れ替えることによって、期待収益とリスクを様々に組み合わせられることをマーコウィッツは明らかにした。

ウィリアム・F・シャープ(一九九〇年受賞)

株を購入する際には、それによってポートフォリオにどんなリスクが加わるかをあらかじめ理解しておかなければならない。リスクの大きい銘柄がポートフォリオのリスクを膨らませることは、教えられなくてもわかる。しかしそれほど目立たないが、もっと重要な特徴がある。それは、ほかの銘柄との兼ね合いだ。ある株の値動きが激しくても、ポートフォリオを構成するほかの銘柄と反対の動きをしていれば、ポートフォリオ全体の動きは不安定にならない。この洞察から、今ではすっかり有名になった資本資産価格モデルが生まれ、発案者のウィリアム・F・シャープには一九九〇年にノーベル賞がもたらされた。[*5]シャープの分析の土台となっているのが〝ベータ係数〟で、今ではウォール・ストリートのベテラン投資家にも新米投資家にも、経済学の学生にも広く使われている。ベータ係数の背景にある考え方はかなりシンプルなものである。ダウ平均などの複数の銘柄から成るポートフォリオの収益は、多少の値動きの激しさを伴いながらも歴史的に一定のパターンを繰り返す。ポートフォリオのなかには値動きの激しい銘柄も含まれるが、それに連動しない銘柄もある。ベータ係数とは、市場全体に対する各個別銘柄の株価の感応度である。正しく測定されれば、新たな銘柄をポートフォリオに加えたときのリスクの変動をきちんと把握できる。スタンダード・アンド・プアーズ五〇〇に関して割り出されたベータ係数は、基本的には市場全体の動きに対する感応度としても通用する。[*6]

ベータ係数の考案によって投資は刺激され、新たな方向に進んだ。「シャープの研究は、現代の投資家がポートフォリオを多様化するうえで非常に実践的なガイドになった」[*7]と、ノーベル経済学賞受賞者のケネス・アローはいう。一九九〇年には〈ロサンゼルス・タイムズ〉でジェイムズ・ライゼンが、シャープとマーコウィッツの研究は「ミューチュアルファンドの成功と普及に貢献した」と指摘した。もっとも、ミューチュアルファンドが大きな飛躍を始めたのは、ふたりの研究成果が発表されてから数十年後のことである。

シャープは一九五一年にカリフォルニア大学バークレー校に入学したとき、科学を専攻して医者になるつもりだった。しかし結局は同大学のロサンゼルス校に移り、五五年に経済学の学士号、五六年には兵役に先立ち修士号を取得した。

ノーベル賞を受賞した多くの同僚と同じく、シャープはランド研究所に所属した。戦後、この研究所ではコンピューター科学、ゲーム理論、線形計画法、経済学など、様々な学問の課題を追求する機会が提供された。ランドに在職中、シャープは当時としてはめずらしいコンピューター・プログラミングを学ぶ。さらにランドでの仕事は時間的な制約が少なかったため、彼は経済学の博士号取得を目指し、一九六一年にＵＣＬＡで取得した。このとき論文のトピックに関して悩んだシャープは、当時やはりランドに所属していたマーコウィッツに相談した。そしてその勧めにしたがい、資本価値の算出にミクロ経済学を利用することを選んだ。この研究は、資本資産価格モデルの土台になった。

資本資産価格モデルでは値動きの激しい株ほど平均収益が高いものだと見なされるが、ＬＴＣＭの専門家集団もこのモデルに依存した。本来、値動きの激しさはリスクを意味するが、ほどなく収益率の測定手段としても、値動きの測定は重要視されるようになった。たとえ数学を信じない人でも、リスクの高い株には当然高い収益率が期待されることは理解できるだろう。値動きが激しいのに収益率が少ない株など、誰も買おうとしない。

資本資産価格モデルで肝心なのは、ふたつの資産の収益の違いがリスクの違いによって決まることである。たとえばふたつの債券の収益差が拡がったり狭まったりするところに、ＬＴＣＭの統計の天才たちは目をつけた。相対収益が過去の価値に落ち着くことを当てにできれば、大儲けが期待できるのだ。しかしこのコンセプトも、金融経済学のほかの原則も予想どおりには機能せず、ＬＴＣＭは奈落に突き落とされてしまった。

マイロン・S・ショールズ（一九九七年受賞）

いよいよマイロン・ショールズの登場である。ショールズはカナダ人で、金融経済学者としては後の世代に属する。母親は小さなデパートチェーンを彼の叔父と共同で経営しており、そんな母親からショールズはビジネスへの情熱を受け継いだ。[*8] 彼はとにかくビジネスに関わるものが大好きで、証券取引や投資だけでなく、ギャンブルにまで手を出した。まだ高校生のときから両親に株取引の口座を開設してもらい、投資に夢中で取り組んだ。ショールズは高校生から大学生になっても株取引を続け、ついには金融経済学者と金融コンサルタントを職業にした。

ショールズはマクマスター大学に通い、教養課程を学んだ後に経済学を専攻した。そしてミルトン・フリードマンとその同僚たちの研究に刺激を受け、大学院はシカゴ大学の経済学部に進み、一年目の終わりには経済学のとりこになった。当初の予定では、カナダに帰国して叔父の商売を手伝うはずだったが、代わりにコンピューター・プログラマーとして大学に残った。その結果、一九六〇年代始めのシカゴ大学経済学部にとってショールズは欠かせない存在となり、マートン・ミラーからも高く評価される。やがてミラーの勧めでシカゴ大学の博士課程に進学し、六八年には博士号を取得した。その後マサチューセッツ工科大学（ＭＩＴ）に助教授として採用され、そこでロバート・マートンとフィッシャー・ブラックのふたりとの出会いを果たす。ブラック＝ショールズの定理はブラックとの共同研究の成果である。

オプション

ノーベル賞で注目される以前からショールズの名前はビジネス界でかなり知られていたが、それは有名なブラック＝ショールズ方程式のおかげである。これは一九七〇年代に考案された金融オプションの価格算出モデルで、特定の日に特定の価格で株を購入する権利、すなわちオプションを客観的に評価できるというふれこみだ。この方程式は七三年四月にシカゴオプション取引所が開設されてまもなく考案されたもので、七三年にほとんどゼロだった市場が二〇〇六年には一五兆ドルの規模にまで膨れ上がったのもそのおかげだと言われる。これはあながち嘘とは言い切れない。ブラック＝ショールズ方程式はテキサス・インスツルメンツの初期の電卓にプログラムされ、ウォール・ストリートで広く普及していたのである。

ショールズとマートンがノーベル賞を受賞したときも、ビジネスで脱線行為におよんだときも、〝オプション〟は中心的な役割を果たした。オプションは比較的シンプルな金融商品だが、正確な評価が難しい。そもそもオプションとは将来のある時期に何かを所定の価格で売買する権利のことで、この権利は行使してもしなくてもよい。その起源は遠く古代ギリシャにまでさかのぼり、当時は出航する貿易船が将来もたらすかもしれない利益が投資の対象にされた。今日のオプション取引には巨額の金が関わっており、巨大な取引の中心がシカゴオプション取引所である。オプション取引は将来のある時点での資産の増加や減少を対象にした賭けのようなもので、投資の選択肢が広い。たとえば先物契約を結んだ場合、投資家は将来のある時点での資産（または株）の購入を義務づけられるが、オプションの場合、実際に購入するか否かは投資家の裁量に任される。そこからオプションという名前が付けられたのであり、一般にはデリバティブとして知られる。

オプションには、買う権利（コール・オプション）と売る権利（プット・オプション）の二種類がある。コール・オプションは、資産価値の上昇が見込まれるときに購入される。たとえば一ドルの手数料を支払って、三カ月後に株を五ドルで購入できるオプションを手に入れたとしよう。実際には三カ月後の株価が八ドルにまで上昇していたら、オプションを行使すればよい。八ドルの株を五ドルで購入できるのだから、そこから手数料の一ドルを引いた二ドルが最終的な利益となる。一方、株価が予想通りに上昇しなかったときは、権利を行使しなければよい。損するのは一ドルの手数料のみ。ちょっと手の混んだ工夫をすれば、いろいろな形で株式市場に投資できることがおわかりだろう。

一九七三年、〈ジャーナル・オブ・ポリティカル・エコノミー〉に掲載された論文のなかで、ブラックとショールズはオプション・プレミアムを算出するための方程式を紹介した。オプション・プレミアムの算出は一見難しそうだが、実は物理の熱伝導方程式と同じなので、解を導き出すことができた。これは物理に詳しいフィッシャー・ブラックの功績である。さらにノーベル賞受賞者ウィリアム・シャープの助けを借りて、この方程式は投資家にも役に立つ簡単な形に作り変えられた。

シカゴ大学とMITとスタンフォード大学は金融経済学という新しい学問の発展の中心地となり、ショールズはその間を自由に往来した。一九七三年には客員教授としてシカゴ大学に戻り、その後は八一年にスタンフォードに籍を置いた。やがて九〇年代、ショールズの学問的研究とビジネス・ベンチャーは徐々に融合を始めた。彼は従来どおりスタンフォード大学でデリバティブを研究する一方、ソロモン・ブラザーズの顧問を務め、最終的には常務取締役にまで登りつめた。これで準備は完了した。九四年、ショールズはLTCMの共同設立者となり、後にノーベル賞を受賞すると、自慢のアイデアを駆使して錬金術に乗り出したのである。それは成功するはずだった。

ロバート・C・マートン（一九九七年受賞）

LTCMでショールズのパートナーとなったロバート・C・マートンは、やはり野心旺盛で数学が得意な金融経済学の教授だった。学生時代のマートンは工学と応用数学に関心が高く、最初はコロンビア・カレッジ、つぎに全米屈指の技術学校であるカリフォルニア工科大学で学ぶ。[*9] 常に数字や数学が頭から離れず、野球選手の打率やピッチャーの成績、車のエンジン仕様書の数字まで暗記していた。その一方、銀行業務や株式市場にも興味を示し、九歳のときには母親の小切手帳を操作したり、架空口座を作ったりしていた。皮肉にも数十年後、LTCMは同じ手口による脱税行為をIRS（内国歳入庁）から指摘された。[*10] マートンは十一歳ではじめて株を購入し、すでに十九歳で危険な「鞘取り売買」の経験をすませていた。

カリフォルニア工科大学の数学教師たちの強い勧めが功を奏し、マートンはMITの大学院で経済学を学ぶことになった。そして周囲のアドバイスにしたがい、ノーベル賞受賞者ポール・サミュエルソンの経済学のクラスを受講する。サミュエルソンはマートンの才能をただちに認め、自分の研究助手に採用した。ふたりは難解な金融商品への興味を共有しており、ほどなく共同で研究を始める。当時マートンは大学院の二年生だったが、あまりにも優秀な彼をサミュエルソンは論文の共同執筆者として認め、MITとハーバードによる数理経済学セミナーの冒頭で居並ぶノーベル賞受賞者に論文を披露させた。

マートンは金融を正式に学んだわけではないが、MITのスローン経営学大学院は金融工学の講師として彼を採用した。金融工学では数学の能力が重視されたからだ。一九七〇年の秋から常勤になると、彼は大学院での講義で使う資料の学習に多くの時間を費やした。MIT在職中には、マイロン・ショールズ、フランコ・モディリアーニ、フィッシャー・ブラックなど、金融分析の能力に優れた多くの学者たちと交流する機会に恵まれた。

ロングターム・キャピタル・マネジメント

投資家は常にライバルよりも何とか優位に立ちたいと願うものだが、時には学者がそのための道具として利用される。評判の高い学者のスキルを利用して金儲けする方法は、決して新しい戦略ではない。しかしソロモン・ブラザーズのトレーダーだったジョン・メリウェザーは、一九八〇年代から九〇年代にかけてこの戦略を貪欲に展開した。彼は生まれながらのギャンブラーであり、早くから投資運用に数学モデルを取り入れた。

やがてメリウェザーは自分で投資会社を立ち上げると、ヘッジ、レバレッジ、リスクなど、ソロモンで大成功をおさめた戦略を再現することにした。さらに、金融工学の分野から最高の頭脳をリクルートする戦略も継続し、ハーバードからマートン、スタンフォードからショールズを熱烈なラブコールによって獲得した。マートンによれば、メリウェザーとLTCMは「金融に関して理論と実践の最高の組み合わせを目指した」という。[*11] そして当時の経験について「LTCMの立ち上げに関わった日々は、実に強烈で刺激的だった」と熱っぽく語っている。[*12] こうしてメリウェザーは新しい会社に優秀な頭脳をそろえたが、他にもMITやハーバード・ビジネススクールから有能な学者を招聘した。その結果として出来上がったオールスターキャストは、〝機関投資家〟から「世界最高の金融工学者集団」と称されたものだ。

メリウェザーは学者のドリームチームをふたつの方法で活用した。まず、ドリームチームによってハイレベルの計算やモデリング能力が会社に備わった。しかしより重要なのは、有名な教授陣の存在が、月並みな投資会社よりも有利だという評判につながることだった。それが、投資家や資金を呼び込みやすくする。実際、最強の布陣にウォール・ストリートは幻惑され、一九九四年の運用開始時点でLTCMの評価は最高潮に達していた。その結果、なんら実績もないLTCMが一〇億ドルの投資ファンドを創設し、こうした業務に対して銀行などが通常請求する手数料に関しても、大きな譲歩を引き出すことができた。

LTCMが利用した手段のひとつがヘッジだ。値動きが対照的な投資を組み合わせることによって利益と損失を相殺し、全体としてのリスクを軽減する方法である。ここではよく空売りが使われる。ふつう株に投資するときは、将来株価が上がりそうな銘柄を購入するものだが、空売りの場合には、後から株価が下がることが前提になる。空売りでは、まず証券会社から株を借りてすぐに売却する。そして株価が下がった時点で株を買い戻して銀行に返却すれば、利益が得られるわけだ。一九四九年にアルフレッド・ウィンスローは、株式投資のリスクを相殺するために空売りを行なった。四人の友人と一〇万ドルの資金を集めて立ち上げられた組織は、世界初のヘッジファンドと言ってもよい。ウィンスローはヘッジファンドの父と呼ばれている。

ただし、ヘッジファンドはほかの投資戦略に比べて値動きが少ないので、大損がない代わりに大儲けも期待できない。

そんなヘッジファンドで手早く大儲けするための唯一の方法がレバレッジである。レバレッジは借入金を使う形の投資で、シンプルながら金融では重要なコンセプトである。たとえば手持ちの一〇〇ドルを投資して一ドルの利益が得られても、儲けはわずか一パーセントにすぎない。しかし同じ一〇〇ドルでも、自分では一ドルだけ投資して、残りの九九ドルを借入金でまかなえばどうだろう。利益は大きく膨らむ。自分では一ドル投資するだけで一ドルの見返りが得られるのだから、ほぼ一〇〇パーセントの儲けになるのだ![*13] LTCMの金融の天才たちは、収益やヘッジファンドやレバレッジに関する知識を武器に、市場やライバルを打ち負かすために様々な作戦を立てた。これは非常に賢明な戦略で、しばらくの間はうまく機能した。最初の数年間、LTCMは実に二桁の利益率を記録したのである。

ところがロシアが短期国債の債務不履行を宣言する異常事態が発生し、市場の混乱が深刻化すると、頼りになるはずの武器はまったく使い物にならず、LTCMは対応に苦慮した。市場は時として予測不能な動き、いや不合理な動きさえするものであり、方程式もコンピューターモデルも高等数学も、何を使ってもこの現実を変えることはできない。そもそも市場が合理的に動くというルールなど存在しない。危機に直面した市場は特に不安定に推移するものだ。市場も最終的には合理的な動きを取り戻し、価格も本来の安定を取り戻すだろう。しかしそれまでに不合理な価格がどれだけ続くのかは誰にもわからない。ケインズはこの問題をとっくに認識していた。「市場の不合理な状態は、そう簡単に解消できない。思っているよりもずっと長く続くものだ」

一九九八年の夏の間じゅう、LTCMは巨額の損失を計上し続け、ポジションの損失は拡大し続けた。そして危機が拡大するにつれて、ある事実が世間で明らかになった。LTCMのレバレッジは極限まで引き上げられており、その資金は国内の複数の大手銀行から借り入れたものだったのである。ソロモン、メリルリンチ、ゴールドマンサックス、モルガン・スタンレーといった銀行でさえ帳消しにできないほど、借入金は膨らんでいた。なんと、レバレッジは二八倍（一ドルの投資に対して二八ドルの借入金である）。一企業の危機は、ほぼ一夜にして国家的な危機へと拡大した。

同じような立場に置かれたら、たいていの企業は借金を返済するために資産の整理を迫られるところだ。十分な資金を確保できなければ、行き着く先は破産裁判所である。裁判所はわずかな資金をすべての当事者に配分し、実質的に損失の分配が行なわれる。しかしＬＴＣＭはあまりにも大きく、借入金はあまりにも多く、投資家に資金を返済するためにはあまりにも多くのポジションを清算しなければならなかった。一〇〇〇億ドルの借入金は、世界の金融市場を大混乱に陥れるには十分だった。内部関係者は清算が進まない状況に苛立ちを募らせたが、そもそもＬＴＣＭの資産を時価で購入してくれる投資家を十分に確保することには無理があった。そしてポジションの清算が始まっただけで価格は急落し、事態の収拾は不可能になるはずだった。

少なくともニューヨーク連邦準備銀行はそんなシナリオを思い描いた。そこで大口の貸し手を招集し、ＬＴＣＭのポジションを緩やかに穏やかに清算し、最終的に組織を解体させるための戦略を話し合った。この場面にはウォレン・バフェットまで登場し、ぎりぎりの段階でＬＴＣＭの買収を申し出たが、メリウェザーはこれを即座に断る。彼にとっても、ほかの経営陣にとっても、屈辱的な条件が提示されたからだ。バフェットの提案が拒否された後、銀行関係者は本格的な話し合いに入った。そしてニューヨーク連邦準備銀行の指示により、公的資金は使わずに、民間銀行がＬＴＣＭへの緊急融資を自発的に行なう方針が決定された。たった一年で、ＬＴＣＭは八〇億ドルの資産のうち七五億ドルを失ってしまった。

そしてもうひとつ重要な問題が残り、解決までには何年もかかった。それは税金である。ＬＴＣＭは一九九八年に破綻したが、内国歳入庁（ＩＲＳ）は二〇〇二年になっても不正処理されたと見られる七〇〇〇万ドルの未納分の税の回収に努めていた。ロジャー・ローウェンスタインはＬＴＣＭに関する優れた著書のなかでノーベル賞受賞者ショールズをつぎのように紹介している。ショールズは「税金を刺激的で知的なゲームと見なし」、「誰だってきちんと税金を払ったりしない」という趣旨の発言をしたという。[*14] またデイヴィッド・ウェッセルは〈ウォールストリート・ジャーナル〉で、ＩＲＳの調査は「大物が税金逃れをする方法を垣間見せてくれた」と記した。[*15]

ウェッセルが紹介している手口は複雑だが興味深い。たとえば、ゼネラル・エレクトリックやファースト・アメリカン・ナショナル・バンクはコンピューターをリースしている。この場合、リース料は所得控除の対象にできるし、減価償却費として計上することもできる。このシンプルな仕組みから、サンフランシスコの投資銀行ボブコック・アンド・ブラウンは「リース・ストリッピング」と呼ばれる方法を考案した。ＩＲＳの目の届かない海外に課税所得を移転する一方で、アメリカ企業に適用される収益税控除の資格を継続させたのである。租税回避の中継地には、ロンドンの会社オンスロー・トレーディング＆コマーシャルＬＬＣが使われた。会社といっても私書箱があるだけで、社員は税理士と銀行家と計理士しかいない。

ロングターム・キャピタル・マネジメントとロンドンのオンスロー社の関わり合いは、オンスローの優先株とLTCMの株式のスワップから始まった。そして一九九七年、LTCMは取得した優先株を売却することによって大きな損失を計上し、納税義務の減少に成功したのである。しかしIRSはこれを認めようとせず、二〇〇三年には法廷闘争で勝利をおさめた[*16]。この経緯を取材したデイヴィッド・ウェッセルは、〈ウォールストリート・ジャーナル〉の特集記事をこう締めくくった。「……税金の支払いを刺激的な知能ゲームにするべきではない。何百万ドルも費やして複雑な「偽取引」をでっち上げた連中は、政府がその仕組みを暴くために何年もかかることすら承知のうえだ[*17]」

LTCMが破綻した後、ふたりのノーベル賞受賞者マートンとショールズは大学に戻り、投資機会について専門家の立場からアドバイスを行なうようになった。ちなみにショールズはアドバイス料を受け取ったうえで、ポートフォリオ戦略や税金を合法的に軽減する方法についてクライアントに指南している。

疑念

本章で紹介してきた経済学賞受賞者たちは全員が、金融経済学の発展に何らかの方法で貢献した。シカゴ、スタンフォード、MIT、ハーバードなど名門大学出身の彼らは、ミユーチュアルファンドやデリバティブやストックオプションの市場拡大に一役買っている。また、ミクロ経済学や微積分の高度な技術を金融市場に応用した。それを見た多くの投資家は、株、オプション、リスク、資本など、様々な金融商品の価値を測ることができる客観的な公式が発見されたと信じ込んでしまった。

新たに登場した金融経済学者の役割について、ニューヨークにあるニッコー・セキュリティーズ・インターナショナルのチーフエコノミスト、ロバート・ブルスカは「彼らの貢献によってみんなの生活が大幅に改善された」[*18]という。ミューチュアルファンドやオプション取引の市場が以前よりも巨大化したことは間違いない。その成長が金融モデルの発展によって促されたのも確かだろう。たとえば現在、デリバティブ市場では年間およそ七〇兆ドルの取引が行なわれていると推定されるが、これはアメリカの国内総生産のほぼ一〇倍の数字である。[*19]

しかし、本当によいことばかりだろうか。金融経済学の公式は前提条件が大切である。たとえばブラック＝ショールズ方程式は複雑で抽象的すぎるので、常に正しいわけではないという事実を一般の投資家が理解できない可能性もあり得る。実際、ブラック＝ショールズ方程式の前提条件は、この方程式の証明に使われる伊藤の微分方程式と同程度に難解なものだ。ならば、ノーベル賞を受賞した学者たちが、計画的にリスクを過小評価したとは考えられないだろうか。過度に楽観的な前提を持ち出して、投資家がリスクの大きいポジションをとるように仕向けた可能性はないだろうか。ＬＴＣＭの破綻とは、こういうことではなかったのか。このようなリスクを取ることが国家や世界の純資産の増加につながるだろうか。単に途方もないギャンブル行為になってしまったのではないか。

金融経済学の重要な前提のひとつである〝効率的市場仮説〟によれば、株価は現在と将来の市場の価値を知るための最高の手段だという。この理論はシカゴ大学のユージン・ファーマ〔訳注　二〇一三年ノーベル経済学賞受賞〕によって提唱されたもので、株式市場はすべての情報を合理的に織り込んだうえで常に〝適正〟価格を生み出すものだと仮定している。しかしこの仮定は、理性というより信仰が前提だ。株式市場が完全に合理的に機能するためには、情熱、恐怖、高揚感、迷信、パニック、後知恵といった様々な人間の感情に影響されてはならない。

このように、効率的市場仮説の正しさを疑うべき理由はきちんと存在するのに、ほとんどの金融経済学者はこの問題を無視した。効率的市場という前提がなければ、せっかく考え出した原則や証明や方程式の多くが成り立たないからだ。ブラック＝ショールズ方程式も例外ではない。それでも代わりになるような理論は存在しないから、金融市場は本質的に合理的だというあやしげな前提条件にもとづいて、学者は手の込んだ数学理論を考え続けていく。うまくいけば学者としての評判が少なからず上昇し、オプション取引で何十億ドルも稼げるかもしれないのだ。

効率的市場仮説によれば、株価を変えられるのは新しい情報のみである。しかし実際のところ、株価は重要な新情報とまったく無関係な形で不規則な動きをするときがある。理論と現実の矛盾は、株式市場の大暴落の際に最も顕著な形で表れた。

一九八七年十月十九日、ダウ平均指数は一気に五〇八ポイント下落した。一日で二三パーセントという記録的な落ち込みである。ところがこのとき、原因を解明できるような新たな情報は存在しなかった。市場の崩壊は青天のへきれきとしか思えなかったのである。後日行なわれた調査では、興味深い事実が明らかになった。株価暴落劇にはコンピューター取引が関わっていたのだ。金融モデルをプログラムされたコンピューターは、売買注文を自動的に行なうように設定されている。そのため市場の下落が確認された途端に売り注文を増やし、株価を一気に下げてしまった。株価は下げ止まらず、取引時間を大幅に短縮した後、ようやく歯止めがかかった。[*20] 皮肉にも、この危機を引き起こした犯人のひとりは、ブラック＝ショールズ方程式が組み込まれたコンピュータープログラムだったのである。〈フォーブス〉に掲載されたデイヴィッド・ドレマンの記事によれば、新たに市場に導入された様々なモデルが相互作用を繰り返したあげく、安定していたはずの市場に大混乱を引き起こしたのだという。このブラックマンデーの株価暴落は、効率的市場仮説を提唱する学者たちに厄介な問題を突きつける結果になった。現状はまったく変化していないのに、市場指数が数日間で二五〇〇ポイントから一八〇〇ポイントまで一気に下がるとは、一体どういうことなのだろう。金融経済学の分野でノーベル賞を受賞した学者にとって、一九八七年の大暴落は大切なライフワークに間違いが証明されたかのような大事件で、誰もが困惑を隠せなかった。ノーベル賞受賞者のシャープは「われわれはみんな戸惑っている」[*21]と認めた。そのうえで、市場がここまで壊滅状態に陥るということは、何か新しい情報の存在が考えられるかもしれない、さもなければ理論とつじつまが合わないと弱々しく指摘した。そして「十分な情報にもとづいて将来の経済動向を予測していたはずだったが、そこに何らかの変化が生じ、市場にあのような状態を引き起こしたというシナリオも十分に考えられる。いずれにせよ、それを証明することはできない。それにしても、こんなおかしな事態が発生するとは」と語った。[*22]

一方、フィッシャー・ブラック教授は一九八七年の大暴落について、市場の不安定な状態が極限まで膨らみ、収束するために株価が下がるしかなくなり、その結果として十月の大暴落が引き起こされたのだと指摘している。[*23]しかし、そもそもなぜ不安定な状態が助長されたのだろう。市場は時として不合理で予測不能な動きをするものであり、それが危機の引き金になるときもあると説明すれば明快ではないか。しかしこのように説明すると、効率的市場仮説との矛盾が生じる。

では、一九八七年の大暴落についてショールズはどう解説したか。キース・デヴリンの取材記事から紹介しよう。[*24]ショールズによれば、方程式には何の落ち度もない。高度な方程式にトレーダーの頭がついていけず、十分に使いこなせなかったのがいけなかったのだという。これは驚いた。一体何が足りないというのだろう。市場はあらゆる点で完全だと言っておきながら、方程式の使い方だけは完全ではないと言いたいのか。もちろんトレーダーの計算能力が足りなかったわけではない。計算をするには、ブラック＝ショールズ方程式が組み込まれたテキサス・インスツルメンツの電卓を購入すればよいのだから。

この大暴落の後には、効率的市場仮説とそれにもとづく金融モデルへの信頼を揺るがすような変化がほかにも微妙な形で進行している。株価指数先物取引の値が現在価値に収束しなくなったのだ。一〇パーセントないし二〇パーセントの食い違いが生じたが、ブラック教授によればこれは「あり得ない事態」だという。[*25] 一方、ハーバードの経済学者ローレンス・サマーズはこの事実に注目し、「従来の理論の落とし穴が明らかになった」としたうえで、長年「アメリカでは金融経済学の教授の誰もが、こんな事態はあり得ないと教えてきた」と指摘した。[*26]

ローレンス・サマーズをはじめ金融経済学に批判的な学者は、効率的市場仮説の基本的な前提そのものに疑いの目を向けている。人間の基本的な行動は恐怖やパニックや情熱を伴うものであり、そんな感情が市場を動かせば、数学者の考える完全な合理性など吹き飛んでしまう可能性は十分に考えられると指摘した。イェール大学のロバート・シラー教授〔訳注　二〇一三年ノーベル経済学賞受賞〕は「効率的市場仮説は経済理論の歴史上最も重大なあやまちである。これでまた経済学の寿命が縮められた」と語っている。サマーズはブラックマンデーの重要性を強調し、つぎのような結論を下した。「経済のファンダメンタルズに関する情報の変化が株価を決定すると信じていた人たちも、月曜日に五〇〇ポイントも下げた市場を見せられて呪縛から解放されたはずだ」[*27]。ちなみにケインズも株式市場が合理的だという妄想とは無縁の人物で、合理的に説明できない心理を「アニマルスピリッツ」と呼んでいる。そして「国の資本がカジノでの賭けで増えていくようでは、悪い結果は目に見えている」と警告した。

ノーベル賞を受賞するほどの経済学者が、どうしてこんなトラブルに巻き込まれたのだろう。そもそもの発端は罪のない行動だった。数学好きの学者がミクロ経済学の原則を金融市場に応用しただけである。たしかに興味深いアイデアや洞察は得られるだろう。しかし抜け目のない投資家ならこんな理論の限界を理解できるだろうし、絶対に正しいと勘違いして無条件に受け入れたりしない。

金融経済学の理論、いや経済学のあらゆる分野の理論は、あくまでも仮説にすぎない。彼らの名誉のためにことわっておくが、経済学者のほとんどは非常に誠実な人柄であり、自分で考案した仮説を学術論文に慎重に発表するが、そもそも誰も読まないし、理解できない。一般の人たちはむろん、投資家だって伊藤の微積分にでも精通していないかぎり、理解できない。投資家は学者の名声、数学的能力、そしてもちろんノーベル賞をあてにして信用しているにすぎない。

現代の経済学の見識について理解することはもちろん大切だが、限界についても同じように十分学ばなければならない。一九八七年にブラックマンデーが起こる以前、効率的市場仮説を批判する人たちはどこにいたのだろう。主要経済誌のどこにも論文は掲載されていない。デイヴィッド・ドレマンは、学術誌が故意に批判を閉め出しているも同然だと語り、つぎのように記した。「学術誌は一握りのエリートしか相手にしない。すでに社会で評価が定着している理論の考案者や信奉者にだけ発表の機会を与える。反対する人の書物を燃やすわけではないし、その必要もない。都合の悪いものは掲載しなければよいのだ[*28]」

科学者は親切な批判に対して感謝するものであり、これで理論の弱点が補足された、新しい理論を創造するきっかけが提供されたと喜ぶのが普通である。ところが経済学者は違うようだ。質の高い研究は歓迎されず、理論の良し悪しは仲間の意見によって決定されてしまう。批判や意見の相違を受け入れる余地が現代科学を育ててきたというのに、経済学者も経済学賞選考委員会もほとんど受け入れようとしない。

結局、新しい金融モデルは一九九八年にＬＴＣＭを守るためにも、一九八七年の株式市場暴落の理由を説明するためにも大して役に立たなかった。八七年にブラックマンデーを経験した後では、金融経済モデルの未来がばら色に見えたとも思えない。それなのに経済学賞選考委員会は性懲りもなく、九七年にふたたび金融経済学の分野からふたりの受賞者を選んでしまった。選考委員会は難解な数学に気を取られるあまり、経済学が現実の世界で果たす役割の重要性を忘れてしまったのだろう。経済学理論がなすべきは数学のパズルを解くことではない。現実の世界で生じる経済的な出来事をきちんと解明しなければならないのだ。

そんな経済的な出来事のひとつが二〇〇八年の株式市場崩壊である。このような深刻な危機に直面したときの常として、報道陣や政治家や企業関係者はノーベル賞を受賞した経済学者の意見を求めた。何が間違っていたのか、どのようにして正せばよいか、知りたがるのは当然だ。ところが、金融経済学という新しい学問での成果を評価されたはずの学者たちは、おそまつな回答に終始した。自分の理論では、こんな出来事は想定外だったと繰り返す。これではノーベル賞そのものの存在価値が問われてしまう。人類のために最大の貢献を行なった人物が選ばれているとは言えないだろう。

第5章　さらにミクロに

ジョン・R・ヒックス卿　（一九七二年）
ウィリアム・S・ヴィックリー　（一九九六年）
ジェイムズ・A・マーリーズ卿　（一九九六年）
ヴァーノン・L・スミス　（二〇〇二年）

ノーベル賞を受賞したすべてのミクロ経済学者がシカゴ学派に属するわけではないし、株式市場を専門に研究したわけでもない。なかにはジョン・R・ヒックス卿のように、博士課程で学んだミクロ経済学を興味深い問題に応用した学者もいる。経済学の高度な研究においてミクロ経済学は基準となる要素であり、数学や物理と同じく、問題も回答も明快な点が一種の魅力になっている。若い頃のヒックスはミクロ経済学の研究に魅せられ、この分野の基本コンセプトの充実に大きく貢献した。数学者としては決して優秀ではなかったが、アイデアをシンプルな方程式やグラフで表す才能に恵まれ、ほかの経済学者に貴重なツールを提供した。しかし、ヒックスの貢献はひとつの分野に限定されない。ケインズ経済学と一般均衡理論への貢献もまた、ノーベル賞委員会から正当に評価された。

ミクロ経済学のスキルに優れたもうひとりの経済学者がウィリアム・S・ヴィックリーで、彼は入札（オークション）の仕組みを解明するためにミクロ経済学のツールを利用した。その結果、異なった形式のオークションが平均すると同じような収益をもたらすという驚くべき発見に至ったのである。この結果は非常に興味深いもので、その通りならばきわめて役に立つ。しかし残念ながら、ミクロ経済学が想定する理想化された世界での出来事は、現実の世界に常に完全にあてはまるとは限らない。一方ヴィックリーは、ミクロ経済学の分析から最適税率を導き出せるとも確信した。最適税率とは、最も多くの人びとに利益をもたらし、経済へのダメージが最も少ない税率である。ヴィックリーは問題の定式化に成功したが、最終的に回答を導き出したのはジェイムズ・A・マーリーズ卿の優れた数学の能力だった。

そして本章の最後に登場するヴァーノン・L・スミスは被験者を使って市場やゲームのシミュレーションを行ない、ミクロ経済学とゲーム理論の妥当性を明らかにしようと努めた。シンプルな経済行動を実験環境で確認するアプローチは、実に画期的だった。経済学には実験科学としての未来があるのだろうか。スミスの研究は、その可能性を垣間見せてくれた。そして彼の実験が特に興味深いのは、自由市場に傾倒する本人の気持ちと矛盾するような結果が図らずも導き出されたからである。

ジョン・R・ヒックス卿（一九七二年受賞）

ジョン・R・ヒックス卿は稀有な存在ゆえ、ほとんどすべての経済学者から深く尊敬されている。一九六四年にはナイトの爵位を、七二年にはノーベル賞を授与されただけでなく、歴史にも数学にも哲学にも造詣の深い、幅広い知識と教養を備えた最後の世代の経済学者でもあった。そのうえ、新古典派とケインズ派のどちらからも研究を評価された数少ないひとりでもある。新古典派経済学においては一般均衡理論への関心を復活させ、ミクロ経済学の基本概念を明らかにしていった。一方ケインズ経済学においては、新しい概念や図表を分析手段として考案し、ケインズ理論の理解と拡大に貢献したのである。

ミクロ経済学において、価格は非常に重要なメカニズムである。消費者や企業にシグナルを送るのも、彼らの行動を導くのも価格である。したがって、ミクロ経済学者は組織的市場における価格の役割、特に資源配分や需給バランスに対して果たす役割を真剣に考え、そこからいくつもの興味深い洞察を引き出した。たとえばガソリン価格が上昇したときには、〝代替効果〟と〝所得効果〟のふたつが発生すると考えられる。ガソリン価格が上昇すると、エタノールや大量輸送機関などの代替手段が選択肢として浮上するのが代替効果であり、これはわかりやすい。これに対し、所得効果のほうはやや込み入っている。[*1] ガソリン価格が上昇すると、一般に各家庭では家計に占めるガソリン代の割合が膨らみ、結果としてほかの支出を切り詰める。これが所得効果である。ヒックスと同僚のR・D・G・アレンはこの洞察にもとづいて、価格変動への反応が代替効果と所得効果のふたつに分解されることを数学的に解明した。これはミクロ経済学上の大発見として高く評価された。[*2]

所得効果の応用分野のひとつが〝厚生経済学〟である。厚生経済学といっても、貧困層の支援を目的とした政府プログラムとは関係ない。資源配分の変化が社会全体の福祉に与える影響を評価する学問である。たとえば食品価格が二〇パーセント低下したとき、人びとはどう反応するだろうか。一九二〇年代、アルフレッド・マーシャルは〝消費者余剰〟〔訳注　消費者の支払い許容額から実際に支払った金額を差し引いたもの〕という実際的な測定方法を考案した。[*3]これに対しヒックスは、価格の変化がおよぼす影響に所得効果の面から取り組み、ふたつの基準を使って効果額を算出した。[*4]経済学者が同じものに複数の算定基準を採用するのはちょっと意外な印象を受けるが、ヒックスはそれが避けられないことを明確な形で説明した。

ヒックスの所得効果の概念は、政府の行動を評価する手段としても使われている。たとえば飛行場を建設する際には、周辺住民の反対を具体的に把握しておけば役に立つ。政府が住民にいくら支払えば空港の隣で暮らす不便な生活を我慢してもらえるか訊ねることは、ひとつの手がかりになるだろう。建設前に補償に必要な額がわかっていれば、これも飛行場のコストとして考えられる。実際、こうしたプログラムの影響を評価するために、経済学者は何十年も同じような調査を行なってきた。しかしノーベル賞受賞者のダニエル・カーネマンによれば、このアプローチはあまり信頼できないという。カーネマンはいくつかの理由を挙げながら、関係者に訊ねても常に正直な回答が得られるわけではないと説明している。

ヒックスもR・D・G・アレンも、代替効果と所得効果という数学的論理は一九三〇年代に自分たちが発見したものだと信じていたが、後日、第一発見者は別人だと判明する。ふたりに先立ち、ロシア人統計学者のエヴゲニー・スルツキーが基礎的な研究成果を一九一五年に発表していたのだ。おそらく、論文がイタリアの無名学術誌に掲載されたせいだろう。アレンやポール・サミュエルソンらが一九三〇年代になって気づくまで、経済学の主流からはまったく顧みられなかった。

一般均衡

経済学者は需要と供給に関する方程式をすでにいくつも考案していたが、一九三〇年代にはヒックスによって新たな方程式が加えられた。財やサービスの生産と、それを消費することから得られる効用すなわち満足感との関係を表した方程式である。[*5] こうした方程式はミクロ経済学にとって重要であるばかりか、一般均衡モデルの完成にも役立った。一般均衡は十九世紀に、経済全体の需要と供給についてレオン・ワルラスが考案したモデルである。一八七〇年代のワルラスの研究にもとづいて、一九五〇年代にはふたりのノーベル賞受賞者ケネス・アローとジェラール・ドブルーが高度な数学的証明を完成させるが、ヒックスはその重要な橋渡し役になった。経済学賞選考委員会は、この功績を受賞理由のひとつとして評価した。

ミクロ経済学や一般均衡理論に関するヒックスの初期の研究は、すべて完全競争を前提としていた。ところが後年になると、彼は完全競争という考え方にほとんど興味を失ってしまった。たとえば一九三二年に発表した処女作『賃金の理論』では、完全競争が非常に重要な要素になっている。しかし八六年になると、この著作について「完全競争は非常に便利な前提ではあるが、ちょっと極端だった」と語るようになった。[*6] この本にかぎらず、完全競争という前提はヒックスにノーベル賞をもたらした多くのアイデアにとって欠かせない要素だったが、「まったく信じられない」と率直に認めるようになったのである。発言は次第にエスカレートして、「私のあの本をいまだに使う人がいるが、あんなもの、実にくだらない」とまで言い切った。[*7] 一九三九年に出版されて絶賛された『価値と資本』に関しても、後日ヒックスは新古典派の傾向が強すぎたと認め、「私の考え方はもう変わった」と語っている。[*8]

実は一九三六年にケインズの『一般理論』が出版されると、ヒックスは競合するパラダイムであるケインズ派経済学に惹きつけられてしまったのだ。出版後ほどなく、この本の書評を〈エコノミック・ジャーナル〉から依頼されたことを、のちに「このうえない名誉」だったと述べている。[*9]ヒックスは好意的なコメントを寄せるだけでは飽き足らず、コンセプトに補足的な説明を加え、シンプルなグラフで幾何学的に表現した。そのうちのひとつが、いまでは〝IS－LMモデル〟と呼ばれるものだ。これは投資（I）と貯蓄（S）の関係を表す曲線、ならびに流動性選好（L）と貨幣供給量（M）の関係を表す曲線のふたつから成るグラフで、不完全雇用のままでも経済が均衡に至ってしまう可能性という、ケインズの中心的な理論を図示したものだ。このモデルはハーバード大学のアルヴィン・ハンセンも独自に構築し、ハンセンの在庫循環モデルと呼ばれた。ほかにもヒックスは、ケインズが示唆した〝流動性の罠〟についても詳しく触れている。これは失業率が高くても金利が非常に低い状態では、金利をさらに引き下げて景気を刺激することができない状態のことだ。[*10]

ところが、ヒックスの変節は自ら考案したIS－LMモデルにまでもおよんだ。あるインタビューで、彼は自分のあやまちをつぎのように説明している。「このふたつの曲線を同じグラフで処理することはできない。ひとつはストック、もうひとつはフロー均衡なのだから無理がある」。[*11]しかし発案者本人の心変わりとは関係なく、七〇年ちかく経過した今でも中級経済学のテキストでは、ふたつの曲線が相変わらず同じグラフに描かれている。

実際ヒックスは自分の学問的成果を評価するとき、変節が習慣になっているようだ。それはノーベル賞記念講演からもうかがえる。自らの発見について簡単に紹介したうえで、それらがもはや役に立たなくなった理由を簡潔に説明している。特に彼は、異質な資本財をひとつにまとめて考える新古典派の方針は意味がないと切り捨てた。すべての工場や設備や機械や車両をひとまとめにして、資本という単独の変数で表す習慣はもはや正当化できないと指摘したうえで「このように恣意的に評価される資本には、説得力も存在理由もない」と結論づけた。[*12] そもそもこれはジョーン・ロビンソンが言い始めたことで、本当にそうであれば新古典派経済学の理論の大半が無意味になってしまう。そこでヒックスは、選考委員会からは認められていないが、自分にはもっと「有望」と思えるトピックを取り上げて、記念講演の内容のバランスを取った。[*13]

一九八六年に行なわれたインタビューでは、若い頃ではなく、後年の研究成果を選考委員会から評価されたかったと打ち明けたうえで、著書『経済史の理論』への強い思いを語った。[*14] 残念ながらこの本はけっして評判がよかったわけでもなく、選考委員会から「科学的」と認められることもなかった。数式を使わずに、実際の経済活動を言葉で分析していたからだ。たとえばヒックスは、権力者である国王が厳しい財政状態に陥るケースが多いことに注目した。[*15] これはなぜだろう。経済活動が全国に分散していた時代には、活動の記録を作ることがほぼ不可能だったので、税の徴収がきわめて困難だったことが一因と考えられる。やがて貿易が発達し、経済活動が一部の地域に集中されてくると、この問題は緩和された。おまけに株式会社が登場すると簿記の作成が義務付けられたおかげで、決して意図的ではなかったが税を集めやすくなった。となると、そもそもの問題は国王が借金しにくいことにあるとヒックスは考えた。主権者たる王に契約の履行を迫るのはむずかしいからだ。一般にはより高い権威に訴えることで契約は履行されるものだが、相手が国王ではそれができない。だから皮肉にも、国王への貸付はリスクが高いと思われてしまう。この事例からもわかるように、ヒックスは現実の経済活動のパターンをじっくり観察したうえで、その仕組みの解明を試みている。しかし経済学賞選考委員会はそんな研究には関心を持たず、紹介もせず、ヒックスを大いに失望させた。

ジョン・R・ヒックスは一九〇四年、イングランドのウォリックでジャーナリストの息子として生まれた。最初はオックスフォード大学のクリフトン・カレッジとバリオル・カレッジで数学を学ぶが、学費が高いうえに退屈だった。そこでまず奨学金を獲得して学費問題を解決し、一九二三年、オックスフォードでの専攻科目を哲学と政治学と経済学に変更した。新たな専攻科目は文学や歴史に対する幅広い興味を満足させてくれるだろうと期待したが、この決断は「成功」とは言えなかった。[*16] 学位こそ取得したものの、成績は上から二番目の評価しかとれず、自分から見てもすべての科目が準備不足だった。

ところが幸運にも、一九二〇年代末は経済学者が不足しており、ヒックスはロンドン・

スクール・オブ・エコノミクスに非常勤講師として採用された。ここで彼は労働経済と労使関係を教えるかたわら自分の研究に着手するが、ほどなく数学の勉強不足を思い知らされる。本人の話では、数学の勉強は十九歳でやめていたので、独学するよりほかなかった。そんな若い時代の学習成果のひとつが著書『賃金の理論』の数学的補足だが、これは本人にとって「お恥ずかしい」出来ばえだった。能力は次第に改善されていくが、それでもヒックスはサミュエルソンのような経済学者を「数学者として私よりもはるかに優れた人物」として尊敬した。[*17]

一九三〇年代は、ロンドン・スクール・オブ・エコノミクスにとって良い時代だった。将来ノーベル賞を受賞するフリードリヒ・A・フォン・ハイエクのような大物が在籍し、経済理論の一大中心地として開花しつつあった。アーシュラ・ウェッブもここで教鞭をとっており、ヒックスは彼女と一九三五年に結婚する。同じ年、彼はケンブリッジ大学からポストを提供されたが、彼には魅力的とは思えなかった。物理的環境も知的環境もお粗末で、「とても住めたものではなかった」という。学部はふたつの陣営に分かれ、お互いにあまり口も利かない状態だった。そこで三八年にはケンブリッジからマンチェスター大学に移り、さらに四六年、オックスフォードに移った。

ヒックスがノーベル賞の受賞理由となったアイデアを発表した時期と、実際に受賞した時期との間には大きな隔たりがある。ミクロ経済学や一般均衡理論やケインズ派経済学の分野で評価された研究のほとんどは一九三〇年代に完成されたもので、一九七二年にノーベル賞でその業績を認められるまでには四〇年ちかくが経過していた。比較的新しく創設されたノーベル経済学賞では順番待ちの研究が多かったのだ。

ヒックスは経済理論の発展に大きく貢献したが、現実の経済政策に苦言を呈するようなタイプではなかった。理論や経済原理の理解には自信を持っていたが、「実際の経済が抱える大きな問題について発言することは差し控えた」[*18]。経済学を深く理解している学者ならば、現実世界の出来事に口をはさむ資格があると単純に考えるような人物ではなかった。それは経済学に関わるものであっても例外ではなかった。その意味でも、ヒックスは稀有な経済学者だった。

ウィリアム・S・ヴィックリー（一九九六年受賞）

ノーベル経済学賞は毎年十月初旬に発表され、十二月に行なわれる盛大なセレモニーの場でスウェーデン国王からメダルが授与される。ところが一九九六年、ふたりの受賞者のうちのひとりが公式の場に姿を見せなかった。ウィリアム・S・ヴィックリーが賞の発表から三日後、十月十一日に帰らぬ人になったのである。

選考委員会はヴィックリーの受賞理由として、ふたつの目覚しい功績を紹介した。ひとつは最適な入札（オークション）方式の考案、もうひとつは最適税率に関する問題提起である。最適税率の問題は、共同受賞者ジェイムズ・A・マーリーズによって後日解決された。

ヴィックリー・オークション

経済学で入札といえば、国防契約を巡る競争入札から教会での募金を目的としたサイレント・オークション〔訳注　言葉で競り上げるのではなく、紙に自分で金額を書いていく仕組みのオークション〕まで、実に幅広い。ヴィックリーがはじめて経済学の視点から取り組んで以来、入札は普及して重視されるようになった。彼が有名な論文「対抗投機、オークション、封印式競争入札」を発表したのは一九六一年。政府が電波の周波数帯域の使用権や海底油田採掘のリース権を入札によって割り当て、イーベイが有名なオンライン入札を始めるよりも、はるか以前のことだった。

入札にはいくつかの方式が存在するが、どれがベストなのだろうか。主催者が最大の収入を得るものか、それとも「正しい」落札者が落札することを保証され、最大の利益が得られそうなものか。最善の入札は談合の発生を最小限に食い止められるか、あるいは後であれこれ批判されずにすむだろうか。ヴィックリーは一九六一年、従来の複数の入札方式をこれらの問題と絡めて検証し、ほどなくひとつの方式に至った。これは彼にちなんでヴイックリー・オークションとも呼ばれる。
ヴィックリー以前の伝統的なミクロ経済学者は、価格が実際に決定される基本的な仕組みについてほとんど関心を持たなかった。アダム・スミスと同じく、多くの売り手と買い手の活動や試行錯誤を通じ、市場が効率的な価格を決定すると信じる傾向が強かった。しかし現実には、この単純なシナリオが通用しないものは多い。電波の周波数帯域を例にとろう。この特殊な資源の入札に参加するのは、十分な資本と知識を備えた一握りの企業に限られる。さらに、どんなに人気が高くても周波数帯域を増やすことは物理的に不可能だから、供給も限られる。このような状況では、市場が円滑にかつ効率的に機能する保証はない。

そんなときに市場価格を決定する方法のひとつが入札である。ヴィックリーは三種類の主な入札方式を検証したうえで、四番目の方式を提案した。まず、従来の方式のなかで最も馴染み深いのがイングリッシュ・オークションだ。入札者が価格を次第に競り上げて、最終的に最も高い価格を提示した買い手が落札する。その反対がダッチ・オークションで、売り手が設定する最高価格が順次引き下げられ、最初に買い手がついた時点でそれが落札価格として決定される。そして三番目が封印入札方式で、最終的に最も高い価格を入札した買い手が落札するところはイングリッシュ・オークションと同じだが、入札者が相互に提示価格を確認できない点が異なる。さらにこれは第一価格入札と第二価格入札に分類される。前者の場合、最高提示価格がそのまま落札価格となる。そして後者は、最高価格を提示した入札者が落札するところまでは同じだが、実際に支払う金額は二番目に高い入札価格となる。

イーベイでもよく使われるイングリッシュ・オークションは、入札者が残りひとりになるまで、あるいは制限時間が終了するまで続けられる。もしもあなたがエルビス・プレスリーのサングラスに一〇〇〇ドルの価値があると思えば、一〇〇〇ドルまでは提示価格を競り上げていく。途中で落札できればよいが、一〇〇〇ドルを超えても自分以外の入札者が残っていたら、そこで手を引くことになる。もしも途中で落札できた場合には、当初予定していた金額を払う必要はない。二番目に高い提示価格に一ドルだけ上乗せすれば十分である。たとえば次点入札者の提示価格が四九九ドルであれば、五〇〇ドルで落札できる。ヴィックリーは、封印入札方式でもイングリッシュ・オークションと同じような結果は出ないだろうかと考えた。そこで提案したのが第二価格入札を用いたヴィックリー・オークションで、落札者の支払額は次点の入札価格に一ドル上乗せした金額になる。この形なら競り上げ方式のイングリッシュ・オークションと同じ結果が得られるはずだ。

イングリッシュ・オークションとヴィックリー・オークションには、非常にありがたい共通点がある。どちらのケースも、競合相手の戦略について思い悩む必要がないのだ。実際、相手の戦略を知っても役には立たない。イングリッシュ・オークションでは、入札者は最後に勝つまで、もしくは予定の金額を超えるまで参加する。相手の戦略を知っていようといまいと行動方針は変わらない。ヴィックリー・オークションも同じで、勝つかどうかは自分の入札価格次第だ。ただし実際の支払額は他人の入札価格によって決まる。イングリッシュ・オークションと同じくヴィックリー・オークションも、理論的にはシンプルで正直な入札が保証される方法である。

一方、ダッチ・オークションと第一価格入札はこれとは異なる。どちらも、自分の考えた入札価格を正直に提示する参加者がいる一方、二番目に低い落札価格を予想しながら、それに少しだけ上乗せした金額を提示する参加者もいるだろう。実際、エルビスのサングラスを五〇〇ドルで落札できそうだと思えば、一〇〇〇ドルも払いたくはない。ただし、具体的にどこまで下げられるかが問題だ。二番目に高い入札価格がわかれば決断も難しくないが、すべての入札の確率分布しかわからないときはどうすればよいか。ところがこのような前提があっても、平均すれば二番目に高い入札価格で落札される傾向が強いことをヴィックリーは証明することができた。つまり四種類の入札のあいだでは、期待される落札価格の見分けがつかない。彼はこの洞察にもとづいて〝収入同値定理〟を考案し、これはノーベル賞の受賞理由として高く評価された。[*19]

もちろん、ダッチ・オークションと第一価格入札でサングラスの落札価格が常に五〇〇ドルに落ち着くというわけではない。平均すれば五〇〇ドルになるという理論上の話である。実際には他人の入札価格の分布など知りようがないのだから、驚くべき証明結果も現実には効果がかなり限定されてしまう。事実、経済学者が行なった実験によれば、現実の入札結果は大体においてヴィックリーの同値定理と矛盾した。[*20] やはり、理論は現実世界の行動を反映できない。ほかの入札者の行動を手探りで想像しながら、参加者は戦略を工夫していくものだ。

ところでヴィックリー・オークションと聞けば発案者はヴィックリーだと連想しがちだが、実際は違う。第二価格入札を取り入れたヴィックリー・オークションは、ヴィックリーが一九六一年に論文で紹介する何十年も前から存在していた。正確には、スタンプ・オークションと呼ぶほうがふさわしいかもしれない。というのも、これはコレクターが出品した郵便切手を売るために考案されたものだからだ。デイヴィッド・ラッキング・ライリーは詳しい調査の結果、ヴィックリー・オークションがすでに一八九三年には行なわれていた事実を確認した。[*21] 当然ながらヴィックリーはまだ生まれていない。

たしかにヴィックリーはこのオークションの発案者ではなかったかもしれないが、その仕組みの分析に真剣に取り組んだのは彼が最初だろう。では、彼はスタンプ・オークションの存在を知っていたのだろうか。それとも、そうとは知らずに新しいコンセプトとして考案したのだろうか。どちらもあり得る。ただし、郵便切手マニアの世界の外ではこのやり方はほとんど知られていなかったので、例外的な存在だったスタンプ・オークションが容易に見過ごされた可能性はあるだろう。

切手以外でヴィックリー・オークションが普及しなかったのはなぜか。ラッキング・ライリーによれば、こうしたケースは入札者が競売人を信用しなければ十分に機能しないからだという。結局、競売人は落札価格の一定の割合を収入として受け取るわけだから、二番目に高い入札価格を高めにでっち上げれば利益が膨らむ。エルビスのサングラスの二番目に高い入札価格が九〇〇ドルだったと嘘をついたほうが、正直に五〇〇ドルだったと伝えるよりも儲けは大きい。実際にラッキング・ライリーは、郵便切手のオークションをこのやり方でごまかした競売人の存在を確認している。[*22]

ヴィックリー・オークションをイーベイに導入すれば有意義だろう。参加者は入札価格をじっと見守っている手間をかけなくても、理論的には同じ結果が得られるからだ。実際、イーベイはヴィックリー・オークションをまねたプロキシ入札と呼ばれる仕組みを導入した。もちろん、イーベイも自分たちが正直で公明正大であることを参加者に保証しなければならず、それを立証するためにすべての入札者と入札価格のリストを公表している。[*23] そのうえで実施されるヴィックリー・タイプのオークションは、従来よりも所要時間の短縮につながる。しかしその反面、運命が決まる劇的な瞬間の興奮を経験できなくなったのも事実であり、なかには昔を懐かしむ人たちもいるだろう。

ヴィックリーは少年時代を恵まれた環境で過ごし、一九三一年にフィリップス・アンドーバー・アカデミーを卒業した。アンドーバーは今日でも全米屈指の全寮制の名門高校で、創立は一七七八年まで遡る。ヴィックリーはイェール大学に進学し、一九三五年には数学の学士号、三七年には経済学の修士号を取得した。

イェール在学中、ヴィックリーは著名な経済学者アーヴィング・フィッシャーの影響を大きく受けた。一九二九年の株式市場大暴落の直前、投げ売りに走る投資家を説得できなかったことで有名な人物である。[*24] ヴィックリーが最適課税――経済に生じるゆがみが最も少ない課税方法――に興味を持つようになったのもフィッシャーの影響である。[*25] 最適課税はヴィックリーの博士論文「累進課税の指針」の主題として取り上げられ、ノーベル賞の受賞理由にも挙げられた。この論文は政策立案者からはほとんど顧みられなかったが、やはり金持ちは高い税金を払うべきだと信じて疑わない経済学者の間ではちょっとした古典として評価された。[*26]

ヴィックリーはノーベル賞発表の三日後に亡くなったため、受賞講演には仲間の経済学者が招待され、入札など生前の彼の研究について取り上げた。ヴィックリーは、混雑した大都市での交通渋滞緩和やニューヨークの地下鉄の環境改善に強い関心を寄せ、これらの問題に価格の観点から取り組むことを熱心に提案した。晩年にはミクロ経済学への興味をすっかり失ったようで、それは考案に協力した〝情報の非対称性〟、すなわち保有する情報量の格差に関するアイデアも例外ではなかった。ヴィックリーは、このアイデアが妥当性に乏しいといって切り捨てたようだが、皮肉にも後年、情報の非対称性は経済学の重要な概念になったばかりか、ノーベル賞の受賞理由として評価された[*27]。

ヴィックリーには、聖戦に赴く兵士のような面があった。実生活ではクエーカー教徒で、第二次世界大戦中は良心的兵役拒否者となり、仲間の経済学者への批判もためらわなかった。その矛先はノーベル賞受賞者にも向けられた。特に槍玉にあげられたのは、「失業を平然と受け入れる」経済学者たちで、ヴィックリーには「……他人に我慢を強いておきながら、自分は痛みを分かち合おうとしない学者がほとんど」に思えたのである[*28]。ほかの経済学者は三～四パーセントの失業率なら満足するところだが、ヴィックリーは一・五パーセントのレベルに下がるまで断固戦うべきだと信じていた。もう少し長生きしていれば、その野心的なゴールをノーベル賞受賞者として達成するための対策も生まれたのだが。

ジェイムズ・A・マーリーズ卿（一九九六年受賞）

完全な所得税は存在するだろうか。その場合、所得が高いほど税率は高くするべきだろうか、あるいは逆に低所得者ほど高く設定するべきだろうか。社会全体の幸福に貢献するような、いや、せめて社会の損失を最低限にとどめられるような課税方法はあるのだろうか。ミクロ経済学者はこうした疑問に細かく取り組み、そのひとりジェイムズ・A・マーリーズ卿は一九九六年にノーベル賞を受賞した。

理想的な課税方式を求めて

〝限界税率〟の高さは、かなり以前から問題視されてきた。限界税率とは、所得の課税対象額がある水準を超えるとその増額分に適用される税率のことである。所得に課税すると、高額所得者は勤労意欲を失って労働時間を短縮し、投資家は高リターンが約束される投資やリスクを控えるようになる恐れがある。高い税金のせいで働かない人や投資リスクを避ける人が増えてくると、望ましくない結果が生じてしまう。民間部門の生産高が減少し、政府の歳入の減少につながってしまう。その弊害を最も声高に指摘するのは、当然ながら高額所得者である。一方、ジョン・ケネス・ガルブレイスはこれに反論し、アメリカでは一九五〇年代から六〇年代にかけて限界税率が非常に高かったにもかかわらず、企業役員も起業家も投資家も、いや映画スターさえ、優秀な人材が明らかに不足する事態は発生しなかったと指摘している。

すべての人の税引き前の収入がほぼ同じなら、理想的な税金も簡単に決められる。たとえば政府が支出をまかなうために、各国民からおよそ一〇〇〇ドルを徴収する必要があるとしよう。全員から一〇〇〇ドルをいわゆる〝一括税〟として徴収すれば、問題は簡単に解決される。限界税率はゼロだから、マイナスの誘因は発生しない。少しだけ一生懸命に長時間働いても、税金は一〇〇〇ドルよりも増えないのだ。国民の勤労意欲を減退させずに政府の財源を確保できる一括税は、理論的には効率が高いと言える。

しかし現実の世界では、税引き前の収入は人によって異なるから、一括税も公平とは思えない。たとえばこんな例を考えてほしい。現在最も所得の高い人の翌年の収入が、正確に五〇億ドルになるとわかっているとしよう。それならば、五〇億ドルを限界税率にし、それを上回る収入だけに課税するという設定も意味を成す。五〇億ドルを目標に長時間懸命に働くので、結果として経済は活性化され、社会には純便益がもたらされる。政府の歳入が増えるわけではないが、もちろん減少するわけでもない[*29]。この方針は効率がよいが、あまり現実的ではない。そもそも将来見込まれる収入を正確に予測することなど、税務関係者には不可能だ。これらの事例からわかるように、ミクロ経済学者は税金を勤労意欲におよぼす影響として考える。

では、現在アメリカで採用されている連邦所得税の仕組みとは反対に、高額所得者ほど限界税率を下げるべきだろうか。いや、かならずしも有効とはかぎらない。高額所得者は税金として取られてもその痛みは少ないと考えれば、多く徴収するのは理にかなっている。同じ一〇〇〇ドルの税でも貧困家庭のほうが大金持ちよりも痛手は大きいはずで、その正しさは経済理論によっても裏付けられている。結局、収入にかぎらず何でもたくさん手に入るようになると、満足感はそれほど膨らまなくなるものだ。シカゴの危険地帯サウスサイドの公営住宅で暮らす家族にとって一〇〇〇ドルは大金かもしれないが、ビル・ゲイツにとっては微々たる金額だろう。そう考えれば、高額所得者ほど高い税率が課せられる累進課税がベストということになる。

要するに最適な課税制度では、勤労意欲や投資意欲が失われる可能性（効率性）と、同じ収入から得られる相対的な満足度の違い（公平性）が考慮されなければならない。もちろん、ほかにも検討すべき要因はあるが、このふたつは特に重要である。最適課税の問題に数学的見地から最初に取り組んだ経済学者の一人がウィリアム・S・ヴィックリーだが、その解を導き出したのは数学的才能に恵まれたジェイムズ・A・マーリーズ卿だった。では、どんな形が最適税率だと言えるのだろう。その答えは、効率性と公平性というふたつの要因の相対的な重要性に左右される。どちらを重視するかで、高所得者ほど税率が高い累進課税がよいか、それとも反対に累退課税がよいかが決まる。ただし、効率性や公平性を正確に測定するのは不可能とまではいかないが、きわめて難しいので、理想的な課税方式はいまだになかなか解明されない。

十四歳のとき、マーリーズは「数学に驚くほどの情熱を抱く」ようになり、数学の教授を目指すようになったという。[*30] 彼はスコットランドの出身で、エディンバラ大学に進学した。一九五〇年代にはケンブリッジ大学に籍を置き、最初は数学、つぎに経済学を学んだ。ケインズ経済学の誕生の地であるケンブリッジでは当然ながらマクロ経済学が盛んだったが、マーリーズは興味をそそられなかった。入学後にさっそくケインズの『一般理論』を読むことを教師から勧められたときには、こう答えた。「ベストのアドバイスとは思えないけれど、有害というわけでもないから、そのうち読んでみます」[*31]。その代わり、マーリーズはミクロ経済学に傾倒し、この分野で解決すべき問題を見出したのである。

経済学者が累進課税のメリットをあまり評価しない理由を、経済学者のハル・ヴァリアンはこう説明する[*32]。現実の世界では、収入は本人の生産性と税率だけで決まるわけではない。たとえば運もある。正しい時期に正しい場所にいることも、生産性と同じく経済的成功には欠かせない要因である。同じ環境で育った兄弟は同じような才能や労働倫理を持っているはずだが、時間が経過するにつれて収入格差が広がることがあるのも運のなせるわざといえるかもしれない。だが、運がよかっただけで高収入を得ている人は、累進課税で高い税率を課せられても働き方を変えるわけではない。したがって税の効率性は損なわれないはずだ。むしろ、たまたま得た収入に課税するのは当然ではないか。それなのに従来のミクロ経済学者は、運のような大事な要因を見過ごしている。だから、最適税率に関して見込み違いしているのではないだろうか[*33]。

効率性の重要度を決めるのはむずかしいが、少なくとも理論的には観察が可能である。たとえば、税率が変わったときの働き方の変化を観察して評価すればよい。しかし公平性のほうは観察も評価もできないので、価値判断がはるかに困難である。たとえば収入が一〇〇〇ドル減ったときのビル・ゲイツの幸福度の減少と、収入が一〇〇〇ドル増えたときの貧しい子どもの幸福度の増加を数学的に比較することはできるだろうか。累進課税の長所を議論する際、質的に比較するのは大切かもしれないが、厳密な数字を当てはめるようなことがはたして理にかなっているだろうか。

マーリーズは後年、税が人びとの行動におよぼす影響についての分析作業を拡大し、不確実性を伴う市場の不完全性を考慮するようになった。[*34] この点は、いわゆる行動主義のノーベル賞受賞者と共通している。マーリーズが基本モデルに様々な形の不確実性を導入すると、結果も様々に変化した。このことは、私たちに大切な教訓を再認識させてくれる。私たちは結果ばかりにとらわれず、結果にいたる過程をもっと大切にしなければいけない。どんなモデルでも、前提をひとつ修正するだけで結果は変化するもので、ときには逆転することもあるのだ。

税率の専門家であり、しかもノーベル賞を受賞したマーリーズの税に関する見解は、大きく報道されるようになった。香港で開催されたセミナーでは、香港は所得税率を引き上げてもかまわないと提案したことが報じられている。一五パーセントは国際基準から見てやや低いと指摘したうえで、イギリスのように四〇パーセントまで引き上げる必要はないが、シンガポールと同じ二〇パーセントまで引き上げてもよいと発言した。[*35] 一方、彼は中国にも同様の勧告を行なっている。当時の中国では国民総生産の二五パーセントが税金として徴収されていたが、これは不十分だと判断し、教育や医療、あるいは貧困者への現金補助のための支出を確保するため所得税を引き上げるべきだと提言した。[*36]

ミクロ経済学者は誘因（インセンティブ）について客観的に考える訓練を受けているが、ノーベル賞も間違いなく誘因のひとつに数えられる。賞は多額の賞金と大きな名誉を伴うのだから、研究にもそれだけ熱が入るはずだ。しかし、ノーベル賞をとった後はどうなるのだろう。研究への意欲は消えうせるのだろうか。「経済学の理論に従えば、名誉ある賞は受賞者から研究意欲を失わせるはずだから、かならずしもありがたいとは言えない」とマーリーズは語った。[*37] しかしその後、同僚につぎのような趣旨の発言を行なっている。「それでも私には……まんざら悪いものでもないね」[*38]〔訳注　マーリーズは、二〇一八年八月に死去〕

ヴァーノン・L・スミス（二〇〇二年受賞）

ヴァーノン・L・スミスは二〇〇二年にノーベル経済学賞を受賞したが、そのきっかけとなったアイデアを思いついた瞬間を、今でもはっきり記憶している。それは一九五二年、ハーバード大学の大学院でエドワード・チェンバリンの講義に出席していたときのことだった。ケンブリッジのジョーン・ロビンソンと同時期に独占的競争モデルを考案したチェンバリンは、当時すでに有名人だった。その日の講義のテーマは不完全市場で、チェンバリンは講義の導入として学生にちょっとした実験をさせることにした。アダム・スミス式の単純な市場を試そうというものだ。学生の半分は買い手となり、買値の最高価格をこっそり教えられる。残りの半分は売り手となり、こちらは売値の最低価格をこっそり教えられる。ここで、チェンバリンは学生たちに実験の方法を説明した。教室を歩き回ってそれぞれ売買の相手を見つけ、価格交渉をする。取引が成立しなければ次の相手を探しにいくが、成立したらクラスの全員にそのことを伝える。最後に全員の実験結果にもとづいて需給曲線を作成すれば、価格と数量が描き出すカーブは適切な均衡点に収束するはずだった。ところが実際には、価格はグラフのあちこちに散らばって、予測可能な形にも効率的な形にも収束しなかったのである。

こうして自由市場は常に予想どおり機能するわけではないことを実験で証明したうえで、チェンバリンは理論の説明に入った。しかしヴァーノン・スミスには、これが気に入らなかった。アダム・スミスが考案し、尊敬するオーストリア人のハイエクが支持する自由市場を、たったひとつ矛盾する例があったからといって切り捨ててよいものだろうか。そこで彼は、市場が自らの能力をもっと良い形で証明できる機会を与えるため、自分でも実験を考案しようと決心した。そして四年後の一九五六年、教える立場になったスミスは講義に出席した二二人の学生を使い、売り手と買い手の実験を行なった。しかし今回は、証券市場でよく使われるルールに従い、ダブルオークション方式が採用された。ダブルオークションでは、買い手と売り手が互いに価格を提示して買値（付け値）と売値（呼び値）をつき合わせ、価格が一致するか近くなったときに取引が成立する。そしてこのとき実験を数回繰り返すだけで、市場は〝競争的均衡〟価格に収束したのである。「従来の経済理論の枠にとらわれずにアイデアを試す方法があることを、あのとき偶然思いついたんだ」とスミスは語っている。[*39]

やがて教室で行なわれていた簡単な実験は、もっと洗練された形へと進化していく。市場をシミュレーションするため被験者はコンピューターを与えられ、実際に現金報酬を受け取るようになった。経済学賞選考委員会によれば「かつての経済学は実験と無縁の科学だった」が、ヴァーノン・L・スミスのおかげで変わった。[*40]ミクロ経済学やゲーム理論が提唱するルールや誘因にもとづいて行なわれる実験は、人間の行動を分析するための手段を提供してくれた。

スミスはゲーム理論の大ファンで、研究室でもゲーム理論のアイデアを好んで試した。ただし、ひとつ問題があった。ゲーム理論のほとんどが、研究室で試すにはあまりにも抽象的だった。ゲーム理論家が現実的なゲームと言っているものもだいたいはいたって単純なものだった。複雑にすると、しばしば数学的な解を得られなくなるからだ。こうした単純なゲームを実験で試すことはできるが、これでは経済的な妥当性はほとんどない。スミスもゲーム理論が時として「砂上の楼閣」になってしまうことを認めたが、それでも価値があると信じた。*41 ゲーム理論は研究室で常に妥当性が確認されたわけではないが、スミスの実験経済学で大きな役割を果たした。

好況と不況

最初の実験からも明らかなように、スミスにとって最大の関心事は市場の自己調整機能を実験で証明することにあった。たとえ完全競争の必要条件がすべて整っていなくても、正しく組織された市場は効率的に機能しうると信じ、その証明にとりわけ熱心に取り組んだ。だから、金融市場や不動産市場でよく観察される好況と不況の不合理な循環が自分の実験で再現されたときには、驚きを隠せなかった。ある実験で、スミスは被験者に単純な金融商品の取引を試してもらった。このときトレーダー役が価格をどんどん吊り上げても買い手役は手を引こうとせず、ようやく怖気づいたときには市場が崩壊していた。途中で市場の安定を取り戻すため、スミスは被験者に扱っている金融商品の正確な価値を伝えたが、そのくらいでは投機熱は収まらなかった。当初、被験者は大学院生だったが、金融のプロと入れ替えてみた。ところが結果はさらにひどいもので、価格はさらに激しく変動したのである。「バブルを発生させるのも崩壊させるのも簡単だ」というのがスミスの結論だった。*42

同じ実験を何度か繰り返すうちに被験者は学習し、バブルは次第に縮小して最後は消滅した。しかしそれでも、スミスは「人びとが近視眼的で」、「価格が上昇していると、いつまでも上がり続けると勘違いしてしまう」ことを発見した。[*43] 自由市場の信奉者にとって、これはあまりありがたくない観察結果である。投機的バブルやその崩壊は、効率的市場仮説ともミクロ経済学とも相容れなかった。効率的市場仮説によれば、株式市場は参加者の情報をすべて吸収し、いかなるときのいかなる瞬間にも株の「真の」価値を正確に反映するはずなのだ。スミスの実験が明らかにしたように、市場が近視眼的で不合理な狂乱に翻弄されるようでは、理想とかけ離れてしまう。

こうして市場の失敗が自らの実験によって図らずも証明された後も、スミスは結果を認めたくなかった。そこで、好況と不況の循環から何とかポジティブな結果を引き出そうとした挙句、不況が役に立つ理由を考え出した。なんと、不況は枯れ木を処分してくれるというのだ。「技術が進歩を始めて以来、ずいぶん無駄なものが溜まってしまった。でもありがたいことに、不況がそれを処分してくれた。後には強いものだけが残った」という理屈である。[*44] しかしこれは、競争市場がきちんと機能していれば、常軌を逸した好況と不況の循環など引き起こさずに自然に果たされるはずのことではなかったか。経済の無駄や非効率をもたらす投機的バブルや市場の崩壊について、前向きに解釈するのはやはり容易ではない。

協力しすぎるのはなぜ

合理的な行動は、ミクロ経済学やゲーム理論のほとんどにとって基本的な大前提である。ところが、スミスの実験では合理的な行動があまりうまく機能しなかった。それが最も顕著に表れたのが、いわゆる最後通牒ゲームである。このゲームでは、プレイヤーAに一〇〇ドルが与えられる。プレイヤーAはそれをプレイヤーBと分け合わなければいけないが、具体的な分け方はAの裁量に任される。Bはそれを受け取るわけだが、もしも分け方が不満なら拒否することもできる。Bが拒否した場合には、AもBも一ドルも受け取れない。ゲームは一度だけ行なわれる。

合理的な人間は、このゲームをどのように行なうだろうか。プレイヤーAはこう考えるだろう。Bも合理的な人間だから、わずかな金額でもゼロよりはましだと思って受け取るはずだ。そうなると、プレイヤーAは最低の金額、たとえば一ドルを提示するはずだ。そして合理的なプレイヤーBは一ドルを受け取り、Aは九九ドルの利益を得られる。ところが、スミスが実際に実験すると、あまりにも不公平な金額を提示されるとBはネガティブな行動をとり、たとえ利益がゼロになっても受け取りを拒否することが明らかになった。一般にプレイヤーAはそんな相手の心理を経済学者よりも正確に把握しており、大体は一〇ドルと言わずにもう少し金額をはずむ。ただしそれが常に相手を満足させるとはかぎらない。スミスによると、ある実験では平均の提示額が四四ドルになったが、それでも常に受け入れられたわけではなかった。[*45]

スミスは同僚と一緒に、このゲームのバリエーションをいくつも実施した。金額を変える、指示内容を変える、匿名性を導入したりもした。プレイヤーBから唯一の決定権を取り上げたケースもあり、これはいわゆる独裁者ゲームである。あるいはプレイヤーAとBの双方が分配に関する選択を制限されるパターンもあり、これは信頼ゲームと呼ばれた。このようにどんなに工夫しても、どうしても避けられない結論があった。どの実験においても、人びとは合理的に行動しないのだ。「結局、人間はゲーム理論の予想以上に相手を信頼して協力し合い、結果を導き出すことがわかった」とスミスは語った。[*46] 相手が匿名でも信頼を失わず、協力関係を築こうとする。実際、自分が損失をこうむってまでも、公平な行動を心がけるときもある。

ノーベル賞受賞スピーチで、なぜ人間はそんなに協力し合うのだろうかとスミスは問いかけた。[*47] そしてそれは、相手に見返りを求める気持ちが強いからではないかと指摘した。他人のために犠牲を払うのは、相手から最低でも同じ程度、できれば多くの見返りを期待できると考えるからだというのだ。実際、スミスの実験の一部はこの解釈を裏付けたが、十分とは言えない。人間は他人を助けたり、相手を公平に扱ったりする行為に純粋な満足を見出す可能性もあるのではないか。たとえば毎日レストランでチップを払うときには、相手から見返りなど期待していない。ゲームにいくら複雑なバリエーションを取り入れてみても、そうした行動はいまだに十分に解明されていない。結局、理由はどうあれ、人間の行動は経済学で従来考えられてきたほど合理的ではないのだ。スミスは、サルですら公平を心がけて協力し合うことを明らかにした研究結果についても引用している。[*48]

ただし、こうした行動にも例外はある。たとえば反社会的な人格障害者や社会病質者の間では、協力的な行動はほとんど見られないことが調査から明らかになっている。そして二〇〇一年にノーベル賞を受賞したジョセフ・スティグリッツによれば、経済学者はこの例外的存在のリストに含まれるという。「実験経済学からは実に興味深い結果が導き出されているが、なかでも利他主義と利己主義に関する結果は面白い。（少なくとも実験環境では）被験者は経済学者が想定するほど利己的ではなかった。ただし、ひとつだけ例外のグループがあった。それは経済学者自身である」[*49]。ノーベル賞受賞スピーチで、スミスはつぎのような結果を報告している。ゲーム理論についての知識を持つ教授陣は仲間と協力する気持ちが希薄なので、ゲームで獲得する金額が学生に比べて少ない。しかもどういうわけか、決断するまでにずいぶん時間がかかった。[*50]

入札

実験経済学の実践的な応用例のひとつが、たくさんの複雑なルールに制約される入札の模擬実験である。これによって実際に入札がどう機能するか予測できるわけではないが、欠点を明らかにすることは可能だ。飛行機のデザインをテストするために風洞が使われるのと同じである。[*51] たとえば組み合わせ入札という、携帯電話などの無線周波数帯域を販売する際に使われる形式がある。実際、組み合わせ入札を採用している組織は多い。シアーズは輸送業務の外注先を選ぶために取り入れているし、NASAは惑星探査機カッシーニの土星ミッションの際、積荷スペースの割り当てをこの方式で決定した。[*52]

そんな事例のすべてが成功しているわけではない。たとえば無線周波数帯域の入札はあまりにも成功して入札価格が高くなりすぎたせいで、電気通信関連企業の倒産が増えたのではないかという見方もある。[*53] もうひとつ、電力業界の規制緩和も散々な結果に終わった。このときは市場での競争を促すために複雑な入札が導入された。実際にカリフォルニアで行なわれた入札では、しばらくは価格も比較的低い水準で安定して推移した。ところがカリフォルニアを直撃した熱波が北西部の水力発電システムの水不足と重なった途端、市場価格が高騰して停電が発生するようになり、エンロンのようなエネルギー取引関連企業の大がかりな不正行為が火に油を注いだ。その結果として発生したエネルギー危機で電力会社は何十億ドルもの損失をこうむった。すべて清算するまでにはまだ何年もかかるだろう。カリフォルニア州で実施された入札の一部は、経済学者が模擬実験を行なっていたはずだ。後から新しい市場の欠点を確認することはできても、残念ながら前もって予測することはできなかった。
二〇〇二年にノーベル賞を同時受賞したダニエル・カーネマンをはじめ、合理的行動モデルに反対する心理学者や行動経済学者に対してスミスは共感を持てなかった。行動経済学者は人間のあやまちによって市場の機能が限定されることの証明に時間をかけすぎているのではないかと彼は憂慮した。「あやまちの研究にばかり気をとられていると世間での評判はおろか、経済学者としての信念までゆがんでしまう恐れがある」と語っている。[*54]そしてノーベル賞受賞スピーチでは、心理学者と従来の経済学者の違いをつぎのように要約した。「心理学者の多くはあらゆる場所に不合理を見出す。経済学者の多くは、発見された不合理があらゆる場合において意味がないことを調べようとするものだ」[*55]
さらにスミスは、行動経済学者や心理学者がよく使う調査方法にも共感できなかった。「人びとの実際の行動は発言と矛盾するときがある。それは訊ねてもわからない。本人でさえ、これから何をするか、今何をしているのかわからないのだから」[*56]。またべつのときには、ノーベル賞を同時受賞したカーネマンとその協力者であるエイモス・トベルスキーを名指して「自説と矛盾する解釈や証拠を長年無視してきた」と非難した。[*57]それでもノーベル賞晩餐会ではカーネマンのために乾杯し、その創意工夫の才能と深い洞察力をたたえた。[*58]
スミスは五二ページにおよぶノーベル賞記念講演を、経済学のつぎのフロンティア、すなわち神経経済学についてのコメントで締めくくった。人が経済的な決断を下すときに脳のどの部分が活性化されるのか、経済学者と心理学者はそれまでも協力して解明に努めてきた。たとえばある研究によれば、利益が得られたときには右脳が、損失をこうむったときには左脳が活動するという。好奇心旺盛な実験経済学者は、機能的ＭＲＩをツールキットに加えてこうした研究に取り組んでいる。[*59]

気ままな一匹狼

スミスがルールを破って気ままに研究を続けていなければ、これほどの成功はおさめなかったかもしれない。彼は経済学への従来のアプローチには関心を示さず、まだ世間的に認められていない時代から実験経済学を研究テーマとして選んだ。しかし、スミスの一匹狼的な行動はそれだけにとどまらない。長髪をポニーテールに束ね、ホピ族のシルバージュエリーを身に着けている外見は、ほかの経済学者とかなり異なる。しかし、ノーベル委員会を最も悩ませたのはカーボーイブーツだった。「ぼくが授賞式にカーボーイブーツを履いてくると思って、死ぬほど心配したんだ……わからないなあ。べつにかまわないじゃない」と本人は語っている。[*60]スミスは授賞式当日の服装についてまったく心配していなかったが、賞金にかかる税金はべつだった。「これじゃあ、受賞した途端に最低代替税を払わなくちゃいけない」と不満を漏らした。[*61]

もちろん、なかには守るべき行動ルールもある。スミスが二六年間にわたって教鞭をとったアリゾナ大学にも、ほとんどの公立大学でお馴染みのルールがあった。大学の設備や資源を利用した個人的なビジネスが禁じられていたのだ。スミスと三人の同僚は大学に雇われていたにもかかわらず、サイバノミクスという営利企業に関わっていた。経済や市場の分析に使われるコンピューターソフトウェアを開発する会社である。[*62] ところが、それをある教授が深刻に受け止めたため、四人の教授の行動がルール違反かどうか確認するため学内に監査が入った。アリゾナ大学を退職してから三年後、そしてノーベル賞の受賞から二年後、スミスらは調停を受け入れて給料の一部に当たる七万五〇〇〇ドルを大学に返却した。ただし不正行為についてはいっさい認めていない。このとき監査関係者はカレッジの経営側の落ち度も指摘した。「学外のコンサルティング業務に関する教職員のコンプライアンスへの監視を怠り、適切なガイドラインを設けていなかった[*63]」。

ヴァーノン・スミスの人生は、およそ恵まれているとはいえない状態で始まった。選考委員会に提出した自伝には、つぎのように記されている。「同世代の例に漏れず、私は数奇な状況を生き延び、悲劇を克服して成功をつかんだ」。スミスの母親はサンタフェ鉄道の機関助手と結婚してふたりの娘をもうけたが、一九一八年、二十二歳のときに列車事故で夫を亡くす。その後、スミスの父親となる機械工と再婚し、一九三二年に夫が解雇されると一家でウィチタ郊外の農場に引っ越した。

スミスは教室がひとつしかないような、小さな古い地元の学校に通ったが、幸いにも飛びぬけて勉強ができた。やがてカリフォルニア工科大学、さらにハーバード大学に進んでも、優秀な成績は続いた。大学では最初に物理学を専攻するが、途中で電気工学に転向し、一九四九年に学士号を取得する。その間、政治に関しては母親の影響を受け、はじめて投票した大統領選挙では社会主義者のノーマン・トーマスに一票を投じた。[*64] しかしスミスは次第に経済学に惹かれ、カリフォルニア工科大学の図書館でポール・サミュエルソンの『経済分析の基礎』とルートヴィヒ・フォン・ミーゼスの『ヒューマン・アクション』に出会ったことをきっかけに、市場への全面的な信頼やリバタリアン的思想傾向を強めていく。そして経済学についてさらに学ぶため、カンザス大学に入学して修士号を取得した。その後、ハーバードの博士課程に進学し、アメリカのケインズ派経済学者として有名なアルヴィン・ハンセンの下で学び、ノーベル賞受賞者ワシリー・レオンチェフの講義を受講した。しかし、スミスの将来を決定付けたのはチェンバリンの教室だった。学生を使って市場の動向を確認する実験が、彼のライフワークになったのである。

その後、スミスがスタンフォード大学に在籍した一年は、のちにノーベル賞を受賞するゲーム理論家のラインハルト・ゼルテンのもとで経済学の実験について学ぶことができた貴重な時間だった。実験経済学は非常に小さな研究分野のような印象を与えるが、一分野であることに変わりはなかった。スミスはこのときの経験を通じ、実験経済学は自分にとって趣味以上の存在だと確信するようになった。[*65] 研究室の環境は、自由市場の価値を追究する場所として理想的だった。仮想市場が投機バブルによって崩壊しても、あるいは市場の参加者が競争よりも協力を優先させたとしても、彼は自由市場への熱意を決して失わなかった。アダム・スミスは市場に見えざる手を見たが、ヴァーノン・スミスは「魔法のようなもの」をそこに見たのである。[*66]

市場システムを使った予測

実験経済学でのスミスの研究からは、興味深い副産物がいくつか生まれた。市場が本当に大量の情報を伝えるのだとすれば、それを手がかりに将来を予測できるはずだ。そこで経済学者によって発明されたのが、予測市場である。基本的なアイデアは、市場を情報収集手段と見なすハイエクの楽観的な見解から生まれた。アイオワ・エレクトロニック・マーケット（ＩＥＭ）はその一例だ。これはアイオワ大学ビジネススクールの教授らが立ち上げたベンチャーで、先物市場のような仕組みになっている。一九九八年以来、ＩＥＭは大統領選挙の得票率をはじめ様々な出来事の結果を予測するために利用されてきた。ＩＥＭでは選挙の各候補者の得票率に関する予測を証券化して、インターネット上で売買が行なわれる。そして、候補者が獲得した得票率に比例して支払額が確定される。したがって、候補者の最終的な得票率が予想を上回れば、かならず利益が得られるわけだ。効率市場では、株価が選挙結果の正確な指標になるはずである。アイオワ大学の教授陣によれば結果は実際にそのとおりで、選挙中の出口調査よりも電子市場の予測のほうが的中率は高いという。[*67]

こうした新しい予測ツールに興味を示した米国国防省は、テロリストに攻撃されそうな場所を予測する仮想市場の創設を真剣に検討した。結局、一部の上院議員グループから「モラルに欠ける」と指摘されて計画は断念される。しかし実現していれば、様々な興味深い疑問が生じたはずだ。[*68]たとえば利益を確保したい投資家が、テロリストによる攻撃を望まないか。オサマ・ビン・ラディンがビジネス仲間とぐるになって株を購入したうえで、アメリカを攻撃して一儲けを企む可能性はないか。そしてペンタゴンがこうした方法に頼るようになると、図らずも、ペンタゴンが従来の情報収集ツールをもはや当てにできなくなったことをテロリストに伝えてしまうのではないか。

第6章　行動主義者

ハーバート・A・サイモン　（一九七八年）
ダニエル・カーネマン　（二〇〇二年）
ジョージ・A・アカロフ　（二〇〇一年）
ジョセフ・E・スティグリッツ　（二〇〇一年）
A・マイケル・スペンス　（二〇〇一年）

人間が間違った情報にもとづいて不合理な選択をしてしまう可能性を信じられない人がいるだろうか。ところが自由市場の信奉者は一〇〇年以上にわたり、人間は完全な情報にもとづいて完全に合理的な決断を下すものだという仮定に満足してきた。たしかにミクロ経済学モデルの世界に生息する人間なら、嫉妬、悪意、決断の遅さ、気まぐれ、後悔、無知、いや間違いとも無縁だろう。常に自分にとって最善の選択をするようにプログラムされているとしたら、人間というよりは機械のような存在である。

しかし、すべての経済学者がこの見方に納得しているわけではない。たとえば十九世紀半ばに生きたカール・マルクスは、資本家の完璧な決断という幻想にだまされなかった。

ただし、彼の影響力が主流派経済学におよぶことはなかった。二十世紀はじめにはソースティン・ヴェブレンが、労働者の原動力は製作者本能だという理論を展開して一般の支持を得た。さらに彼は、消費者がモノを購入する背景には手に入れることによる満足だけでなく、それを他人に見せびらかすことによる満足もあると考えた。〝顕示的消費〟と呼ばれたこの概念は、現実に観察される明らかに不合理な行動をうまく説明するように見えた。ただしマルクスと同じく、ヴェブレンが従来の経済学におよぼした影響も長続きしなかった。

人間性に対する経済学者の見解を変えたという点で、最大の功労者はジョン・メイナード・ケインズである。彼の理論によれば、株式市場を動かすのはアニマルスピリッツであり、貯蓄や投資についての決断を促すのは人間のあやまった判断力である。たとえば企業や消費者は将来について様々な期待を抱くが、常に実現するわけではない。つまり、人間は本来、過ちを犯す生き物なのだ。ケインズはこのようなシンプルで現実的な想定によって、従来の経済学の多くの矛盾を暴くことに成功した。

しかし自由市場経済学者、シカゴ学派、ミクロ経済学者といった新古典派経済学者は、ケインズの新しい理論を受け入れようとせず、競争市場は常に政府の介入に勝るという信念にこだわり続けた。結局マクロ経済学の分野では、自由市場信奉者はケインズ派に事実上の敗北を喫する。しかしミクロ経済学の分野では健闘し、ケインズ派の現実的な仮定の侵食を許さなかった。何年もの間、ミクロ経済学に挑んだ学者はほとんど撃退され続けた。ただし例外は存在した。才能豊かな一握りの学者は権威ある経済学術誌で反論を展開し、そのうちの何人かはノーベル賞を受賞したのである。

この挑戦者グループの知的リーダーのひとりが、スタンフォード大学の著名な経済学者ケネス・アローである。一九六三年、アローは医療保険における不確実性の問題について画期的な論文を発表し、モラルハザードという概念を主流派経済学に持ち込んだ。モラルハザードは一六〇〇年代に誕生した古い言葉だが、その説によれば、保険に加入している被保険者は、よりリスクの高い行動をとりがちだという。「大丈夫、保険をかけているんだから」というわけだ。またアローは不完全情報にもとづいた行動を観察し、それを統計的差別という概念にまとめた。さらに、情報を持つ人は持たない人にどんなシグナルを送るのだろうかと考えたすえ、情報分布が偏っているときのみシグナルは効果を発揮するという結論に達した。いわゆる〝情報の非対称性〟である。アローはこうした貢献の数々を評価されて一九七二年にノーベル賞を受賞した。彼については、一般均衡の章（第11章）で詳しく取り上げる。

ダニエル・カーネマン、ジョージ・A・アカロフ、ジョセフ・E・スティグリッツ、A・マイケル・スペンスなど、本章で紹介するノーベル賞受賞者はアローの先例に倣い、経済理論を確立するうえで人間らしい行動を様々な角度から検討した。さらにハーバート・A・サイモンの功績も忘れてはいけない。明晰な思想家であるサイモンは、経済学とコンピューター科学のふたつの分野の発展に大きく貢献した。

ハーバート・A・サイモン（一九七八年受賞）

人間はどのように決断を下すのだろうか。野球のキャッチャーを考えてみよう。鎧のように不恰好なプロテクターを身につけ、真横ではバッターがバットを振り回し、前方からはピッチャーが剛速球を投げてくるポジションで窮屈にしゃがみこみ、あれこれ考えなければならない。ピッチャーやバッターは右利きか左利きか、塁上にランナーがいるか、アウトカウントは、現在のストライクとボールのカウントは……。一球ごとにピッチャーに出すサインを考えなければならない。内角の速球がいいか、外角高めのカーブ、それとも内角のスライダーにするか。何をピッチャーに要求すべきか、一瞬のうちに決断しなければならない。そんな場合、従来のミクロ経済学の想定どおり、計算機のように完全な決断が下せるものだろうか。それとも、もっと現実的な「経験則」に頼るのだろうか。ハーバート・サイモンは経験則の重要性を指摘した。[*1]

従来の経済学の世界ならば、キャッチャーは与えられた状況に最適な投球を選択する。ただし、眼の前のピッチャーとバッターの過去の対戦成績を含めてすべての情報を分析することなど、毎回迅速な決断が要求されるキャッチャーにとって明らかに現実的ではない。サイモンは、消費者や企業に毎回完全な決断を期待することも同じように現実的ではないと考えた。ところがどの大学でも、ミクロ経済学を学ぶ何千人もの学生が毎日のように現実的でないことを教えられている。経済的な決断は完全な情報にもとづいて、合理的な人間が、効用や利益が最大化されるように下すものである、と。

しかし実際の決断はこの理想と程遠いものであり、その点をミクロ経済学はかねてより指摘されてきた。そんな指摘に対してミクロ経済学者は反論を試みてきたが、なかでも実証経済学に関するミルトン・フリードマンの理論は注目された。結果的に予測が正確で説明が役に立つならば、仮定が非現実的かどうかなど無視してかまわないというのである。しかしサイモンはこれに賛同できず、ノーベル賞記念講演でその理由を説明している。

限定合理性と直感

講演の冒頭、サイモンは明白な事実を指摘した。人びとが実際に決断を下す様子を観察するかぎり、それはフリードマンが考えるようなやり方とは明らかに異なる。現実の世界には不確実性があまりにも多く、かりにすべての情報が手に入るとしても（それはあり得ないのだが）、それを全部手に入れて処理するのは不経済である。経済学者の頭の中なら、完全な情報や完全な合理性も役に立つかもしれないが、現実の世界ではその可能性が低い。

サイモンはそう語ったうえで、実際の経済活動の結果を予測する際に、完全な合理性が必要であることや役立つことを裏付ける決定的な証拠は見当たらないと指摘した。つまり、完全な行動など現実には存在しないし、そもそも将来を予測するのにも、実際の決断を説明するのにも必要ない、とサイモンは結論づけた。

人間は十分に良い決断を下すように出来ているもので、完全な決断はかならずしも必要ないとサイモンは確信していた。そして、このルールはすべての人間に当てはまるもので、ミルトン・フリードマンのような経済学者も例外ではないと続けた。フリードマンだって自分の理論が完全だから擁護するわけではない、「十分に良い」予測を立てられるから、少なくともほかの理論よりは「優れている」からではないかと巧みに論じた。*2

こうしてサイモンは完全な合理性を否定するが、その一方、すべての決断が完全に不合理であるとも考えなかった。そして実際の決断プロセスを、〝限定合理性〟という言葉で表現した。人間は完全に合理的でも完全に独断的でもなく、適度に効率的だという発想である。近道や「経験則」を頼りに多くの決断を下すのであり、日常的に繰り返される問題には同じ決断を「習慣的に」下すことさえある。従来の経済学が考える最大化行動に対し、サイモンはこれを〝満足化行動〟と呼んだ。

チェスの世界的プレイヤーを観察したサイモンは、つぎの一手を決める速さに強い印象を受けた。それは文字通り一瞬の判断だった。ひとつのゲームに専念しているときでも、複数のゲームを同時進行させているときでも、そのスピードは変わらない。実際、どのように決断しているのか訊ねると、「直感」とか「プロとしての判断」という返事が多かった。[*3] サイモンはその答えに満足せず、直感とは何か調べることにした。チェスボード上の情報を確認したうえで、つぎの一手をいちいち分析せず瞬時に決断するとき、人間の心はどんな作業をしているのだろうか。その答えとして、彼は人間特有の思考形式、すなわち潜在的なパターン認識を導き出した。

決断のプロセスを基本的な諸要素に分解することへのサイモンの熱意には、隠された動機があった。彼はコンピューターに「考える」作業をプログラムしたいと考えていたのだ。そして実際、人間の思考を三つの基本的な要素に分解していた。データをスキャンしてパターンを見つけること、パターンを記憶すること、そのパターンを応用して推論や推定を行なうことの三つである。直感の場合、この三つのステップが無意識かつ迅速に進められていくが、その原動力は経験だ。たとえばボードにお馴染みのパターンを認めたチェスプレイヤーは、適切な反応を瞬時に思い出す。一方、もうひとつの思考形式として、三つのプロセスをひととおり踏んだ系統的な「分析」が考えられる。そしてサイモンによれば、ほとんどの決断は二種類の思考、すなわち直感と分析の組み合わせだという。[*4]

チェスの名手がつぎの一手を瞬時に決断した後に、今度はじっくり時間をかけ、あらゆる反応の可能性を考慮しながら「勘は間違っていないかどうか評価する」ことはめずらしくない。そのうえでようやく、勘は正しかったという結論に達する。[*5] こうした直感と分析の組み合わせは、物理をはじめ様々な分野での問題解決に使われている。サイモンは、物理の問題に取り組んでいるときの初心者と専門家のパフォーマンスを比較した。その結果、専門家は直感に頼る部分が多く、記憶や蓄積されたパターンをすぐに引き出すので、それが近道となって解決までの時間が短縮されることがわかった。一方、初心者は退屈な分析や計算に頼らなければならないことが多かった。[*6]

「考える」コンピューター

大恐慌の最中の一九三三年、高校を卒業してシカゴ大学に進学したサイモンは使命感に燃えていた。それは、社会科学の分野での数学のレベル向上である。[*7] そこで数学的スキルを磨くため、さらには「自然科学」の各分野についてひととおり理解するため、大学では経済学、政治学、数学、記号論理学、さらには修士レベルの物理学を学んだ。そして一九四三年にシカゴ大学で政治学の博士号を取得するとカーネギー工科大学に赴任して、企業経営についての新しいアイデアと、成長著しいコンピューター技術を組み合わせた。[*8] キャリアをスタートさせた頃の研究は伝統的な経済学の範囲におさまっていたが、研究対象は意思決定理論へと徐々に移行して、心理学の概念や〝人工知能〟にも取り組むようになった。

一九五〇年代になるとサイモンは、「考える」ことができるコンピュータープログラムの設計に多くの時間を費やすようになった。単に計算するだけでなく、定理を証明したり法則を発見できるようなコンピューターを目指したのである。思考を覆い隠す「秘密のベール」を取り除き、人間と同じ思考プロセスをそっくり再現することは可能だと確信していた。

その努力が最初に結実したのが、アレン・ニューウェルとプログラマーのJ・C・ショーとの共同研究である。一九五六年、三人はバートランド・ラッセルの数学定理を「証明」するプログラムを開発した。〝ロジック・セオリスト（論理的な理論家）〟と呼ばれたこのプログラムは、コンピューターの性能が現代の基準から見ればかなり見劣りするにもかかわらず、かなり高度な「思考」を実現した。もうひとつ、〝ゼネラル・プロブレム・ソルバー（一般的な問題解決）〟と呼ばれたプログラムは、数学の問題の解を逆方向から求めた。答えから遡って問題に到達するやり方である。ほかにはチェスプレイヤーのような、パターン認識に特化したプログラムもあった。やがてプログラムは洗練され、ガリレオ、ケプラー、ボイル、オームらの物理の基本法則の「再発見」に取り組むものまで誕生した。そして、いずれも試行錯誤の手間を省いて効率化を図るため、〝経験則〟が重視された。たとえば同じ結果を説明するのにふたつの方法があることをプログラムが発見した場合には、経験則にもとづいて単純なほうが選ばれる。これはオッカムの剃刀と呼ばれる原理だ。*9

一九五七年、研究に夢中になったサイモンは、今後一〇年以内にコンピューターは世界最強のチェスプレイヤーに勝つことができると大胆にも予言した。当時のコンピューターの性能の低さと、チェスのプレイに求められる知性の高さを考えれば、それは途方もない思いつきだった。しかし一〇年以内という数字は外れたものの、サイモンの予言は的中した。一九九七年、IBMのコンピューターのディープ・ブルーは、人間のチャンピオンであるガルリ・カスパロフを実際に破ったのである。[*10] その頃には、コンピューターのパワーも性能も大幅に改善されていたので、この偉業達成に驚く人はほとんどいなかったはずだ。

コンピューターは実際に考えることができるのだろうか。人間よりも賢くなれるだろうか。この疑問にはまだ議論の余地があると考える人たちもいるが、サイモンに迷いはなかった。二〇〇〇年、コンピューターがノーベル賞級の発見をできるようになるのはいつ頃かと訊ねられたときのことだ。彼は、すでに実現しているかどうか、ちょっと考える時間をくれと答えた。つぎに、いつかコンピューターにもノーベル賞が与えられるべきかと訊ねられると、与えない理由はないと回答した。[*11] 今日コンピューターが素晴らしい成果を達成していることを考えれば、人工知能の分野の創設者のひとりとして誰もが認めるサイモンは、功績を評価されて当然だろう。

一九七八年、サイモンはノーベル賞の栄誉に輝くが、彼はノーベル賞や受賞者である自分自身について大げさに騒ぎ立てるような人物ではなかった。受賞が発表された日の朝、テレビや新聞の記者が例のごとく研究室に押し寄せた。ところが二、三の質問に答えた後、サイモンはいきなり時計を確認して、これから講義が始まるからと退室しようとした。「私はそのために雇われているんだ」[*12]。記者たちは抗議したが、サイモンは本当に退室してみんなを驚かせた。後日、彼はインタビューでこう語っている。「ノーベル賞なんて忘れてくれ。大したことじゃない」[*13]

受賞の知らせを聞いたとき、サイモンは本当に経済学者なのかといぶかる向きもあった。たしかに博士号は政治学で取得しているが、キャリアを始めた一九四〇年代から五〇年代にかけては伝統的な数理経済学を研究していた[*14]。当時手がけた様々な研究のひとつが、ホーキンズ＝サイモンの定理の証明である。これは、レオンチェフの投入産出モデルの解の存在を決定するために使われる。それによれば、産業が拡大するときにすべての生産要素の投入量が減らないかぎり、モデルから数学的な解が得られるという。やがてサイモンは、経済学にはこれ以上の数学は必要ないという結論に達し、もう十分ではないかと考えた。「数理経済学や計量経済学がもてはやされるようになった結果、経済学者は二世代にわたって形式的で技術的な問題に取り組んでエネルギーを使い果たし、現実の世界の平凡な問題と向き合う時間を先延ばしにしてしまった」という[*15]。サイモンの目には、経済学者が糖蜜のように粘り気のある物体の落下について研究しているようにも見えた。忠実にニュートンの法則に当てはめようとしているが、落下物が糖蜜状であることを考慮していないような印象を受けたのである。[*16]

異端の行動主義者

サイモンは、人間の行動について研究するときに現実的なモデルを考慮せず、自然科学の研究を模倣するだけの経済学者に苛立ちを隠せなかった。「社会科学が自然科学の目覚しい成功例をモデルにすることが習慣になってしまった」と嘆き、「盲目的な模倣に終始しなければ有害ではないのだが」と仲間の経済学者に警告している。[*17] そして「科学にとってニュートン物理学だけが唯一のモデルではない。むしろわれわれの目的にふさわしいとは思えない」とも語った。[*18] 重要な問題に関して従来とは逆の見解を主張したサイモンは、〈ニューヨーク・タイムズ〉のコラムニストから異端者のレッテルを貼られた。[*19] これには現代の経済学者も共感したようで、幅広く人間の行動というものに関心を示す姿勢から、サイモンを行動主義者と呼ぶようにもなった。

サイモンのアイデアの多くは、ドイツのマックス・プランク研究所が心理学者と経済学者を対象に開催した限定合理性に関するサマーセミナーで誕生して研究が進められた。同研究所はあらゆる種類の意思決定に独創的に取り組んでおり、その研究範囲は人間の習慣に限定されない。たとえばミツバチは、どこに巣を移すかについて集団で重要な意思決定を下す。数百匹の偵察隊はいくつかのグループに分かれ、各グループは候補地を決めるとダンスによって貴重な情報を仲間に伝える。最も有望な場所を見つけた偵察隊はどのグループよりも長く熱心にダンスを続け、最後はほかの偵察隊を吸収してしまう。まるで候補者を決定する党大会のようだが、ミツバチは実際にこのようなプロセスを経て巣の移転先を決める。かならずしも最適ではないかもしれないが、十分に良い場所であることは間違いない。[*20] 限定合理性は、人間にもミツバチにも当てはまるのだ。

サイモンはカーネギー・メロン大学で五二年にわたって教鞭をとり、その間にコンピューター科学部を設立して学部長を務め、分野を問わず多くのグループと共同研究を行ない、なんと一〇〇〇本ちかくの論文を執筆して発表した。[*21] 興味が多方面におよぶ彼は、社会・意思決定学部、哲学部、統計学部、物理学部など、ほかの学部を頻繁に訪れた。意思決定のスペシャリストであるサイモンにとって、最高の決断のひとつがドロシー・パイとの結婚だった。彼のほうからプロポーズした後、一九三七年のクリスマスに式を挙げた。三人の子どもはそれぞれ学者の世界の外で「楽しく充実した」人生をおくっている。

サイモンの経歴には多彩な興味が反映されているが、すべてを貫くひとつのテーマがある。人間はどのように決断を下し、問題を解決するのか。この重要なテーマを最優先しつつも、様々な分野で評価されたことは注目に値する。彼は一九七八年にノーベル賞を受賞しただけではない。九三年には、全米心理学会から心理学への長年の目覚しい貢献を認められて表彰された。そして七五年にはコンピューター科学での研究を認められてA・M・

チューリング賞を授与されるなど、ノーベル賞以外にも多くの栄誉に輝いている。

研究や執筆に対するサイモンの情熱は最後まで衰えず、二〇〇一年に八十四歳で亡くなるまでカーネギー・メロン大学で意欲的に取り組み続けた。そんな彼は多くの学生や同僚に刺激を与え、その影響力は高く評価された。教え子のふたりはカーネギー・メロン大学の心理学の教授になったが、「知識人として学者として申し分のない人物」だったとサイモンを評した。*22 実際サイモンは、高度な専門技術の持ち主であるばかりか、視野が広くて先見の明のある人物でもあった。ノーベル賞受賞スピーチでは、「自然界の法則に関する知識だけでなく、人間の行動の法則に関する理解を広く深く掘り下げるように」と仲間の経済学者に呼びかけた。

生前、サイモンが考案した限定合理性の概念は学問的に注目されたものの、経済学者からはほとんど評価されなかった。ミクロ経済学の本質に変化を生じさせたわけでもない。しかし合理性の殻を破り、後に続く挑戦者のために扉を開いた功績は大きい。そのなかから、二〇〇二年のノーベル賞受賞者ダニエル・カーネマンも生まれたのである。

ダニエル・カーネマン（二〇〇二年受賞）

ノーベル経済学賞の受賞者のなかで、ダニエル・カーネマンほど大衆メディアの想像力を掻き立てた人物はまずいない。二〇〇二年、ノーベル賞に関する記事を面白おかしくするために、〈ウォールストリート・ジャーナル〉から〈タルサ・ワールド〉に至るまであらゆる出版メディアがカーネマンの研究成果、すなわち人間の奇妙で風変わりな行動の実例を競って紹介した。人間が合理的に行動しないことの研究に関して、カーネマンは第一人者になった。

カーネマンの研究は大衆紙で熱烈に歓迎されたものの、快く思わない経済学者もかなり多かった。ひとつ問題だったのは彼が経済学者ではなく、プリンストン大学の心理学者だったことである。さらに、彼が細かく指摘した奇妙で風変わりな行動は、ほとんどの経済学者が信じる人間の本質とは相容れないものだった。カーネマンが描く人間の実像は、ミクロ経済学のモデルに登場するホモ・エコノミクス、すなわち冷たくて計算ずくの人種とは程遠い存在だったのである。

慎重なカーネマンは、自分の研究成果について大げさに語ろうとしなかった。経済学の基準では合理的ではないものの、現実には十分あり得る人間の行動について多くの事例を紹介したにすぎない。簡単な調査や研究室での対照実験を通じ、人間は絶対に判断をあやまらないわけでもないし、バイアス（認知の偏り）と無縁なわけでもないことを証明したのである。大した発見に思えないかもしれないが、実際には、これらのアイデアが行動経済学と呼ばれるまったく新しい分野の誕生を促した。従来の経済学者のように人間とはこうあるべきだとは考えず、実際の行動の観察結果にもとづいた学問である。

直感とフレーミング効果

カーネマンの理論の出発点は、直感にもとづいた迅速な反応（システム1）と系統的な熟考型推論（システム2）の分類である。迅速な反応についての心理学は、ハーバート・A・サイモンが考案したもので、マルコム・グラッドウェルのベストセラー『第1感——「最初の2秒」の「なんとなく」が正しい』[*23]によって今ではかなりよく知られるようになった。人間は一日を通じてあらゆる種類の選択を行なうが、そのほとんどは些細なもので、状況を素早く判断して即座に決断が下される。即決即断は人間が進化していく過程で欠かせないものだったはずだ。それが現在まで受け継がれ、いまだに多くの場面で生かされている。ただしいくら役に立っても、反射的な決断が常に正しいとはかぎらないし、偏見と無縁でいられるわけでもない。たとえば、つぎの質問に即答してみよう。「バット一本とボール一個の値段は合計で一ドル一〇セント。バットはボールよりも一ドル高い。ではボールだけの値段は？[*24]」大抵の人が一〇セントと答えるが、それは反射的に決断しているからだ。正解に近づいてはいるが、正しいとは言えない。正答を得るためにはシステム2のプロセスが必要である。答えをチェックして間違いを見つけ、修正しなければならない。この問題の正解は五セントだが、要するに、人間の推論は特にシステム1のようなケースで間違いを犯しやすいものであり、それは十分に予測できる。

ハーバート・サイモンと同じくカーネマンも、人間は経験則に従って迅速な決断を下すものだという前提に立った。たとえば〝小数の法則〟というものがある。即断が必要な状況では、多くの情報を参考にするよりも自分の個人的な経験をひとつだけ頼りにする傾向が強くなるという法則である。投資家は前年の利益が市場指標を上回っただけで、担当ブローカーを天才だと思いこんでしまう。しかし実際には、これではサンプルが少なすぎる。一度観察するだけで妥当な結論を導くことには無理がある。ところが自分で観察したことかどうかはともかく、一度だけでは意味のある結果を引き出せないという事実から人間は目を背けようとするものだ。

さらに、サンプルが多いほうが役に立つ情報を得られることを人間が理解しているかどうかもあやしい。たとえば、男の子の赤ん坊が生まれる確率は、地方の小さなクリニックよりも都会の大病院のほうが全国平均に近いが、それは誕生する赤ん坊の数が多いからである。ところが、調査してみるとほとんどの人がこの事実を認識していない。[*25] その正しさは統計学で〝大数の法則〟と呼ばれる原則によって証明されているのに、実際に決断を下す段になると、人間は個人的な経験から即座に一般論を引き出そうとする。その結果、愚かにも身近にある些細なサンプルにしか目を向けず、たくさんの有益な情報から得られる証拠を見逃してしまうのである。

カーネマンが確認した間違いの多くは、〝フレーミング効果〟と呼ばれるカテゴリーに該当する。私たちの目が錯覚を起こしてしまうのは、目の前の対象物の置かれた状況や表現の仕方（フレーム）が原因となっているケースがほとんどである。たとえばまったく同じ暗闇でも、背景によって受ける印象は異なる。視覚的な認識は状況によって意図的にゆがめることもできるが、同じことは認知的知覚にも当てはまる。ある実験で、被験者の学生に「これまでの人生でどのくらいの幸せを感じましたか」「先月は何回デートをしましたか」とふたつの質問を訊ねた。[*26] この順番で訊ねると、ふたつの答えには相関性が見られない。ところが質問の順序を入れ替えると、途端に相関性が発生する。デートであれ、ほかの活動であれ、具体的な事柄は幸福に関する認識にたやすく影響を与えてしまう。フレームや状況のもつ力はあなどれない。

設定次第では、フレーミング効果が厄介な問題になり得る。たとえば医者は患者に対し、手術が成功する確率が九〇パーセントだと言うべきだろうか、それとも失敗する確率が一〇パーセントだと言うべきだろうか。どちらも同じ事実を正確に伝えているが、カーネマンが紹介する調査結果によれば、死亡率よりも生存率を伝えるほうが、患者が手術を選択する可能性は高くなるという。[*27] このようにフレームは生死に関わる決断に影響をおよぼすのだから、世俗的な事柄における経済的な選択に影響を与えるのは当然である。たとえば広告業はフレーミング効果を実に見事に利用して利益をあげるが、経済学者はこの効果をほとんど無視している。

損失回避

ミクロ経済学では、個人の幸福度は蓄えた財や富の量で決まるものだと考え、蓄積する順序は顧みられない。では、ここでカーネマンのもうひとつの事例を見てみよう。二人の人間が証券会社から報告を受けた。ひとりは三〇〇万ドル、もうひとりは一一〇万ドルを投資している。前者は一〇〇万ドルの損失をこうむり、後者は一〇万ドルという少しばかりの利益を手に入れた。満足度が高いのはどちらのほうだろう。手持ちの金額の多いほうだろうか。おそらく違うはずだ。ここでも状況が重要な役割を果たす。人間はお金が増えれば喜び、減ると不幸になるものである。前者のほうがずっと金持ちなのに、皮肉にも後者のほうが幸福度は高くなると考えられる。この推論から判断するかぎり、期待効用論の大前提〔訳注　合理的な人は期待値〈期待効用〉が最大になる選択をする〕は成り立たないとカーネマンは指摘した。期待効用論は十八世紀にダニエル・ベルヌーイが最初に定式化して以来、ほとんど変化していない。[*28]

いま紹介した事例の根底にあるのが〝損失回避〟で、カーネマンはこの傾向が普遍的なものだと確信している。経済学者はリスク回避、すなわちリスクの高いチャンスへの挑戦をためらう傾向に注目するが、カーネマンは金銭的なことか否かにかかわらず、人びとが損失に対して示す強い反応にあらためて注目した。彼はこの傾向を非常にシンプルな実験で明らかにした。被験者の学生をふたつのグループに分け、一方のグループには絵柄のついたマグカップを渡し、それを最低いくらなら手放してもよいか訊ねた。そしてもう一方には、マグカップの代わりにいくらの現金を受け取れば満足できるか訊ねた。両者の違いは、カップを所有しているかどうかという一点のみだ。そして結果は、人間は所有物を手放したがらないという事実——損失回避——を反映したものになった。最初のグループがカップを手放してもよい金額は七ドル、後のグループがカップの代わりに受け取りたいと考えた金額は三ドル五〇セントだった。損失回避の応用とも言えるこの現象は、〝保有効果〟と呼ばれるようになった。

特に家の所有者は、家に投資したお金を失うことを嫌がる。ある調査によれば、マイホームを手放す際の売値には、家に投資してきた金額の違いが反映されるという。同じような家でも投資額が大きいほど、売値は高く設定される。価格が高いと売れるまでに時間がかかるが、実際に売れたときの儲けは大きくなる。[*29] これに対してミクロ経済学では、合理的なマイホーム所有者は家に投資してきた金額、いわゆる〝埋没費用〟のことは気にしないものだと想定する。悩んだところで回収できないのだから、家を手放す見返りに得られるものにしか関心を持たないと考える。

さらに、人びとが現金で支払う費用ほどには機会費用〔訳注　ここでは、利益をあげる機会があるのに、何もしないことによって生じる損失のこと」を重視しない傾向も、損失回避に関連する。実際には何もしていないのに損失として見なすのは、ほとんどの人にとって理解に苦しむところで、機会費用をほかの費用と同列に扱うのは、経済学者ぐらいだろう。たとえば電力会社はサケの遡上を助けるためにダムから放水してもよいし、生息地の環境整備に資金を提供してもよい。この場合、最初の行動の費用は、放水しなければ生産されたであろう電力の価値で計る。そして二番目の行動の費用は実際に拠出した金銭価値だ。放水に伴う機会費用が生息地の環境整備にかかる費用と比較できるほど現実的かどうかという問題は、いまだにアメリカ北西部で解決されてはいない。つまり、実際に所有していないものから損失が発生するという発想は抵抗感を持たれてしまうわけだ。カーネマンはこうした現象について「人びとは機会費用と実際の損失とのあいだに経済的に不合理な区別をするもの」だと説明した[*30]。

ところで、新しい家電やコンピューター購入時の延長保証金は、良い制度かどうか考えたことがあるだろうか。平均すると、実際にはフェアな制度であるとは言えない。割に合うときもあるが、そんなものにお金を使わないほうが生涯にわたって良い暮らしができる可能性は高い。ところが人びとは延長保証金を支払う。なぜだろう。行動経済学者は、損失回避を理由として考えている。消費者は購入品の価値が失われるのを嫌がる。だからそれを回避するための保険ならば、現実的とは思えないほど高い料金でも支出を惜しまないのだ。当然ながら、企業は支払われた料金を大喜びで受け取る。[*31]

アンカリング

ビジネスの世界にとって重要な意味を持つフレーミング効果が〝アンカリング〟である。人間は最初にある特定の数字に心を留めると、なかなかその数字から離れられない。評価を下したり目標を設定したり交渉を行なうときには、たとえ根拠がなくても最初の数字が非常に重要な役割を果たす。ある心理学の実験では、マンハッタンの医師の人数を推測してもらうとき、あらかじめ被験者に社会保険の番号を確認した。すると、医師の人数を訊ねる前に社会保険の番号が頭に叩き込まれただけで、ふたつの数字の間に相関関係が成立した。[*32]

企業の買収や新規市場への参入、あるいは大規模な投資を始める際には、アンカリングが頻繁に発生しているのではないかとカーネマンは考えている。このようなビジネス活動は、失敗にいたるケースが思いのほか多いこともあって、経済学者の注目を集めてきた。[*33]カーネマンは〈ハーバード・ビジネス・レビュー〉の論文で、医療保険会社のオックスフォード・ヘルス・プランズが導入した新たなコンピューターシステムの事例を紹介している。想定以上の問い合わせや請求が来たにもかかわらず、当初の設定にこだわったあまり対応が遅れ、おかげで同社の株価は暴落し、一日で三〇億ドルもの損失を計上した。[*34]また、北米で新たに建設される製造工場の七〇パーセントは一〇年以内に閉鎖され、企業の吸収や合併のうち七五パーセントは投資を回収できないという事実もある。最初に見せられた費用見積もりの印象が役員たちの頭に強く残り、実際に発生する不慮の事故やリスクを考慮するときになってもこだわりを捨てられないからだとカーネマンは推理している。一方、特定の数字へのこだわりは、経験の浅い投資家にも問題を引き起こす。株の取得時の価格にこだわるあまり、それを下回ると、落ち込みがひどくなる前に手放す決心がなかなかつかない。同様に購入時の価格をちょっとでも上回ると、あわてて株を売ろうとする。もちろん、どの株が儲かるか損をするかは、そう簡単にわからないものだ。

仮想評価

小規模ながら経済学者にとってやりがいのある分野が、環境汚染や絶滅危惧種に関わる公共政策や法的和解における非市場的価格の評価である。誰でも澄んだ空やきれいな水や生物種の保存を大切に思うものだが、それらが社会に対して実際にどれだけの価値を持つものか具体的に示す市場メカニズムは存在しない。経済学者は通常、質問への回答を集めて価値を評価するので、この手法は〝仮想評価法〟（ＣＶＭ）と呼ばれる。調査のための質問は「汚染物質でどんよりとした空の代わりに青空を手に入れられるとしたら、いくら支払うつもりがありますか」といったシンプルなものが多く、大抵はそこに写真が添えられる。

しかし調査によって人間の態度や偏見を測定する作業に精通しているカーネマンは、この手法に批判的だ。そもそも、人間は関心を向けた物事の重要性を常に誇張する。たとえば二人の候補者のうち一方が選挙に勝ったらどんな気分がすると思うか訊ねると、いまよりもずっと幸せな気分か不幸せな気分になるだろうという回答が多い。ところが選挙後に追跡調査を行なってみると、実際には気分にほとんど変化が見られない。[*35]「人生には、いま考えていること以上に重要なことはない」というのがカーネマンの結論である。[*36]調査と称して質問されると、そのことについて考えるよう強いられてしまうのだ。

こうしたあやまりを複雑にしているのが、変化への対応、すなわち〝適応力〟についての予測のむずかしさである。いまこの瞬間あなたが何に幸せや悲しみを感じていようとも、来年、来月、いや来週になればそれは意味を持たなくなっているかもしれない。人間は変化に適応する生き物なのだ。[*37]そしてもうひとつ、いろいろな数字を提供されるとアンカリングが発生し、こだわりを感じる数字に答えが近づいてしまうことも問題だ。[*38]さらに厄介なのは数字がまったく提供されないケースで、この場合の回答はまったく独断的になる可能性がある。問題が自分にとって重要なときには、恣意的に大きな数を選んでしまうものだ。[*39]

このような偏見や問題をすべて考慮すれば、仮想評価法にもとづいた調査結果が法廷での決断や公共政策に意味のある情報をほとんど提供できないことがわかる。経済学者のマシュー・ラビンはつぎのような結論を出している。「裁判所や政府機関が人びとの選好を知るために用いる仮想評価の手法には、欠陥があるという事実がようやく広く受け入れられるようになった」[*40]。ところが現実には、仮想評価法は費用と便益の関係を研究するために広い範囲で使われ続けている。正確だからではない。それに代わるものがないからだ。

幸福感

従来の経済学では、お金を稼ぐと幸せになれるから人間は一生懸命働き投資するものだと考えられてきた。カーネマンはこの一見明白な原理にまで挑戦した。これまでも心理学者は何が人びとを幸せにするのか長年にわたって研究し、回答が期待できるケースではかならず質問を投げかけてきた。たとえば、なぜミネソタは最も幸せな州のひとつなのか。幸福感は四十五歳を過ぎるといったん衰え、その後ふたたび上昇するのはなぜか[*41]。もっと重要な問題もある。収入が幸せの決定要因として重要に見えないのはなぜか。なるほど非常に収入の低い人たち、具体的には年収一万二〇〇〇ドル未満の人は、あまり幸せとは言えない。しかしそれ以外の範囲では、一国のなかで見ても国ごとに見ても、収入と幸せには目立った相関関係がない[*42]。どうしてだろう。

カーネマンは、この理由を適応力で説明できると考えた。いったん新しい収入レベルに慣れてしまうと、幸せのレベルは生来の資質や本来の状況と関わりの深いところに逆戻りするというのだ。その証拠が宝くじの当選者で、最初の高揚感が時間と共に消えてしまうと、幸せな気分は対照群と大差なくなる。[*43] その意味では、下半身が麻痺した人がほかの人よりも不幸というわけでもない。貧困や深刻な健康上の問題を除いては、人びとの回復力はかなり強いもので、結局は新しい環境に適応してしまう。その結果、億万長者になるよりも前の晩に熟睡できたほうが幸せだという回答も出てくるのだ。[*44]

経済学者にとって適応力は新しい概念だったかもしれないが、心理学者には馴染み深い。カーネマンはそれをこんな実験で紹介している。片手を熱いお湯の入ったボウルに、もう一方の手を冷たい水の入ったボウルに入れる。それぞれの手をボウルから取り出して、今度は同じひとつのボウルに突っ込むとどうなるだろう。その前のボウルの水の温度によってそれぞれの手の体感温度は異なるはずだ。体は明らかに外部の刺激に適応する。心も同じで、お金がたくさんあればそれなりに、なければそれなりに、与えられた状況に適応していく。[*45]

しかしお金がかならずしも幸せをもたらすわけではないとすれば、何が幸せの源なのだろうか。カーネマンはテキサス州で働く女性九〇九人を細かく調査した結果、答えを得られたと確信した。まず彼は、一日に何回か、いまどれくらい幸せか訊ね、幸福度の正確な記録を作成した。そのほかに、前日の行動について思い出したときにどんな気分がするかも訊ねた。カーネマンはこのやり方を「一日再現法」と呼んだ。当然ながらその結果、人には特に幸せな気分を感じられる活動があることが明らかになった。リストのトップは親密な関係。以下、人付き合い、食事、リラックス、エクササイズとなり、いちばん最後が仕事と通勤だった。人付き合いといっても幸福感は相手によって異なり、誰とでもいいというわけではない。特に愉快なグループは存在する。リストの上から順に、友人、親戚、夫、子ども、クライアント・顧客となり、最後が職場の同僚だった。[*46] 子どもが比較的下位なのは意外かもしれないが、子育てが幸福感尺度でかなり低くランクされている事実と矛盾しない結果である。子育ては家事をわずかに下回るのだ。[*47]

こうして人びとの満足度についてひととおり把握したカーネマンは、新たな試みを目指した。お馴染みの国民所得勘定の代わりに、国民幸福勘定なるものを考えついたのである。この場合、人びとが愉快な活動と愉快でない活動にどのように時間を割り当てているかが基準になる。[*48] たとえば金持ちでもストレスや争いの絶えない状況で苦しんでいる人と、収入は低くても心が幸せで満たされている人の幸福度を比較するわけだ。

カーネマンは、幸せと表裏の関係にある苦しみの感情についても調査のノウハウを応用した。なかでもユニークなのは、治療のなかで特につらかったと思う瞬間を患者に思い出してもらう試みだろう。ここでは大腸内視鏡検査の事例が取り上げられた。この調査からは、経験全体を評価するときに時間の長さはほとんど関係ないことがわかった。重視されたのは、ピーク時と検査終了時の痛みの程度だった。カーネマンはこれをピーク・エンドの法則と呼んだ。カーネマンは心理学でも特に独創性の高いこの調査結果をサンプルグループの医師に見せて、患者によっては内視鏡検査の終了を一分間延長するよう説得した。少し延長するだけで痛みが不快を感じる程度に変わり、最後の瞬間の記憶が改善されることが確認されたのだ。[*49]

公平性

公平性は従来、ミクロ経済学の扱うものではなかったが、これからはそうあるべきだろう。たとえば「最後通牒ゲーム」と呼ばれる実験では、相手を罰するため、もしくは利するために自分の利益を犠牲にするケースが多い。人間は不当に扱われるのを特に嫌がるもので、相手と平等になるためには金銭的な損失も厭わない。[*50]この傾向はビジネスでも見られる。コストの上昇に伴う値上げは公平でも、需要の増加や品不足に便乗した値上げは不公平だと見なされる。[*51]べつの調査によると、現在の従業員を対象にした賃金カットは不公平だと見なされるが、新しい従業員の賃金を下げることには理解が得られる。以前と同じように働くことを期待されながら賃金をカットされることに、従業員は強く反発するのである。従業員から敵意を向けられるのが怖いから、景気後退期でも賃金カットを行なわない企業はめずらしくない。これはケインズと彼の仲間が〝賃金の下方硬直性〟と呼んだ現象である。二〇〇九年の景気後退のようなケースでは賃金をカットする企業もあるが、大体は従業員の反応を恐れて敬遠されるようだ。

そしてもうひとつカーネマンは、企業のトップは例外的な存在で、高額の報酬を受け取るに価するという発想に異議を唱えた。従来の経済学では、CEOは有能で仕事ができる人物として評価されるのが習慣になっていた。さもなければトップにまで上り詰めないという発想だが、カーネマンは賛同できなかった。そもそも、ほとんどの人は自分の能力を過大に評価するものである。カレッジボードが一九七〇年代に一〇〇万人の学生を対象に行なった調査によれば、自分のリーダーシップ能力は平均以上だと考える学生の割合は七〇パーセントに達した。平均以下だと答えたのはわずか二パーセント。[*52] そこでカーネマンは、CEOも同じように自信過剰なのではないかと考えた。たまたま運がよくて出世できたCEOは大勢いるはずだ。事実、努力したから成功し、運が悪かったから失敗したと考えるエグゼクティブが多いことを示した研究をカーネマンは挙げた。自分の能力を過大評価した挙句、時としてCEOは重大な過ちを犯し、企業の倒産や政府からの財政支援といった事態を招くのである。

カーネマンは一九三四年、母親がテルアビブまで長期の旅行に出かけていなければ、パリで生まれていたはずだった。その代わり、のちにイスラエル領となった場所で生まれ、少年時代の大半をパリで過ごす。父親は化学工場の研究所長だった。ユダヤ人だったカーネマン一家は、一九四〇年にドイツ軍がフランスに侵攻して国内を占領すると身の危険を感じた。八歳のカーネマンはある晩、夜間外出禁止の時間帯に緊張の一瞬を経験した。ひとりのドイツ軍将校から手招きされたのだ。恐ろしさで震え上がったが、よくよく話してみると、彼と同じ年頃の息子を思い出して声をかけたくなっただけだという。幸いカーネマンは念のためセーターを裏返しに着ていたので、ユダヤ人のダビデの星を見られずにすんだ。[*53]

カーネマンの父親はほかのユダヤ人と一緒に連行され、どう考えても強制収容所に送られるはずだったが、複雑な裏取引のおかげで無事に釈放された。[*54] 一家はヴィシー政権下のリヴィエラ、さらにフランス中部に移住する。そして父親はDデイの二カ月足らず前、糖尿病で亡くなった。[*55]

戦後、残された家族はパレスチナに移住する。カーネマンはヘブライ大学に進学し、まず二年間で心理学と数学の学位を取得した。そして翌年、徴兵によってイスラエルの国防軍に入隊し、心理作戦部に配属された。ここで彼は幹部養成校の入学者候補の選抜を任される。そこで候補者をグループに分けて、決められた課題に挑戦させる方法を考えた。障害物の置かれた場所で電柱を移動するような作業である。グループのなかでリーダーシップを自然に発揮した人物が訓練プログラムに推薦されるというわけだ。しかし、心理学者がせっかく一生懸命に考えた方法を養成校はほとんど評価せず、カーネマンもその結果を謙虚に受け止めるしかなかった。そしてそんな扱いを「妥当性の錯覚」といって嘆いたが、軍隊勤務にも良いところはあった。このとき培った心理調査の手法が、将来の研究で大いに役に立ったのである。[*56]

一九五六年に除隊すると、カーネマンは妻のアイラと共にバークレーの大学院に入学した。彼はいくつもの講義を受講して数多くの文献に目を通し、学問に真剣に取り組んだ。そして博士論文はいきなりタイプして八日間で書き上げたという。ただし素晴らしい出来とは言えず、指導教授でさえ、読んでいると「泥の沼を歩いて渡っているような」気分になったそうだ。[*57]一九六一年に博士号を取得すると、カーネマンはヘブライ大学に戻って心理学科で教鞭をとり始めた。そして多くのアイデアやテクニックを考案するが、それはつぎの四〇年間の研究の礎となった。彼が「ひとつだけの質問による心理学」と呼んだ研究アプローチは、当時の研究を発展させたものである。このアプローチはシンプルなので結果もわかりやすく、説得力があった。

一九六八年、カーネマンは友人であり、ヘブライ大学の同僚の心理学者でもあるエイモス・トベルスキーと重要な共同研究を始めた。カーネマンは多くの学者と共同研究を行なっており、実際に重要な著作のほとんどは共同で執筆されている。しかし彼にとってトベルスキーとの関係は特別なもので、最も大きな成果をおさめることができた。二〇〇二年に経済学賞選考委員会がカーネマンの受賞理由として紹介した研究のほとんどは、トベルスキーとの共同作業によるものだ。不幸にもトベルスキーは一九九六年に亡くなっていたため、賞を分かち合うことがなかった。

敵対的共同作業

やがてカーネマンはプリンストン大学で終身在職権を獲得するが、それに先立ち経済学者のリチャード・セイラー〔訳注　二〇一七年ノーベル経済学賞受賞〕との共同研究を始めた。ふたりは実際の人間の行動を研究し、それを経済理論に応用することで行動経済学の大方の枠組みを創造した。[*58] そうした研究成果を誇張されて従来の経済学への挑戦と見られるのは本意ではなかったので、カーネマンは慎重な行動を心がけたが、周囲は彼をさかんに賞賛した。おかげで彼は従来の経済学者から目をつけられ、「大学生をだますような人工的なパズル」をつくりだしたといって非難された。なかには「こんな馬鹿馬鹿しい心理学にはまったく興味がない」と切り捨てる批評もあった。[*59] 最初はカーネマンもそうした批判にいちいち付き合っていたが、学術誌で反論しても時間の浪費だという結論に達した。いくら議論を戦わせても、問題が解決されることは滅多になかった。そこで原則として批判されても反論せず、つぎのプロジェクトに移ることにした。ただし、いわゆる〝敵対的共同作業〟は継続した。この作業は、問題解決のための実験を敵対者と共同で行なう形で進められる。カーネマンは自分に批判的な学者に声をかけ、実験を共同で考案したうえで実施し、結果報告の論文も共同で執筆した。彼にはこのアプローチのほうが、学者同士で議論するよりも興味深く生産的だった。

一方、一般大衆の説得は、経済学者ほど難しくなかった。損失回避、アンカリング、フレーミングといった概念は、大抵の人が理解できる人間の本性と共鳴するような部分があった。犯罪を防ぐための最善の方法から成功するための投資戦略まで、カーネマンの理論は様々な問題への解決策としてメディアでさかんに紹介された。そしてノーベル賞は、彼の研究への注目度を一気に高めた。選考委員会はつぎのように評価している。「個人がホモ・エコノミクスとして行動しない状況も存在するという事実が、心理経済学の研究者のおかげで確実に証明できるようになった*60」。従来の経済学の欠点のなかには、実際の人間の行動にちょっと注目するだけで回避できるものも含まれる。カーネマンはその事実を明らかにした。

カーネマンは執拗な抵抗に直面しながらも、ミクロ経済学を守ってきた鎧を見事に突き破った。彼は主要経済誌の一部でアイデアを発表し、人間の実際の行動についての議論を経済学者の間で促した。どうしてそこまで出来たのだろうか。たしかにカーネマンは心理学の才能に恵まれ、大きな名声を手にしていたが、それだけでは十分ではない。実際カーネマンは、社会科学の世界には同族意識とでもいうべきものがはびこっていることに気づいていた。だから心理学者と経済学者の集団はお互いに交わろうとしない。そのうえカーネマンによれば、各集団では「能力の評価が儀式的に行なわれている」。だから「人選」にも「実態がほとんど反映されていない」[*61]。「学術論文の審査は何とも不可解で恣意的だ。評価が長続きする論文はごく一部で、発表されてもすぐに忘れ去られるケースがほとんどだ」とカーネマンは指摘する。[*62]おそらく研究の対象にしたCEOと同じく、カーネマンもちょっぴり運に恵まれていたのかもしれない。

カーネマンとトベルスキーは一九七九年、〈エコノメトリカ〉に掲載された論文をきっかけに経済学の分野に進出した。[*63]しかしふたりを大きく飛躍させたのは、一九八六年にトップ経済誌〈アメリカン・エコノミック・レビュー〉に掲載された、公平性に関する論文である。このときふたりの査読者が内容を無条件で支持してくれたことは、カーネマンにとって驚きだった。そしてのちにそのふたりの名前を知ったとき、自分の幸運に感謝した。共感を寄せてくれた査読者のひとりは未来のノーベル賞受賞者ジョージ・A・アカロフで、彼もまた世間一般の通念に異議を唱えることに積極的な人物だった。[*64]もしも査読者がシカゴ大学の学者だったら、論文は公平に扱われなかったかもしれない。自分の幸運を振り返り、カーネマンはつぎのように認めている。「経済学という教会は、以前なら異端者として切り捨ててきた学者を受け入れて、研究の努力に報いるようになった」[*65]

ジョージ・A・アカロフ（二〇〇一年受賞）

もしも全員が完全な情報を持っていれば、何かを取得するための費用を必要以上に支払わなくてすむ。これはミクロ経済学の重要な前提であるが、実際のところ正確というよりも自分勝手な前提である。この前提にもとづけば、理論的には自由市場がどのシステムよりも効率的で優れていることがうまく証明される。しかし残念ながら、完全な人間がいないように、完全な情報など存在しない。

最初にこの問題と真剣に向き合った経済学者のひとりが、ノーベル賞を受賞したシカゴ大学教授のジョージ・スティグラーである。すべての限りある資源と同じく、情報も費用と便益を戦略的に比較して取得されるものだと考えた。そうすれば問題は解決されるとスティグラーは期待したのだが、実際にはそうはいかなかった。そもそも、どの程度の情報があれば十分なのか。その答えを得るには、十分であることを教えてくれる情報が新たに必要になる。スティグラーはミクロ経済学を窮地から救い出そうとしたが、たいした成果は得られなかった。情報がそもそも存在するかについての情報も含め、情報は制約されるものであり、結局のところ自由市場は効率的に機能しないという現実は避けようがなかった。

やがて一九六〇年代、バークレーの若き経済学者が情報について真剣に考え始めた。正確には、情報というよりは、情報の欠如である。ジョージ・A・アカロフは、この問題に頭を悩ませた点では主流派経済学に近かったが、自由市場の完全性を信じるほどではなかった。むしろ情報が完全ではないとき、あるいは情報量に個人差があるとき、市場に何が起きるか知りたいと考えた。そして、不均衡な情報を〝情報の非対称性〟という言葉で表現したのである。情報の非対称性を特徴とする市場は、もはや理想とは程遠い。不完全な情報の行き着く先が不完全な市場であることは、誰でも容易に想像できるはずだ。

アカロフは科学者の一族に生まれ、その伝統に連なるものと思われた。父親と叔父は化学者、兄は物理学者、曾祖父は医師で医学部教授を務め、祖父は薬学教授。そして母親は彼の父親と出会うまでイェール大学で化学を研究する大学院生だった。そんな一族の伝統を破り、ジョージ・アカロフは経済学者になった。

オタクを自称するアカロフは、勉強は出来たが体育の授業はさぼった。そして兄の後を追うようにイェール大学に進学し、そこで経済学への興味が芽生えた。ただし彼にとっての経済学は「公式のモデル（競争市場における一般均衡）とその前提条件というよりは、実質的な政策問題との関わりが強い」ものだった。[*66] 経済学と数学の知識を十分に持つアカロフは、一九六二年の秋にはマサチューセッツ工科大学（ＭＩＴ）の博士課程への入学をすんなり認められた。そして最初の一年間は、代数的位相幾何学の習得に多くの時間を費やした。経済学の理解に役立つと考えたからである。ＭＩＴは個人的にもアカロフにとって良い環境で、多くの大学院生と友情を育む機会が得られた。そのひとりジョセフ・Ｅ・スティグリッツとは、のちの二〇〇一年にノーベル賞を分け合うことになる。

レモン市場

一九六六年にＭＩＴを卒業してまもなく、アカロフはカリフォルニア大学バークレー校に着任し、その一年目に「レモン市場」と題する論文を執筆した。後日この論文は、ノーベル賞の主な受賞理由として高く評価される。本人の説明によると、もともと彼は車の売り上げと景気循環の関連について取り上げるつもりだったという。車を持ちたいと考える消費者は、新車を購入する代わりにレンタカーですませるか、それとも中古車を購入するか、どちらがよいかあらかじめ検討するもので、その結果が新車の売り上げに影響をおよぼすのではないかと推理したのである。ところが、中古車市場では買い手よりも売り手のほうが情報量に関して有利なので、市場が十分に機能しない。情報量で劣る買い手は質の悪い中古車をつかまされるか、場合によっては中古車市場を完全に敬遠する恐れがあった。アカロフはそんな中古車市場の仕組みに興味をそそられ、それを数学的に証明する研究に取り組んだ。この証明では中古車を特に取り上げたが、同様の問題は借金や保険の契約を検討する人にも起こり得ることが結論からは推測された。草案の段階では難解な位相数学が使われていたが、もっと簡単なほうがよいと同僚から指摘されて、少しでも多くの経済学者に理解してもらえるよう、最終的にはお馴染みの需給曲線を使ったものに書き直された。

この論文はすぐに評価されたわけではない。当初は三つの学術誌から差し戻された。経済学界の一流誌〈アメリカン・エコノミック・レビュー〉は、論文の主題が平凡だという理由で掲載を拒んだ。〈レビュー・オブ・エコノミック・スタディーズ〉も同じ理由を指摘した。そして〈ジャーナル・オブ・ポリティカル・エコノミー〉の場合には、ふたりの査読者から内容が不正確だと判断された。たとえば卵は品質にばらつきがあっても、きちんと選り分けられて販売される。だから中古車も同じではないかと反論されたのだ。特に厳しく批判されたのが、中古車市場が最後には消滅するという極論である。なぜなら、実際にそんな事態は発生していなかったのである。最終的にアカロフの論文は〈クォータリー・ジャーナル・オブ・エコノミクス〉に掲載された。こうして世に出るまでは時間がかかったが、いったん発表された論文は瞬く間に注目を集めた。ミクロ経済学の前提に挑戦する機会が熟していたのだろう。

アカロフは、中古車市場で新発見をしたわけではない。中古車の品質について詳しいのは買い手よりも売り手のほうで、その結果として買い手は質の悪い中古車（レモン）に高い料金を払いすぎ、質の良い中古車に相応の料金を払わないことは、常識で考えてもわかる。実際、馬喰《ばくろう》は何百年も前から同じリスクを抱え、仕組みを理解していた。アカロフは特に新しい事実に注目したわけではなかった。それでも彼の論文が重要なのは、主要な経済誌上でミクロ経済学に挑んだからである。これをきっかけに、限定的な情報がおよぼす効果について考えることは、学問的に正当なテーマとなった。将来のノーベル賞受賞者A・マイケル・スペンスやジョセフ・E・スティグリッツは、その恩恵に浴した。アカロフが扉を開いてくれたからこそ、先に進むことができたのである。

現実の世界では、情報が限定されるだけで中古車市場が消滅するわけではない。品質の高い車を販売する一部のディーラーは、製品に自信があれば品質保証書を発行するかもしれない。保証書を交付しないディーラーもいるだろう。私の場合は、プロの整備工に簡単に点検してもらってから中古車の購入を決める。かならず役に立つ情報が提供されるものだ。要するに現実の世界では、売り手にせよ買い手にせよ、情報の非対称性に対処する方法が大体は存在する。しかしここでの議論は、中古車市場というよりは経済理論内部の問題である。アカロフは情報の非対称性の存在をミクロ経済学者に認めさせたかったのであって、その点に関しては成功したといえよう。

バークレーに赴任してから一年後、アカロフはニューデリーに一年間滞在し、インドの貧困問題の原因を探った。このときの経験をきっかけに彼は失業問題に取り組み始め、経済学に二つ目の貢献をした。これは、失業は基本的に自発的なものだとするミクロ経済学の考え方への疑問が発端になった。実際に経験してみれば、それが間違っていることは誰でもわかる。そしてもうひとつ、ミクロ経済学者が雇用対策として賃金カットを提唱することも問題だった。大恐慌の時代、この政策はまるで機能しなかったのである。賃金をカットしても失業率の上昇は一向に収まらなかった。

アカロフは、ミクロ経済学がなぜ間違えたのかという疑問を抱いた経済学者のひとりである。働きたい労働者が十分に控えているときに、雇用者が単純に賃金を下げないのはなぜか。その答えとしてまずアカロフは、賃金が高いほど仕事の能率は上がると考えた。忠誠心も強くなり、勤労意欲がわき、会社をやめたがらなくなる。そういう労働者は企業にとって貴重な人材である。しかも、賃金が高ければ応募者数が増え、企業にとっては有能な人材を見出すチャンスが拡大する。賃金をカットしてせっかくのチャンスをつぶすことなど、雇用者はまず考えない。これがいわゆる〝効率賃金理論〟である。まったく筋の通った考え方で、明白でさえあったが、これもまたミクロ経済学者からは散々に非難された。

一九六八年、バークレーに戻ったアカロフは終身在職権を獲得するが、正教授の地位は叶わなかった。論文の発表数が少ないことを理由として指摘されると、そこから俄然奮起して「一心不乱に書きまくった」すえ、ついに昇進を果たした。一九七八年には、やはり著名な経済学者であるジャネット・イエレンと結婚した。彼女は経済政策関連の三つの要職にかかわっている優秀な女性である。連邦準備銀行の理事会のメンバー〔訳注　二〇一四年から一八年にかけて議長〕と米大統領経済諮問委員会の委員長を務め、現在〔二〇一〇年時点〕はサンフランシスコ連邦準備銀行の総裁である。ふたりの息子のロビーはハーバードで博士号を取得して、現在はＭＩＴに在籍している。家族のディナーは、経済学の理論や政策について話し合うハイレベルなミーティングの場になっていることだろう。

行動経済学

一九三〇年代のケインズ以来、基本的競争モデルに本格的な戦いを挑んだ経済学者はアカロフとハーバート・サイモンが最初だった。人間の実際の行動を重視した現実的な前提に立つアイデアは今日では行動経済学として知られるが、アカロフはこうした発想の草分け的存在のひとりだった。行動経済学は「人間の合理的な行動というあやしげな前提よりも、経験的観察を重視する経済学を徐々に進化させてきた」とアカロフは語っている。[*67]

この事実は、基本的競争モデルを擁護する学者も無視するわけにはいかなかった。ノーベル賞受賞者でシカゴ大学出身のゲイリー・ベッカーは「市場も非効率的になるときはある」と認めた。ただし、ノーベル賞受賞者としては後輩のアカロフやスティグリッツとは対照的に「大体において悪いのは政府だ」と明言した。

行動経済学はケインズ以前の自由市場マクロ経済の復活を目指す新しい古典派経済学者にとっても脅威となった。アカロフはノーベル賞記念講演の機会を利用して新しい古典派を擁護する学者を批判したが、そのなかにはミルトン・フリードマンやロバート・ルーカスといったノーベル賞受賞者も含まれていた。アカロフによれば、新しい古典派の理論は完全情報と完全な合理性という条件の下でのみ有効であり、そんな条件があり得ないことは行動経済学者によって証明されていた。新しい古典派理論の提唱者は「自分が自信過剰に陥っていることに気づいていない」とアカロフは考えた。そしてオリバー・クロムウェルの言葉を引用して「よく考えてくれたまえ、あなた方も間違うことはあるのだ」と訴えたのである。[*68] 新しい古典派も行動主義も、どちらも完全に正しいとは言いきれないが、どちらの陣営からもノーベル経済学賞は選ばれている。

さらにアカロフはノーベル賞記念講演で「アメリカにとって深刻なマクロ経済問題」への注目も促した。それは白人と黒人の経済格差である。[*69] 収入、失業、犯罪率、投獄、薬物やアルコールの常用、未婚の出産など、幸福に関わるほとんどすべての分野において、黒人は白人よりもはるかに劣っていた。こうした格差の根底にある「自滅的な行為」について、ミクロ経済学では説明が「不可能だ」とアカロフは結んだ。[*70]

二〇〇一年のノーベル賞は、後のノーベル賞受賞者ポール・クルーグマンによって高く評価された。クルーグマンは概してノーベル賞の対象となった理論を手厳しく批判するが、この時は例外だった。アカロフ、スペンス、スティグリッツのアイデアに影響されたからこそ、自分は経済学者になったと強調した。インサイダー取引や処方箋薬剤給付保険などの重要な問題に対し、アカロフらの理論はもっともな説明を提供してくれた。アカロフらは市場が失敗する状況、クルーグマンの言葉によれば「見えざる手がボールを落とした」[*71]状況を見事に確認したのである。

ジョセフ・E・スティグリッツ（二〇〇一年受賞）

二〇〇一年には三人の学者がノーベル経済学賞を受賞したが、そのなかでもジョセフ・スティグリッツは多作の著述家として際立っている。しかも、いい加減な仕事はひとつもない。選考賞委員会に提出した自伝は、二四ページにもおよんだ。これは記録的な長さで、ちなみにジェイムズ・ブキャナンなどわずか一ページ。履歴を列挙しただけである。しかもスティグリッツの場合、受賞講演の原稿はさらに長い。なんと六八ページもあって、そのうち一五ページは注に当てられ、さらにそのうちの五ページは自らの著作物のリストである。ただしアカロフとは違い、スティグリッツは特定の論文を受賞理由として挙げられていない。その代わり、とにかく数が多かった。ひとつひとつの貢献は微々たるものかもしれないが、数の威力はあなどれない。結果としてスティグリッツは、情報が原因で失敗した市場を建て直すために、政府の介入を強く擁護する学者として知られるようになった。

逆選択とモラルハザード

市場の情報が不十分だとどんな現象が発生するか、スティグリッツはいくつかの事例を使って明らかにした。そのひとつが〝逆選択〟と呼ばれ、クレジット業界ではお馴染みの現象である。銀行や抵当融資会社など資金融資を行なう企業は、将来の返済がきちんと保証されることを願う。そのための手段として顧客の信用履歴をチェックするのも悪くはないが、それだけで返済が保証されるわけではない。実際、一部のローンが返済されない可能性は否定できない。そうなると貸し手は将来の損失を見込み、顧客全員の金利を高く設定しなければならない。他人がデフォルトする可能性を理由に高い金利を押し付けられるのだから、これでは優良な借り手は損をする。その結果、リスクの低い借り手が市場から撤退し、後にはリスクの高い借り手だけが残る事態も発生するだろう。これが逆選択である。信用度は基本的に確認できないので、市場はうまく機能しない。

現実の世界では、銀行はこうした問題の発生を食い止めるための措置を講じる。たとえば最低頭金比率を設定し、借り手が銀行に一定の金額を預けることを義務付ける。たしかに借り手はローンの返済に誠実に取り組むようになるかもしれないが、デフォルトのリスクや逆選択の可能性がすっかり消滅するわけではない。

同じことは保険にも言える。保険会社はリスクの高い顧客と低い顧客のどちらも考慮して保険料を設定しなければならない。実際、リスク度を区別するために最善の努力を惜しまず、喫煙者、若いドライバー、男性といった個人的な特徴に注目するが、それだけでは個人に特有のリスクを正確には把握できない。平均すれば、リスクの低い顧客は保険料を高く払いすぎている可能性が高い。自分はリスクが低いという事実を証明できないからだ。その結果、情報の限られた保険市場からリスクの低い顧客が消える現象、逆選択が生じる恐れがある。

そこで保険会社が考案した解決策が、保険金の一部を加入者に負担してもらう自己負担限度の設定である。若くて健康な顧客なら、自己負担金の高さは問題にならない。保険に加入しても、実際に利用するような事態は想像できないからだ。だから保険会社は高い自己負担金と引き換えに保険料を低く設定すればよい。理論的には、高い自己負担金と低い保険料の組み合わせはリスクの低い顧客を引き止められる。逆にリスクの高い顧客は保険を実際に利用する可能性が高いので、自己負担金を低く設定しておけば高い保険料を厭わない。顧客はそれぞれ将来のリスクを検討したうえで、自分に合った保険を選ぶはずだ。

つぎにスティグリッツが取り組んだ市場の失敗例がモラルハザードだ。この現象は、ほとんどの保険で発生している。たとえば車に盗難保険をかけると、鍵をかけ忘れたり一晩中路上駐車したりする確率が高くなる。火災保険も同じで、薪ストーブの所有者が加入すると煙突を毎年掃除しなくなる。さらに、国際通貨基金が通貨危機を想定して何らかの形で保険を提供するときも、同様の事態が図らずも発生する。関係国は、自国通貨の安定を維持する意欲をそがれてしまう。保険会社は顧客にリスクの高い行動を避けてほしいと願うが、その思いが通じないケースはめずらしくない。

最近ではウォール・ストリートの銀行が財政援助を受ける事態が発生し、モラルハザードが懸念材料として新たに注目された。倒産してもかならず資金援助を受けられると思えば、銀行は倒産を恐れなくなる。本来、自分の投資は自分で責任をもって管理するものであり、リスクを最低限に食い止める努力を惜しんではならない。しかし、そんな意欲をモラルハザードは弱めてしまう。

同じことは、ほとんどあらゆる形態の埋め合わせ行為に当てはまる。固定給のセールスマンが販売に熱が入らないのも、モラルハザードの一例である。失業者、貧困者、母子家庭などを支援する社会プログラムも、一部ではモラルハザードとして非難されている。こうしたプログラムが、不幸な状況を避けようとする気持ちを弱めてしまうからだといわれる。

このように、モラルハザードは多くの市場を何らかの形で損なう恐れがあるが、その一方、革新的な価格設定や支払いプログラムによってモラルハザードを軽減することは不可能ではない。たとえば営業担当への歩合制や管理職への利益分配制の導入は、モチベーション向上の手段として理にかなっている。これらの誘因はモラルハザードを軽減し、場合によっては消滅させる可能性もあり、市場の機能を維持するうえで役に立つだろう。

シグナリング効果

逆選択とモラルハザードに加え、スティグリッツはもうひとつ重要なコンセプトに取り組んだ。〝シグナリング〟だ。情報が限定される世界では、正確な情報を持つだけでなく、情報の正しさを他人に納得させることも大切である。説得力のある方法で情報を伝えれば、相手にシグナルを送ることができる。

シグナリングに関しては、ポール・クルーグマンがエッセイのなかでユニークな事例を使って紹介している。孔雀の尾ばねと大学の学位の類似性である。[*72] クルーグマンによれば、尾ばねも学位も自分の優秀さを伝えるための装飾である。孔雀の場合、雄は自分が交尾の相手にふさわしいことを納得させる手段として、エレガントな尾ばねを使う。生物学者から見て、美しい尾ばねにはそれ以外の機能がほとんど考えられない。実際、ひとつの目的、つまり交尾の相手へのアピールを除けば、大きな尾ばねはほとんどの状況で厄介なハンディキャップにすぎないのだ。大学教育も同じだとクルーグマンはいう。大学教育は役に立つスキルを身につけさせてくれるかもしれないが、むしろ将来の雇用者や大学院に対するシグナルとして役立つ。大学の学位は、一定レベルの才能と野心を備えた優れた人材の証だと言ってもよい。このシグナリングのパロディーとして、クルーグマンは『ライアーズ・ポーカー』の一節を引いている。投資銀行家が経済学を学ぶのは、退屈で屈辱的な活動を耐え忍ぶ能力の証明になるからだという内容である。大学の学位が孔雀の尾ばねと同様の飾り物だと本気で考える人はいないが、卒業証書はたしかに学力以上の何かを証明している。

企業が競合相手から社員を引き抜こうとするときにもシグナリングは発生する。たとえば社員の引き抜きを狙う企業Aの動きに対抗しなければならない企業Bは、相手の提示額と匹敵するレベルまで給与を引き上げて社員を引きとめようとする可能性がある。そんなBの行動を見たAは、それを貴重なシグナルとして解釈する。やはりあの社員は優秀だった、自分の見る目は正しかったと確信するだろう。一方、昇給が提示されずAが引き抜きにすんなり成功しそうな場合には、本当に優秀な社員なのだろうかという疑問が生じる。これは〝勝者の呪い〟と呼ばれる現象で、行動がシグナルを送ったり情報を伝えたりする仕組みをわかりやすく説明している。従来のミクロ経済学の世界とは、ずいぶん大きくかけ離れた発想だ。どの企業も採用に当たって応募者全員の生産性を正確に把握しているというミクロ経済学の前提が、ここではまったく通用しない。

実際ビジネスの世界では、ほとんどすべての活動が何らかのシグナルを送っているとも考えられるが、なかには意図せぬシグナルが送られてしまうケースもある。たとえばCEOは、自分の会社に関するネガティブな合図を送りたくないという気持ちがとりわけ強い。ここで、特別手当やストックオプションによって自社株を多く保有しているCEOのケースを考えてみよう。この人物がポートフォリオを多様化するために株を売却しようとすれば、ほかの投資家に間違ったメッセージを送ってしまう可能性がある。CEOが自社株を売却したという事実が公になると、ほかの投資家は現在の株価が実態以上に高いのではないかと判断し、早く売ってしまおうと決心するかもしれない。したがって、役員は必要以上に多くの自社株を抱え込む羽目になり、結果として長期的な成長よりも目先の利益を生む戦略を優先する可能性も出てくる。自社株を大量に保有するCEOが行動を変化させていくようなストーリーの背景には、シグナリングの存在があったのである。

かつてポール・サミュエルソンはジョセフ・スティグリッツについて、インディアナ州のゲイリー出身者のなかで最高の経済学者だといって賞賛した。そのサミュエルソン自身、同じくインディアナ州ゲイリー出身のノーベル賞受賞者なのだから、これは気の利いたお世辞だったと考えられる。スティグリッツの父親は独立保険代理店を営んでいた。彼にノーベル賞をもたらしたアイデアのなかで、保険が重要な役割を果たしたのは偶然ではなかったのかもしれない。

ゲイリーの公立高校を卒業すると、スティグリッツはアマースト大学に進む。ここは男子だけの教養大学で、全校生徒はわずか一〇〇〇人。ノーベル経済学賞を受賞した人物の例に漏れず、スティグリッツは数学と科学に興味をそそられ、物理学を専攻した。そして三年目には専攻を経済学に変更する。数学の才能を社会問題への関心と結びつけるには良い機会だと考えたのだ。

アマースト大学でスティグリッツは何事にも強い姿勢で臨み、強い反対に遭っても果敢に戦った。一年目と二年目には学生の自治委員会メンバーに選出され、三年目には委員長に選ばれる。彼は人種差別に一貫して反対し、ワシントンで行なわれたデモ行進にも参加して、「私には夢がある」という言葉で有名なキング牧師の演説もじかに聞いた。これらの出来事に触発されたスティグリッツは、アマーストで学生交換プログラムを企画する。ただし相手は海外の大学ではなく、南部の「小さな黒人の」学校だった。さらにスティグリッツは、友愛会の廃止を試みた。こうした組織は「学内を分裂させる」もので、「教養大学の精神」と相容れないという理由だった。当時はアマーストの学生の九〇パーセントが友愛会に所属していたが、そんな現実を無視した行動である。後年、アマーストでようやく友愛会が廃止されると、彼はそれを心から歓迎した。[*73] 当然ながらスティグリッツのリベラルな姿勢は組織的な反発を招き、彼を役職から排除するためのリコール選挙まで行なわれた。スティグリッツはそれを辛くも逃げ切り、信念のために戦う闘士としてのイメージを定着させた。圧倒的な反対を受けても、燃え上がる闘志は決して衰えなかった。

アマースト大学で三年間学んだ後、スティグリッツはＭＩＴに移る決心をした。まだ学位を取得していなかったが、一刻も早く大学院の研究を始めたかったからだ。ＭＩＴの知的な環境で彼は勉学に打ち込み、アメリカ最高の経済学者たちの講義に出席する機会にも恵まれた。[74] はじめての学術発表は、学友であり将来のノーベル賞受賞者であるジョージ・A・アカロフとの共同作業だった。失業、インフレ、貧困など、経済の成長を阻む大きな問題はすべて数学モデルで解決できると信じていたスティグリッツにとって、MITで過ごした時間は刺激的だった。

MITで二年間学んだ後、スティグリッツはフルブライト奨学金を獲得し、一九六五年から六六年にかけての一年間をケンブリッジ大学で学んだ。ここで彼の監督指導に当たったのが、伝説的な人物ジョーン・ロビンソンだった。彼女はケインズの側近メンバーに最初から加わっていた大物だが、残念なことにスティグリッツがMITで受けてきた教育を財産ではなく負債と見なした。ロビンソンから一から勉強をやり直すように勧められると、スティグリッツは自分でべつの指導教官を見つけた。

プリンストンで学者としてのキャリアを成功させた後、一九九三年にスティグリッツは米大統領経済諮問委員会のメンバーに選ばれ、九五年には委員長になった。彼はこうして推薦されたポストでの仕事を「第三の道」と位置づけた。常に政府に反対するわけでも、常に政府を支持するわけでもなかったからだ。経済問題を解決するためにほかの選択肢が考えられないときだけ、彼は政府の役割を支持した。九六年にクリントンが大統領に再選されると、スティグリッツは経済諮問委員会の委員長として残るように要請された。どんな経済学者にとっても名誉な申し出だったが、彼はそれを断って、もっと魅力的なオファーを受け入れた。それは世界銀行で開発政策を担当する上級副総裁のポストだった。[75] 世界銀行のチーフ・エコノミストとして、低開発地域の経済成長を促す政策を考案していきたい。スティグリッツは期待を膨らませた。

IMFとの闘い

就任後まもなくスティグリッツは、経済成長を阻む原因のひとつが世界銀行の姉妹機関である国際通貨基金（IMF）だという結論に達した。IMFの高圧的な方法は、時代遅れで逆効果にしか思えなかった。IMFが採用する〝ワシントン・コンセンサス〟は、予算均衡をはじめとする緊縮策、政府の補助金カット、資本市場の規制緩和などを通じ、海外からの投資を促す内容だった。こうした政策を無差別に適用すれば、経済状態は悪化するとスティグリッツは考えた。

二〇〇一年、スティグリッツは〈アトランティック・マンスリー〉に寄せた論文でIMFを激しく糾弾した。当時IMFはエチオピアに対し、ワシントン・コンセンサスを押し付けようとしていた。比較的状態の良い国を選び、変化を強制するやり方がスティグリッツには許せなかったのである。[76] エチオピアが譲歩を拒むと、IMFは一九九七年の借款プログラムを中止した。このときはスティグリッツからの強い圧力が功を奏し、IMFはこの戦略を放棄して借款プログラムを復活させた。

ＩＭＦとスティグリッツの対立は、東アジア危機の間も継続した。この危機に対してＩＭＦはいつもと同じ緊縮策で臨み、金利の上昇と政府の支出削減を組み合わせた政策を採用した。その結果は悲惨なもので、韓国とタイでは失業率が三倍以上に跳ね上がり、政府の補助金カットを受けてインドネシアでは食糧暴動が発生した。[*77] このときもスティグリッツはＩＭＦを非難した。経済的な影響力をかさにきて緊縮策を押し付けても、逆効果でしかないと確信していたからだ。そしてマレーシアのようにＩＭＦの救済策を拒絶した国は、かなり早く回復した事実を指摘した。

代わりにスティグリッツが提唱したのは、ジョン・メイナード・ケインズの理論と矛盾しないアプローチである。皮肉なことに、国際金融の安定化をＩＭＦに任せ、経済の開発を世界銀行に任せる方針を一九四〇年代に考案したのはケインズである。一九九〇年代末になるとＩＭＦはその方針を一八〇度転換し、豊富な資金力を背景に反ケインズ的な政策を推し進めるようになっていた。[*78]

さらにスティグリッツは、旧ソ連の経済を市場資本主義へ移行したときのＩＭＦの戦略も激しく批判した。いわゆる「ショック」療法と呼ばれたやり方である。正常に機能する市場も誠実な政府も育てることなく、ＩＭＦはソ連経済の大々的な民営化に踏み切ったのだ。この戦略が完全な失敗だったという事実は、さすがのＩＭＦも否定するのに苦労した。経済がこれほど急速に崩壊し、貧困率がこれほど急激に上昇して平均寿命が落ち込んだケースは、歴史を振り返っても滅多に見られないだろう。ここでもスティグリッツは、IMFの「旧態依然とした」経済政策を槍玉にあげ、歴史や社会状況や制度的な要因、さらにいわゆる情報の非対称性を無視したやり方を非難した。

IMFも黙っていたわけではない。調査局長のケネス・ロゴフが反撃に乗り出した。彼は経済危機に陥った国に予算削減と高金利を要求する従来の政策を擁護して、「ジョー・スティグリッツは間違っていると思わないだろうか」と問いかけた。[*79] ロゴフはスティグリッツの研究成果を称え、「比類なき天才」と持ち上げる一方で、政策への提言は「ちょっとインパクトが足りない」と切り捨て、「彼の住むガンマ宇宙域〔訳注 銀河系を四分円に分割した宇宙域のひとつ〕では、経済学の法則も異なるようだ」と嘲笑した。ガンマ宇宙域とは、スティグリッツの研究で使われている数学へのあてつけである。[*80]

スティグリッツから「一流大学出身の三流経済学者の集団」[*81]とスタッフをこきおろされたIMFの傷は、そう簡単には回復しなかった。ロゴフはスタッフを「素晴らしいプロ集団だ」と弁護して、何時間も休まず働き、寒さにも病気にも負けずに勤務する姿勢を賞賛した。[*82] そして最後にスティグリッツに宛てた公開状のなかで、彼と交わしたプライベートな会話について紹介した。なんとスティグリッツは、ポール・ボルカーFRB議長の知性を疑うような発言をしたというのだ。[*83] これに対しスティグリッツは、個人攻撃に「あきれ果てた」というコメントを寄せ、IMFは本気で「きちんとした話し合いに応じるつもり」があるとは思えないと感想を漏らした。[*84]

世界銀行におけるスティグリッツの波乱含みの任期は短命に終わった。本人によれば、大統領は彼の政策やその前提となる価値観を支持してくれたが、財務長官のローレンス・サマーズはそうはいかなかった。サマーズは、乱闘に巻き込まれたくなかったのである。後日談によると、サマーズは世界銀行でスティグリッツの上司に当たるジェイムズ・ウォルフェンソンを呼びつけて、不快感を表明したという。[*85] 世界銀行を離れる潮時だった。二〇〇〇年一月、彼は職を辞した。

同じような多くの理由でＩＭＦを非難した人はほかにもいるが、スティグリッツのように強い反発に遭ったケースはなかった。高名な学者が公の場を使い、ＩＭＦを直接非難するのは前代未聞の行為だった。しかもその人物が、ＩＭＦの姉妹機関である世界銀行の高官だという事実も前代未聞だった。ＩＭＦの政策に誰かが疑問を投げかけても、従来はほとんどが無視されてきた。繰り出したパンチが見事に命中したのは、スティグリッツが最初だった。

ただし、一連の論争はスティグリッツのキャリアに一切の汚点も残さなかったようである。彼はコロンビア大学に移り、二〇〇一年十月にはジョージ・Ａ・アカロフとＡ・マイケル・スペンスと共にノーベル賞を受賞したことが発表された。この年の経済学賞には、市場の失敗への政府の介入を支持する経済学者が選ばれたのである。経済学へのスティグリッツの大きな貢献を認めるノーベル委員会は、ＩＭＦとの騒動など意に介さないことが証明された。

ノーベル賞を受賞しても、ＩＭＦに対するスティグリッツの鋭い批判は収まる気配がなかった。ＩＭＦがアルゼンチンで財政赤字を抑制しようと乗り出すと、再び厳しい追及を始めた。スティグリッツによれば、この程度の赤字は問題ではなかった。当時アルゼンチンの赤字はＧＤＰの三パーセントだったが、そのわずか一〇年前、アメリカの赤字はＧＤＰの四・九パーセントにまで上昇していた。その事実を指摘したうえで、景気が後退している国に緊縮策を押し付けるＩＭＦの方針を槍玉にあげ、こんな行為はどこかでやめないと、事態はさらに悪化すると主張した。[*86]

スティグリッツはほかの問題に関しても持論を積極的に展開した。ノーベル賞を受賞した後は、イラク戦争がアメリカ経済を疲弊させると一貫して警告し続けた。[*87] そして、イラクの債務は独裁者サダム・フセインが創り出したものだから免除されるべきだと主張した。[*88] さらにブッシュ政権の減税は将来の成長を危機に陥れると非難して、[*89] 予想が外れて二〇〇三年に失業なき経済回復が実現すると、大いに頭を悩ませた。[*90] 日本に対しては、デフレによる経済停滞への解決策として貨幣増発を提言している。[*91]

ノーベル賞を受賞した経済学者同士が学術誌上で論争を展開するのはめずらしいことではないが、スティグリッツは二人の人物を法廷で非難した。ノーベル賞受賞者のマイロン・ショールズとロバート・マートンが関わっていた投資会社が脱税容疑でＩＲＳから起訴されたとき、スティグリッツは専門的な問題について証言して政府の主張を擁護したのである。彼は複雑な記録を分析した後、一連の活動は経済的に何ら正当化されるものではなく、真の目的は脱税だったという結論を導き出したのである。[*92] ノーベル賞受賞者同士の法廷での直接対決のすえ、スティグリッツの証言は政府の勝利を後押しする結果になった。このとき被告の弁護団はいくつかの戦略ミスを犯した。たとえば、スティグリッツが経済の専門家として証言するに当たって一時間一〇〇〇ドルの報酬を提供されたと指摘して、証言の客観性に疑問を投げかけた。しかし弁護団は、それが判事にどんなシグナルを送る結果になるか、十分に考えるべきだった。スティグリッツが優秀な人物であることの何よりの証拠だと解釈されたのではないか。

一部の経済学者と同じく、スティグリッツは素晴らしい業績を十分な報酬で報われている。ソール・ベロー、ジェフリー・サックス、コーネル・ウェストと並び、彼は「トロフィー・プロフェッサー」として評価され、いくつもの大学が途方もなく高い給料を競って提示した。具体的な金額は明らかにされていないが、コロンビア大学がスティグリッツをスタンフォードから誘い込んだのは、同僚の経済学者ジェフリー・サックスをハーバードから引き抜いたのとほぼ同時期だった。かつて経済学で確立した名声の復活に、コロンビアは特に熱心なようだ。[*93]

ところで逆選択、モラルハザード、シグナリングといった概念は、歴史的にどれくらい古いものなのだろうか。銀行が金利を上げると最高の借り手が市場から撤退することは、およそ二三〇年前にアダム・スミスによって指摘されている。[*94] これは逆選択に他ならない。また、車の盗難保険に加入した人は車の鍵をかけない確率が高いという事実は、ノーベル賞受賞者に指摘されるまでもない。企業の役員が自社株を売却するとネガティブなシグナルが送られることも、はじめて認識されたわけではない。スティグリッツをはじめとする経済学者の功績は、これらをミクロ経済学の数式に置き換え、名前をつけたことである。そして一連のアイデアを考案するプロセスのなかで、自由市場を守り続けてきた伝統に風穴を開けたのだ。たとえ理論の上でも、市場は常に完全というわけにはいかないのである。

これらのコンセプトのひとつは、大衆文化にも定着している。少なくともふたつの音楽グループが、モラルハザードという名前で活動している。ひとつはペスティサイド・レコードに所属するカナダ出身のパンクロックバンド。そしてもうひとつは、ジョージタウン大学ローセンター出身者が結成したアカペラグループという変り種である。このような事例を見るだけでも、理論経済学が日常生活をいかに豊かにしているかおわかりいただけるだろう。

A・マイケル・スペンス（二〇〇一年受賞）

A・マイケル・スペンスは、指導教員からジョージ・A・アカロフの新しい論文「レモン市場」を読むように勧められた日のことをよく覚えている。実際に読んでみると、アイデアがつぎつぎとわいてきた。当時彼は、雇用主が良い労働者と悪い労働者を区別する方法はないかと悩み、労働市場のシグナルにゲーム理論を応用すれば問題は解決されるのではないかと考えていた。シグナリングのコンセプトを発展させるうえで、アカロフの論文は欠かせない枠組みを提供してくれた。

スペンスにとっての基本的な問題はつぎのように要約される。雇用主は最も生産性の高い労働者を雇いたいと願い、そのためには特別賞与も厭わないが、誰がそれに該当するか常に把握できるわけではない。それがわからないと、雇用主は全員に対して同額の平均的な給与を提示するしかなく、結果として働きの悪い労働者には払いすぎ、優秀な労働者には十分な見返りを渡せない。これでは人びとは価値に見合った報酬を支払われず、市場は失敗する。

このような状況で正当な評価を受けられない生産的な労働者は、自分の能力を証明するシグナルを雇用主に送ろうとするはずだとスペンスは考えた。どのようにかというと、大学に入学して学位を取得するのだ。雇用主が大卒者を高い賃金で雇うのは、実際に優秀な労働者であることが卒業証書によって証明されているからだ。これはスペンスの博士論文の中心となったアイデアであり、ノーベル賞の受賞理由にも挙げられた。

シグナルとしての教育

かつてスペンスは、彼のノーベル賞受賞に当惑した記者からつぎのように訊ねられた。「市場には同じことを知っている参加者と知らない参加者が存在することを発見しただけで」ノーベル賞をもらえるのか[*95]。記者にはとても信じられなかったようだが、この質問は的外れである。指摘された事実を発見したのはアカロフだ。情報を持っている人が、それを伝えるためのシグナルを情報を持たない人に送ることがある。これがスペンスの発見である。

生産性を向上させる手段としての教育の価値と、シグナルとしての教育の役割は同じではない。たとえ大学教育が生産性に何ら効果を発揮しなかったとしても、大学に通ったという事実だけで有能な人物であることが証明され、高い報酬が約束されるとスペンスは考えた。

しかし実際、こうした分析は現実の世界について何を語っているのだろうか。本当に教育がシグナルとして使われているとしたら、ずいぶん効率が悪くないだろうか。すでに優秀な人物が、その事実を他人に証明するだけの目的で大学に進むのは時間とお金の無駄でしかない。そしてもうひとつ、悪い労働者も同じように大学にアクセスできるとしたら、せっかくのシグナルは機能しない。大学の学位はもはや何の意味もなくなってしまう。シグナルが効果的に機能するためには、生産的な労働者だけが大学にアクセスしやすく、安いコストで学位を取得できなければならない。この事例を掘り下げて研究すれば、何か隠されている教育の目的が新たに発見されると期待するのは間違いだ。要するに彼が明らかにしたのは、情報格差によって市場の効率性は損なわれるが、市場の参加者がコストの高いシグナルに頼らざるを得ないと、さらに効率性が損なわれることもあるということだ。

シグナルが市場でうまく機能しないときには、政府による税金や補助金が役に立つとスペンスは考えた。ただし彼は研究の成果を強調しないように、慎重な姿勢を心がけた。これはきわめて抽象的なモデルなので、現実の世界に当てはめるのがきわめて難しい。だからスペンス本人も「十分に効率的な分離均衡をもたらすような税や補助金の仕組みというものも存在する」と言うにとどめ、それ以上は追究しなかった。[*96]

この見解は一部の人たちから批判された。ジーン・エプスタインは〈バロンズ〉の記事のなかで、「根拠の乏しい洞察」であるが、それにしても「少々わかりづらい」と評した。[*97]そしてデイヴィッド・ヘンダーソンが〈ウォールストリート・ジャーナル〉に寄せた記事は、市場が情報不足のせいで失敗する可能性を認めたとしても、政府に市場以上の何かができると期待することはできないとくぎを刺した。ヘンダーソンによれば、政府の情報の大半が「ほとんど使い物にならない」からだ。[*98] ヘンダーソンは本当に政府の情報の大半が使い物にならないと考えているのだろうか。それとも単に言葉の綾だろうか。おそらく彼は、政府がいかに膨大な情報を保有しているか、十分に理解していなかったのだろう。経済データ、基礎研究、公衆衛生、宇宙飛行、天気、国勢調査など、その範囲は多岐にわたる。

スペンスはプリンストン大学で哲学を専攻し、カナダで育った影響から四年間アイスホッケーを続けた。[*99] 卒業後はローズ奨学金でオックスフォード大学に進み、数学の学位をつぎつぎと取得した。そしてハーバード大学の博士課程に入学すると、ようやく経済学に専念した。博士号を取得した後、まずスタンフォード大学に準教授として赴任して、一九七五年に教授としてハーバードに戻った。このときハーバードで大学院生を対象に彼が受け持った理論講座を受講した学生のなかに、ふたりの勤勉な大学生がいた。スティーブ・バルマーとビル・ゲイツである。ふたりとも見事に「A」の評価を受け、後に小さなベンチャー企業マイクロソフトを立ち上げた。

スペンスは若くして大学の運営に関わるようになった。一九八三年に四十歳でハーバード大学経済学部の学部長になり、一年後にはハーバードの学長デレク・ボックに請われ、由緒あるアーツ・アンド・サイエンス教授会のトップに就任する。このポストはふたりの前任者も経済学者で、三人目にも経済学者のスペンスが指名された理由を訊ねられ、ボックは「統計を無視した決断だ」と明答を避けた。[100] しかし報道関係者はここぞとばかりに若き経済学者を追及し、マイノリティの教授や学生の数を増やす計画はあるのかと訊ねた。それに対してスペンスは「正直なところ、自分でもわからない」と答えた。このような謙虚で正直な姿勢は、彼の経営スタイルにも反映された。そんな彼についてハーバードのある同僚は、成績が一番なのにナイスガイだと称した。[101]

第7章　ケインジアン

ポール・A・サミュエルソン（一九七〇年）
ロバート・M・ソロー（一九八七年）
ジェイムズ・トービン（一九八一年）
フランコ・モディリアーニ（一九八五年）
ローレンス・R・クライン（一九八〇年）
K・グンナー・ミュルダール（一九七四年）

ノーベル経済学賞の受賞者の多くは、ふたつの強力な運動が同時進行していた時期に成人した。ケインズ革命と経済学の計量化である。ケインズは経済理論を見直して、アダム・スミスからアルフレッド・マーシャルに至るまで、従来の経済学者が積み重ねてきた数々の原則に挑んだ。自由市場が常に機能するわけではない理由を説明し、疑う人には大恐慌が何よりの証拠だと指摘した。スウェーデンの社会主義者としてノーベル賞を受賞したグンナー・ミュルダールは、一九三〇年代に学位論文で同様の問題に取り組んだ。

一九三〇年代にケンブリッジ大学から、そして四〇年代にハーバード大学から過激なアイデアが発信されていた頃、新世代のケインジアンのほとんどは大学院生だった。ロバート・M・ソロー、ジェイムズ・トービン、フランコ・モディリアーニ、グンナー・ミュルダールといった若き経済学者は新しい理論で武装すると、世の中を変える作業に取り組んだ。ケインズ経済学を総括し、改善を加え、拡張していった。一方ローレンス・クラインは、膨大なデータに裏付けられた大きな経済モデルにケインズ経済学を応用した。

ケインジアンたちは、経済学が物理学と同じような学問だと信じて疑わない世代でもあった。実際彼らにとって、ロケット軌道の最高高度の計算と国家の極大厚生の計算は大差なかった。ケインズ経済学を学ぶと早速、理論を変数や公式に変換していったが、それだけでは満足しなかった。方程式を導入できる経済のアイデアは、すべてが格好の研究材料だった。企業や家計の行動、経済成長、国際貿易など、取り組む分野は多岐にわたった。こうした研究では、オリジナルのアイデアに考察を加える必要はほとんどなかった。数学のスキルさえあれば十分である。経済学を物理の言語で表現しなおせば自ずと価値が備わると確信していた点は、ほとんどの経済学者と変わらない。こうしてマクロ経済学ではふたつの運動――アメリカにおけるケインズ派経済学の普及と経済学の数学化――が同時進行していくが、そのどちらでもリーダーとして誰もが認める人物がポール・サミュエルソン。第二回ノーベル経済学賞の受賞者である。

ポール・A・サミュエルソン（一九七〇年受賞）

少年時代、サミュエルソンはインディアナ州ゲイリーの自宅から経済の変遷をつぶさに観察した。「交通機関としての馬車の消滅も、室内配管や電気の登場も記憶している。その後、ラジオの電波やテレビの映像がセンセーションを巻き起こすが、ほどなく熱は冷めた」という。[*1] 第一次世界大戦が始まると、国内には製鉄所がつぎつぎに建設されてフル操業を始める。好景気にわく故郷ゲイリーの様子もポール少年の脳裏にはっきり刻まれた。やがて十歳のとき、一家でフロリダ州マイアミビーチに移ったポール少年は、不動産ブームが富をもたらし最後はバブルがはじける様子をじっくり観察した。一九三〇年代、大学生になったサミュエルソンは大恐慌の厳しさを目の当たりにするが、少年時代の経験のおかげで心の準備は整っていた。[*2]

サミュエルソンは勉強がよくできた。「かなり早熟で、論理操作やＩＱテストのパズル問題が得意だった」という。[*3] 高校を卒業すると奨学金でシカゴ大学に入学し、一九三五年に卒業した。シカゴ学派の草創期からのメンバーであるフランク・ナイトとヘンリー・シモンズのふたりが彼を自由市場経済学に引き込んだ。

サミュエルソンはハーバード大学の博士課程に進み、ヨーゼフ・シュンペーターとワシリー・レオンチェフのふたりの教授からまったく違う経済学を教えられる。しかし、アメリカのケインズ派の大御所アルヴィン・ハンセンの影響は特に大きかった。[*4] それまでシカゴ大学で学んできた内容が、ケインズ派の新しいアプローチと相容れないことをサミュエルソンは認識した。「最初はケインズ革命に抵抗したが、最後は説得されてしまった」[*5] とのちに語っている。そして素直に納得できなかった胸のうちをつぎのように回想した。「シカゴで訓練を受けた心はケインズ革命に必死で抵抗した。しかし結局、理性が伝統とドグマを打ち負かした」。[*6] 当時のハーバード大学はケインズ派の若い大学院生で活気に満ちた場所で、将来のノーベル賞受賞者ロバート・M・ソローとジェイムズ・トービンも在籍していた。シカゴとハーバードのふたつの大学で学んだサミュエルソンは、当時の経済界で競合する二大学派の双方から影響を受けたことになる。

サミュエルソンは数学や物理で受けた正式な教育についてほとんど触れていないが、一九七〇年のノーベル賞記念講演でその一部を紹介した。それによると三〇年前、彼は「物理の様々な論文に目を通し」[*7]、ハーバードではエドウィン・ビドウェル・ウィルソンの講義で熱力学を学んだという。さらに第二次世界大戦末期には放射線研究所で物理の研究グループに参加して、「レーダー光軸のずれ」について研究した。[*8] しかし自分の経歴を疑われたくなかったのだろう、記念講演ではスウェーデンの聴衆に対して「私は物理学者ではない」と強調した。[*9]

それでもスウェーデン王立科学アカデミーで行なった講演のほうは、科学と大いに関係ある内容だった。この短い講演のなかで、彼は多くの優れた科学理論やその発見者――ガリレオ、ニュートン、ハイゼンベルグ、フェルマー、マクスウェル、ルシャトリエ――について触れている。のちに経済学賞選考委員会に提出したエッセイは、有名な科学者の名前を追加しようとする意気込みが感じられる内容で、プランク、ボーア、シュレディンガー、ド・ブロイ、ファインマン、フェルミ、クリックといった名前を挙げている。一九七〇年に〈ニューヨーク・タイムズ〉から「経済活動における統一場理論を考案した功績は経済学界のアインシュタインに匹敵する」と紹介されたときは、得意の絶頂だったにちがいない。[*10]

一九四〇年、サミュエルソンはマサチューセッツ工科大学（MIT）に採用され、ここで学者としてのキャリアをまっとうした。そのキャリアはいかなる基準から見ても大成功だった。一九四七年にはジョン・ベイツ・クラーク賞を受賞し、米国経済学会の会長を務め、執筆活動では四七年に有名な学術書『経済分析の基礎』を出版し、ケネディ、ジョンソンの両大統領の経済顧問を務めた。六〇年に大統領に選ばれたケネディには、失業問題解決のため政府の支出を増やす政策を勧めた。具体的には防衛、海外援助、教育、都市再生、福祉、公共事業、ハイウェイ建設への支出を増加する一方で、住宅ローン金利の引き下げと国際収支の均衡を提言している。[*11]

サミュエルソンのキャリアは実に生産的だった。生涯を通じて何百本もの論文を執筆し、一九七〇年にノーベル賞を受賞したとき、その数はすでに三〇〇以上におよび、四冊の著書も上梓していた。しかしサミュエルソンが生産的だったのは仕事だけではない。妻のマリオン・クロフォードとの間には六人の子どもをもうけた。そのうちの四人は息子、さらにそのうちの三人は三つ子だった。息子がスポーツ活動で怪我をすれば、病院に連れていった。軽い怪我もあったが、傷口を縫う羽目になった息子に付き添って救急処置室で過ごした土曜日が、年に三回程度あったのではないかという。多忙な日々にもかかわらず、サミュエルソンは時間をやりくりして探偵小説を愛読し、ほぼ毎日テニスを楽しんだ。ノーベル賞が発表された日に報道陣がＭＩＴに押しかけたときには、ちょうどスタッフと乾杯していた。お気に入りのシェリー酒、ホーカーズ・アモンティリャードで喜びをかみしめていたのである。[*12]

教科書

サミュエルソンは数理経済学での功績によってノーベル賞を受賞したが、そもそも有名になるきっかけは教科書だった。この教科書は大学のキャンパスではすっかりお馴染みとなり、著者の名前で呼ばれることも多い。たとえば「うちの大学の経済学のクラスではサミュエルソンを使っているよ」という具合に。正式には『経済学――入門的分析』というタイトルを持つこの作品は空前のベストセラーとなり、教科書業界の様相を一変させた。一九四八年の刊行以来、およそ五〇年間で四一カ国語に翻訳され、売り上げは全体で四〇〇万部を超えた。教科書がここまで記録的な売り上げを達成したのはおそらくはじめてで、教科書が商売になることを出版社は学んだ。サミュエルソン単著としては最後になる第一二版が出版される以前から（以後の版にはウィリアム・ノードハウスが共著者として加わる）、経済学書の出版社はつぎのサミュエルソンを探し始めていた。

実際、今日の経済学の教科書の構成は、サミュエルソンの方式を踏襲している。彼の教科書は全体をミクロ経済学とマクロ経済学のふたつに分類したうえで、学部生の入門コースに必要な基本的アイデアを一通り網羅している。マクロ経済学の部分は標準的な定義とケインズ理論から構成され、ミクロ経済学の部分はアルフレッド・マーシャルの見方に近かった。サミュエルソンはこれを〝新古典派総合〟という言葉で表現したが、総合といってもほとんど説得力がなかった。結局は重要な点で、ケインズ派経済学とミクロ経済学は矛盾を解消できなかったのである。

『経済学』は科学的に客観的な姿勢を心がけているが、どうしても一部に著者の価値観が反映され、特に経済問題ではサミュエルソン独自の解決策が色濃く出ている。たとえば彼は、〝累進課税〟を奨励している。高額所得者ほど高い税率が課せられる制度であっても「金持ちになるために働く意欲を失わない」人はいるはずだと考えた。[*13] 一方、社会保障制度に関しては賦課方式〔訳注　ある世代が受給する年金の財源を後の世代が負担するやり方〕を勧めているが、これならほかの貯蓄システムと違ってインフレの影響を受けないからだ。さらに貧困プログラムに対しては「自活できない人に最低限の生活を保証するのは当然だ」といって暗黙の了解を与えた。[*14] これらの提言は証明可能な仮説というより、自明の真実として紹介されている。

サミュエルソンの『経済学』のあまりの売れ行きに明らかに刺激された保守的な経済学者たちは、そのなかに自由市場を重んじる姿勢がほとんど見られない点に苛立ちを示した。たとえばオクラホマA&M大学は一九五〇年代のはじめに『経済学』の使用を禁じ、ウィリアム・バックリーは著書『イェールの神と人間』で『経済学』をこきおろした。[*15] 最近では経済学者のマーク・スコーセンが一九九七年、「この教科書でなされている提言は、今日アメリカが直面している経済問題の一部の発生に貢献した」と断定した。[*16] サミュエルソン自身は、ミルトン・フリードマンやシカゴ学派などリバタリアンの保守的なグループとは明らかに距離を置いていた。ノーベル賞記念講演の結びでは「理論経済学を反動派が独占するべき理由はない」という無名の経済学者の言葉を引用し、[*17]「私は生涯を通じてこの警告を肝に銘じてきた」と認めた。[*18]

しかし実際のところ、サミュエルソンの教科書には自由市場の要素が含まれるのではないか。何百ページにもおよぶ著作の大半は、完全競争や市場力学といった伝統的な理論の解説に費やされている。しかも自由貿易や制約のない市場には非常に好意的で、農業補助金の効果には疑問を投げかけている。ということは、自由市場への熱意に不快感を抱く左派の経済学者にとって、サミュエルソンは確実にヒーローとはかけ離れた存在になる。

注意深い読者は、『経済学』の執筆に携わった五〇年のうちに、一部の主題に関するサミュエルソンの見解が変化していることを指摘している。たとえば一九四〇年代に連邦政府予算を使って実施された安定化政策が、五〇年代には連邦準備制度理事会に引き継がれて成果を挙げたことを認めるようになった。また、貨幣の役割を評価する気持ちも次第に強くなったようで、経済成長のためには貯蓄が必要であることを認めている。そして成功するにつれて寛大になったのか、アーヴィング・フィッシャー、フリードリヒ・A・フォン・ハイエク、ルートヴィヒ・フォン・ミーゼスらが信奉するような、自分とは反対の見解について紹介するスペースが増えていった。第九版では、ミルトン・フリードマンの『資本主義と自由』に好意的な記述さえ見られるようになった。[*19] しかしだからと言って、サミュエルソンの教科書の大きな目的が変わったわけではなかった。『経済学』は、ケインズ経済学やミクロ経済学についての彼なりの解釈を将来の世代の大学生に伝えるための特別な演壇だった。シルヴィア・ナサーとのインタビューで、彼はつぎのように説明した。「誰が国家の法律を書こうが、誰が大事な条約を起草しようが、自分には関係ない。私は経済学の教科書を書ければそれで満足だ」[*20]

経済学と古典力学

サミュエルソンはほかの優れた経済学者のように経済学の新しい分野を発明したわけではないが、多くの分野で多大な貢献をしたことを選考委員会のアサール・リンドベックは評価した。他人が設定した問題を解決するときも、他人が解決する問題を設定するときも、常に彼は数理経済学のフロンティアを前進させた。消費理論、一般均衡、資本理論、経済成長や経済動学など、彼の貢献は様々な領域に及んでいる。では、それはどんな意味を持つのか。

サミュエルソンの貢献の多くは、抽象的な公式や数学的な証明の形をとっている。比較的素直な概念にもとづいているものは一部にすぎない。一例に〝顕示選好〟理論がある。昨日購入したものをすべてリストアップしたとしよう。そのリストに経済学者は商品バスケットという風変わりな名称をつけている。あなたは同じ金額で他の財を購入することもできたが、他の組み合わせよりも今の商品バスケットの組み合わせのほうを優先した。なぜそれがわかるのかといえば、ほかの財を選ぼうとしなかったからだ。経済学の言葉でいえば、あなたは購入を選択しなかった財に比べ、実際に購入した財に対する顕示選好を持っていることになる。この程度では、とても大発見のようには思えない。実際、顕示選好理論は、経済的な洞察ではなく数式としての斬新さのほうを評価された。[*21]

一方、経済学賞選考委員会は、経済成長に関してサミュエルソンが構築したモデルの素晴らしさも認めている。サミュエルソンと同時代の経済学者は、経済成長へのふたつのアプローチに特に関心を寄せた。〝黄金律〟と〝ターンパイク理論〟である。どちらも、最高レベルの繁栄をもたらし、それを将来まで継続させてくれるような貯蓄率を確認したいという気持ちが出発点になっている。貯蓄率ゼロは低すぎる。資本や設備を使いきったら後には何も残らない。逆に貯蓄率一〇〇パーセントでは高すぎる。何も消費できないからだ。最適の貯蓄率はその中間ということになるが、では具体的にどの程度だろうか。経済学者によれば、それは最高レベルの経済的繁栄が将来のすべての世代に持続的にもたらされる貯蓄率で、〝黄金律〟と定義された。そして分析を進めた結果、人口が増えているときや資本が縮小しているときには黄金律の貯蓄率を引き上げ、技術が進歩しているときには引き下げるべきだという点も明らかにされた。すべては理にかなっているように思えた。

ターンパイク理論は、これとは別のコンセプトである。たとえば将来、一人当たりの消費率を黄金律の予測よりも増やしたければ、いまの世代は貯蓄を増やさなければいけない。その場合、ふたつの選択肢が考えられる。少し高めの貯蓄率を長期間にわたって採用するケースと、かなり高めの貯蓄率を短期間だけ採用するケースのいずれかである。分析の結果、経済学者たちはどちらも選べるという結論に達したが、その一方、非常に高い貯蓄率を限定的に採用することが最適の経済刺激策になる事例がいくつか確認された。これがターンパイク理論である。車で遠出をするときには、途中でターンパイク（有料高速道路）を使うほうが、距離は長くても所要時間が短くなることに由来した発想である。

サミュエルソンはこのような様々な問題に意欲的に取り組んだが、そこには一貫して変わらないテーマがあった。物理と同じような形で問題を提起して、解を導き出すことである。経済学の用語さえ、物理学を模倣した。基礎物理学で静態は静止している物体、動態は動いている物体を指すが、経済学の場合、静態は均衡状態の市場、動態は経済成長を意味した。アサール・リンドベックはこの点について、つぎのように語った。「ある意味サミュエルソンの貢献は、経済のプロセスと古典力学の力学系の類似を応用したことだ[*22]」。しかし、物理学と経済学の類似はどこまで成り立つのだろうか。物理学の要素が加われば、経済学がまるで科学のように見えることは間違いない。しかしそこから、現実の世界についての重要な洞察が得られるだろうか。

物理学者と違い、経済学者は自然の法則に頼ることができない。自分で法則を発明するしかない。ほかの経済学者と同じくサミュエルソンも、経済成長をはじめとする興味深い問題を定式化し、そこから解を導き出せるような関係を仮定しただけである。その結果が現実の経済と関係あるかどうかについては、関心がなかった。経済理論とは抽象的なものであり、実際のデータを使って理論を応用するのは他人の仕事だと信じていた。

サミュエルソンは経済学に物理学の視点を取り入れた功績を高く評価されたが、その一方、他人が同じような研究をしても高く評価しなかった。「経済学者や引退したエンジニアが物理学と経済学の類似点を何とか見つけ出そうとしている様子は、実にあわれだ」と言ったこともある。[*23] 経済学なら何でも物理学の問題に置き換えて、解を見出せるわけではない、とサミュエルソンは言う。役に立つ類推と単なる奇抜なアイデアの違いぐらいは理解しなければならない、と。

現実の世界では、経済成長の最適化は容易ではない。ターンパイク戦略にしても日本のような一部の国にはきわめて有効かもしれないが、ソ連のような国では惨めな失敗に終わった。貯蓄率と投資率の高さはどちらにも共通していたが、適用結果はこれ以上ないほどかけ離れてしまった。日本は繁栄し、ソ連はもがき苦しんだ。完全な貯蓄率を見つけるだけでは経済成長は実現しない。明らかにほかの要素も関わっている。国家は貯蓄をどのような形で投資して、経済を形作っていくか。これもまた見逃せない問題である。

経済学の研究がいくら物理学の忠実な模倣を目指しても、どうしても大事な問題がひとつ解決されずに残る。物理の研究においては、高度な数学的テクニックの価値と必要性に疑いの余地はない。しかしそれは、経済の仕組みの実態について何を教えてくれるのだろうか。そんな疑問を抱いた〈ニューヨーク・タイムズ〉のレナード・シルクは、「人間や組織の行動は、本当にこんな仕組みなのだろうか」と問い質した。熱力学や古典力学の秘密を解き明かすために使われるツールが、人類の経済生活の質を改善するための洞察を提供してくれるものだろうか。どんな回答が得られるにせよ、これは「経験によって証明される問題であり、サミュエルソン教授はこの現実と向き合っていない」と指摘した。[*24] 報道陣は頻繁にサミュエルソンの言葉を引用し、インタビューを行なった。彼が特に好んで標的にしたのが政治指導者だった。経済学の基礎さえ理解しているようには思えなかったからだ。ノーベル賞受賞後の記者会見では、「人類が経済を再生させるための運動に取り組んでいるときに、なぜニクソン氏は行動を共にしないのだろうか」と語ったという。[*25] それから二三年が経過しても遠慮するどころか、レーガン大統領を厳しく非難した。減税すれば歳入が増え、しかも巨額の赤字は発生しないという幻想を選挙民に信じ込ませたからである。[*26] そして「神はレーガンをお許しになると国民は考えているが、それは間違っている。レーガンは自分が何をしているかわからなかったというが、それはどうだろう。何が起こっているのかよくわからなかったのは事実かもしれないが、それでも責任は重い[*27]」と語った。

サミュエルソンの気の利いたコメントは、大統領以外の人物にも向けられた。一九八〇年代から九〇年代にかけて、高すぎる税金が経済活動の停滞を招いているという見解をサプライサイド経済学者が広めた。これに対してサミュエルソンは反論した。「アメリカはまだ課税の限界に近づいていない。ペニヒ〔訳注　ドイツの補助通貨。一〇〇ペニヒで一マルク〕硬貨を一枚加えたところで、ラクダの背中が折れるわけではない[*28]」。そしてベトナム戦争ほどお金の無駄遣いはないと信じ、こう嘆いた。「この国にはやるべき課題が山積みだ。ベトナムで穴を掘ってそこに金を捨て続けるなんて、実に馬鹿馬鹿しい」[*29]

一九七〇年にサミュエルソンがノーベル賞を受賞して、賞金七万八〇〇〇ドルを獲得しても誰も驚かなかった。すでに彼は教科書で有名人になっていたし、ケインズ派経済学のスターとして経済学では知られた存在だった。驚く要素があるとすれば、一九六九年の第一回目の経済学賞を与えられなかったことだろう。多くの点でサミュエルソンは経済学者のなかの経済学者であり、学問的成功のモデルとも言える存在である。経済学への偉大な貢献は、二〇〇九年に九十四歳で没したとき正しく評価された。

ロバート・M・ソロー（一九八七年受賞）

経済が急速に成長する地域と、衰える地域があるのはなぜだろう。しばらく急成長を続けた後、景気が減速する国があるのはなぜだろう。成長の理由を決定するのは経済学のまさに土台とも呼べる作業で、アダム・スミスもジョン・メイナード・ケインズも同じ問題に頭を悩ませてきた。スミスの効率市場もケインズの総需要も、長期的な経済成長には間違いなく重要な要素である。しかし、もっとほかの要素もあるはずだ。成長を達成し、経済的な富を得るための秘密は何か。「成長理論の研究者たち」がこの問題に取り組んでいた一九四〇年代から五〇年代、ロバート・M・ソローはまだMITの若き経済学者だった。

新古典派成長モデル

この疑問の解決にまず大きく貢献したのが、ふたりの経済学者だった。ロイ・F・ハロッド卿とエブセイ・ドーマーは、一九三九年頃にそれぞれ独自の研究成果を発表した。そこから誕生したハロッド＝ドーマー・モデルは、ふたつのシンプルな尺度、すなわち貯蓄率と資本の生産性を国家の成長率とはじめて数学的に結びつけた。ふたりが発見した経済成長の秘密は、貯蓄を増やすと同時に、資本をもっとたくさん、もっと上手に投資することだった。これは特に意外な結論ではない。貯蓄のない国家は、道路、鉄道、オフィス、工場、ビジネス用コンピューターなどに投資できない。なぜなら理論上は、生産したものをすべて消費に回しているからだ。このハロッド＝ドーマー・モデルにはふたつの長所があった。きわめてシンプルで、しかも理にかなっていたのである。

しかしそれで十分とはいかなかった。基本的な結論には納得できても、方程式の数学的な質に問題があった。経済の成長率と労働力の成長率がたまたまぴったり一致するときだけしか、均衡成長は実現しなかった。ふたつの成長率（経済と労働力）が食い違うと、モデルはたちまち形が乱れ、失業率が上昇したりインフレ率が高まったりする傾向が確実に表れる。これではモデルとしての信頼性がなかった。

この欠点に頭を悩ませた若き経済学者のひとりが、ロバート・M・ソローだった。彼はノーベル賞記念講演で、一九五〇年代に「経済成長理論に取り組むようになった背景には」いま指摘したような理由もあったことを紹介した。そしてもうひとつ、ハロッドとドーマーが指摘する成長と貯蓄の間の密接な関係が、ソローには納得できなかった。では一体なぜ貯蓄の役割に悩むようになったのか。残念ながら、講演を行なう頃には「どうしてなのか正確には思い出せなく」なっていた。なぜかわからないが、気になったことだけは確かだったのである。[*30]

ハロッド゠ドーマー・モデルは前提がいたってシンプルなので、修正が容易だった。ソローが異なった前提をいくつか加えるだけで、かなり異なる結果が引き出された。このときソローはミクロ経済学の観点から、資本と労働は代替的であり、それらの費用は生産性に応じて支払われるという前提を立てた。その結果として出来上がったモデルは、もはや貯蓄率にも資本の生産性にも直接左右されなかった。実際、どちらも大した影響力を持たなくなった。新しいモデルで経済成長を支えるのは、労働力の成長、労働の生産性、技術の進歩の三つの変数である。このソローのモデルは安定性にも優れ、乱れても均衡状態が回復された。これらの結果をまとめた方程式は一九五六年と五七年の論文で紹介され、〝新古典派成長モデル〟として知られるようになった。

ところが発表とほぼ同時に、ソローはこの革新的な理論を後悔するのだが、すでに遅すぎた。ハロッド＝ドーマー・モデルに代わる安定したモデルを探し求めていたミクロ経済学者の間で、新古典派成長モデルはたちまち評判をよんだ。ソローにとって何が問題だったのかといえば、この理論の安定性だった。あまりにも安定しすぎていたのだ。そのため、ケインズ理論ではお馴染みの景気後退や不況が発生する可能性が事実上なくなってしまった。この点は、カーター政権で経済諮問委員会の委員長を務めたチャールズ・シュルツもよく理解していた。投資が多少衰えても景気後退が発生しないことをソローは解明したが、これはケインズ派理論の前提に反するというコメントを寄せた。[*31]

要するに、ケインズ派経済学者であるソローが考案した長期成長モデルは、ケインズ理論を無視したもの、いや矛盾したものだったのである。後日ソローは、有効需要といったケインズ理論にもっと注意を払うべきだったと認めるようになった。しかしそれがまったくの偶然ではなかったことを認めるかのように「正直に言えば、当時はああいうモデルが必要だと思っていた」と打ち明けている。[*32] 基本的にソローのモデルは、失業やインフレなど現実世界の厄介な問題をマクロ経済から取り除いたミクロ経済学的なモデルだと言ってもよい。自分の長期成長モデルとケインズ経済学との間に折り合いをつける問題は「まだ解決されていない」とソローは考えた。[*33]

ソローの成長モデルは、ほかにも奇妙な特徴を備えていた。「ソローの理論の教えによれば、貯蓄しても成長率に大して影響しないそうだ」とデイヴィッド・ワーシュは〈ボストン・グローブ〉紙上で指摘した。[*34] 実際、そんなことがあり得るのだろうか。成長にとって、国民の貯蓄は本当に無関係なのだろうか。ソローは、貯蓄率が高くなれば経済活動のレベルが短期間上昇するかもしれないが、「高い成長率が恒常的に維持されるわけではない」[*35]と指摘して持論を正当化している。これは貯蓄率の黄金律ともターンパイク理論とも矛盾するもので、にわかには信じがたい。貯蓄率がゼロでは成長が保証されないことは、誰でもわかる。生産されたものがすべて消費されてしまうからだ。将来に向けた投資を生むためには、ある程度の貯蓄が欠かせない。やはり成長と貯蓄の間には関連性がある。少なくともこの点においては、ハロッド＝ドーマー・モデルのほうが現実的に思われた。

技術進歩と成長

ソローの新古典派成長モデルで特に重要な要素として新たに注目されたのが、技術の変化についてのアイデアである。ハロッド＝ドーマー・モデルはきわめてシンプルで、生産を貯蓄と資本のみに関連づけている。しかしそこにソローは、成長の源として技術の進歩を加えた。後日ソローらが行なった計算は、その前提の正しさを確認している。実際、アメリカの経済成長の二分の一ないし四分の三は、技術革新によるものだという結果が導き出された。これは大方の経済学者の予想を上回る数字だった。経済学賞選考委員会のメンバーであるアサール・リンドベックはこう語る。「こうした結果が五〇年代に発表されると、人びとの考え方に実に大きな影響を与えた。以後、多くの国の政府が教育と技術研究のレベル向上を目指すようになった[*36]

ノーベル賞の発表後、ソローは自分の発見について記者団からコメントを求められ、「たとえばシリコンバレーみたいなものだ」と答えた[*37]。何も自分がシリコンバレーという場所やコンピューター産業の発見に何らかの役割を果たしたと言いたかったわけではない。経済学者を刺激して、経済成長モデルにおける技術の重要性を評価するように仕向けたことを言いたかったのだ。研究開発や教育の重要性は決して新しいアイデアではないが、一九五〇年代に数学的成長理論を研究していた学者には驚くほど新鮮だったのである。MITでソローの同僚であるリチャード・エカウスはこう認める。「技術の重要性は誰もがわかっていた。しかしそれをどうやって経済分析に取り入れるべきか、それがどんなに重要な要因なのか、誰もわかっていなかった[*38]」。「ボブ・ソローの功績は、労働生産性の改善において、資本投資や技術変化がどれだけ貢献しているかを具体的な数字で明らかにしたことだ」とイェール大学教授でノーベル賞受賞者のジェイムズ・トービンは述べた[*39]。実際、技術は本当に重要なのだろう。

ではこうした一連の研究によって、私たちは経済成長の秘密を理解するようになったのだろうか。技術革新、教育、資本投資、自由市場、高い貯蓄率、あるいはこれらの要因の組み合わせによって成長が引き起こされることが、証明できるようになったのか。どの要因もすべて重要に思えるし、実際のところ常に重要だった。ここで問題なのは、数学的モデルでは現実世界の出来事を十分に説明できないことである。ノーベル賞受賞者のロバート・ルーカスが指摘する通り、私たちはまだ経済成長をきちんと解明したとは言えない。特にアジアの「奇跡」と呼ばれる香港、シンガポール、日本、韓国、台湾についてはうまく説明できない。[*40] これらの国々が目覚しい成長を遂げているのに、インドはなぜ遅れをとっているのか。[*41]「こうした経済の奇跡はいまだに多くの謎に包まれている……たとえば韓国は、どのようにして成功したのだろうか」。ルーカスはケンブリッジ大学での講演でそう問いかけた。[*42] ソローの成長モデルについて何百本もの論文が執筆され、技術の変化、革新、発明、発見的学習に関してさらに何百本もの論文が発表された今日、経済学者は経済成長を達成する方法について自信をもって発言できるようになったのだろうか。成長する国とそうでない国がある理由は、いまだに経済学で未解決の問題である。

ソローの両親はどちらも大学に進学していないが、息子のソローは勉強ができた。そして高校生の頃には古典文学や様々な学問分野に興味を持つようになった。高校の文学の教師からはブルックリン・カレッジよりもハーバード大学への進学を勧められ、そのアドバイスに従った。ハーバード入学のための奨学金を獲得し、一九四〇年の九月に入学したときはまだ十六歳だった。[*43] 一九四二年、大学を修了しないうちに入隊し、一九四五年までアフリカ、シチリア島、イタリアで軍役に服した。

戦争が終わってハーバードに戻ったとき、ソローはまだ専攻を決めていなかった。そして経済史家を目指していた妻の勧めで、経済学のクラスを受講することにした。[*44] これをきっかけに、彼の生活は一変した。一九四九年にMITで教授としてのキャリアをスタートさせ、やがてハーバードで学位論文を完成させると五一年に博士号を取得した。MITではポール・サミュエルソンと共同で研究を行ない、意見を交わした。MIT経済学部の優秀賞を受賞したソローは、つぎのように賞賛された。「ソローとサミュエルソンの知的なパートナーシップは、経済学の歴史のなかで最も生産的な関係として評価されなければならない[*45]」

ロバート・ソローもポール・サミュエルソンも自称ケインジアンだったが、どちらも新古典派経済学に大きく貢献したことはノーベル賞の受賞理由からもわかる。ふたりともケインズ派と新古典派経済学の両方に忠誠心を持っていたが、ふたつの学派のアプローチはいくつかの点で矛盾しないわけにはいかなかった。やがてMITの所在地であるマサチューセッツ州ケンブリッジで発生した矛盾は、もうひとつのケンブリッジ、すなわちイギリスのケンブリッジ大学の注目を集めるようになった。ケインズはすでに故人となっていたが、ジョーン・ロビンソンやピエロ・スラッファなどケインズの同僚は健在で、サミュエルソンやソローのいわゆる新古典派総合にまったく共感を示さなかった。賛成できない問題は少なくなかったが、特に気に入らなかったのが資本についての定義で、大西洋をはさんで激しい論争が展開された。MITのケインジアンは資本を抽象化して、工場、設備、オフィスビル、コンピューターなどの生産資源をまとめ、ひとつの資本として見なした(それぞれを貨幣価値に換算して合計したわけではない)。イギリスのケインジアンにとって、そんなものはまったく無意味だった。

何年も激しい論争を戦わせ、次第に争点がぼやけてきた挙句、いわゆる「ケンブリッジの資本論争」はどちらも疲れて決定的な勝利を手に入れないまま終了した。ソローはノーベル賞受賞スピーチのなかで「エピソード全体が、今となっては時間の無駄だったとしか思えない」とまとめた。[*46] 結局、どちらの陣営も経済モデルの目的を見失っていたようだ。いかなるモデルも現実の世界で発生する出来事との関わりが欠かせない。そんな現実的な羅針盤もない状態で、論争は痛ましいほど非現実的だった。

ソローは研究上ではケインジアン的な見解を控えることもあるが、政策提言に関しては典型的なケインジアンである。経済諮問委員会での二年間を皮切りに、景気を刺激するための減税や歳出増加プログラムに貢献した。そして後年には、企業や高額所得者を対象にした減税を目指すレーガノミクスやサプライサイド経済学に強く反対した。あるときには「レーガノミクスなんて、単なる思いつきだ。それ以上のほめ言葉は考えられない」と語り、大幅な減税と巨額の財政赤字のせいで「我々はこの六、七年というもの、ずっと墓穴を掘ってきた。そこから這い出すまでには今後何年もかかるだろう」と警告を発した。[*47] ソローは、レーガン政権と正反対の行動を救済策として提案し、「増税は必要だ」と強調した。[48] そして最後にはこう不満を漏らした。「経済学者の見解は政府の日常業務になかなか取り入れてもらえない。実に残念だ」[49]

ソローのノーベル賞受賞に関する記事のほとんどすべてが、彼のユーモアセンスと気の利いたウィットについて触れている。「ソロー氏を知る人は、口をそろえて最高のナイスガイだと絶賛する」と〈ニューヨーク・タイムズ〉は社説で紹介した。ソローは学生たちとの研究を楽しみ、義務が免除される地位に昇進しても大学生向けの講座をもち続けた。ノーベル賞記念講演では、学生と過ごす時間がなければ研究の生産性は二五パーセント向上していたと思うと、特に残念そうでもない様子で語った。[50] 実際、やめるつもりなどなかった。研究以外の場所でも彼は人生を謳歌している。マーサズ・ヴィニヤードの自宅に妻や三人の子どもたちと滞在しているときには、大好きなヨットを存分に楽しんでいる。[51]

ジェイムズ・トービン（一九八一年受賞）

ストックホルムでノーベル経済学賞が発表されると、その日のうちに全国からメディア関係者が受賞者のもとを訪れ、研究についての解説を求めるのが恒例になっている。一九八一年、イェール大学のジェイムズ・トービンは詰めかけた報道陣に、一般均衡におけるポートフォリオ理論への貢献について説明を始めた。まったく理解できない記者たちからもっと簡単に説明してくださいと頼まれると、今度はややハードルを下げすぎてこう言った。「つまり、すべての卵をひとつのバスケットに入れるな、ということだよ」[*52]。翌日、ラジオのニュースでこの言葉が引用されたのを私はいまでも覚えている。そのとき記者はつぎのようにコメントした。ちょっと信じられないかもしれないが、どうやらこれがノーベル賞の受賞理由らしい。

卵をいろいろなバスケットに分散しておくべきだという類の話を経済学者から聞く機会は滅多にない。表向き経済学者が語るのはポートフォリオの多様化だが、伝えたい内容はどちらも同じである。ところで、ポートフォリオの多様化を重視したのはトービンが最初ではない。やはりノーベル賞受賞者のハリー・マーコウィッツである。トービンがこの学説を利用したのはケインズ理論のパズルを解き明かし、人びとが貨幣を手元に置きたがる理由を説明したかったからである。

経済学者にとって、貨幣は一般に流動的な支払い手段を意味するもので、たとえば店で使われる現金や小切手がそれに該当する。誰でも知っているように、現金はモノを購入する手段として便利なものだ。しかし経済学者は、人びとが必要以上に貨幣を手元に置いているのではないかと考えた。これはかなり不合理な行動だった。手元に貨幣を残しておいても、利子などの利益が発生するわけではない。必要最小限の貨幣を手元に残し、後は貯金したり債券などの投資にまわしたりするのが賢明ではないか。それなのになぜ、人びとは必要以上の貨幣を手元に置くのだろうか。

かつての経済学者と同じくケインズも、貨幣需要が発生するのはモノを購入するためだと理解していた。そしてもうひとつ、人びとは不測の事態に備えて貨幣を手元に残しておくことにもケインズは気づいた。近いうちにほかの資産の価値が失われたときのための保険だ。ケインズはこれを貨幣に対する〝投機的需要〟または〝予備的需要〟という言葉で表現した。[*53] 金利が低いとき、人びとは特に多くの貨幣を手元に置きたがるものだという。[*54]

貨幣需要が金利に左右されることはトービンも認めたが、貨幣を手元に置きたがる理由を彼はもっと単純に考えて、[*55] ふたつの説明を追加した。まず、貨幣で債券を購入するときや債券を売却して貨幣に戻して保有するときには、たいていコストがかかる。転換にかかるコストが高ければ、引き出すたびに目減りするよりは資金を手元に残しておくほうが賢明である。

二番目の説明では、ポートフォリオのほかの資産と同じように貨幣を扱った。手元に残しておいても利益率はゼロかもしれないが、リスクは低い。だから、ほかの資産と組み合わせてバランスの良いポートフォリオを形成する手段として、貨幣需要が発生するのだ。特に金利が低いときはほかの資産の価値が下がるので、貨幣はかなり重宝される。これはケインズと同じ結果だが、よりわかりやすい。[*56] スウェーデン王立科学アカデミーのアサール・リンドベックは、ポートフォリオの概念をケインズ経済学に導入した功績をトービンのノーベル賞受賞理由のひとつとして紹介した。[*57]

トービンのq

ほかにもトービンは、企業の重要な決断に関わる洞察を評価された。企業が業務を拡大したいときには、ふたつの選択肢が考えられる。ひとつは新たな投資で、そこでは新しい建物や設備、従業員の確保が必要とされる。そしてもうひとつは既存の企業の買収で、その場合には建物も設備も従業員もすでにある。どんな基準で企業は決断を下すだろうか。トービンは、その決断がふたつの選択肢の相対的なコストに影響されるはずだと考えた。

これはちょうど、将来家を持つための決断と同じである。中古住宅を購入する費用が二五万ドル、同じ家を新築する費用が二〇万ドルならば、新築するべきだ。企業の場合、既存の企業を買収するためのコストは株式市場が評価する企業の市場価値に相当し、新しい企業を立ち上げるためのコストは〝再取得価格〟に相当する。市場価値のほうが低ければ、企業を買収するほうが得になるし、再取得価格のほうが低ければ、新しい企業を立ち上げるほうが得になる。トービンは市場価値を再取得価格で割った値を採用することによって、ふたつの比較を容易にした。この値は〝トービンのq〟として知られる。

ひとつの会社を対象にするときには、既存の会社を買収するのと新しい会社を立ち上げるのとどちらが安くすむか、トービンのqを使って計算すれば明らかになる。そして経済全体を対象にする場合には、企業が買収を行なう場合と新たに投資する場合と、平均すればどちらのほうが得か、トービンのqがある程度の参考になる。[*58] ちょっと難解な印象を受けるかもしれないが、この選択は経済的に重要な結果をもたらす。企業が吸収合併を通じて拡大すれば、それは単に所有権が移行するだけである。しかし企業が新しい工場や建物を建設すれば、新たな雇用が創出されて収入の増加にもつながる。トービンのアイデアはイェール大学経済学部の大学院生の間で人気が高かった。学生たちはトービンに敬意を表して小文字の「q」がプリントされたTシャツを着用するようになった。

実際には、企業の合併が増えたり減ったりする背景には多くの理由があり、トービンのqもそのひとつにすぎない。しかしアサール・リンドベックによれば、一九七〇年代にスウェーデンで投資率が低くなった理由は、トービンのqで説明できるという。トービンのノーベル賞を発表するとき、リンドベックはつぎのように説明した。当時スウェーデンでは株価が安かったので、新たな事業を立ち上げるよりは株を購入するほうが安上がりだった。その結果、スウェーデンでは投資も経済成長も振るわなくなったのだという。[*59]

トービンが興味を持ったのは、人びとが貨幣を手元に置きたがる理由や企業の成長パターンだけではない。自分の構築したマクロ経済モデルで経済政策を試してみたいと心から望んでいた。いろいろなアイデアを組み合わせて方程式を作れば、さらに正確なモデルが出来上がり、さらに役立つ洞察や予測が得られるはずだと期待したのである。一九五〇年代から数十年間にわたり、トービンに代表されるケインズ派経済学者とフリードマンに代表される古典派経済学者は、最高のマクロ経済モデルを構築するために競い合ってきた。ケインズモデルはいずれも政府の介入によって経済が改善されることを「証明した」が、古典派モデルはいずれもその反対を「証明した」。いくら論争を繰り返してもモデルがますます複雑になるだけで、勝者がはっきりしたケースはほとんどなかった。経済学賞選考委員会はどちらにも味方せず、両陣営にノーベル賞を与えるにとどまった。

ふたつの異なった経済モデルがまったく正反対の結果を導き出すことは、たとえ考案者がノーベル賞受賞者だとしても十分にあり得る。たとえばトービンは、自分が一九八一年にノーベル賞受賞スピーチで紹介したモデルが、ロバート・マンデルの考案したモデルと正反対だと指摘している。それでも一八年後の一九九九年、マンデルはトービンが「反証した」とされるモデルを理由にノーベル賞を受賞した。[*60] 前提をうまく工夫すれば、経済学者はほとんど何でも「証明できる」ことがトービンの発言からはわかる。だから、どのモデルも多少疑ってかからなければならない。トービンもそのことには気づいていたようで、ノーベル賞記念講演のなかで、「経済学を連立方程式で表現しようとすると、どうしても信用性に乏しくなる」と指摘している。[*61]

保守派の経済政策に対するトービンの批判はフリードマンから始まり、レーガン政権の間じゅう続いた。「フリードマン氏と弟子たちの提言は経済に悪影響をおよぼしている」と不満を述べ、[*62]レーガンの政策は「金持ちや権力者に富や権力を再配分する」役にしか立たないといって反対した。[*63]トービンは一九六〇年代に展開された「偉大な社会」構想には賛成で、富裕層のための減税よりは食料配給券制度を好んだ。[*64]一九八一年には、レーガン政権の減税と連邦準備理事会の金融政策の効果は「経済成長を促すほどには金利を低下させず、結局は景気が後退する」といって警告した。[*65]実際、トービンの警告は正しかった。最終的に金利は下がり経済が回復するが、その前に一九八一年から八二年にかけて経済は深刻な停滞期を経験したのである。

トービンはイリノイ州アーバナの有力な高校に通う幸運に恵まれた。ここは大学の教育学部の付属校で、大学教職員の子弟が主に通っていた。トービンのほかに、ふたりのノーベル賞受賞者も卒業生である。ひとりは物理、もうひとりは医学の分野で受賞した。ここの教育は、トービンがハーバード入学のための奨学金を全額支給されるのに役立った。ちょうどハーバードは、学生の出身地の多様化を進めていた時期だった。一九三五年九月、十七歳のトービンは列車でハーバードに向かった。

一九三〇年代に青春時代を過ごした経験は、トービンに大きな影響をおよぼした。大恐慌のなかでも最悪だった一九三二年、母親は双子都市として有名なアーバナ゠シャンペーンの役所での仕事に復帰した。「大恐慌時代の資本主義経済の惨めな失敗が、世界中の社会や政治を混乱に陥れた根本原因だ」とトービンは確信した。[*66] 彼にとって経済学が魅力的だったのは知的好奇心のせいでもあったが、「理解を深めれば人類のために役立つ」と信じたためでもあった。[*67] こうした価値観を抱いて成長したトービンは、ハーバード大学の二年生になってはじめて読んだケインズ経済学の考え方にたちまち魅せられた。さらにハーバードでは、国内最高の経済学者たちの教えを受ける幸運にも恵まれた。一九三〇年代のハーバードには、ヨーゼフ・シュンペーター、エドワード・チェンバリン、アルヴィン・ハンセン、将来ノーベル賞を受賞するワシリー・レオンチェフなど、錚々たる顔ぶれがそろっていた。おまけに大学や大学院にも優秀な学生が多く、ジョン・ケネス・ガルブレイスやポール・サミュエルソンの姿もあった。

第二次世界大戦に向けて戦時経済の準備が必要になってくると、連邦政府では計画の立案や価格統制を担当する優秀な専門家の需要が生まれた。一九四一年、トービンは首都ワシントンからの呼びかけに応じ、民間経済を戦時生産体制へと移行する作業の監督を手伝った。しかし国に奉仕したい気持ちが募り、海軍予備役に登録した。そして戦争中は兵科将校から駆逐艦USSカーニーの副司令官にまで昇進し、大西洋と地中海で護衛任務に当たり、さらに北アフリカと南フランスへの侵攻作戦にも参加する活躍ぶりだった。戦争が終わると四七年にハーバードの博士課程を修了し、イェール大学の経済学部に採用されてキャリアをここでまっとうした。

一九六一年、ケネディ大統領から経済諮問委員会に誘われると、トービンは謙虚な態度で正直にこう語った。「大統領、あなたは人選を間違っています。私は象牙の塔で暮らす経済学者ですよ」。しかし大統領はそのくらいでひるむような人物ではなく、「それはよかった。私だって象牙の塔で暮らす大統領だからね」と応じた。[*68] そんなケネディのウィットが決め手となり、トービンはイェール大学の象牙の塔から降りて、ケネディの委員会に仕えた。当時の委員長はウォルター・ヘラーで、スタッフのなかには将来ノーベル賞を受賞するケネス・アローとロバート・ソローのふたりも含まれていた。このオールスター級の学者たちの集団はどんなアイデアを提案しても、驚くほどすんなりと採用された。委員会は景気を刺激するための減税を実現させることにも成功し、大きな成果を上げたと言ってもよい。しかし目覚しい成果にもかかわらず、トービンはここに長くとどまらず、わずか一年半で大学に戻った。「一週間に七日、毎日一五時間働く生活」は彼にも家族にも負担だった。当時すでに彼は四人の子持ちになっていたのである。[*69]

トービン税

一九七二年にトービンが行なった提案は、驚くほどの大評判になった。ただし、それは本人の期待とは異なる形の評判だった。このときトービンは、国際通貨市場のすべての取引に低率の税金を課して、投機目的の取引を抑制することを思いついた。国際通貨市場はとにかく巨大で、毎日総額一兆ドルを超える金額が取引されているが、そのかなりの部分が投機目的だった。[*70] その結果、見境のない投機活動が本来発生するはずのない危機を創造し、問題を引き起こすこともあった。そこでトービンは取引に課税すれば、国際通貨市場の取引関係者のアニマルスピリッツもくじかれるのではないかと考えたのである。

このいわゆる〝トービン税〟は、自由貿易に反対する団体（ATTAC、市民を支援するために金融取引への課税を求める組織）によって新たに注目を集めることになった。フランスを拠点として二万七〇〇〇人のメンバーを擁するATTACは、トービン税の導入を重要な使命と考えたのである。二〇〇〇年にこの提案はフランス財務相から拒絶されるが、同年の欧州議会では導入まであと六票というところまで迫った。[*71] 〇・二五パーセントの税金が実現していれば、一年でおよそ二五〇〇億ユーロの調達が可能となり、ATTACはそれを国際援助に回したいと考えていた。

トービン税には反対もあった。たとえば〈ヨーロピアン・ウォールストリート・ジャーナル〉からは「いくら叩かれても死体の山から立ち上がってくるバンパイア」と評された。[*72] そしてMITのアメリカ人経済学者ラディガー・ドーンブッシュはトービン税を「時代に逆行する」もので、「反動的かつ安っぽいリベラリズム」に根ざしているとした。[*73] これに対してトービンは、自分は自由貿易に反対するわけではない、通貨の投機という非生産的な行動を抑制したかっただけだといって反論した。そして「私はハイジャックされたようなものだ。グローバリゼーションに反対するような革命に、私はまったく共感できない」といって抗議した。[*74] 実際トービンは、「私は自由貿易主義者」だと強調した。[*75]

トービンは一九八一年にノーベル賞を受賞した。[*76] 妻のエリザベス・フェイ・リンゴは集まった記者たちに、こんなエピソードを披露した。イェール大学で講義があるとき、夫はシアーズ社の三段変速の自転車で通勤するのが習慣だったが、春に大事な自転車を「盗まれて」から、それができなくなった。でもようやく、これで代わりの自転車を購入する余裕ができたという。[*77] たしかにその通りで、望むならグレードアップも可能だった。この年の経済学賞はトービンが唯一の受賞者だったので、賞金一八万ドルを独り占めできた。

トービンはひたむきな研究者であると同時に熱心な教師でもあった。一九八八年にイェール大学を正式に退官した後も、名誉教授として教え続けた。[*78] そんな彼は学生からも同僚からも慕われ、頭脳明晰ながら謙虚な人柄を賞賛された。[*79] 二〇〇二年三月十一日、ジェイムズ・トービンは八十四歳で亡くなった。[*80]

フランコ・モディリアーニ(一九八五年受賞)

家計の研究は古くから行なわれてきたが、貯蓄率は富裕層で最も高く、貧困層で最も低いことはよく知られていた。このパターンが正しいならば、収入が増えるにつれて個人の貯蓄率も増加して、やがては国全体の貯蓄率も増加するはずだ。ところがノーベル賞受賞者のサイモン・クズネッツが一九四〇年代に各方面から集めたデータでは、こうした展開は認められなかった。富や収入のレベルが上がっても、アメリカの貯蓄率は一八五〇年代からほとんど変化していなかったのだ。この思いもよらない展開は、独創的な発想の原動力となった。たとえばミルトン・フリードマンが考案した理論は、ノーベル賞の受賞理由として評価された。一方イタリア人経済学者フランコ・モディリアーニは、反対の立場からシンプルな説明を試みて、一九八五年にノーベル賞を受賞した。

一九五〇年代に教え子のひとりリチャード・ブルンバーグとイリノイ大学で研究を続けていたモディリアーニは、貯蓄率が、年齢、より正確にはライフサイクルの段階に応じて決まることに着目した。たとえば若い家族は家や車や家具を購入するために借金をして（ネガティブな貯蓄）、それを一生の間に清算する（ポジティブな貯蓄）。やがて退職すると、蓄えてきた富を生活費に回すため、貯蓄はふたたびネガティブに転じる。要するに、家族が収入的に最も厳しい時期——まだ若いときと高齢に達したとき——には、貯蓄はネガティブな状態になる。それ以外の時期では貯蓄はかならずポジティブな状態で、収入に比例して変化していく。その後に行なわれた他の研究でも、モディリアーニの発見の正しさを裏付けるような結果が見られた。中年層の貯蓄率は比較的安定しているが、高齢者や若年層の貯蓄率は低く、貯蓄の取り崩しさえ見られた。[*81] モディリアーニの〝ライフサイクル理論〟は、実際に観察される貯蓄パターンをシンプルな形で説明した[*82]。

しかしモディリアーニは、国民所得の増加が国民貯蓄率の上昇につながらない理由も解明しなければならなかった。そして観察の結果、どの世帯も収入が増えると貯蓄を増やす一方で、借金も増やしていることに注目した。だから最終結果は、国民貯蓄率にほとんど影響しないのである。これならクズネッツが突きつけた難問も、うまく解決できるように思えた。

このモディリアーニのモデルは人間の行動として筋が通っていたので、多くの経済学者からただちに支持された。ポール・サミュエルソンは「一九五〇年代以降、アメリカ人の生活は大きく変動してきたが、そこで何が発生しているのか最もわかりやすい形で説明されている」といって評価した[*83]。同じくノーベル賞受賞者のジェイムズ・トービンは、「その日暮らしでもないかぎり、人びとは退職後に備えて（収入を）うまくやりくりすることがわかった。常識的な説明だ」と語っている[*84]。

政府の退職者支援プログラムの効果をめぐる政策論争においても、貯蓄は中心的なテーマになった。一九八五年、経済学賞選考委員会のアサール・リンドベック委員長は、スウェーデンで導入された包括的年金プログラムが貯蓄率の低下を招いたと非難した。一九六〇年には七パーセントだった貯蓄率が、当時ゼロにまで低下していた。「スウェーデン国民は老後に備える必要がなくなったから、まったく貯蓄しなくなった[*85]」とリンドベックは考えたのである。これとは対照的にモディリアーニは、アメリカの社会保障プログラムを熱心に支持した。貧困者により手厚い手当てが支給されるのは良いことだと考え、プログラムの民営化には強く反対した。[*86] 社会保障のせいで貯蓄を減らそうとする人が出てくる現実は理解していたが、早期退職を奨励すれば貯蓄が促される可能性もあると指摘した。

ところで一九五〇年代には、もうひとつの問題、企業の資金調達のための理想的な戦略をめぐって学者たちの意見が分かれていた。企業は社債や株式の発行によって資金の調達を目指すが、一体どの戦略がよいのだろうか。当時カーネギー・メロン大学に在職していたモディリアーニは同僚で将来のノーベル賞受賞者マートン・ミラーと共同で研究を行ない、完全市場を前提とした回答を導き出した。答えはいたってシンプル。企業が社債を発行しようが株式を発行しようが、そんなものは関係ない。企業の価値を判断する目安は借入金の多寡ではなく、将来見込まれる収益の大きさだった。さらに、配当金を高くするか低くするか悩む必要もなかった。ここでも、モディリアーニらが株価の決定で重視したのは配当金の額ではない。将来見込まれる収益だ。

後から考えてみれば、完全市場を前提とすればこのような回答が出るのは十分予想できたはずだが、それでもこの結論は多くの経済学者を驚かせたようだ。この発見の意味を十分理解するまでに時間をかけた経済学者もいれば、さっそく修正を加える学者もいた。モディリアーニとミラーの発見が税金やインフレの存在しない世界でしか通用しないことは明らかで、現実世界のシグナルを考慮するとモデルはさらに複雑になった。しかしモディリアーニとミラーは、この問題に最初に取り組んだ点を評価された。ふたりが従来のミクロ経済学を金融市場に応用した時点から、現代金融論は始まったのである。この理論にはケインズ派の要素がいっさい含まれていない。伝統的な市場経済学である。

一方、経済政策に関しては、モディリアーニは明らかにケインジアンで、政府の行動を迷わずに支持した。それでもやはり、すべての問題でケインズに賛成する必要はないという考えで、「ケインズ派の見解では金融政策が重視されないが、私は素直に賛成できない。経済活動をコントロールするうえで貨幣は一定の役割を果たしている、いや大きな役割を果たしている可能性もある」と強調した。[*87] 彼の見解の正しさは、歴史的な出来事によっても繰り返し証明された。ただしマネタリストとは一線を画し、貨幣供給量の増加率は固定すべきでないという信念を持ち、「ミルトン・フリードマンがプログラム化したコンピューターにすべての決断を委ねるべきだとは思わない」と語った。[*88]

非難合戦

フランコ・モディリアーニは第一次世界大戦の最中の一九一八年、エンリコとオルガのモディリアーニ夫妻の息子としてローマで誕生した。数年間は勉強で苦労するが、ローマ最高の高校リチェオ・ヴィスコンティに入学を許されると、そこで才能を開花させた。ここで難関大学への入学を目指して万全の準備を整え、最終的にローマ大学に進学する。このとき彼は十七歳、同級生より二年早い入学だった。

モディリアーニは十三歳のときに父親を亡くした。父親は医者で、家族はフランコも後を継いで医者になるよう強く勧めた。しかしローマ大学に入学してほどなく、血を見るのに耐えられないことに気づき、医学の道を断念して一九三九年には法律の学位を取得した。この年、イタリアではムッソリーニが権力を掌握してから七年が経過していた。ユダヤ人で反ファシストのモディリアーニは、イタリアを離れる潮時だと決心し、一九三九年八月に妻と共にニューヨークへ避難した。アメリカに到着してわずか数日後、ヨーロッパでは第二次世界大戦が始まった。

モディリアーニはイタリアで書いた経済エッセイが賞を受賞したこともあり、新天地では経済学で新たなキャリアを築く決心をした。そしてニュー・スクール・フォー・ソーシャル・リサーチに特別研究員の資格で入学する。当時ここにはヨーロッパから逃れてきて日の浅い亡命者が大勢在籍していた。学校では優秀な教師に恵まれ、数学をもっと勉強するようにアドバイスされた。最初のうちは「数学から逃げようとした」ことを打ち明けているが、[*89] 結局はアドバイスにしたがって報われた。

モディリアーニは、経済学の分野ではイタリア人初のノーベル賞受賞者だった。「イタリアでは、もう大騒ぎだった」と言う。[*90] そして二二万五〇〇〇ドルの賞金の使い道を訊ねられると、「人間の行動に関する持論に従って、死ぬまで計画的に使うつもりだ。私は景気よく浪費するタイプじゃない。コツコツ使うさ。他人にそれを勧めているのだからね」と答えた。[*91] しかしその後、家庭では妻が財布の紐を握っていると打ち明けた。「私が大雑把なアイデアを提供すると、妻がそれに改善を加えて具体的な決断を下すことになっている」。[*92] モディリアーニは小柄だが体じゅうに元気がみなぎり、銀髪はぼさぼさ。何事にも無頓着で、外見からは教授とは思えなかった。[*93]

そんなモディリアーニは、一貫して行動に筋が通っていた。一九八五年のインタビューでは政府の要職にほとんど関心がないことを明らかにしたが、それは自由な言動を制限されたくなかったからだ。たとえ財務省の顧問のような立場でも問題は生じた。一九七〇年にアメリカがベトナム戦争の一環としてカンボジアに侵攻したことが明らかになると、顧問の職を辞した。自分が賛成できないような政策をとる政府に、アドバイスをするつもりはなかったのである。[*94]

モディリアーニは、ノーベル賞の発表で報道陣から注目されたのが嬉しかったようだ。みんなが注目するなか、レーガン政権の経済政策を批判するような見解を述べた。そして「政権は深刻な間違いを犯していると思う。おそらくは……失礼、もう少し大きな声で話そう」[*95]と言って、実際に声量を上げたのだが、このときの発言をきっかけにレーガン政権の報道官ラリー・スピークスとの間で刺々しいやりとりが始まった。モディリアーニは、財政赤字が「悲惨な」レベルに達したと発言した。[*96]そして後日、今度は一九八五年に両院合同経済委員会の場で、レーガンが引き起こした赤字は「明らかな脅威として存在している」[*97]と宣言し、税金の復活と軍事支出の削減を解決策として提言した。つまり、レーガン政権とは正反対の政策である。サミュエルソンと同じくモディリアーニも、アメリカの税率はかなり低い、少なくともほかの先進国に比べてもかなり低い水準だと考えていた。[*98]

このときある記者が面白がって、レーガン大統領の報道官ラリー・スピークスに新しいノーベル賞受賞者のコメントについての感想を求めた。するとスピークスは、すました様子で「そんなやつは知らないね。たしか、システィーナ礼拝堂の絵描きだったかな」と答えた。[*99]このときスピークスの胸に去来したものは何か、今となってはわからないが、ノーベル賞受賞者フランコ・モディリアーニと偉大なイタリア人画家アメデオ・モディリアーニの名前をわざと間違えてみせたのだろう。しかし、アメデオ・モディリアーニとミケランジェロを混同して気づかなかった可能性もある。システィーナ礼拝堂の絵画は、ミケランジェロの作品だ。「M」で始まって母音で終わるイタリア人の名前があまりにも多くて、わからなくなったのかもしれない。

当時、ニュースはゆっくりとしたペースで伝わった。記者はスピークスのコメントをモディリアーニのもとに持ち帰り、今度はそれに対して彼が応酬した。「ライフサイクル仮説とシスティーナ礼拝堂の誘惑的なヌードを混同するような発言を聞くと、すごく心配だ[*100]」。そして、おそらく報道陣からそそのかされたのだろう、スピークスのジョークは「人種差別的な意味合い」を含み、「本人にそのつもりはなくても中傷」だといって非難したのである。[*101]メディアからさっそくこの発言を伝えられたスピークスは、自分の発言が人種差別的な中傷として受け取られるとは「実に心外だ」と述べて、単なるジョークだったことを代理人に説明させた。モディリアーニは最後に「馬鹿馬鹿しい」と言って、口論に終止符を打った。

このようなごたごたに巻き込まれても、レーガン政権の政策を非難するモディリアーニの熱弁は絶好調だった。あんな政策は「刹那的な楽しみ」を国民に勧めているようなもので、「貧しい人や体の不自由な人、さらには将来の世代に対する思いやりがまるで見られない。現在進行中の問題が赤字のせいだということを、国民は理解していない。農業が破綻したことも、若年層が家をなかなか購入できないことも、失業者の増加も、全部赤字が悪い」と不満をぶちまけた。[*102]

二〇〇三年、公の場では最後となる発言では、イタリアのシルヴィオ・ベルルスコーニ首相に功労賞を授与した名誉毀損防止同盟の決定に抗議した。この抗議は〈ニューヨーク・タイムズ〉への投書の形をとり、同僚のポール・サミュエルソンとロバート・ソローとの連名で送られた。[*103]三人の経済学者はベルルスコーニの発言を問題視していた。以前彼は、ムッソリーニは誰も殺害していない、みんなを長期間、国外から追放しただけだと語ったのである。[*104] イタリア人ファシストに同情的な見解を表明するなど論外であり、少なくとも名誉毀損防止同盟から表彰される資格は同首相にはないと三人は主張した。この同盟はユダヤ人を守るために結成されたのだから、なおさら許せなかった。

二〇〇三年、この投書が発表されてから二日後、フランコ・モディリアーニは八十五歳でこの世を去った。[*105]

ローレンス・R・クライン（一九八〇年受賞）

ケインズ派のほかのノーベル賞受賞者と違い、ローレンス・クラインは経済理論を評価されたわけではない。経済予測という特別な技術でのパイオニアとして功績を認められた。高度な統計分析を伴う経済予測が「応用経済学」のカテゴリーに含まれるのは、実際の経済データを使用しているからだ。大きなモデルともなると、経済予測は実に難しい。何百もの方程式や変数を使いながら、有益かつ正確な結果を導き出すのは容易な作業ではない。天気予報と同じで、現在に近いほど予測は正確になる。そもそも直近の経済行動は現在と大差ない。現状をそのまま将来に当てはめるだけで、驚くほど正確な結果が得られるときもある。反対に最も厄介なのが長期予測だ。ただし長期予測にも良い面はある。予測の内容など、あまり長く記憶に残らないことだ。

経済予測に取り組む人は誰でも予測が的中することを目指すが、成果が多少誇張される程度は許される。一九七七年、議会の共同経済委員会の公聴会で証言したクラインは、円高がアメリカ経済にとって追い風になると語った。日本からの輸入を控えるようになるからだ。するとその発言に合わせたかのように翌日、円は国際通貨市場で高騰した。クラインの同僚は「クラインショック」と呼んでこの出来事を面白がった。ところが後日、〈ニューヨーク・タイムズ〉の記者はこの些細な逸話を取り上げ、これはクラインの大きな「国際的影響力」の証拠であり、ノーベル賞を受賞するのも当然だと報じたのである。[*106]

実際、どんなに評価の高い予測でも、時にはまったく非現実的な数字をはじき出すものだ。そんなときは普通、何らかの「調整」が行なわれ、現実とそぐわない結果を回避しようとする。この調整のプロセスでは、どれが適切か否か専門家の判断に委ねられる。予測は大抵こうした調整作業を伴うものであり、正直な人は調整した事実を読者に伝える。調整作業が必要だということは、予測が科学でもあり職人技でもあることの証拠である。[*107]

ローレンス・R・クラインは「アメリカのモデル構築界の長老」と呼ばれ、国内で最初の大がかりな予測モデルの構築を手がけた。ペンシルバニア大学に在籍中に作成したウォートン・モデルである。ウォートンという命名は全米初のビジネススクールの名にちなんだもので、全米を対象にした多くの予測がこのモデルから誕生した。一九七五年に〈フォーチュン〉で特集記事が組まれた頃には、ウォートン・モデルは四〇〇の方程式と一七〇あまりの変数から構成されるほどになっていた。
　こうした方程式の複雑さに魅せられた一部の企業は、四半期予測の作成や経済セミナーの企画を任せ、データベースの提供を受けるために七五〇〇ドルの年会費を喜んで支払った。こうしてウォートン・モデルの事業は大成功をおさめるが、これは非営利事業だった。ほどなくデータ・リソーシズやチェイス・エコノメトリクスなど、このモデルを模倣した営利企業がつぎつぎに誕生する。ちなみにチェイス・エコノメトリクスを立ち上げたマイケル・エヴァンスは、ウォートン・スクールでクラインの同僚だった人物である。「クラインは優秀だし、名声に値する」と認めたうえで、教師でありライバルでもあるクラインは「ビジネスマンとしては失格だ」と切り捨てた。[*108] 結局、クラインとペンシルバニア大学はウォートン・モデルを売却し、ウォートン計量経済予測アソシエーツという営利事業が誕生した。このときの売却益は大学の研究指導の充実に使われた。[*109]
　アサール・リンドベックは、このモデルに必要なすべてのデータを集めて調整するまでには「きわめて過酷な細かい作業の連続」だったはずだとコメントした。データのなかには「非常に複雑で退屈な資料」も含まれる。[*110] このモデルは統計学と科学にもとづいて構築されていると言われるが、主観的な前提に頼る場面も多い。どの部門を入れるか、どの程度詳しく調べるか、どれくらいの期間をとるべきか。クラインのモデルの場合、そうした前提の一部はケインズ理論を参考にして決められたが、なかには恣意的に決めざるを得ないものもあった。

どんなに複雑なモデルでも、最終的には正確でなければ意味がない。モデルが将来を正確に描き出しているかどうかに関していえば、クラインのモデルをはじめとする計量経済モデルは、常に成功してきたとは言えない。一九八〇年にクラインがノーベル賞を受賞したとき、〈ニューヨーク・タイムズ〉のレナード・シルクはこうしたモデルが期待に十分応えてこなかった事実を指摘し、「経済学者や企業幹部や政府〔ママ〕関係者を幻滅させた」と記した。[*111] そして「モデルは時として景気循環の大きな変化を予測できず、インフレ率を過小評価した」と続け、「実際のところ、クラインのモデルはルーツと構造がケインズ経済学にもとづいているのだから、価格の扱いが比較的苦手なのだろう」と評した。[*112]

一九七五年の〈フォーチュン〉の記事でも「ところで本当に予測モデルは有効なのか」と問いかけられていた。当時、主な経済モデル同士の予測結果を比較することはめずらしくなかったが、特別なモデルを使わず経験と勘に頼る「判断」予測との比較もよく行なわれていた。両者を比較した〈フォーチュン〉は、一九七〇年から七四年にかけて行なわれた様々な予測については「〔判断〕予測がモデル予測に劣るとまでは断言できない」と記した。[*113] この記事を執筆したデボラ・デウィット・マレーはつぎのような結論に達した。「結局、判断予測よりも優れていることを証明できなかったということは、そもそもモデル作成者たちが本当に経済を理解しているのか疑問を感じさせる」[*114]

予測モデルは、人間の行動が決められたパターンに従うことを前提にしなければならない。そのうえで、消費や貯蓄や投資に関する過去のデータを頼りにモデルは調整される。しかし、家電を予定よりも多く購入したり、収入から貯蓄に回す金額を減らしたり、海外旅行を増やしたり、不動産に積極的に投資したりと、人間は行動を勝手に変えていくものだ。これでは過去にもとづいたモデルは追いつけない。何事もまったく変化しないときにかぎり、モデルはきわめて正確なのである。

一方、計量経済モデルにはもう少し好意的な見方もできる。計量経済学が大量の情報をまとめ上げる方法を提供し、経済の考え方に一定の規律を持ち込んだ点は評価してもよい。しかも、まだ発展途上で完成されていないモデルだから、将来はもっと有効になる可能性もある。ロンドン・ビジネススクールの経済学者R・J・ボールも同じように考え、サミュエル・ジョンソンの言葉を引用している。「後ろ足で立って踊っている犬を見たら、どんな反応が適切だろうか。へたくそなダンスだというところに目が向いてはいけない。犬が後ろ足で立って踊るなんて、すごいことだと感心しなければいけない」[*115]。さらにボールは、旅で大切なのは目的地ではなく途中の道のりだと指摘したうえで、計量経済学の訓練から生み出される様々な洞察や「副産物」は、予測そのものよりも価値があると強調した[*116]。

クラインの最後のプロジェクトとなったLINK（国民経済モデルの国際連結モデル）は、最も大胆な内容でもあった。世界各国の経済モデルを結びつけ、世界経済全体とはいかないが大部分を網羅した、ひとつの巨大なモデルの構築を目指したのである。この壮大なプロジェクトのモデルには先進国、発展途上国の一部、さらには中国やソ連など社会主義国も含まれた。とてつもなく複雑なモデルになったＬＩＮＫは、全部でおよそ三〇〇〇の方程式で構成された。[*117]

外れてしまった予測

一九八〇年のノーベル賞受賞スピーチの機会を利用して、クラインはＬＩＮＫとウォートン・モデルにもとづいた一〇年から二〇年にわたる長期予測を紹介した。しかしその内容は、未来の経済予測のむずかしさを証明する結果となってしまった。

まずひとつ問題だったのは、クラインのモデルが「輸入される石油の実質価格が……将来的にも上昇を続ける」という前提に立ったことである。[*118]さらに彼のモデルは、連邦政府が「高い税率を維持し、最終的に国内の予算は均衡状態に落ち着く」という予想も立てた。[*119]インフレは収束しないと考えて、一九八五年には八パーセント、九〇年には七・六パーセントという具体的な数字を打ち出した。[*120]さらに、彼のモデルではアメリカの貿易収支が均衡しないはずがなかった。「経常収支はほぼ均衡し、わずかに悪化する程度だろう」[*121]という予測を立てたのである。ところが八〇年代から九〇年代にかけて、こうした前提や予測はたびたび大きく外れてしまった。経済動向には重要なターニングポイントとなる時期があるものだが、八〇年は間違いなくそれに該当した。ターニングポイントがいつになるかは賭けるしかないが、来てしまえばすべての賭けは失敗に終わる。

もしも一九八〇年の経済活動を正確に予測していれば、特に重要な四つの出来事への準備ができていたはずだ。第一に原油価格の動向。六年間にわたって上昇を続けた原油価格は、ＯＰＥＣの影響力が低下し始めると一転して暴落した。原油価格が下がったおかげでインフレの猛威は収まり、経済活動が刺激された。第二に、八〇年代はじめの金利の急上昇。これはインフレを解消するために連邦準備理事会が演出したものだった。第三に、サプライサイド経済学者や協力的な議会の助けをかりたレーガン大統領が史上最大の減税に踏み切り、結果として記録的な赤字予算を発生させたこと。そしてもうひとつ、前例のない動きがあった。レーガンが財務長官に任命した人物〔訳注　ドナルド・リーガン〕は、世界市場での米ドル相場の上昇を放置したのである。

こうした四つの出来事が重なった結果、エネルギー価格は下がり、インフレは解消され、財政赤字と貿易赤字は膨らみ、深刻な景気後退が引き起こされた。そして景気が底を打った後は経済が安定し、長期にわたって成長が持続されたのである。不幸にも一九八〇年の時点でクラインには、そんな出来事が間近に迫っていることを知る由もなかった。しかしそれは誰にでも言えることだ。クラインはビジネスが通常どおり継続されるという前提でモデルを量産したが、不幸にしてビジネスは通常どおりというわけにはいかない。

一九三〇年代にネブラスカ州のオマハで過ごした少年時代は、その後のクラインの人生を決定づけるような貴重な経験だった。「私は大恐慌の申し子だ」とのちに記者に語ったほどだ。[*122] クラインはロサンゼルスシティ・カレッジで大学生活を始めたが、ここは経済学と数学の教育が非常に優れていた。その後に進んだカリフォルニア大学バークレー校は、さらに質の高い教育を提供してくれた。

バークレーを出た後、クラインはふたつの幸運に恵まれる。ひとつはMITの大学院のプログラムに参加して、スター的存在のポール・サミュエルソンと研究を共にしたこと。サミュエルソンと同じく、クラインは数学の能力に優れた敬虔なケインジアンになった。そしてもうひとつの幸運は、わずか二年で博士課程を修了した後に訪れた。これはMITの最短記録になるが、その後シカゴ大学に付属するコウルズ委員会の計量経済学チームに参加したのである。

コウルズ委員会で研究を続けるかたわら予測モデルの構築を始めたクラインは、二〇の方程式から成る予測モデルを考案した。そしてこのモデルにもとづいて、第二次世界大戦後の好景気を予測した。[*123] 景気の後退や六〇〇万人の失業者をみんなが予測するなかで、クラインは経済の繁栄を強調したのである。[*124] 三四年後にノーベル賞の受賞が発表されたときにもクラインは、このときの予測を誇りにしていた。

クラインは、一九五〇年代の反共産主義マッカーシー旋風の時代を、傍観者というよりは当事者として生き抜いた。まだシカゴでコウルズ委員会に所属していた一九四五年、彼は自宅近所の団体からマルクス経済学を教えてほしいと請われた。ところがこれは共産党関連の団体で、講義をするためには共産党員になる必要があると説明された。そこで彼は共産党に入党し、四七年にシカゴを離れるまで党員資格を持ち続けた。[*125] 本人は党員としての経歴を深刻に受け止めたわけではなかった。自分は「政治家」ではなく教師で、最後は「飽きたから」やめただけだと語った。[*126] しかし共産党員として過ごした二年間のおかげで、五四年にクラインは下院非米活動調査委員会に呼び出され、一部始終を説明する羽目になった。クラインが政党に参加する権利を憲法で認められているのは事実である。しかし赤狩り旋風が吹き荒れた五〇年代には、かりに本人の証言どおり一時的な軽い気持ちで参加したのだとしても、重大な結果を招いてしまった。この証言を理由にミシガン大学は、資格のあるクラインに終身在職権を認めなかったのである。[*127]

これに失望し、すっかり気落ちしたクラインは、大学をやめて祖国アメリカを離れた。そしてオックスフォード大学に在籍して貯蓄行動を研究し、イギリスのマクロ経済モデルを考案する。一九五八年アメリカに帰国すると、ペンシルバニア大学の経済学部に着任して、そこでキャリアをまっとうした。

共産党にまつわるエピソードは、一九七六年にクラインがカーターの選挙運動に参加したとき再浮上した。当時クラインはのちのカーター大統領に頻繁に助言していたが、それはカーターが数字好きで、数字を生み出すクラインの能力に心酔していたことが大きい。[128] カーターが大統領選で勝利をおさめると、当然ながらクラインは大統領から要職に指名されるだろうと思われた。カーターの政権移行チーム内の情報源によれば、彼は政権の要職への起用を打診されたが、共産党員問題が再燃する可能性を考えて辞退したのだという。[129] クライン自身はその件を否定している。

同僚のクライン評で最もよく使われるのが、控えめな人物という表現である。それは妻も例外ではない。ノーベル賞が発表された当日、クラインは一時三〇分から講義があるといって集まった記者たちを残して出かけたが、この日妻は、夫がいつもと同じように皿洗いをしてくれると信じて疑わなかった。その妻によれば、知らせを聞いたクラインは少し驚いた様子だったというが、大学の学長はこう語った。「結局はノーベル委員会が自分に与えないわけにはいかなくなると、本人は一〇年も前から予測していたよ」[130]〔訳注　クラインは、二〇一三年十月に死去〕

K・グンナー・ミュルダール（一九七四年受賞）

一九七四年にノーベル賞が発表されたとき、多くの経済学者が首をかしげた。まったく正反対の理論を提唱するふたりの経済学者が同時に受賞したのである。一方が正しければ一方が間違っているわけだから、両方の理論が人類の役に立つことがあり得るのだろうか。「ふたりの政治的な見解を文字通り解釈するならば、あまりにも対照的でそれぞれのよさが打ち消されてしまう」とポール・サミュエルソンは語った。[*131] 一方の受賞者フリードリヒ・フォン・ハイエクは自由市場の熱烈な信奉者であり、政府の介入にはほぼ例外なく猛烈な勢いで反対した。政府関係者の善意が、結局は全体主義への道筋をつけてしまうと考えたからだ。そして、そんな善意ある政府関係者のひとりが、このとき同時に受賞となったスウェーデン人、K・グンナー・ミュルダールだった。

ミュルダールは政府で経済計画の責任者を務め、上院議員に選ばれ、国連の高官にも任命された。まだ若い一九三〇年代には貯蓄と投資をマクロ経済学の研究テーマに選び、政府の介入が景気の停滞を改善もしくは逆転する可能性について理解を深めようとした。なかでも特に注目したのが、経済刺激策としての財政政策——政府支出の増加や減税——の役割である。ケインズと同じくミュルダールも、公共事業への支出が停滞気味の経済に行きわたれば、収入や消費に「相乗」効果がおよぶことを認識した。一九七四年、このテーマを取り上げたミュルダールの著書の書評にはこう記された。「今日採用されている拡張的財政政策の論拠のほとんどが、ここには含まれている——四〇年前の本とは驚きだ」[*132]

こうしたミュルダールの初期のケインズ流アプローチは、ハイエクの親市場的な経済学と明らかに矛盾した。そんなふたりの同時受賞をポール・サミュエルソンは「寛容と折衷主義」の表れだといって歓迎したが、当人たちはありがたいとは思わなかった。〈ウォールストリート・ジャーナル〉の社説は「よりによってスウェーデンの社会主義者グンナー・ミュルダールとノーベル賞を分け合う羽目になり、ハイエクはいたく不愉快だった」と記した。一方ロンドンの〈フィナンシャル・タイムズ〉は「ハイエクやミルトン・フリードマンのような反動主義者に与えられる賞など、廃止されればよいとミュルダールは考えていた」と紹介している。*133 どちらも同時受賞によって自分の功績に傷がついたと信じて疑わなかった。一緒に受賞した人物とはまったくとまでは言わないが、ほとんど正反対のアイデアが、どうして素晴らしいと言えるだろう。ふたりは科学的な発見を認められたのか、それとも継続中の問題に対するふたつの極論が選ばれただけなのか。

ミュルダールは一九三〇年代にマクロ経済学者としてキャリアをスタートさせるが、次第に制度派経済学者を自称するようになった。実際、彼の興味の範囲は歴史、人類学、社会学、政治にまで広がり、若い頃の研究は「世間知らずの経験主義」だったと回想している。経済という狭い範囲に限定された分析から導き出された些細な真実が、特に役立つとは信じられなくなったのである。彼は次第に大きなトピックに目を向けるようになっていくが、アメリカの黒人問題もそのひとつだ。一九三八年にカーネギー財団からの資金援助を受けて、ミュルダールはアメリカの黒人について本格的な研究に取り組み始めた。そして四四年、研究成果をまとめた著書『アメリカのジレンマ――黒人問題と近代民主主義』

が出版される。

黒人問題を徹底的に追究したこの本のなかでミュルダールは、所得分配、失業、隔離、差別、労働組合、教育などの問題で人種が果たす役割を分析した。第一次世界大戦後にアメリカ南部から黒人が全米各地に広がっていく現象についてはかなりの部分を割いて、それが黒人にもたらした経済的な恩恵を明らかにしている。だが北部は黒人に多くのものを提供したが、そのなかに経済的な平等は含まれなかった。差別によって黒人が経済的に不利な立場に置かれ、それが劣悪な教育環境をもたらし、差別がいつまでも解消されない悪循環が指摘されている。*134

この本の書評を書いたエーリク・ルンドベリは、この悪循環を断ち切る難しさについて触れている。進歩的な雇用主は差別をやめるべきだと考えて、黒人の採用を検討するかもしれない。黒人に門戸を開放する企業はわずかなので、優秀な人材が殺到することが予想される。差別しない方針を続ければ、しまいにはすべての従業員が黒人になる可能性もあり得る。ミュルダールによれば、雇用主もそこまでは考えないはずだから、これ以上黒人を採用するのは控えようと思うかもしれないし、そうした事態を想定して最初から採用をやめるかもしれない。

つぎにミュルダールの大きな成果として評価されたのが、二〇世紀基金の支援を受けて一九五〇年代末に始められた研究で、南アジア諸国の貧困と開発の遅れをテーマにしている。この成果はふたつの著書にまとめられた。『アジアのドラマ――諸国民の貧困の一研究』と『貧困からの挑戦』である。この研究はノーベル賞記念講演「世界の開発における貧困問題」にもつながっている。ここでミュルダールは、低開発国の貧困問題に経済学者は十分に注目していないと指摘し、「今年の餓死者は推定一〇〇〇万人にのぼり、さらに少なくとも五億人が餓死寸前の状態にある」との見通しを示した。[*135] 天災、戦争、人口の爆発的増加、砂漠化の進行に苦しむサハラ以南のアフリカ諸国やバングラデシュは、特に状態が深刻だった。この問題は翌一九七五年、原油価格の高騰によってさらに悪化する。

ミュルダールは対外援助の増加を提言し、特にアメリカのような国からの貢献に期待を寄せた。現在行なわれている対外援助のほとんどは小さすぎて、深刻な状態を緩和できないと指摘した。さらに対外援助の目的も変更するべきだと訴えた。当時は冷戦を反映し、あまりにも多くの援助が軍事援助の形で行なわれていたのだ。アメリカが役に立つ支援を提供するときもあったが、その多くは本当に援助を必要とする人たちの手に渡らなかった。「冷戦の時代、特にアメリカの援助や貿易は、反動的な政権の支援にわざと向けられていた」とミュルダールは語った。[*136] そしてアメリカなどの国々に対し、冷戦に備えた武器の提供はやめて、人道目的の支援を行なうよう提言した。アメリカなら変化を引き起こせると期待したのである。対外援助に回す国家収入の割合はスウェーデンのほうがずっと高い。「基本的にアメリカ人が、スウェーデン人よりも思いやりのない国民だとは信じられない」と彼は記している。[*137]

人道支援の増加のほかにもミュルダールはいくつかの政策を提言した。なかでも注目すべきが土地改革だ。大規模な農場や牧場の経営者が所有権を手放せば、社会の平等が促される。そのうえで農耕技術が改善され、道路や貯蔵施設や灌漑設備への投資が増えれば、生産性が向上する。先進国が巨額の軍事援助や、いわゆる「食べ物への無駄な投資」を放棄すれば、実現は不可能ではない。[*138]アメリカ人が牛肉や豚肉や鶏肉の消費量を減らせば、飼料に使われる穀物を世界中の人たちに食糧として提供できるし、アメリカ人の健康にも良いと彼は言う。

ミュルダールは、世界の貧困問題の解決に対する人びとの関心の低さに不満を隠さなかった。「一体人びとの道徳的価値観に何が起きたのか、考えずにはいられない」といって嘆いた。そして薬物や暴力や犯罪や戦争といった問題が「人間としての思いやりを奪った結果、日和見主義で無関心な人ばかりが増えたのではないか」と問いかけた。[*139]一方、アメリカが東南アジアで始めた戦争については「違法かつ不道徳で、きわめて残酷」だと評した。[*140]このような事情を考えれば、彼の世界観が暗くなるのも無理はなかった。

彼の妻アルバが一九八二年にノーベル平和賞を受賞した結果、ミュルダール夫妻は夫婦でノーベル賞を受賞した三組目のカップルの栄誉に輝いた。[*141]アルバはアメリカとソ連の核軍縮への貢献を認められた。当時は冷戦の最中で、世界中が実際に核戦争の危機にさらされていた。そんななかでアルバは国連の主要機関のトップに女性としてはじめて就任し、その高い地位を利用して軍縮の概念を普及させたのである。さらに駐印スウェーデン大使、閣僚、国会議員、一九六二年のジュネーブ軍縮会議のスウェーデン代表などを歴任し、素晴らしいキャリアを築いてきたが、ノーベル賞はその頂点だった。

サミュエルソンはミュルダールについて書いたエッセイのなかで、通常スウェーデン王立科学アカデミーは「地元の人間をひいきしたと疑われるような」決断を意識的に避けるものだと説明した。[*142] それでも当時、ミュルダールの経歴と業績について、スウェーデンで知らない人はいなかっただろう。ストックホルム大学の政治経済学教授、スウェーデンの上院議員、スウェーデンの商工大臣、国連ヨーロッパ経済委員会の行政長官など、彼のキャリアは華麗な経歴で彩られている。さらに彼はスウェーデン国立銀行の理事会のメンバーでもあったが、そもそもノーベル経済学賞は同行が創設したものである。そのうえ何とミュルダールは、ノーベル賞を選出するスウェーデン王立科学アカデミーのメンバーでもあった。だからノーベル賞に選ばれても複雑な気持ちで、ある記者につぎのように語っている。「ノーベル賞を受理してしまったのは、スウェーデン王立科学アカデミーから連絡を受けた運命の日の朝、寝ぼけていたからだ」[*143]。しかしべつの記者によれば、ミュルダールは受賞を喜び「ようやく肩の荷がおりた」と語ったという。[*144]

第8章　古典派の復活

ロバート・E・ルーカス（一九九五年）
エドワード・C・プレスコット（二〇〇四年）
フィン・E・キドランド（二〇〇四年）
エドムンド・S・フェルプス（二〇〇六年）

古典派経済学によれば、失業が発生するのは最低賃金制や労働組合によって賃金が不自然に高く設定されるときだけである。この理論をアメリカ経済全体に当てはめるのは厳しいが、何といっても大恐慌にはまるで通用しなかった。大恐慌が始まった当時、最低賃金制は存在すらしなかったし労働組合はほとんど影響力を持たなかったが、失業率は二五パーセントにまで跳ね上がったのだ。古典派経済学は間違えたどころか、とんでもない間違いをしでかしたのであり、結果としてケインズ経済学の台頭を許した。古典派経済学の権威は失墜し、ミクロ経済学という限られた領域でひっそりと生き残った。個別市場の解明には古典理論を使うことも許されたが、経済全体ではそうもいかなかった。

もちろん、すべての古典派経済学者が権威の失墜をおとなしく受け入れたわけではない。

ミルトン・フリードマン率いるシカゴ学派は決して白旗を揚げなかったが、実体経済は彼らの主張とかけ離れていた。かりに最低賃金制と労働組合が失業の原因だとすれば、それを証明する実体経済の動きは何とも解せない。一九五〇年代には最低賃金が設定されて労働組合の加入者が激増したが、このとき失業率は歴史的なレベルにまで低下したのだ。理論と矛盾する数々の証拠が存在するなかで、古典派経済学者を続けるのは厳しい選択だった。

そんな時代、シカゴ大学は古典派経済学者に安全な避難所を提供し、圧倒的なケインズ理論への反撃の準備を整えていた。しばらくはほとんど進展が見られなかったが、チャンスは一九七〇年代に到来する。オイルショックの発生にすべての経済学者がショックを受けたが、ケインジアンも例外ではなかった。この新たな展開を解明する新しい考え方が登場しないうちに、シカゴ学派は反撃を開始したのである。一時的な混乱に乗じて新たな古典派理論をつぎつぎと発表し、マクロ経済学の奪還を図った。古い経済学と現代の数学を組み合わせた新しい理論は、合理的期待、新しい古典派経済学、リアルビジネスサイクルなど、様々に命名された。こうして果敢にケインズ経済学に挑んだ結果、一九七〇年代から八〇年代にかけてシカゴ学派の影響は国の政策にまでおよんだ。最終的にこのグループからは多くのノーベル経済学賞受賞者が生まれる。ロバート・ルーカス、エドワード・プレスコット、フィン・キドランド、エドムンド・フェルプスがそこに含まれる。

ロバート・E・ルーカス（一九九五年受賞）

リタとロバートのルーカス夫妻は一九八〇年代末に離婚手続きをしたが、そのときリタは離婚合意書に短いが一風変わった条項を含めるよう求めた。「妻はノーベル賞の賞金の五〇パーセントを受け取る権利を持つ……」という内容である。リタがロバートにどんな思いを抱いていたのか知る由はないが、シカゴ大学に在籍する保守的な経済学者である夫が、ノーベル賞の射程圏内に入っていることは間違いなく確信していたはずだ。この条項の有効期限は一九九五年十月三十一日。

離婚からの数年間、元妻は今度こそと期待を膨らませたに違いない。一九九〇年、九一年、九二年、九三年と、シカゴ学派の経済学者が立て続けにノーベル賞を受賞したのだ。一九九四年にシカゴ学派が賞を逃したときは、もはやこれまでとあきらめかけただろう。しかし、一九九五年十月十日、待ちに待った日は訪れた。経済学賞選考委員会がロバート・ルーカスの受賞を発表したのは、離婚条項が失効するわずか三週間前のことだった。結局、シカゴ大学からは六年間で五人の受賞者が選ばれたが、ルーカスを最後に快進撃は終わった。九五年の単独受賞者だったルーカスは、全額支給された賞金を契約に従って元妻と折半した。「約束は約束だからね」と説明したうえで「こんなすごい賞をもらったんだ。これくらいでいやな気分にはならないさ」と言った。[*1]

ロバート・ルーカスがワシントン州ヤキマで誕生してまもなく、両親は家業の店じまいを余儀なくされた。ルーカス・アイスクリーム製造所は一九三七年から三八年にかけての不況を乗り切れず、一家はシアトルへと引っ越す。ロバートの両親は親や友人と共有してきた共和党への忠誠心を捨て去り、ルーズベルトのニューディールを支持するようになった。リベラルで善良なふたりは、政治や宗教、さらにはタバコの銘柄まで自分でよく考えて選ぶように若きロバートを教育した。[*2]

一九六〇年秋の大統領選でルーカスはケネディに投票したが、シカゴ大学でミルトン・フリードマンの理論を学ぶと保守的な傾向を強めていく。フリードマンの講義には大きな期待を寄せていたが、実際に出席してみると「想像以上に刺激的」だったという。[*3]

一九六三年、ルーカスはカーネギー・メロン大学の経済学部のポストを受け入れ、そこで有名な論文「期待ならびに貨幣の中立性」のアイデアをあたためた。この論文は七二年に〈ジャーナル・オブ・エコノミック・セオリー〉に掲載され、二三年後にノーベル賞の主な受賞理由として紹介される。七四年、ルーカスはジョン・デューイ経済特別教授のポストを受け入れて、シカゴ大学でのキャリアを再開した。

古典派の復活

フリードマンの愛弟子だったルーカスは、師と多くの信条を共有した。ふたりとも貨幣の中立性という古典派のコンセプトを大前提にしており、貨幣供給量の増減は、生産量や雇用の増減で測定される経済活動の実体レベルに影響を与えないと考えた。この発想は十八世紀の哲学者デイヴィッド・ヒュームにまで遡るもので、彼はつぎのように記した。「お金が潤沢なところでは、同量の財の量を表現するために必要なお金の量は増加するが、それ以外の影響は良くも悪くもいっさいおよばない」[*4]。この理論によれば、貨幣供給量が二倍に増えれば価格は二倍になるが、雇用を押し上げるわけではない。

この発想は〝貨幣数量説〟と呼ばれ、古典派経済学の理論の重要な要素になっている。たしかに明快な理論だが、大半が間違っているとしか思えない。歴史を振り返ってみても、多くの事例が反対の事実を証明している。実際には貨幣の供給量が増加した結果として金利が下がり、景気が刺激されるケースは多い。ところがロバート・ルーカスは新しい古典派経済学者として、貨幣数量説を無条件で信じた。自分で信じるだけでなく、経済活動に関わる人間は全員が同じ考えだという前提に立ち、一連のアイデアを〝合理的期待〟という理論でまとめた。たとえば連邦準備理事会が貨幣供給量を増加させれば、合理的な国民はまもなくインフレが発生することを期待するという発想である。これは仲間の古典派経済学者には評判がよかったが、重要な点を見落としていた。前提として採用された貨幣数量説は、現実の世界で通用するとは思えなかったのだ。

一九七〇年代に私がバークレーで経済学を学んだ教授たちは、実際には効果のない古典派理論を復活させようとする学者の出現に戸惑いを隠せなかった。バークレーの教授たちの言い分は正しかったのだろうが、シカゴ学派の学説はノーベル賞で評価された。そして合理的期待が正しいか否かはさておいても、第一発見者がルーカスというのはあやしい。これはすでに一九六一年、ジョン・ムースが〈エコノメトリカ〉の論文で紹介していた。[*5]

シカゴ学派の経済学者の間で合理的期待の評判がよかったのは、反政府的なメッセージが強かったからだ。合理的期待の指摘どおり、金融政策にはインフレを引き起こす以上の効果がないとすれば、そんな政策には意味がなくなる。自由市場経済主義者のルーカスは、政府が景気安定策としての金融政策を控えるべき理由として、自らの理論を引き合いに出したのである。[*6] 実際、〈ニューヨーク・タイムズ〉ではこう報じられた。「ルーカス氏は、政府の介入を重視するジョン・メイナード・ケインズのアプローチからは大きく離れた方向へと経済学を転換するうえで、主導的な役割を果たし……」[*7]。たしかに、経済学の方向性が多少変化したのは事実かもしれないが、結局のところ政府の政策にはほとんど影響がおよばなかった。一九九五年にルーカスがノーベル賞を受賞したとき、連邦準備理事会は経済活動全体の方向性を定めるため定期的に貨幣供給量と金利を調整していた。この方針はいまだに継続されている。

ルーカスは自説を展開するうえで政策モデルを考案するだけでなく、数学モデルの導入にも熱心に取り組んだ。ヒュームの発想を拝借しておきながら、ヒュームのようにアイデアを文章で説明するスタイルには魅力を感じなかった。「言葉で説明する手段しか持たない経済学者にとって、これは難しすぎる問題だ。ヒュームのような優れた経済学者も例外ではない」と語っている。[*8] 合理的期待をテーマにしたルーカスの最初の論文は、主要経済誌〈アメリカン・エコノミック・レビュー〉からあまりにも数学的だという理由で拒絶された。するとルーカスは、文章で説明する単純な論文ばかりがひいきされているとし、「これでは学術誌ではなくてニューズウィークではないか」と非難した。[*9] ルーカスにとって「経済学の学説は進化すればするほど抽象的でアナログ的なモデルにならなければいけない。世の中を観察した結果を言葉で表現する能力を磨いても意味はない」のであった。[*10]

一九七二年に発表されたルーカスの論文は高く評価されたが、きわめて抽象的な数学モデルを実体経済に応用することのむずかしさを図らずも証明している。このときの方程式は人口を若者と老人のふたつの世代に分割し、それぞれふたつの島に振り分けるというストーリーにもとづいて構築された。このシナリオでは、老人の人口はどちらも同じだが、若者（すなわち労働者）の人口は島ごとに異なる。若者は財を生産し、老人がそれを貨幣で購入するしくみだ。彼らには若者の人数や貨幣供給量について具体的な数字はわからない。ここで貨幣供給量を増やすことなく物価が上昇したとすれば、若者はより多く生産しようとする。しかし、貨幣供給量の人為的な増加によって物価を上昇させても、状況が把握できずに混乱が生じてしまう、とルーカスは考えた。このような抽象的なモデルにもとづいて、連邦準備理事会は弱い経済を救済する手段として金融政策に頼る必要はないとルーカスは論じた。まるで、天空に城を建設して国防の役割を期待するようなものである。

ところがノーベル委員会は罪作りなもので、受賞者の貢献をしばしば誇張して紹介する。たとえば「ロバート・ルーカスは一九七〇年以来、マクロ経済学の研究に最も大きな影響力をおよぼしてきた社会科学者である」として評価された。しかもルーカスの研究は「インフレの上昇が雇用の増加を際限なく促すわけではない」ことを証明したのだという。たしかにルーカスが証明したのは事実だが、それはあくまでも架空の世界の話。ふたつの架空の島で暮らす二世代の住民にしか通用しないものだ。かりに現実の世界との類似点があったとすれば、まず偶然の一致としか考えられない。

一九九五年にノーベル賞を受賞したとき、ルーカスの貢献に対する評価はすでに最高潮に達していた。経済への政府の介入に保守派として強く反対し、ミクロ経済学と数学に立脚した新しいマクロモデルの発達を強く後押しした功績が、主な研究成果として記憶されている。

エドワード・C・プレスコット（二〇〇四年受賞）

政府による規制のほとんどには、善意の目的が背景にある。氾濫原での建築規制を例にとろう。洪水の恐れがある場所に家を建てることは確実にリスクを伴う。ところが、機会さえあればリスクを厭わない人は常に存在するものだ。そんな人は予想どおり災害に見舞われると、政府に災害支援を訴える。こうした展開を考えれば、そもそも氾濫原に住宅を建設することを最初から法律で禁じるほうが公共政策としては賢明である。

しかし、このような規制にさえも自由市場経済学者は反対する。自由市場の前提では、誰でも好きな場所に建物を建築することが許される。その代わり実際に天災が発生したときには、状況にかかわらず政府は緊急援助をいっさい行なわない。二〇〇四年のふたりのノーベル経済学賞受賞者はこのやり方を奨励するだけでなく、一九七七年に論文として発表した。そのふたり、エドワード・プレスコットとフィン・キドランドは、政府は政策を表明するだけでなく、実際にそれを守らなければいけないと考えた。さもないと、最後は政府も救済措置を取るはずだと期待する建築業者が、敢えて危険な場所に建物を建設するからだ。

プレスコットとキドランドによれば、政府の行動には建築業者につけこまれる隙がある。

実際、洪水が発生した後では、被災者の救済が最優先されるケースも少なくない。だから一部の業者は、洪水の後で政府が合理的に行動して前言を翻すほうに賭ける。これでは、いっさい救済するつもりはないと政府がいくら主張しても、ほとんど説得力がない。プレスコットとキドランドはこのジレンマを〝時間的非整合性問題〟と名づけ、この問題を明らかにしたことをノーベル賞の受賞理由として評価された。

プレスコットとキドランドは、同じ考え方をインフレの克服にも当てはめた。たとえインフレの克服法を知っていても、政府はそれに本気で取り組むつもりがあることを国民に理解させなければならないと考えた。この場合も政府は信頼性の問題に直面する。政府関係者の言動は当てにならないと思われたら、インフレ期待が国民の間で膨らみ、本当にインフレが発生してしまう。そこでプレスコットとキドランドは解決策として、貨幣供給量の増加率を一定にして、それを絶対に守ることを提案した。そうすれば信頼性の問題は克服され、インフレはうまく押さえ込めるはずだった。「肝心なのは良いルールに従うことであり、ルールを維持してくれるような経済や政治の仕組みが必要だ」とプレスコットは語った。[*12]

経済政策に古典派経済学を復活させるのに、これは実に賢明な方法だった。貨幣供給量の固定化については、ミルトン・フリードマンとロバート・ルーカスが貨幣数量説にもとづいてすでに提唱していた。だから少なくとも理論的には、プレスコットとキドランドの提言は新しいとは言えない。政府が固定化に本気で取り組む気持ちを国民にわからせる唯一の方法とは……ルールを守ることだ。そう主張したのがふたりの貢献だった。それで何と、ノーベル賞を受賞してしまったのだ。

一九七六年にミルトン・フリードマンがノーベル賞を受賞したとき、彼が提唱した貨幣供給量の増加率固定化は連邦準備理事会に採用されていなかった。当時、その是非をめぐって学者の間ではまだ議論が続けられていた。八〇年代に入ると、連邦準備理事会はようやくこの学説を試し、それは実際に劇的な結果を生じた。八二年に貨幣供給量の増加率が固定化されると、失業率は大恐慌以来の高さにまで急上昇し、そののち固定化が廃止されてようやく景気は改善の兆しを見せ始めたのである。[*13] 固定化ルールは見事に失敗し、アメリカ経済は大きなコストを背負い込んだのだ。そんな大変な事態に経済学賞選考委員会は本当に気づかなかったのだろうか。おそらく気づかなかったのだろう。固定化ルールが現実の世界で失敗して何年も経過してから、ルーカスとキドランドとプレスコットは固定化ルールでの功績を認められてノーベル賞を受賞したのだ。

金融政策において固定化ルールが妥当かどうかもわからないまま、この学説は自由市場経済学者から熱烈に歓迎された。おまけにアメリカの連邦準備制度のなかでも支持者は生まれ、さらに世界中の中央銀行へと支持者は広がっていった。しかし固定化を前提とする金融政策を中央銀行が採用することには、一定のリスクが伴う。たとえば深刻な景気後退に見舞われたとき、企業が相次いで倒産したとき、あるいは国際的な流動性や為替レートが危機に直面したとき、中央銀行は成り行きを静観するだけでよいのだろうか。考えられる様々な政策のなかから、最善策を選ぶべきではないだろうか。

ただし、固定化ルールも常に悪いわけではない。一貫性と信頼性が幸いして政府の政策が奏功した事例も見られる。その最たる例が特許権の保護だ。技術革新や発明を奨励する手段として、アメリカ政府は特許取得者に一七年間の特許権を認めている。しかし、たとえば新しいガン治療薬が発明されると、競争原理が働いて価格が下がることへの期待が高まるものだ。実際、新しい発明品が登場したら、特許権など無視して誰もが同じものを生産することを認めるような政策のほうが社会では支持されるだろう。だが実際にそんなことをしたら、発明にかける情熱は冷めてしまう。ここでも時間的非整合性の問題が発生する。したがってこのケースでは、何があっても政府がルールを守ることが解決策になる。特許権の問題からもわかるように、固定化ルールは新しい問題でも新しい解決策でもない。特許権に関しては、すでに二〇〇年も前から政府が実践している。

歴史の再評価

イェール大学の経済学者アーヴィング・フィッシャーは、古典派経済学の失敗のシンボルとして最も際立った人物だろう。一九二九年十月十五日に「数カ月以内に株価は今よりも上昇するだろう」と予測したのだから、あまりにもタイミングが悪い。[*14] フィッシャーはこの発言のおかげで、経済学が現実の世界から乖離していることを象徴する人物としてイメージが定着してしまった。株式市場が崩壊して株価が急落を始めたのは、そのわずか九日後である。経済学者のジョン・ケネス・ガルブレイスは、このとんでもない間違いについて著書『大暴落1929』でつぎのように解説している。「予言を外した予言者はみじめである。外した理由を説明したくとも、その大事な瞬間にもはや聴衆はいない」[*15]（村井章子訳、日経BP社、二〇〇八年）

二〇〇四年、いまやノーベル賞受賞者となったプレスコットは、フィッシャーの名誉回復のためにエレン・マグラタンと共同で論文を執筆した。ふたりは現代ミクロ経済学の分析法を応用し、一九二九年の大暴落以前の市場が本当に過大評価されていたのかどうかを確認した。そして「一九二九年の株式市場の価値に関しては、アーヴィング・フィッシャーが正しかった」という結論を導き出したのである。[*16] 複雑な前提や計算から引き出された結論によれば、一九二九年のアメリカ市場で株価は企業の価値を過小評価していた。[*17] 暴落以前に株を購入し、企業の実物資産をすべて売却しておけば、理論的にはかなり大きな利益が得られたはずだった。

かりにアーヴィング・フィッシャーが正しくて、一九二九年の市場が過大評価されていなかったのだとすれば、一体誰が間違ったのだろう。それは、以後三年間に株を売りまくった大勢の投資家だという。プレスコットとマグラタンはかつてのフィッシャーと同じだった。当の市場が十分に理解できない株式市場の真の価値についても、ミクロ経済学からは特別の洞察が得られると信じていた。

しかし市場全体が間違っていたとするプレスコットの主張は、自由市場経済学者が好むもうひとつの理論、すなわち効率的市場仮説と矛盾する。効率的市場仮説に従えば、市場は手に入る情報をすべて正確に取り入れているので、将来の利益を予測するには最適の手段となる。それなのにプレスコットによれば、一九二九年十月に市場は大変な失敗をしでかした。これでは自由市場は機能しなかったという結論を導き出したようなものではないか。

プレスコットの分析でひとつ問題なのは、株式市場が過去や現在でなく、未来を反映するものだという事実を見逃している点だ。この基準に従えば、一九二九年の株式市場の大暴落は当然の展開だった。企業の収益が大きく落ち込む事態を正しく予測したのである。ただひとつ、大暴落直前に株価が急上昇したことだけが予想外だった。

そもそもプレスコットとマグラタンは、分析の対象として最適なモデルを選ばなかった。確実性と合理性にもとづいたミクロ経済学を使って株式市場の分析作業に取り組んだが、株式市場は不確実性が特徴であって、時には不合理な現象を伴う。プレスコットも自分の分析のいたらなさを認め、「株価の値動きは常に激しい。実際、我々の研究はこの問題の難しさを浮き彫りにした」と語っている。[18] しかしその一方、難問の解決についてはまったく心配していなかった。「この難問は近い将来、想像力豊かな新古典派経済学者によって解決されるだろう」と大きな期待を寄せた。[19]

リアルビジネスサイクル（実物的景気循環論）

新古典派経済学は景気循環の解明に苦しんできたが、プレスコットとキドランドは自分たちが答えを発見したと考えた。生産性の変動を確率変数として扱うことによって、すべてとは言わないが、ほとんどの景気循環の解明を試みたのである。生産性が自然発生的に上昇した後に停滞すると、経済活動は景気循環とよく似たパターンを描き出すはずだというのだ。ただしこの点を除けば、ふたりが考え出したモデルは純粋に新古典派的であり、失業についてはいっさい考慮されていない。[20] 失業なき景気循環とはずいぶんおかしなものを考え出したが、これもまた、プレスコットとキドランドにノーベル賞をもたらした理由のひとつになった。

プレスコット本人は、このアプローチを「マクロ経済学の革命」と呼んだ。[21] そしてノーベル賞晩餐会ではつぎのように語った。「経済学であろうと物理学や化学であろうと、ほかのいかなる学問であろうとも、研究の大きな喜びは何かを発見することです。新しいものを発見した瞬間の驚きは、何物にも代えがたい経験です……われわれ〔プレスコットとキドランド」は最初の衝撃から立ち直ると、謙虚な気持ちで「主キリストよ」と感謝を捧げ、すぐその場で従来の見解を改めました」[*22]

しかし、〝リアルビジネスサイクル理論〟といってもミクロ経済学を移植しただけで、ここでは失業の可能性すら排除されている。ノースウェスタン大学の経済学者セルジオ・リベロはこの点に注目し、つぎのように語っている。「労働市場に関する〔リアル〕ビジネスモデルの説明の大半は、ずいぶんとお粗末な印象を受ける。企業は競争的なスポット労働市場で労働者を雇うから、失業は存在しないというのだからね」[*23]。べつの評者は、プレスコットとキドランドが考案したような初期モデルが限定的ながら評価されたのは「市場の不完全性も政府の介入も考慮されなかったからだ」と指摘した。[*24] さらにグレゴリー・マンキューは、このモデルが経済の現状を解明しようとすらしないという理由で「リアルビジネスサイクルモデルは大しておもしろくもない」といって切り捨てた。[*25]

何しろリアルビジネスサイクル理論によれば、人びとが働かなくなるのは解雇やレイオフが原因ではない。賃金が低すぎて、娯楽のほうが良い選択肢に見えるからだという。驚くことに、これは一九三〇年代の古典派経済学者の主張と同じ内容で、大した成果を挙げられなかったはずである。これにはさすがに一部の経済学者があきれ返った。たとえばポール・サミュエルソンは、この理論を大恐慌に当てはめることが果たして賢明だろうかと指摘したうえで「一九二九年のある時点で、すべての人たちが高い給料をもらう代わりに余暇を好んだのだろうか」と問いただしたという。[*26]
しかしこの場合もプレスコットは、信頼できる経済モデルの構築よりも自由市場の普及を大切だと考えたようだ。彼にとって、自由市場への情熱は抑えがたいものだった。実際ノーベル賞を受賞してほどなく、「私は管理されない市場が好きなのではない。大好きなんだ」と語っている。[*27]情熱もここまで来ると、研究する目を曇らせてしまうのだろうか。
まだほかにもリアルビジネスサイクルモデルには奇妙な部分がある。過去の解明や未来の予測にこのモデルがどれだけ役に立つのか、まったく証明されていないのだ。プレスコットによれば、モデルの効果を試す必要はなかった。モデルの前提となる新古典派理論は、誰もが明白な真実として受け入れるはずだという。ジェイムズ・ハートレーは納得できず、当然と思える疑問を投げかけた。「リアルビジネスサイクル理論を本能的に信じられなければ、役に立つことをどうやって納得すればいいのか」[*28]
これに対しプレスコットは「新古典派の成長モデルはすでに証明済みの理論だ」[*29]といって自分のアプローチを弁護したうえで、だからこれ以上試す必要はないと説明した。絶対に正しい経済理論だと確信できるのだから、証明にこだわるのはおかしいという。そしてノーベル賞記念講演ではつぎのように述べた。「マクロ経済学は理論を探求する段階を卒業して、理論から何らかの意味を引き出す段階に入った。いまやマクロ経済学は自然科学の領域に属する」[*30]

すべての経済学者がこれに納得したわけではない。ノースウェスタン大学の経済学者ロバート・ゴードンは、つぎのように語った。「キドランドとプレスコットの景気循環モデルが経済学を大きく後退させたと考えているのは、私ひとりではない」[*31]。そしてイギリス人経済学者ポール・オームロッドはマクロモデル全般、なかでも特にリアルビジネスサイクルモデルに良い印象を持てず、「マクロ経済学への理解は、実のところ三〇年前と変わっていないのかもしれない」と語った[*32]。さらに、ハーバード大学の元学長で経済学者のローレンス・サマーズも非難の合唱に加わり「ほかの大勢の人たちと同じで、私も〔景気循環に関する〕彼らの特殊な理論が真実とは思えない」と打ち明けた[*33]。ただしサマーズは理論そのものこそ信じなかったが、理論を解明した手段については好意的で、それだけでもプレスコットとキドランドはノーベル賞に十分値すると認めている[*34]。

ノーベル賞受賞者は多くの市民運動団体から注目され、支援を求められるもので、プレスコットもその例に漏れず、保守的な運動のいくつかに名前を貸している。たとえば彼は、社会保障制度に代わるものとして、個人貯蓄口座の開設を支持している。「個人口座の良いところは、お金の投資方法を自分で決められるところだ……投資状況をいつでも監視できるし、状況が変化すれば簡単に対応できる」という[*35]。これに対し、アラスカ州アンカレッジのコラムニストのジョン・ハブロックは「つまり、みんなが一九二九年のように行動するというわけだ」とからかった[*36]。プレスコットは一九二九年の株式市場崩壊についてすでに研究し、それが誤解されていることを証明したのだから、気づかないままの発言であれば、大目に見なければならない。

ノーベル賞受賞者のお墨付きは、特に大統領候補にとってありがたいものである。ノーベル賞受賞後の記者会見でプレスコットは強気の姿勢を見せた。経済学者は特定の政治家に肩入れするべきではなく、自分の方針を貫くべきだと発言したのである。しかしそれ以前にプレスコットは、三六七人の経済学者と共にジョン・ケリー上院議員の経済政策に反対する書簡に署名していた。彼のほかにも五人のノーベル賞受賞者の名前が含まれていた。のちにふたつの言動の矛盾をどのように折り合わせるのか訊ねられると、プレスコットはこう答えた。一方の候補者を批判したからといって、かならずしも他方の候補者を支援することにはならない[37]。

エドワード・プレスコットはスワースモア・カレッジに通い、フットボールチームに所属した。最初は物理学を専攻するが、三年生のとき数学に専攻を変えた。物理学の優等科のクラスでさえ、理論的に物足りなかったのである。ミクロ経済学には特に興味を惹かれたが、それはかつてビジネスについて父親と交わした会話の影響が大きい。一方スワースモア・カレッジでは、プレスコットのいわゆる「社会主義的な傾向」が改善された。他の「ほとんどすべての」学生は「イデオロギーに夢中になりすぎて、知的レベルの高い論争は期待できなかった」。しかも、誰もが暗記にばかり時間を費やし、じっくり考えようとしない。[*38]「スターリンや毛沢東は何千万人もの市民を虐殺しているのに、そんな人物のイデオロギーを擁護しているんだ。私にはとうてい理解できなかったし、いまでもできない」とプレスコットは嘆いた。[*39]

プレスコットは経済学者としての訓練を受けなかった。その代わり、カーネギー・メロン大学でオペレーションズ・リサーチ〔訳注　経営管理や軍事作戦についての数学的分析〕についての修士論文ならびに学際的プログラムの博士論文を執筆しながら統計学と数学のスキルを磨いた。[*40]経済学の授業を多くとったわけではないが、そこにはロバート・ルーカスによる成長論と資本理論の講義が含まれていた。ルーカスはプレスコットにとって生涯の友になり、共同研究者にもなる。主な学歴が統計学と数学に限られることにプレスコットは引け目を感じていたが、一九六九年にロバート・ルーカスと共同で論文を執筆して以後は、堂々と経済学者を名乗るようになった！[*41]

プレスコットが初期に赴任した場所のひとつがペンシルバニア大学だった。ここでは同僚に恵まれたものの、終身在職権を得られる自信がなかった。そこで結果を待つよりもカーネギー・メロン大学に戻ることにして、そこで大学院生のフィン・キドランドとの出会いを果たす。やがてふたりは二本の論文を共同で執筆し、それが経済学賞選考委員会に評価された。キドランドとの共同研究から、プレスコットは「マクロ政策はゲーム理論であって、それまで考えていたような制御の問題ではない」という結論を導き出した。[*42]

一九八〇年、プレスコットはミネソタ大学のポストを受け入れ、その一年後にはミネソタ州の連邦準備銀行にも籍を置いた。当時、ミネソタ大学経済学部はまさに自由市場哲学を実践していて、授業には必修課程がなかった。学生は自分が学ぶべき授業を理解している顧客と見なされ、大学院課程はそんな学生の志願状況によって増減を繰り返していた。この仕組みは何年も続くが、「志願する学生がひとりもいないグループが発生した」時点でようやく中止された。[*43]おまけにこのときミネソタ大学は、経済学部の規模を大幅に縮小した。そこでプレスコットはほかの勤め先に目を向けて、九八年にシカゴ大学のポストに収まった。ここは彼にとって居心地のよい場所だった。それまでも彼は、常に自分を「ミネソタの人間というよりはシカゴの人間」だと考えてきたからだ。そして「私が着任してからの一年間で……学生たちの士気は大いに高揚した」と語っている。[*44]ロバート・ルーカス、ゲイリー・ベッカー、ジェイムズ・ヘックマンなど、シカゴ学派のノーベル賞受賞者と一緒の研究は充実した時間だった。ところが、なぜか一年後にはシカゴを離れ、ミネソタに戻った。

二〇〇三年、プレスコットはテンピのアリゾナ州立大学に赴任するが、そのかたわらミネソタ連邦準備銀行にも籍を置き続けた。そして一年後にノーベル賞を受賞する。連邦準備銀行に所属する経済学者としても、アリゾナ州立大学の経済学者としても初の快挙だった。[*45]しかし、プレスコットのノーベル賞受賞を経済学者はそれほど驚かなかった。経済学者が創設したノーベル賞受賞者予測市場は、二〇〇四年には本格的に活動しており、そこで彼は最有力候補だったのである。発表のわずか数日前、プレスコットの株は誰よりも高く、六三ドル三五セントで取引されていた。しかし、その予測市場も二〇〇四年のもうひとりの受賞者については失敗した。当時市場で二番目に人気が高かったのはロバート・バローだったが、結局プレスコットの共同受賞者にはフィン・キドランドが選ばれた。市場は優れているが、完全であることは滅多にないということだ。それに誰かが指摘したように、こういう間違いもあるから、インサイダー取引についてのゴシップも抑制される。間違いも役に立っているのかもしれない。[*46]

フィン・E・キドランド（二〇〇四年受賞）

経済モデル構築の目的は何か。ロバート・ルーカスはこう答える。「理論経済学の機能のひとつは、整然とした人工的な経済システムを提供することである。実際の経済活動で実験するとかなりの費用がかかってしまうが、代わりに理論経済学を使うだけで費用はかなり抑えられる」。[*47]カーネギー・メロン大学での教え子のひとり、フィン・キドランドも同意見で、ノーベル賞の受賞対象となったモデルを構築した目的について「経済政策を評価するための枠組み」を創ることにあったと述べた。もちろんその枠組みが機能するのは、モデルが経済を忠実に反映しているときに限られる。
経済学賞選考委員会が評価したプレスコットとの共同研究のほかに、キドランドは一九八〇年から二〇〇三年にかけてのアルゼンチン経済の状況についても研究しており、その成果についてノーベル賞記念講演で取り上げた。[*48] 一九八〇年から九〇年までの一〇年間、アルゼンチンはキドランドが大恐慌と呼ぶほど深刻な景気後退に見舞われた。その後、九〇年代になると景気は一気に拡大するが、九八年以降はふたたび急速に落ち込んだ。これはアルゼンチン史上でも興味深い時期で、当然ながらいくつかの研究課題が浮上した。しかしキドランドはそこには目もくれず、景気が一時的に上向いたときにそれほど投資が増えなかった理由を解明しようと考えた。彼のモデルでは「九〇年代には投資がずっと活発になるはず」だった。[*49]
キドランドは「当時のアルゼンチンにはまだ信頼性が十分に備わっていなかった」という回答を導き出した。カルロス・メネム元大統領はかなり健闘したが、投資家の目には債務不履行や政権転覆の脅威が完全に取り除かれたようには見えず、誰もが経済への投資の再開をためらってしまった。「いったん信用が失われてしまうと、それを取り戻す方法は経済学者にもよくわからない」のだという。[*50] 市場主義的な政策が現在進行しているだけでは効力がない。その政策が過去にも存在していなければ信頼は取り戻せないのである。ただし、キドランドはこのアイデアを裏付ける証拠を実際に紹介したわけではなく、「この推測については今後さらに厳密な研究が必要だ」と言うにとどめた。[*51]

キドランドがノーベル賞を受賞した主な理由は、リアルビジネスサイクルモデルにおけるエドワード・プレスコットとの共同研究の成果である。景気循環とよく似た結果を導き出すために、生産性は無作為に変動するというアイデアをふたりは考案した。ところが、そんな生産性の変動の具体例を挙げてほしいと訊ねられると、答えるどころか、この現象は「多くの無作為の原因が集まった結果である」と説明するにとどまった。[*52]これでは景気循環を太陽の黒点のせいにしたウィリアム・スタンレー・ジェヴォンズと変わらないではないか。なかにはそう呆れる批判者もいた。[*53]

ところでノーベル経済学賞は、新しい理論が発表されて何年も経過してから授与されるケースが多く、そんな姿勢を非難されてきた。プレスコットとキドランドの場合、有名な共同論文が執筆されたのは二二年から二七年も昔のことだった。なぜだろう。理論の評判や影響力を判断するためには長い時間が必要だという理由はよく指摘される。理論が新しい研究を促し、経済学に新たな分野を創造し、経済政策に影響をおよぼすようになってはじめて、ノーベル賞に値するというのだ。

生い立ちを見るかぎり、フィン・キドランドが学者として大成功をおさめ、ノーベル賞まで受賞するとは考えられない。父親は、ノルウェーで親が所有していた農場の経営を継がず、代わりにトラックを一台購入し、地元の農家が生産した農産物を売り歩いた。母親は家で六人の子どもの子育てに専念する。キドランドが通った地元の小学校は複数の学年がひとつのクラスにまとめられ、授業も週に二、三回程度だった。卒業して中学校に進む生徒など皆無で、キドランドが唯一の例外だった。しかしキドランドはのみ込みが早く、高校でも大学でもたちまち遅れを取り戻した。少年時代はのんびりと過ごし、高校になってから勉強に集中した環境は、教育戦略として理想的だったかもしれないとキドランドは回想している。

キドランドは二〇〇四年に経済学でノーベル賞を受賞したが、最初から経済学に興味を持っていたわけではない。ノルウェー経済経営高等学院の教授から研究助手になってほしいと依頼されたときには「ビジネスにも経済学の授業にも興味はない」と打ち明けた[*54]。高校や大学で本当に関心を持っていたのは数学やオペレーションズ・リサーチの上級コースだった。

キドランドが大学での四年間を終えたとき、担当教授がカーネギー・メロン大学に一年間赴任することになり、キドランドは同行を求められた。一九六九年、彼はノルウェーを後にして、同大学の博士課程に入学する。ここでは当時、ロバート・ルーカスが景気変動の講義を持っていた。ルーカスはこの講義の場を利用して、ノーベル賞の受賞理由となった合理的期待に関するアイデアを膨らませたのである。「私たちのすぐ目の前でね」とキドランドは興奮気味に語っている[*55]。そこへ新たに着任した教授エドワード・プレスコットとの出会いをきっかけに始まった共同研究が、のちに大きく報われることになった。ふたりはルールの厳守とリアルビジネスサイクルをテーマにした二本の論文を共同で執筆し、その功績を認められてノーベル賞を受賞した。

カーネギー・メロン大学に入学してから四年後、一九七三年にキドランドは博士号を取得した。そしてクリーブランドならびにダラスの連邦準備銀行などいくつかの場所で実務を経験した後、カリフォルニア大学サンタバーバラ校の教授に就任する。そして二〇〇四年、ノーベル賞を受賞した。この受賞をとりわけ喜んだ人物のひとりが、シカゴ大学の経済学者ロバート・ルーカスだった。「まだ興奮している。すごい快挙だ。ふたりとも実に素晴らしい経済学者だよ」という発言が〈サイエンス〉誌に引用されている。[*56]

エドムンド・S・フェルプス（二〇〇六年受賞）

ノーベル経済学賞の受賞者予測は的中率が一〇〇パーセントというわけではないが、人気の高い人物は最終的に受賞するケースが多い。バークレー校の経済学者で予測市場の創設者でもあるデイヴィッド・ローマーは「予測で上位にランクされた人物は、ほぼ例外なく賞に選ばれる」と言う。[*57] したがって、候補にランクされてから三年後にエドムンド・S・フェルプスがノーベル賞を受賞したのは十分に想定内だった。最有力候補であることを誰も疑わなかったようだ。ロバート・ソローによれば「ネッド・フェルプスの名前は、間違いなく全員が候補者として記入していた」[58]

フェルプスは、特にユニークとも独創的とも言えない研究の成果を認められた。「われわれの理解を深め」「政策や経済の研究に決定的な影響をおよぼした」功績を認められたのである。[59]彼のマクロモデルは、ミルトン・フリードマンのモデルと非常によく似ている。どちらも、長い目で見れば失業率はいわゆる〝自然失業率〟で固定化されるという前提に立ち、ケインズ理論を攻撃している。そしてフリードマンと同じくフェルプスも、自然失業率とのずれが生じる原因は、企業や労働者が誤った期待にもとづいて間違いを犯すことにあると証明するモデルを考案した。ただし実際のところ、この理論に対するフェルプスの功績といっても、数学的要素を導入してミクロ経済学者を喜ばせたことぐらいだろう。[60]

一九七〇年代にフェルプスの理論はさかんに論じられたが、やがて理論と矛盾するような歴史的な出来事が発生すると学者たちの興味も失われてしまった。八〇年代になるとヨーロッパは深刻な不況に見舞われるが、それを引き起こしたはずの誤った期待が特定されなかったのだ。逆に九〇年代のアメリカ経済は大きく拡大したが、ここでも期待の果たした役割は解明できなかった。[61]誤った期待が実際に影響力を持っていたとしたら、あっという間に駆け抜けてしまったとしか思えなかった。「この理論が本当に機能したのは、七〇年代のほんの一時期だったのではないか」とロバート・ソローはいう。[62]

しかしこの理論には、政策的に重要な意味が込められていた。固定化された自然失業率が本当に存在するならば、政府が失業率の減少に努める理由はないのだ。「「自然失業率」を考えるならば、無駄な希望は捨てたほうがよい。自然の現象は人為的に変えられるわけではない」とフェルプスは説明する。[*63] このモデルを考案した究極の目的は、たとえ失業率が増加している状況でも政府に介入行動をとらせないことだった。経済政策研究所のジャレド・バーンスタインは「現時点では、自然失業率という概念は国にとって有害無益でしかない」という評価を下した。[*64]

一方、労働市場の仕組みを研究するうちに、フェルプスはのちに〝能力給〟と呼ばれる新しいアイデアを考案した。フェルプスのモデルによれば、どんな賃金を提供するかについての選択権は企業にある。市場相場と同じ賃金を提供してもよいが、働きがよくて途中でやめる可能性の少ない優秀な人材を確保したいと思えば、平均以上の金額を提供することもできる。実勢レート以上の賃金を支払えば、優秀な労働者を好きな人数だけ採用できる利点が加わる。[*65]

二〇〇六年のノーベル賞を発表した際、経済学賞選考委員会は、失業とインフレに関する研究以外にもフェルプスの功績を認めた。同世代の仲間の例に漏れず、フェルプスは国家にとって最適の貯蓄率を決定する問題に興味をそそられた。具体的には、最終的に一人当たりの消費が最大化されるような割合を見つけることだ。この黄金律を算出したフェルプスの証明は、かなりシンプルだった。そのため王立科学アカデミーがフェルプスの貢献を紹介するエッセイのなかでは、脚注で簡単に触れられた程度である。[*66] さらに残念なことに、この結果を最初に導き出したのはフェルプスでも同僚のアメリカ人でもなかった。[*67] ノーベル賞受賞者のモーリス・アレが一九四七年に最初に発見したと考えて間違いない。かなり時間が経過した一九六〇年代、ほかの学者はそれを再発見しただけである。[*68]

ところでフェルプスは、人的資本や差別、独占力など様々な問題へのミクロ経済学の応用にも興味を持った。[*69] たとえば、経済活動の発展は人的資本の増加だけでなく、人的資本の充実にも依存すると指摘している。この指摘はもっともだ。高度なスキルを備えた高学歴の労働者が多い経済のほうが、新しい技術の進歩を十分に利用できる。[*70]

フェルプスは、人口の増加に異常なほど執着した。「もしも私に世界の歴史を最初からやり直す権限が与えられたとしたら、いくつかの時代を無作為に選び出して人口を半減させるような真似をするつもりはない」と語っているほどだ。[*71] 経済の成長を促すアイデアや技術革新を創造するためには、人口は多くなければならないとフェルプスは確信していた。少ないと、重要な発見や貢献を行なう優秀な人材がいなくなるリスクが発生してしまう。[*72]「過去に人口が急激に増加していなければ、今日ほど技術は進歩しなかった。私たちはどんなに貧しくなっていたことだろう」とも記している。[*73]

フェルプスは差別についても研究し、差別が発生するのは企業が集団の平均を個人に当てはめるときだということに気づいた。通常は個人に関する詳しい情報が得られないため、結果としていわゆる〝統計的差別〟が生じるのだ。ちなみにこれは、同時期にノーベル賞受賞者ケネス・アローが考案した学説である。[*74] 集団の平均を採用するのは個人にとって不公平かもしれないが、経済にとっては理論的に効率が良いことをフェルプスは証明した。

フェルプスは、ヨーロッパ経済の動向に良い印象を受けなかった。問題は、ヨーロッパの人びとに市場主義的な価値観が欠如していることだと考えた。「統計を見るかぎり、アメリカ人やイギリス人と比べてフランス人、イタリア人、ドイツ人は、精神的な強さも問題解決力も、イニシアチブも責任感も劣っているようだ……そんな資質が経済のダイナミズムや技術革新の停滞に反映されている」のだという。[*75] だからヨーロッパの経済は全般に失業率が高く、労働力率が低く、仕事への満足度が低いのだという結論を導き出した。[*76]

ヨーロッパ経済の現状に批判的な人たちはそんな意見に共鳴したが、ヨーロッパの人たちの一部は反発した。[*77] たとえばオランダ人作家ドナルド・カルフは、アメリカ経済こそ間違って過大評価されていると考えた。そしてアメリカ経済の成功への評価は一部正しいかもしれないが、それは最近の現象にすぎないと指摘した。そのうえでアメリカに対するヨーロッパの巨額の貿易黒字について言及し、強いユーロの影響は考慮しなければいけないが、アメリカ経済が圧倒的に優位にあるとする神話とは矛盾していると論じた。[*78]

ただし、フェルプスのアイデアがすべて保守的だったわけではない。ノーベル賞受賞からほどなく行なわれたインタビューで、フェルプスはこう打ち明けた。「おかしな考えかもしれないが、私にはアメリカ経済があまりにも多くの富でだぶついているような印象を受ける」[*79]。何が問題かといえば「有り余る富は労働力の供給や被雇用者の働きぶりだけでなく、技術革新にまで悪い影響をおよぼす恐れがある。維持不可能なほど低レベルで据え置かれてきた税率のおかげもあって、私たちは裕福になった」と指摘した[*80]。これはまぎれもなくサプライサイド経済学への非難で、〈ウォールストリート・ジャーナル〉は衝撃を受けた。あまりにも裕福になった一部の人たちは、働く気力も技術革新に挑む意欲も失ってしまったとフェルプスは考えた。そしてこの考えにもとづいて富裕層への増税を支持し、高額所得者に対する税率の引き上げを具体的に提案した[*81]。その一方、公平なイメージを心がけたのだろう、低所得者への増税も同時に提案した。このように保守的な政策とリベラルな政策を同時に支持するフェルプスを、スタンフォード大学フーバー研究所のデイヴィッド・ヘンダーソンは「エドムンド・S・フェルプスは政治的に分類が難しい人物だ」と評した[*82]。

増税以外にもうひとつ、フェルプスは保守派にとって異端とも言える説を提案した。雇用を増やす企業への大型の補助金を支持したのである。一九九七年に上梓した著書では、つぎのように記している。「一九九七年に総額一二五〇億ドル規模の大型の補助金プログラムが実施されていれば、同年のGDPは一・五パーセント押し上げられていたはずだ[*83]」。

補助金からは、低所得世帯の所得増加を目的とした勤労所得税額控除（ＥＩＴＣ）と同じような効果が期待される。フェルプスにとってＥＩＴＣは、「同じ方向を目指して一歩前進しているが、対象が子どもを持つ低所得者に限定されていた」[*84]。これに対してフェルプスの提案は適用範囲が広く、子どものいない低所得者も対象に含め、企業を通じて実行される形をとった。「結果としてこれらの労働者の需要が増加して雇用状況が改善され、最終的には給料も大幅に上昇する」という説明だった。[*85]

エドムンド・フェルプスはまだアマースト大学の大学生だったとき、経済学の授業を受講してほしいと父親から頼まれた。彼はその願いを聞き入れ、ほどなく経済学に夢中になった。彼はポール・サミュエルソンに入れこんで、当然ながら経済学を専攻科目として選んだ。[*86] アマースト大学を卒業後はイェール大学の大学院で経済学の勉強を続け、一九五九年には博士号を取得する。[*87] そして七一年コロンビア大学に赴任して、二〇〇六年に七十三歳でノーベル賞を受賞したときも在籍していた。[*88]

四二年間にわたり、フェルプスと妻はニューヨーク市のセントラルパークを見下ろす場所にアパートを借りていた。彼の妻はこう語った。「私たちはいま住んでいるアパートと同じように大きくて快適なアパートを購入できる資金がなかった。それに賃貸料がかなり安かったの」[*89]。その年、ノーベル賞に伴って与えられた賞金一三七万ドルは、ふたりの選択肢を広げてくれた。

第9章　発明者たち

サイモン・S・クズネッツ　（一九七一年）
J・リチャード・N・ストーン卿（一九八四年）
ワシリー・W・レオンチェフ　（一九七三年）
レオニード・V・カントロヴィチ（一九七五年）
チャリング・C・クープマンス　（一九七五年）

経済学でノーベル賞を受賞したロシア人はわずか三人だが、三つの重要な概念――国内総生産、投入産出分析、線形計画法――に関する貢献は素晴らしい。これらの重要なツールのうちふたつは、ハーバード大学に在籍していたノーベル賞受賞者たちが一九三〇年代に考案したものである。まず、サイモン・S・クズネッツはアメリカの国民所得勘定システムを開発したが、そこに、いまではお馴染みの景気動向測定基準となった国内総生産が含まれている。この尺度が広く使われていなければ、経済動向も成長速度もほとんど理解できなかっただろう。この分野ではイギリス人でノーベル賞を受賞したリチャード・ストーン卿など、ほかの経済学者の貢献も見られるが、全体の構想を示したのはクズネッツである。二人目のロシア人ワシリー・レオンチェフは、経済計画に欠かせないツールとなった投入産出分析を発明した。一九三〇年代に発明されて以来、このモデルは世界中で使われ、重要で興味深い経済問題の数々を解き明かしてきた。

このふたりの経済学者には、ほかにも共通点がある。どちらも経済データに強くこだわった。当時、景気循環は重要ながらも十分理解されていなかった。クズネッツはその謎を解明するため、アメリカ経済の景気動向について情報を収集するところから始めた。ここでは文字通りすべての情報が収集、分類、分析された。同じくレオンチェフも、業界の垣根を越えた売買——財が産業間で取引され、最終的に消費者の手に渡るプロセス——に関する情報を根気よく収集するところから研究を始めた。データを収集して情報から重要な意味を見出した結果、はじめて有益なツールが発明されたのである。

経済学にこうした形でアプローチした例はかつてなかった。アダム・スミスやジョン・メイナード・ケインズは経済に一定のパターンを見出したうえで、そのパターンにもとづいて理論を考案したものだ。ふたりの流れを汲む研究者や本書で紹介するノーベル賞受賞者の多くは、こうした理論を詳しく研究してそれを数式で表現した。研究成果と現実の世界との関わり合いを確認する作業は、他人に任せていた。対照的にクズネッツとレオンチェフは、データから始めたのである。

ロシア人で三人目のノーベル賞受賞者はそれほど有名ではないが、現実的な疑問とデータにこだわった点はふたりと共通している。経済全体の計画を任せられたレオニード・V・カントロヴィチは、圧倒的な作業を進めていくためにいわゆる〝線形計画法〟の原型を発明した。おかげでソ連経済の計画立案者たちは、途方もなく膨大な情報の意味を理解することができた。経済学やビジネスや工学で頻繁に発生するある種の問題を解決するために、線形計画法は欠かせないツールである。

ただしカントロヴィチの成果は限定的だった。ソ連では重要だったが、世界のほかの地域にはほとんど影響をおよぼさなかった。一九三〇年代のソ連は孤立しており、せっかくの発見も当初は西側世界に知られなかったのである。その結果、同様の問題に直面した研究者たちがアメリカで独自に線形計画法を開発し改良した。そのひとりチャリング・C・クープマンスは、アメリカとヨーロッパで線形計画法の開発を進めた功績でノーベル賞を授与されたが、実はそれはカントロヴィチの研究を再発見したものだった。

サイモン・S・クズネッツ（一九七一年受賞）

経済学で最もよく知られた指標のひとつが国内総生産（GDP）である。以前は国民総生産（GNP）が使われていた。投資家なら誰でも知っているように、ウォール・ストリートをはじめとする金融市場はGDPに関する発表に大きな注目を寄せる。GDPに予想外の変化が生じれば、世界中の市場で何十億ドルもの資金が動く。サイモン・クズネッツの指導によって考案されて以来、GDPは景気動向を把握する包括的な手段として大きな注目を集めてきた。

膨大なデータを集めて細かく分析する作業を苦にしないクズネッツは、最も必要とされる時期と場所にたまたま居合わせた。彼は一九二〇年代にコロンビア大学の大学院生として経済学を学んでいたが、そのとき出会ったウェズリー・クレア・ミッチェル教授は全米経済研究所（NBER）の所長を務めていた。当時ミッチェルは景気循環の解明に夢中だったので、それを手伝ってくれるクズネッツのような若くて有望な研究者を探していた。クズネッツの優れたデータ収集能力は、ほどなくミッチェルの目に留まる。一九二七年、クズネッツは研究スタッフとして誘われた。

あちこちから経済の細かいデータを集めて分析する仕事は地味で退屈な作業の繰り返しだったかもしれないが、一九二九年になると突然それが国家の優先課題に浮上した。アメリカ経済が崩壊し、大恐慌の時代に突入したのである。現状を具体的に把握できなくて、どうやってこの危機的状況を理解できるだろう。まして解決策など求めようもない。

その答えは、ウィスコンシン州選出の上院議員ロバート・ラフォレットが見つけた。ラフォレットが上院に提出した決議案が一九三二年六月に可決され、「一九二九年から三一年までの三年間、すなわち大恐慌の最初の三年分の国民所得の概算を提出するよう新しい商務長官に」命じたのである。[*1] ところがダニエル・ローパー商務長官は、情報を分析できる専門家を自前で準備できなかった。そこでコロンビア大学のウェズリー・ミッチェルに助けを求める。ミッチェルは最高の人選をした。当時ペンシルバニア大学で教鞭をとっていたクズネッツを推薦したのだ。クズネッツはコロンビア大学の学位論文のために生産量や価格の測定に関する最先端の研究をしたところで、国民所得勘定システムの考案についてアドバイスできるチャンスに飛びついた。そしてプロジェクトの責任者としてふたりの教え子、ロバート・ネイサンとミルトン・ギルバートを推薦した。

こうして国民所得勘定はクズネッツの指導の下、ネイサンとギルバートによって一九三〇年代に考案され、その後二〇年かけて修正されていった。今日でも基本的な特徴は当時とほとんど変わらないが、ひとつだけ、GNP（世界のあらゆる地域におけるアメリカ企業の生産量の合計）に代わってGDP（アメリカ国内の生産量の合計）が使われるようになった。それを除けばアプローチは基本的に同じで、総生産を割り出して、それを消費、投資、政府、純輸出の四つのカテゴリーに分類していく。

経済全体を対象にこうしたデータをひととおり収集するだけでも大変な作業だが、集めたデータをどのように合計するか、クズネッツは決めあぐねた。たとえば、鉄を採掘する会社が鉄を一〇〇万ドルで製鉄会社に販売し、製鉄会社が加工した鉄を三〇〇万ドルで自動車会社に販売し、自動車会社は六〇〇万ドル相当の車を消費者に販売するケース。それぞれの会社の売上高を単純に合計すれば、全体で一〇〇〇万ドル相当の経済活動が行なわれたことになるが、この数字は誇張されている。鉄鋼会社の売上高三〇〇万ドルにはすでに鉄の購入価格一〇〇万ドルが含まれているわけだから、鉄の販売価格が二重に合計されてしまう。この場合に経済活動を正しく表す数字は、最終的な車の販売価格六〇〇万ドルとなる。この原則は、国民所得勘定の大前提になっている。実際、各生産段階の〝付加価値〟――売上から材料費を差し引いた金額――を合計してみても、同じ値が導き出される。[*2]

このように国民所得勘定の決定は細かい論理と緻密な思考の積み重ねであり、いま紹介したのはほんの一例にすぎない。解決が必要な問題はほかに何百もある。たとえば土地の売買はGDPに含めるか。新築住宅と中古住宅のいずれも数えるべきか。在庫全体を数えるべきか、それとも在庫量の変化のみを数えるべきか。こうした問題に常に頭を使って取り組まなければいけない。クズネッツは、疑問にひとつだけ「正しい」回答を見つける必要はないと考えた。目的に応じて答えは常に変化するからである。主にクズネッツのおかげで完成された今日の国民所得勘定は、最終的な財やサービスが毎年どれだけ生み出されたか測定することを目的にしている。

しかしどんな経済指標にも批判する人はいるものだ。二〇〇一年には〈ウォールストリート・ジャーナル〉紙上で経済学者のマーク・スコーセンがユニークな批判を展開した。[*3] 二重合計を取り除いたGDPは、消費支出を過大評価して事業活動を過小評価しているというのだ。そして二重合計を採用してでも、すべての事業活動による生産物を合計するべきだと強く勧めた。こんなやり方はいかなる会計システムでも通用しないが、クズネッツが生きていれば、きっとこの提案を面白がっただろう。何しろ自分では解決したと思っていた問題が、七〇年ちかくもたってから〈ウォールストリート・ジャーナル〉の紙面で蒸し返されたのだから。

もちろん国民所得統計にも欠陥はあるし、その一部についてはクズネッツも一九七一年のノーベル賞記念講演で認めている。このときは、十八世紀産業革命期の大量生産技術を取り上げ、生産量が大きく膨れ上がった事実だけが注目されて、環境汚染、天然資源の枯渇、公衆衛生の問題、都市への一極集中などが引き起こすネガティブな影響の多くが反映されていない事実を指摘した。経済成長は多くのポジティブな影響をおよぼすもので、それは国民所得統計にきちんと記される。ところがネガティブな影響についての記述は常に省略されていることが、クズネッツには気がかりだった。経済の全体像を把握するためには、GDP以外の要素が必要だった。

実際、商務省が一九三〇年代にGDPを報告するようになって以来、景気動向をもっと広い視野から測定する手段がいろいろと提案されてきた。経済学者のハーマン・デイリーと神学者のジョン・B・コッブ・ジュニアが考え出した「持続可能な経済福祉指標」がそのひとつだ。市場以外の活動であっても役に立つものは加え、「悪い」経済活動を取り除いて「良い」経済活動だけを残し、GDPに大きな修正を加えたものである。たとえば、報酬を伴わない家事労働の価値を算出して取り入れ、環境破壊や天然資源の枯渇を引き起こす活動は取り除かれた。さらに、GDPには政府支出がすべて含まれるが、デイリーとコッブは国防予算をすべて省略した。必要かもしれないが、かならずしも「良い」経済活動とは言えないからだ。クズネッツはこのふたりほど極端ではないが、国民勘定のバランスの改善を支持したと言われる。クズネッツは国民所得勘定の発展に大きな影響力を発揮したが、中身の改善まではおよばなかった。

一九九九年、商務省は創立一〇〇周年を迎えたが、当時のウィリアム・デイリー長官は国民所得勘定とGDPの考案を同省の最大の功績として評価した。特許の発行、ハリケーンの追跡、国勢調査の実施など、商務省はほかにも重要な実績を残しているが、それらを差し置いて国民所得勘定とGDPが最高の評価を受けたことは興味深い。GDPがなかったら、連邦準備理事会は金利を上げるべきか下げるべきか、どのように判断するのだろう。景気を刺激するべきか引き締めるべきか、そのタイミングを大統領と議会はどのようにして把握できるだろう。私たちは国の経済の状態をどうやって把握できるだろうか。一〇〇周年に当たり、サイモン・クズネッツは偉大な貢献を正当に評価されたのである。[*4]

これほど圧倒的な成果を見せられると、クズネッツがほかにも経済学に重要な貢献をしている事実をつい見逃してしまう。綿密な調査方法は国民所得勘定以外のプロジェクトにも応用されているが、このアプローチは経済学者としてかなりめずらしい。クズネッツは人間の行動を数学的に解析する数理経済学者でもなければ、経験を統計学的な方程式やモデルで表すタイプでもない。興味があるのは現実を反映した経済学であり、制度派経済学者に分類される。

早くも一九二〇年代には、クズネッツはアメリカの世帯の消費と貯蓄の行動に関する情報を集めていた。その過程で、国民貯蓄率は長期間にわたって驚くほど安定している事実を発見した。経済に様々な変化が生じても、国民貯蓄率はほとんど変わらないようだった。これは経済学者にとって興味深い発見で、刺激を受けたケインズはおよそ一〇年後にユニークなアイデアの数々を考案した。なかには貯蓄率が比較的安定している事実にやや戸惑う経済学者もいたが、それも無理はなかった。裕福な世帯のほうが貧しい世帯よりも貯蓄率はずっと高いはずだから、国民が豊かになっても貯蓄率がなぜ増えないのか彼らには納得がいかなかったのである。しかし、これは信頼の厚いクズネッツによる指摘である。結局、多くの経済学者が事実として認め、矛盾の解消に取り組んだ。なかでもフランコ・モディリアーニとミルトン・フリードマンのふたりは、驚くほど安定した貯蓄率についての研究成果が経済学賞受賞理由のひとつにもなった。

ほかにもクズネッツは、現代の経済成長の原因と特徴に着目した。経済成長の主な原動力は設備投資と労働力の増加だという社会通念に対し、彼は早くから異を唱えていた。データを慎重に検討した結果、現代の経済は資本や労働力の増加をはるかに上回るペースで成長しているという結論に達したのである。成長にとって重要な要因は、技術の進歩とそれを支える教育程度の高い労働力の増加だった。経済成長の主な要因として技術の重要性が注目されるようになったのは、クズネッツのおかげである。ところがこの重要な発見は、さらにもうひとつの疑問を生んだ。発見された技術のほとんどは、すべての国が享受できるはずだ。それなのに、技術に見合う経済成長を達成できる国とできない国に分かれるのはなぜか。クズネッツによれば、足りないのはきちんとした制度である。技術が十分に生かされるためには、政府が法律を正しく施行できるような制度が欠かせない。制度は経済成長にとって重要な役割を果たしているにもかかわらず、経済学者は注目しようとしなかった。ほかの分野の研究者に任せればよいと考える傾向が強いのだ。

さらにクズネッツは、多くの国を対象に長期的な所得配分の変遷についても研究し、シンプルな観察結果を導き出した。近代国家が発達する過程では、最初は収入にばらつきが生じるが、発達するにつれて不平等は解消され、最後は平等になるのだという。[*5] しかし経済学者のトマ・ピケティとエマニュエル・サエズは、このシンプルなパターンが長続きしないことを指摘している。一九七〇年以降、アメリカでは収入が平等に近づくどころか、ますます格差が拡大していたのだ。[*6] 結局、所得配分はクズネッツが指摘したように一定のパターンに従うのではなく、重要な歴史的出来事の影響を受けて変化していくようだ。アメリカの場合には、七〇年以降に累進課税が廃止されて役員報酬が爆発的に増加した結果、収入格差が広がってしまった。ただしここでもクズネッツは的確な疑問を投げかけ、それをきっかけに有意義な議論が展開されたのである。

クズネッツとその研究には多くの経済学者が敬意を払っているが、彼はいつでも相手に同じような敬意を払ったわけではない。たとえば経済学賞選考委員会のベルティル・オリーンは、クズネッツが「十把ひとからげ式の抽象的なモデルに対しては了見が狭い」といって暗に批判している。実際クズネッツは、抽象的な数学モデルに強烈に批判的な見解を持っていた。そして効用のような目に見えないコンセプトにもとづいた理論には、さらに強い拒絶反応を示した。[*7]

サイモン・クズネッツは一九〇一年にロシアで生まれ、激動の時代に翻弄されながら成長した。両親は共にユダヤ人で、父親は毛皮商人として成功していた。[*8] 長じてハリコフ大学の経済学部に入学するが、一七年の十月革命で皇帝政府が崩壊すると大学も閉鎖された。そこで二二年、アメリカにいる父親と兄を頼ってロシアを離れ、コロンビア大学の成人向け教育プログラムで大学の修了資格を手に入れた。[*9] そして引き続きコロンビア大学で二四年に修士号、二六年に博士号を取得する。キャリアの大半はハーバード大学で教鞭をとり、七一年に退職するが、そのわずか三カ月後にノーベル経済学賞を受賞した。[*10]

クズネッツはケンブリッジの高級住宅街で暮らしていたが、ここではたとえノーベル賞をもらっても界隈でいちばんの有名人にはなれなかった。自宅のあるフランシス・ストリートには、著名な経済学者ジョン・ケネス・ガルブレイス、著述家のダニエル・ベル、シェフのジュリア・チャイルド、歴史家のアーサー・シュレジンジャーなども暮らしていた。さらにかつては詩人のE・E・カミングスや哲学者のウィリアム・ジェイムズも同じ界隈の住人だった。クズネッツの受賞は、地元名士のなかにひとり、ノーベル経済学賞の受賞者が加わったにすぎない。

深い教養を備え、様々な学問分野で豊かな才能を発揮するクズネッツは同僚から高く賞賛された。歴史、社会学、政治論、数理統計学など、その才能は広い範囲におよんだ。[*11]彼は仲間の経済学者に「最近何か思いがけないものを見つけたかい」といって、研究について訊ねるのが習慣になっていた。[*12]答えがイエスのときは、話に花を咲かせたものだ。あるとき記者が、彼の教え子たちはなぜビジネスにあまり興味がないのかと彼に訊ねた。学者になるよりも、そのほうが実入りがよいのではないか、と。それに対するクズネッツの回答は経済学者らしからぬもので、人間性に対するユニークな見解が反映されていた。「真実にかける情熱は、所有欲に勝る」[*13]。一九八五年、サイモン・クズネッツはケンブリッジの自宅で亡くなった。享年八十四歳。[*14]

J・リチャード・N・ストーン卿（一九八四年受賞）

リチャード・ストーン卿は「国民所得勘定の父」と呼ばれることもあるが、これはやや誇張だ。本人がノーベル賞記念講演で語っているように、国の経済動向の分析作業は古くから行なわれてきた。エントリーする項目を決めたうえで必要なデータを収集していく体系的なプロセスは、アメリカでサイモン・クズネッツによって本格的に始められた。イギリスで最初の国民勘定を考案したのはA・L・ボーレーとコリン・クラークで、それをさらに洗練させたのが一九七七年のノーベル賞受賞者ジェイムズ・ミードと一九八四年の受賞者ストーンのふたりだった。国民所得勘定に含まれる情報に特に注目したのが、ジョン・メイナード・ケインズである。彼は大蔵省でイギリスの戦時経済についての研究を任されていたので、大量の経済データの重要性を理解していた。そこで第二次世界大戦に備えて情報を整理するためのアシスタントとしてストーンを採用することにした。ケインズは「統計によって明るい未来への扉が開かれた」と語ったとも言われる。[*15]

国民所得統計を現代に見合った形で完成させるためには、当時まだ多くの課題が残っていた。定義を洗練させ、さらに多くのデータを集め、データが手に入らない部分について推測するテクニックを考案する必要があった。ストーンはこうした取り組みに大きく貢献した。しかしストーンの最大の貢献は、国家制度に複式簿記を導入したことである。記帳の正しさを確認できる複式簿記は、ビジネスでは貴重なテクニックとして重宝されている。貸し方と借り方の合計額は常に一致しなければならず、ふたつの数字が食い違えばどこかに間違いがある。この複式簿記を国民所得勘定に応用すれば、同じような効果が期待できる。たとえば最も一般的な例としては、GDPは国内総所得（GDI）に等しいはずだ。国民所得勘定のシステムがすべて同じ方法で構築されていれば、どこでも複式簿記のやり方が通用する。ストーンはシステムの統一に貢献した。

ストーンが考案したコンセプトの価値は、国の輸出入によく表れている。すべての国との貿易の収支が正しく計算されていれば、貿易全体の数字の合計はゼロになるはずだ。一国にとっての輸出（プラスの数字）は他国にとっての輸入（マイナスの数字）になるから、プラスマイナスでゼロになるわけである。ところが実際にはゼロになるケースは稀で、それはどこかに間違いがあるということだ。数字で間違いの大きさを確認したうえで、原因を突き止めなければならない。

さらにストーンは、同様の簿記モデルを国の人口動態統計の追跡にも導入した。ここでは、どの人口統計も初期値から始まり、流入と流出を経て、最終値にいたるというシンプルな原則が採用された。たとえば、ある国の六十五歳以上の退職者人口の初期値に流入した人口（六十五歳の誕生日を迎えた人、新たな退職者、国内への移民）を加えた後、流出した人口（国外への移住、職場への復帰、死亡）を差し引いて最終値を得る。このような形で人口推移の全体像を構築すれば、初期値と最終値を比べて計算の正しさを二重にチェックできる。この仕組みを数学的にもっと洗練させると、レオンチェフの投入産出分析表に近いものが出来上がる。

今日では、すべてがいたってシンプルに見える。経済学賞選考委員会のラグナール・ベンツェル委員長も「このシステムはいまではあまりに自明なので、誰かが発明しなければならなかったことを思い出すのがむずかしい」と認めているほどだ。たしかに国民勘定の均衡について考えたのはストーンひとりではなかったかもしれないが、彼はこの発想の採用に大きく貢献し、最終的には彼の主張が基準として認められた。

ところでノーベル経済学賞の受賞者は世間での知名度が低いものだが、一九八四年の受賞者は経済学者の間でも知名度が低かったことだろう。名前を知っているのは国民所得勘定の分野の研究者に限られたはずだ。おまけにストーンの研究が採用された場所はイギリスと国連が中心だったので「ストーン卿選出の知らせにアメリカの経済学者は少々驚いた」という。[*16] ノーベル賞はストーン本人にとっても驚きだったが、そこはいかにもイギリス人らしくつぎのように語った。「こんなことが自分の身に起きたら、いつだって驚くものだよ」[*17]

若い頃のストーンは医学と法律に才能を発揮して、父親からどちらかを選ぶように勧められるが、ケンブリッジ大学で二年間学んだ後、経済学を専攻した。一九三〇年代に学生だった将来のケインジアンの例に漏れず、ストーンは経済学を勉強すれば大恐慌の解決策が得られると信じたのである。ケインズ経済学の揺籃期から取り巻きグループのメンバーだったリチャード・カーンが、ストーンの指導に当たった。

一九三五年に大学を卒業したストーンは、ケンブリッジの研究員のポストを提供されるが辞退した。経験不足を心配したからだ。代わりにロンドンのロイズ保険のブローカーとなって保険業務に携わるが、商売に向いていないことはすぐにわかった。しかしこの時期にストーンは、業界や国民に関する統計を業界誌向けに短くまとめて編集する作業を手がけた。この体験は彼に生きた経済統計に触れる機会を与えただけでなく、将来のキャリアへの道を開いてくれた。一九三九年、戦争に備えてスタッフの充実を図っていた戦時経済省から、ストーンはポストを提供された。彼は直ちに国家経済に関する統計の作成に取り組み始める。職場の同僚は将来のノーベル賞受賞者ジェイムズ・ミード、そして監督者はケインズだった。当時、アメリカとカナダの国民勘定の仕組みはイギリスよりも優れていたが、ストーンの加入はヨーロッパが両国のレベルに追いつくうえで大いに役立った。

やがて戦争が終わると、ケンブリッジには応用経済学科が新たに創設され、ストーンは初代の学科長に選ばれた。一九五五年、ストーンはこの職を辞してケンブリッジの教授になり、八〇年に退任するまで在籍した。しかし彼は退官しても研究をやめたわけではなく、むしろ研究を家庭に持ち込んだ。実際、彼は「自宅にいるとき」がいちばん落ち着くと語ったときもあるほどだ。八四年十月にノーベル賞が発表されて大勢の記者が自宅に押し寄せたときは、あいにく滅多にない瞬間だった。ストーンは外出していて不在だったのだ。

ワシリー・W・レオンチェフ（一九七三年受賞）

投入産出分析は、経済計画にとって非常に重要なツールのひとつとして広く認められている。経済に関する様々な疑問に対応できる融通性を備え、資本主義と社会主義のどちらの経済でも同じように機能する。発明者のワシリー・レオンチェフは、投入産出モデルが公共政策の改善に資すると信じ、ハーバード大学での四四年間を含めキャリアのほとんどをその改善と普及に捧げた。

レオンチェフは生前から研究成果を十分に認められ、自ら発明したモデルが世界中で利用されるところを自分の目で確かめる幸運にも恵まれたが、このモデルの素晴らしさを経済学者にわからせるのは常に容易だったわけではない。経済計画なんて時間の無駄、いや危険だと信じる学者は大勢いた。計画経済と最も無縁のアメリカでは、特に反感が強かった。レオンチェフの学者としての人生は、困難な戦いの連続だった。それでも投入産出分析は単なる計画ツールとはひと味もふた味も違い、多くの分野で応用されて結果を残し、中傷をはねつけて最後には広く普及した。そして今日に至るまで、現実の世界で発生する厄介な疑問に答えを提供する手段として経済学者に広く利用され続けている。だからレオンチェフが一九七三年にノーベル賞を受賞しても、驚く経済学者はほとんどいなかった。

レオンチェフは一九〇六年にサンクトペテルブルクで誕生した。一九一七年の革命後はレニングラードと改名された都市である。一九一〇年にレフ・トルストイの死を国民が嘆き、革命が始まると頭上を弾丸が飛び交い、レーニンが冬宮から演説する様子は、まだ幼い少年ながら脳裏に焼きつけられた。経済学の教授の息子だったレオンチェフは早熟で、一九二一年に十五歳でレニングラード大学へ入学を許された。同級生より年少ながら、彼は天才肌の学者の典型とはかけ離れていた。たとえば共産党を非難する印刷物を貼って逮捕されたこともある。しかも場所は大学ではなくて兵舎の壁だった。数日間独房に閉じ込められてから釈放されたが、そのくらいではへこたれなかった。性懲りもなく反共運動を続け、その後も数回逮捕されている。

もっと軽い犯罪行為で多くのロシア人が強制収容所に送られ、あるいは処刑されていた時代、レオンチェフは生き延びただけでなくドイツへの移住を許されたのだから実に幸運だった。本人によれば、それは首にできた腫瘍のおかげだったという。ロシア当局はそれを悪性のガンと勘違いしたのだ。長くは生きられないと思ったから、喜んでビザを発行したのである。結局この腫瘍は良性だとわかり、反骨心あふれるロシア人レオンチェフは一九二五年からベルリン大学で研究を再開した。まもなく両親も合流し、二九年には経済学の博士号を取得した。そして同じ年、株式市場は大暴落する。

一九三一年、レオンチェフはアメリカに渡り、ニューヨークの全米経済研究所に就職した。彼の優れた分析能力はほどなくハーバード大学の経済学者の目に留まり、彼は同大学に採用された。大学はアシスタントをひとりつけ、現代経済の生産の仕組みについて研究する費用として二〇〇〇ドルを支給した。おかげで研究の成果は挙がり、投入産出分析の発明へと至る道が開けた。

レオンチェフは、生産システムを数式で表現する方法を考え出したが、ここではひとつの産業にとっての産出がべつの産業にとっては投入になることが大前提とされた。たとえば、アルミニウムの生産にはボーキサイトと電気が必要になるが、どちらもほかの産業から産出されたものである。つぎに生産されたアルミニウムは、アルミ缶、自動車、電線など、ほかの産業での生産活動に投入される。このような一連のプロセスで各産業の投入と産出を追跡することの重要性にレオンチェフは注目したが、複雑なフローの究極の目的は、〝最終需要〟のための財の生産だった。経済学者にとって最終需要とは、家庭が消費する財や企業が投資する財のことである。

投入産出モデルでは、ある産業の産出すべてが経済システムのどこかで投入と見なされるか、あるいは最終需要の一部と見なされる。この基本となる発想を様々な業種や国内の諸地域、さらには諸外国へと対象範囲を広げていけば、大きくて包括的なモデルが出来上がる。

投入産出分析の計算にはエレガントな数式が使われるが、それにはあらかじめ大量のデータを準備しなければならない。しかもその分析作業を始める前には産業間の取引をすべて見積もっておく必要があり、これもかなり骨が折れる。たいていの学者はうんざりするところだが、レオンチェフはそんな作業が大好きで、気高い行為とさえ呼んだ。実際彼は、仲間の経済学者が理論的な発見ばかりに気をとられ、ぼんやり研究室の窓から外を眺めているだけで、経済の事実をじっくり収集しない姿勢を厳しく非難した。生産に関するデータを集め、そこに込められている意味を考え続けていなければ、投入産出分析の発明はとても不可能だった。

レオンチェフの発明は実にユニークで、経済を一枚の布のようなものと見立てた。様々な産業や地域を交互につなぐ糸が、複雑な模様を織り上げる。もうひとつ注目されるのは、レオンチェフがアダム・スミスやケインズやジョン・フォン・ノイマンの流れを汲んでいない点だ。ほかの多くの経済学者とは一線を画し、レオンチェフは経済に従来とはまったく異なる視点から取り組み、斬新なアイデアを表現するために新たな数学的枠組みを考案した。その結果、根本的に重要な問題に対する回答を驚くほどあざやかに導き出したのである。

経済史家は、投入産出モデルと〝経済表〟の類似点を指摘している。経済表は十八世紀半ばにフランス人医師フランソワ・ケネーによって考案されたもので、彼は一七五八年当時の農業と製造業の間のフローをおおよそ反映した表を作成した。ただしその発想には欠陥があった。製造業への偏見が強く、製造業は価値のあるものを生産できないと決めつけたのだ。製造業は材料を加工したりツールを組み立てたりはできるが、ゼロから何も創造できない点を強調したのである。すべての価値は農業から創造されるとケネーは考えた。こんな理論を歓迎するのは農民ぐらいだろう。ほかの人にはあまり説得力がない。せっかくの投入産出表が話題にならなかったのは、製造業に対するケネーの偏見のせいだ。理由はともあれ、一九三〇年代にレオンチェフが登場するまで、このコンセプトはほとんど顧みられなかった。

狭い範囲の投入産出表でも、作成には大量の情報が必要で、分析にはいくつもの計算をしなければならない。レオンチェフがハーバード大学で最初に取り組んだプロジェクトはアメリカの四二の産業に限定されていたが、それでも各産業間、さらには産業内でのあらゆる取引を含めると、一七六四項目にもおよんだ。中間の取引の多くはゼロと見なされるが、それでも実際にはかなりの数が算入項目として残り、何千回も計算する羽目になる。今日なら、そんな厄介な計算もコンピューターがやすやすと処理してくれるが、一九三〇年代ではそういうわけにもいかない。レオンチェフも一九三五年には最先端の計算機を使うようになったが、これは電子式ではなく機械式だったため、結局は多くの作業が大学院生の手に委ねられた。

第二次世界大戦中、レオンチェフは戦略諜報局OSSに所属して、米国労働省のために九二部門にまたがるモデルを考案した。投入産出で取り上げる産業や部門の数が増えるほど、モデルは複雑さを増していく。たとえば小規模な投入産出モデルの場合、輸送機関はひとつの部門として取り上げるが、詳しいモデルでは鉄道、航空、水上輸送、トラック運送などに分かれる。一九四三年、レオンチェフは初の本格的な電子コンピューターとして登場したマークIを使えるようになり、計算作業は大幅にスピードアップした。

この新しいツールを使った分析結果は、重要な問題をさっそく解明した。たとえば枢軸国の降伏以前から、終戦後の突然の動員解除は大恐慌再現の引き金になるのではないかとささやかれていた。平和が訪れた一九四〇年代に政府の需要が減少すれば、それがめぐりめぐって産業経済に悪影響をおよぼし、大恐慌の時代に逆戻りするのではないかと指摘されていたのである。投入産出モデルを使った高度な分析は、そうした懸念を和らげるのに一役買った。そして実際、不吉な予想は実現しなかった。政府が戦時中の支出の一部を冷戦の準備に振り替え、消費者経済が活況を呈したからである。朝鮮戦争に備えた再軍備など政治問題がもたらす経済効果にも、投入産出モデルは現実的な洞察を導き出した。

一九四八年には、レオンチェフのモデル構築作業は順調だった。ハーバード大学で始められた研究プロジェクトは二〇人のスタッフを擁し、パンチカード方式のIBMの初期型コンピューターも新たに導入された。さらにフォード財団とロックフェラー財団から資金提供を受けていた。一時は空軍からも資金を提供されていたが、経済計画の有効性に疑問を抱いたアイゼンハワー政権によってカットされた。

投入産出分析モデルも発明当初は、その目的をめぐって不安の声があった。この計画ツールはロシアや中国のような共産主義国家にとって、よりふさわしいものではないか。公共政策の変更に際し、市場経済の反応を予測するツールとして役立つだろうか。集めたデータを分析すれば、いかなる国の経済への理解も深まるのか。三つとも答えはイエスだ。社会主義国家の計画ツールのような印象を持つ人もいるし、市場経済についての疑問に答えるために利用できそうなツールだと考える人もいる。実際、経済システムが異なる様々な国に応用できる柔軟性が、投入産出モデルの魅力となっている。

レオンチェフの初期モデルには欠点があった。需要と供給の変化が引き起こす価格変動や、技術革新による効率性の改善が十分に考慮されていなかった。最終的に改善されて限界を克服したモデルは、さらに複雑さを増した。

私は一九七〇年代にイリノイ大学のアーバナ゠シャンペーン校の大学生だった頃、投入産出モデルを使ってエネルギー危機の様々な解決策を分析する研究グループに遭遇した。

解決策のなかには実に奇抜なアイデアがあった。太陽電池で作られた巨大な宇宙ステーションを打ち上げ、電磁波を介して地上の受容器に太陽エネルギーを供給するというものだ。さっそく投入産出モデルで分析した結果、そんな集電器を建設して打ち上げるエネルギーのほうが、集電器の生み出すエネルギーを上回ることが明らかになった。投入産出分析は、こんな疑問にも答えられるユニークなモデルである。

投入産出分析は、産業間の取引を細かく記録するだけのモデルとしても十分に役立つツールだが、もちろん機能はそれに限定されない。ある産業で生産量が増加されると、それを支えるためには他の産業から全部でどれだけの投入が必要になるか、簡単な数学的操作によって算出できるようになる。たとえば、ニューヨーク市内に一〇〇万ドル相当のオフィス空間を新たに建設する計画があったとしよう。そのとき鉄鋼、ガラス、塗料、労働力などの直接投入がどれだけ必要とされるか、正確に把握することができる。では、鉄鋼を生産するために必要な石炭と鉄はどうなるか。投入産出モデルでは、こうした〝間接投入〟の量も具体的に確認できるのだ。[*18] ほかの経済モデルでは、ここまで細かい疑問には答えられない。

ほかにも投入産出分析は、経済の変化が雇用におよぼす影響の評価にも使われている。たとえば国防省がどこかの軍事基地を閉鎖すれば、地元や地域の雇用に影響がおよぶと考えられる。大きな活動の例に漏れず、軍事基地では財やサービス、たとえば食材や航空機の燃料などが投入される。軍関係者が地元でお金を使えば、それによって仕事や収入が生まれるだろう。基地が閉鎖されれば購入の機会が消滅し、結果として地元ではそれに関連した雇用の機会が奪われる。このような影響を評価するためにも、投入産出分析はしばしば利用される。もちろんこの場合には、地元や地域の産業を含めた形にモデルを修正しなければならない。レオンチェフも指摘しているが、理解するためにはさらに多くの事実が必要になる。

レオンチェフは一九七三年にノーベル賞を受賞した頃、環境問題の調査に取りかかったところだった。そのわずか六年前には、大気汚染防止法が議会を通過していた。一九六〇年代には環境汚染に関心を持つ人などほとんどいなかったが、七〇年代になると大きな問題として取り上げられるようになったのである。その結果、新しい疑問がいろいろと生じていた。最も環境を汚染するのはどの産業か。有害物質の排出量の削減を強制されたら、こうした産業はどうなるのか。汚染の発生源として特定された産業からの産出に頼る企業は、どんな影響を受けるのか。さらにレオンチェフは、先進国で環境問題に関する規制が実施されたら、有害物質の排出を伴う生産活動が後発国に移行するのではないかとも考えた。そしてそうなったら、世界の貿易や雇用にどんな影響を与えるか。こうした疑問に答えるため、レオンチェフはさらに新しい投入産出表を構築した。貿易取引や産業間の取引を世界規模で表したモデルは、従来よりもさらに複雑になった。レオンチェフは一九七三年のノーベル賞記念講演の機会を利用して、当時進行中だったこの研究について説明し、投入産出モデルが今日の世界で実際に役立つことを納得できる形で示した。

一九七三年の経済学賞選考委員会の報告によれば、投入産出表を経済の計画や予測のために利用している先進国は五〇カ国におよんでいた。中国は一九八〇年代から工業化に取り組み始めたが、経済計画の立案にこのモデルを役立てている。そして現在アメリカは、世界で最も包括的かつ高度な投入産出モデルを採用している。たとえば九七年の投入産出表は四九八の産業を取り上げているが、そこには前回九二年の表にはなかった九五の新しい産業が加わっている*19。

投入産出表は、ほかの経済統計の準備や検証にも使われている。特にアメリカ商務省の経済分析局は、GDPや物価指数など国民所得勘定に関連する数字を計算するための貴重な情報として、投入産出表を役立てている。アメリカの経済動向を把握し予測していく経済統計において、投入産出表はいまや欠かせない存在になっている。

ある意味、レオンチェフはハーバード大学教授の典型といってもいいだろう。オペラのファンで、上質のフランスワインを好む。週末にはバーモント州北部の別荘に家族と出かけ、投入産出分析に劣らず情熱をかたむけているカワマスのフライフィッシングを楽しむ。しかし一九六〇年代、彼は年配の教授たちとの関わりを避け、若手の教授たちとの交流を深めていた。「リベラルな集団」と呼ばれる若手は、反ベトナム戦争の思いをレオンチェフと共有していたのだ。レオンチェフはニクソン大統領にもきわめて批判的だった。「短期的なプログラムはうまく機能していない。そして残念ながら長期的なプログラムは、すでに多くを所有している人間にとって有利なものにしか思えない」と報道陣に語った。[*20] さらに、ハーバード大学経済学部はマイノリティの教授をもっと採用し、見解の多様化に努めるべきだと提言し、そのためには過激な思想を持つ経済学者を雇ってもかまわないとまで発言した。教師はきちんと教えず、研究者はきちんと研究しないような大学院のプログラムが役に立つとは思えなかったのである。研究室から出て「物事をきちんと考えるようになれば」、経済学者はもっと役に立つことができると考えた。[*21] 実際の観察にもとづかない経済理論の価値には、常に懐疑的だった。

多くの政治家や経済学者、そしてハーバードでのレオンチェフの教え子を含む経済学部の学生は、反政府的な傾向が強く、しかも自由市場を支持する気持ちも同じように強かった。これはレオンチェフを悩ませた。一九九二年には〈ニューヨーク・タイムズ〉に寄稿した署名記事のなかで、アメリカ人は政府への信頼を失い、リストラの進行に無関心だと嘆いた。さらに、アメリカ人の雇用を犠牲にして起業家は富を膨らませているのに、なぜ政府は見過ごすのだと訴えた。[*22]

一説によれば、レオンチェフは一九七一年にニューヨークでエレベーターに乗っているとき、ロシア風の名前を持つハーバードの経済学者がノーベル経済学賞を受賞したという話を小耳にはさんだ。あわてて新聞を購入するが、そこにはロシア風の名前のハーバードの経済学者といっても別の人物、サイモン・クズネッツの名前が記されていた。[*23] ノーベル賞を単独受賞して賞金一二万一〇〇〇ドルをもらうまでには、さらに二年待たなければならなかった。

ノーベル賞受賞の知らせを受けて、〈ニューヨーク・タイムズ〉はレオンチェフの経済学に対するユニークなアプローチについて社説で論じた。理想化された人間の行動にもとづいて方程式を発明する代わりに実体経済との関わりに強くこだわり、企業の実像を正確に表現するモデルを構築した功績がそこでは紹介された。レオンチェフは、現実との関わりを持つ情報というのはカナの婚礼で振舞われるワインのようなもので、実際に役立つのだよと断言した。「それは決して尽きることがない……同じアイデアが一度に大勢の人の役に立つ。客がいくら増えても心配はいらない。ほかの人に情報が提供されても、自分が受け取る量が減ることはないのだから」[*24]。一九九九年、レオンチェフは九十三歳でこの世を去った。

レオニード・V・カントロヴィチ（一九七五年受賞）

ソ連で経済学者が研究を続けることは、アメリカやヨーロッパよりもはるかに厳しい。

一九一七年の革命を経て誕生したソ連は、経済の成長と繁栄を実現するために包括的な経済計画の作成を目指した。ソビエト経済の複雑さを考慮するなら、これは不可能とは言わないまでも途方もない作業だった。そしてこの分野のリーダーのひとりは、実際には経済学者というよりも、とびきり優秀な数学者だった。彼の名はレオニード・V・カントロヴィチ、スターリン時代の一九三〇年に学者としてのキャリアを始め、後に線形計画法と呼ばれる数学のテクニックを発明した。すでに一九三九年、彼はある工場の生産を最適化する任務を与えられ、その作業を通じて問題と解の概要を明らかにした。これはアメリカで同様のモデルが考案されるよりも早く、しかも内容が高度だった。

線形計画法とは何か。これは様々な制約条件下でコストや利益などの変数を最大化または最小化するための数学的テクニックである。制約条件が一次式で表され、グラフ上では直線になることから、この名前がついた。最初の研究でカントロヴィチは、工場の生産高の最大化につながるような、工作機械の最適割当量の計算に取り組んだ。決してわくわくするような内容ではないが、きわめて現実的である。[*25] 経済問題のなかには、シンプルに見えても条件が増えると複雑になっていくものがある。線形計画法の問題でも何百いや何千もの方程式が導入されるケースは見られるが、幸い方程式の数が五つでも五〇〇でも、解を出すための標準方式は変わらない。

カントロヴィチのテクニックは個別の工場が対象となるようなミクロレベルの問題解決

に役立つが、産業全体、さらには経済全体がかかわるマクロレベルの問題解決にも効果を発揮した。たとえば製造、輸送、小売販売をサポートするための電力の最適配分も、線形計画法の問題として解を出すことができた。

残念ながら一九三〇年代のスターリン政権時代のソ連は世界から孤立していたため、カントロヴィチのせっかくの発見もアメリカでは知られず、やがて同じような問題と解がつぎつぎに発見された。後日、アメリカで研究をしていたチャリング・クープマンスがカントロヴィチの研究に気づき、彼の奔走によって論文が英語で発表される運びになったが、すでにアメリカ人研究者が独自に一般線形計画法を考案した後のことだった。特にジョージ・ダンツィクが発明した方法は単純で、エレガントな解だと評価された。それでもカントロヴィチがノーベル賞を受賞したのは、線形計画法のパイオニアとして認められたからである。

数理経済学はソ連の経済計画に欠かせない要素になるが、一方でカール・マルクスとはずいぶんかけ離れた学問でもあった。そもそもカントロヴィチは、ひとつの計画に何もかも詰め込むやり方には反対で、分散型の意思決定のほうを好む傾向があった。しかしそんな考え方はソ連、それも特にスターリン政権下では非難されるどころか危険ですらあった。さらに、カントロヴィチは重要な事実を認識するようにもなった。計画経済ではかならずしも認められない類の価格の存在を考慮しなければ、意思決定が不可能なケースが出現したのである。たとえばソビエトの指導者は、賃貸料や金利を好まなかった。労働者階級を搾取するための資本主義者のツールだと考えていたのだ。

ここでカントロヴィチはジレンマに直面した。彼のモデル構築において、資本は何らかの価格を与えられる必要があった。さもないと、分析は意味を持たない。資本が無料では、希望する量に限界がなくなってしまう。金利、もしくは何らかの指数をモデルに導入すれば技術的な問題も解決できるが、それでは共産党員の同僚から目をつけられ、「マルクスを否定するブルジョア的な科学」に近すぎると非難されるだろう。[*26] そこでソビエトでの批判を和らげるために、カントロヴィチは「ブルジョア的な」コンセプトを使うときには「金利のような指数に果たして存在する権利があるかどうかは、明言はできないし議論の余地もある」と但し書きをつけた。一九七五年のノーベル賞記念講演でも同じ発言を繰り返したほどだ。[*27]

結局、数理経済学や線形計画モデルの助けを借りても、ソビエト経済はあまり効率が上がらなかった。ソビエトでは権力分散が十分になされず、市場の力も十分に活用されなかったため、現代の経済の規模や複雑さに対応できなかったのである。実際、経済のなかには中央集権的な計画に適さない部門が多い。たとえばサービス産業は人間関係に頼る部分が大きく、中央の計画立案者が呪文を唱えればすぐに願いがかなうわけではない。これらの部門での細かく複雑な作業には最高の計画立案者でさえ圧倒されるほどで、実際に圧倒されてしまった。カントロヴィチの名誉のために指摘しておくが、彼は限界を認識して権力の分散を提唱したが、耳を傾ける人はほとんどいなかった。カントロヴィチはいまによくなると楽観していたが、計画立案のプロセスについては「不満だらけ」だったと認めている。[*28]

カントロヴィチは一九一二年一月十九日にサンクトペテルブルク(レニングラード)で生まれ、ロシアの十月革命が始まったときには五歳だった。身の安全を確保するため、両親は彼を一年間ベラルーシに避難させた。すでに若い頃から、カントロヴィチは学問に目覚しい才能を発揮する。十四歳でレニングラード大学の数学科に入学し、四年後の一九三〇年に卒業した。さらに四年後には最高位の教授となり、その一年後にソ連で学位が正式に復活すると博士号を与えられた。[*29]

カントロヴィチは一九三〇年代、産業建築工学研究所に所属して抽象的な数学教育を実践の場で生かす一方、プライウッド・トラスト研究所のコンサルタントを務めた。どちらも平凡な印象のポストだが、カントロヴィチはこの機会を利用して「乗数を分解する方法」、すなわち線形計画法を発明したのである。数学の言葉を使えば「凸多面体上で線形関数を最大化する問題」となる。[*30] この時期のカントロヴィチは、一九三五年にモスクワで開催された位相幾何学会議に出席した著名なアメリカ人数学者と交流するようにもなった。そのなかにはアルバート・W・タッカーやジョン・フォン・ノイマンも含まれる。線形計画法に関するカントロヴィチの最初の刊行物として注目されたのが、『生産計画と組織編成に関する数学的手法』というタイトルの小冊子で、一九三九年にレニングラード大学出版から発行された。

カントロヴィチの功績はソ連で認められなかったわけではない。ノーベル賞を受賞したのは一九七五年だが、すでに一九四九年に数学での研究成果によってスターリン賞を、六五年には科学への偉大な功績を認められてレーニン賞を受賞していた。妻のナタリーは物理学者で、ふたりの子どもたちはどちらも数理経済学者になった。カントロヴィチは一九八六年、七十四歳でこの世を去った。[*31]

チャリング・C・クープマンス（一九七五年受賞）

コウルズ委員会は多くのノーベル経済学賞受賞者を輩出したが、そもそもは現実的な目的のために始められた。創設者のアルフレッド・コウルズはコロラド州で株式仲買人として財をなしたが、自分も同僚も一九二九年の大暴落をもっと正確に予測していればよかったと思わずにはいられなかった。将来をきちんと予測する手段があれば、いきなり足元をすくわれることは二度とないだろうと、シカゴ大学に自らの名前を冠した委員会を設立した。[*32] やがて彼の慈善事業はアーヴィング・フィッシャーやラグナル・フリッシュが結成した計量経済学会に資金を提供するようになり、抽象的な数理経済学の発展を促した。

ただし、誰もがこの新しいアプローチの価値を信じているわけではなかった。そのひとりミルトン・フリードマンは、コウルズ委員会の研究戦略に強く反対した。彼の経済理論も数学的だったが、そこには筋書きがあって、最後は具体的な政策提言が導かれる。これに対し、コウルズ委員会はもっと抽象的なテクニックを奨励した。コウルズ委員会（現在はコウルズ財団）が一九五五年にシカゴ大学からイェール大学に移ったのは、フリードマンの執拗な反対のせいだったとも報じられた。

一九八三年に行なわれたコウルズ委員会の創立五〇周年の式典には、六五人のOBが駆けつけたが、ノーベル経済学賞受賞者と未来の受賞者が合わせて二〇人ちかくも出席していた。[*33] そのひとり、チャリング・クープマンスは、物理学者から経済学者に転身したオランダ人である。クープマンスが最初に発表した論文のテーマは量子力学で、オランダの著名な物理学者ヘンリク・クラマースとの共同研究にもとづいていた。しかし彼は大学院に進むと次第に大恐慌やマルクス経済理論に興味を移し、最後は数理経済学に魅了された。そして将来のノーベル賞受賞者ふたりの影響を受けて、経済学を本格的に学び始めたのである。ひとりは彼と同じく物理学者から経済学者に転じたオランダ人のヤン・ティンバーゲン、そしてもうひとりはラグナル・フリッシュ。一九三六年、クープマンスはライデン大学で博士号を取得した。

第二次世界大戦の最中、クープマンスは将来ノーベル賞を受賞するための土台を築いた。当時彼は、首都ワシントンに拠点を置くイギリスの船荷調整局に雇われていたが、アメリカとイギリスの間の物資の大量輸送に関する研究を任された。当時ここでは日程もルートも積荷も、効率的に計画されているとは言えなかった。そこで、クープマンスは輸送活動を一連の線形方程式で表して、数学的な解決を図った。こうして一九四〇年代の初めに完成された公式を当初クープマンスは「アクティビティ・アナリシス（活動分析）」と呼んだが、後に線形計画法と改名された。四〇年代の終わりになるとクープマンスはコウルズ委員会に所属しながら数学的アプローチの研究を続け、輸送にかぎらず一般的な問題を取り上げるテクニックを発達させた。同じ問題の多くがすでに一九三〇年代、ロシア人数学者レオニード・カントロヴィチによって解明されていた事実は、そのとき知る由もなかった。

当初、線形計画法による問題解決を経済学と見なすことには一部から疑問の声もあがった。ある意味、これは企業にとっての技術的な問題としての意味合いが強かったからだ。このテクニックを使えば、価格やコストや生産量の制約を考慮した上で最も効率的な活動や最も利益のあがる業務を決定することができた。ノーベル賞受賞スピーチで、クープマンスはA・C・ピグーのつぎの言葉を引用した。「毛織物業者に毛織物の作り方や販売方法を教えたり、醸造業者にビールの造り方や販売方法を教えることは経済学者の仕事ではない」[*34]。しかし何か興味深い問題を見つけたら、物理学者も数学者も、いや、経済学者だってそれがどの学問分野に当てはまるか特に気にしないものだ。線形計画法を広範な経済問題に応用することで、クープマンスはこの新しいツールの用途を広げた。

こうしてクープマンスは線形計画法問題の定式化に貢献するが、のちに最も効率的な解法として評価される単体法は、ジョージ・ダンツィクによって発明された。一九四〇年代後半、ダンツィクが解法の研究に取り組んでいたころ、ふたりはこの問題について何度か話し合っている[*35]。バークレーで博士号を取得した統計学者のダンツィクは、第二次世界大戦中にアメリカ空軍の物資補給・要員育成プログラムに関わっている最中にこの着想を得た。彼にこうした問題を解決する準備が整っていたのは、数学の教授だった父親から高校時代に幾何学の問題をたくさん与えられていたからだ。おかげで分析スキルが磨かれたとダンツィクは信じていた。

ダンツィクに関しては、真偽はともかく数学の分野で有名な逸話が残されている。バークレーの大学院に在籍中、イェジ・ネイマンの下で統計学の研究をしていたときのことだ。ある日、遅刻したダンツィクは黒板に書かれたふたつの問題を書き写した。そして数日後、宿題に長い時間をかけて申し訳ありません、ふだんより難しかったようですと言って解答をネイマンに提出した。それから数週間後の日曜日の午前八時、ネイマンがダンツィクの自宅の扉をノックした。ネイマンは、ダンツィクの宿題の解答から論文のアイデアがひらめいたと興奮の面持ちで語った。実は六週間前にダンツィクが遅刻したとき、ネイマンが黒板に書いていたのは統計学の分野で未解決の重要なふたつの問題だった。そのうちのひとつをダンツィクは見事に解き明かしたのである。しかし、一九四七年に彼が線形計画法の解法として発明した単体法の素晴らしさは、それをさらに上回った。

この単体法の最初の応用例のひとつが食事の最小費用の正確な計算で、おおよその値はすでに一九三〇年代、ノーベル賞受賞者ジョージ・スティグラーが割り出していた。ところが、カントロヴィチとクープマンスは線形計画法での功績を認められてノーベル賞を受賞したのに、ダンツィクは選ばれなかった。その結果に一部の同僚は驚き、腹を立てた。[*36]

クープマンスは第二次世界大戦が西ヨーロッパにも広がってきた一九四〇年六月、妻と生後六週間の娘を連れてオランダを後にした。そしてプリンストン大学の教授の紹介で、首都ワシントンにあるイギリスの船荷調整局でアナリストとして採用された。やがてこの任務が終わると、ヤコブ・マーシャクの誘いでシカゴ大学のコウルズ委員会に参加して、キャリアの終わりまで関わり続けた。一九四八年にはマーシャクの後を継いで委員長に就任し、コウルズ委員会が五五年にコウルズ財団と改名されてイェール大学に移ると、クープマンスも行動を共にした。当時はトービンが委員長を務めていたが、クープマンスは六一年から六七年まで委員長に復帰した。そして、最初のアルフレッド・コウルズ記念教授になった。クープマンスは一九八五年三月に没した。享年七十四歳。

第10章　ゲームオタクたち

ジョン・F・ナッシュ・ジュニア（一九九四年）
ラインハルト・ゼルテン（一九九四年）
ジョン・C・ハーサニ（一九九四年）
ロバート・J・オーマン（二〇〇五年）
トーマス・C・シェリング（二〇〇五年）
レオニード・ハーヴィッツ（二〇〇七年）
エリック・S・マスキン（二〇〇七年）
ロジャー・B・マイヤーソン（二〇〇七年）

ノーベル経済学賞受賞者のうち八人は、ゲーム理論への貢献を評価された。ただしプリンストン大学の天才数学者で、ゲーム理論の父とも呼ばれるジョン・フォン・ノイマンはそこに含まれていない。経済学賞が創設される一二年前、五十四歳で没した。生前の彼は厳密な公理や証明に裏付けられた数学のコンセプトを考案し、シンプルで抽象的なゲームの分析にそれを応用した。数学において、ゲームの定義は非常に厳密である。ふたり以上のプレイヤーが関わり、勝ちか負けかの結果を伴い、行動の選択が求められることが前提となっている。たとえばフォン・ノイマンが一九二八年に発表した証明のひとつは、ふたりのプレイヤーが損失の最大値を最小化するための解を導出した。このゲームでは、損失が最小限になる戦略を選ぶために、プレイヤーはすべての選択肢を検討する。フォン・ノイマンは、解が存在するための必要条件を数学的に「証明」することに成功した。いわゆる〝ミニマックス定理〟である。

この最初の洞察を起点にして、フォン・ノイマンはプレイヤーを増やしたり確実性を弱めたり、ほかにも様々なバリエーションを考案した。そして十分な実例がそろったところで一九四四年、プリンストンの経済学者オスカー・モルゲンシュテルンとの共著で『ゲームの理論と経済行動』を上梓した。この出版によって現代のゲーム理論が誕生し、それをきっかけに、ほかの数学者はシンプルなゲームのバリエーションを探求していく。

ほかの誰かがゲーム理論を発明していたら、その目覚しい成果だけで賞賛されたことだろう。しかし発明者がフォン・ノイマンだったため、ゲーム理論は数多くの功績のひとつとして記されただけで、最も重要な功績とすらされていない。フォン・ノイマンといってまず思い浮かぶのは、現代コンピューターの発明と原子爆弾の開発である。そのついでに発明したゲーム理論など、輝かしい経歴のなかでは脚注程度のことである。

フォン・ノイマンが最初から数学の才能に恵まれていたことは疑いの余地がない。このハンガリー人の早熟な天才には、わずか六歳で八桁の割り算を暗算したという伝説も残されている。そんな彼の才能を教師たちはすぐに見抜き、どんどん上位の学校へと進ませ、ブダペスト大学で博士課程を取得したときは、まだ二十二歳の若さだった。彼は一九三〇年にプリンストン大学に採用され、三三年、同大学の高等研究所に参加した。同僚にはアルバート・アインシュタインと数学者クルト・ゲーデルがいた。

数学の天才に典型というものがあるとしたら、フォン・ノイマンはそれこそ型破りな人物だ。車を猛スピードで走らせることが大好きだったが、運転技術は天才というわけにはいかなかった。避けもせず木にぶつかって、木が飛び出してきたと、木のせいにした。さらに彼は「自分で何を話しているのかすらわからないのに、正確に話そうとしても無駄だ」といった辛らつな発言でも定評があった。

当初からゲーム理論は現実の経済問題とはほとんど何の関わりもなかったが、数学者は大いに注目した。ラインハルト・ゼルテン、ジョン・ハーサニ、ロバート・J・オーマン、レオニード・ハーヴィッツ、エリック・マスキン、ロジャー・マイヤーソンなど、難解な証明を理解して抽象的なゲームにすっかり魅了された数学者たちは、やがてノーベル賞を受賞した。ただしノーベル賞受賞者でもトーマス・シェリングは例外である。彼は数学的な要素を省き、ゲーム理論の戦略的な考え方を現実世界での競争にそのまま応用した。ゲーム理論は純粋数学と理論経済学の中間に位置するような学問だが、それを学問として発展させたのは主に数学者だった。その先駆者がジョン・ナッシュ、「ビューティフル・マインド」を持ったプリンストンの悩める数学者である。

ジョン・F・ナッシュ・ジュニア（一九九四年受賞）

経済学での研究成果で有名になった数学者は少ないが、私生活で有名になった数学者となるとさらに少ない。しかしジョン・F・ナッシュ・ジュニアはどちらでも有名になった。二〇〇一年の映画『ビューティフル・マインド』で、ラッセル・クロウが演じた天才数理経済学者のモデルがジョン・ナッシュである。若くして統合失調症という衰弱性疾患に冒され、三〇年後に回復するまでのストーリーを描いた作品は、最優秀作品賞をはじめ四つの部門でアカデミー賞を受賞した。ナッシュの生涯は、たしかに感動的なストーリーとしての要素が盛りだくさんだ。天才として無限の可能性を秘め、献身的な妻に恵まれ、マサチューセッツ工科大学（MIT）の教員になり、軍の情報機関で働き、精神の病に冒されたのちに回復した。無名のまま終わったかもしれない彼の生涯は、〈ニューヨーク・タイムズ〉の記者シルヴィア・ナサーが本にまとめ一躍有名になった。そして、この非凡な学者にノーベル賞を授与する気の利いた決断は、波瀾万丈のストーリーに感動的な結末をもたらした。

ナッシュは、およそヒーローとはほど遠い人物だった。病気の前も最中も友人付き合いはほとんど皆無で、反社会的な行動は数学の能力と同程度に有名だった。間違っても人柄の良さで成功した人物ではない。実際、ナッシュが頼れるものは数学の才能しかなかったが、それが桁外れの才能だった。では、どんな研究成果がノーベル賞の受賞理由として認められたのか。そう訊かれても、簡単には答えられない。とにかく彼の研究は抽象的なのだ。ナッシュをゲーム理論に引き寄せたのは、経済学ではなく数学だったことを思い出してほしい。

ノーベル財団に提出した経歴のなかで、ナッシュは自分の誕生を「法的に認められた個人としての始まり」という言葉で表現している。[*1] それは一九二八年、ウェスト・バージニアの小さな田舎町ブルーフィールドでの出来事だった。ナッシュは地元の公立学校の勉強では物足りず読書に精を出し、コンプトン百科事典や、まるで彼の未来を予見するかのようにE・T・ベルの名著『数学をつくった人びと』を読みふけった。高校生になると数学の並外れた才能は隠しきれず、フェルマーの定理のひとつを証明するほどだった（有名な最終定理ではない）。ブルーフィールド・カレッジの数学のクラスではみんなより頭ひとつ抜けた存在で、やがてピッツバーグのカーネギー工科大学に進学する。[*2]

当初ナッシュは化学工学を専攻するが、実験を続けるうちに興味が薄れ、数学科からの誘いに飛びついた。「アメリカでキャリアを成功させるのに、数学者は悪い選択肢ではないよ」といって、若きナッシュの心に訴えたのである。[3] 大して魅力的な誘いとも思えないが、これをきっかけにナッシュは専攻を変えた。そして一九四八年にはわずか二十歳でカーネギーを卒業するが、このとき数学の学士号のほかに、選択科目を通じて理学修士号も取得していた。[4] 選択科目でナッシュは国際経済学も受講していたが、彼が経済学で受けた正式な教育はこれだけである。

とかく数学者は短い表現を好むものだが、ナッシュのために大学院への推薦状を書いたカーネギーのR・J・ダフィンもその期待に応えた。「この男は天才である」という一言だけだった。[5] しかしこの一風変わった推薦状には十分な説得力があり、プリンストン大学のアルバート・W・タッカーはナッシュに奨学金給付研究員のポストを提供した。このときプリンストンのほかにハーバードも名乗りを上げていたが、タッカー教授の熱意に惹かれ、故郷のブルーフィールドと地理的に近かったこともあり、ナッシュはプリンストンを選んだ。

プリンストン大学はフォン・ノイマンや『ゲームの理論と経済行動』の共著者オスカー・モルゲンシュテルンが在籍し、ゲーム理論の中心地だったが、ここの数学科は全米屈指のレベルの高さを誇っていた。特に高等研究所の存在は、優秀な教授や大学院生を確保するのに役立った。一九四八年にナッシュがプリンストンのキャンパスにやって来たときには、ふたりの伝説的な人物、ジョン・フォン・ノイマンとアルバート・アインシュタインが研究所に所属していた。

ナッシュは伝統的な数学だけでなく、ふたりの知の巨人の専門分野、すなわちゲーム理論の経済への応用と量子力学の研究にも熱中した。経済学や物理学の専門教育を受けたわけではないが、こわいもの知らずの若き大学院生のナッシュがそのくらいでひるむはずがなかった。何とプリンストンにやってきてからわずか数週間のうちに、アインシュタインとの面会を申し込んで実現させた。素粒子が重力場を伝わっていくときに生じる摩擦についての持論を披露したかったのだ。じっくり話を聞いた後、アインシュタインはつぎのようにアドバイスした。「きみはもっと物理学を勉強するとよいね」[*6]。しかしナッシュはゲーム理論に没頭していく。

ナッシュはゲーム理論を学位論文のテーマに選び、一九四九年十一月には問題の解を見出して高等研究所に提出した。すべてはプリンストンの大学院生になってから一四カ月以内の出来事である。とにかく彼は先を急いだ。このときの学位論文には競争ゲーム、すなわち数学者が非協力ゲームと呼ぶ問題の解も含まれていた。非協力ゲームでは、プレイヤー同士であらかじめ拘束力のある契約を交わすことが禁じられるが、この問題の解が四五年後、ノーベル委員会によって評価された。数学では短い論文が標準になっているが、ナッシュの論文もわずか二七ページしかなかった。そのうち真ん中の一五ページは単に「ページ稼ぎ」だから、残りの一二ページはその分さらに重要だとハロルド・クーン教授は冗談まじりにいう。[*7]

ゲーム理論はナッシュの博士論文やノーベル賞受賞で中心的な役割を果たしているが、彼の学者としてのキャリアの中心ではなかった。実際、ゲーム理論の分野での重要な業績は、非協力ゲームならびに交渉問題における解の発見に限られている。その研究も、プリンストンを卒業する頃には実質的に終了していた。

数学のエリート街道をまっしぐらだったナッシュの人生は、一九五九年に三十一歳の誕生日を迎える頃に急ブレーキがかかった。もともと彼が受け持つクラスはまとまりが悪く、学生のためになるとは言えない内容だったが、この頃にはすっかり混乱していた。そして名誉あるシカゴ大学の教授のポストを打診されると、丁重に辞退したのである。理由はなんと南極の皇帝を依頼され、引き受けることにしたからだという。[*8] これをきっかけに彼の精神状態は悪化し、悲劇が始まった。輝かしいキャリアには終止符が打たれ、天賦の才能が未解決の問題を解き明かす希望も打ち砕かれてしまう。統合失調症の症状は深刻になり、理由のない恐怖や妄想や幻覚が彼を襲った。入院は長期間におよび、改善が見られてもすぐにまた戻ってしまった。病院にいないときはプリンストンの数学棟の周辺をうろついて時間を過ごすことが多く、ナッシュはファイン・ホールの怪人として評判になった。[*9]

ナッシュの貢献

ではジョン・ナッシュは一体何を発明し、それは経済学とどんな関係があるのだろうか。そもそもゲーム理論は、経済問題を解決するために考案されたわけではない。人間同士の対立を単純なシナリオやゲームで表現し、そこに科学的な解決法を当てはめるために数学者が進化させた学問である。こうしたアプローチの利点を最初に指摘したのは、十七世紀のふたりの数学者、クリスティアン・ホイヘンスとゴットフリート・ライプニッツだった。やがて一九一二年にエルンスト・ツェルメロが証明した定理は、ゲーム理論にとって重要な転機となった。この定理は、三目並べやチェッカーやチェスなどの有限ゲームに最適な解や戦略が存在することを証明するものだった。ここでは過去と将来の動きに関する完全な情報が必要条件になっていたので、例外なく適用できるとは言えなかったが、ツェルメロはゲーム理論を高度な数学のレベルまで確実に引き上げた。彼は一回のゲームに限って「最適」なベストの戦略を発見するだけではもはや満足できず、いつでも通用する最適な戦略が存在することの証明を目指し、ゲーム理論の学問としての発展に貢献した。ほかの人なら目の前のゲームについての戦略に頭を悩ませるところだが、ツェルメロの場合、勝利の戦略が存在するかどうかという一点に興味を集中させた。そしてそれは、さらに大きな疑問へとつながった。すべての種類の競争ゲームにとって最適戦略が存在するならば、競合するすべての人間関係についても最適戦略が存在するのではないか？[*10]

ゲーム理論にとって二度目の転機は一九二八年に訪れた。フォン・ノイマンが〈数学年報〉に「室内ゲームの理論」という論文を発表したことをきっかけに、ゲーム理論という新しい学問が誕生したのである。(ハロルド・クーンの引用によれば)ロバート・オーマンはつぎのように語った。「一九四〇年代末から五〇年代はじめにかけては、ゲーム理論にとって刺激的な時代だった。繭から誕生したばかりの学問が飛び立とうとして翼を羽ばたかせ、地上では巨人たちが闊歩していた」[*11]。これらの数学の巨人たちは、二人ゲームやn人ゲームの性質を解明するために知恵を絞った。〝協力ゲーム〟(強制力のある契約が存在する)か非協力ゲームか、〝純粋戦略〟か〝混合戦略〟か、結果に〝対称性〟(各プレイヤーにとって平等)があるかないか、解が〝唯一〟かどうか、〝支配〟戦略が存在するかなど、様々な条件が考えられた。こうしてゲームや戦略の平凡な活動に数学の複雑で曖昧な言語(位相数学)が導入されていった。数学者にとっては刺激的な経験だったかもしれないが、経済学者は訓練を受けていても理解に苦労した。

ではナッシュは、フォン・ノイマンの理論に何を加えたのか。最初にフォン・ノイマンが発見したのは二人ゲームの解だった。たとえば一〇〇ドルなど決められた総和をめぐっての競争で、いわゆるゼロサムゲームだ。勝者の取り分が増えるほど、敗者の失う分も増えていく。つぎにフォン・ノイマンは、三人以上のプレイヤーが一定のルールに従って行動するゲーム、いわゆるn人ゲームのケースについても分析した。たとえば取引を行なう機会があって、それが契約によって守られる状況の分析である。フォン・ノイマンはすべてのプレイヤーにとっての条件が改善され、全員が利益を分かち合えるような取引の成立に特に関心を持った。このような前提に何か修正を加えないかぎり、ナッシュはゲーム理論の新星として注目されない。そこで彼は、強制力を伴う契約の存在しない新たな状況を想定し、フォン・ノイマンの協力ゲームを非協力ゲームすなわち競争ゲームに作り変えた。そしてそこにn人ゲームと非ゼロサムゲームの前提を加えた結果、ノーベル経済学賞に値する理論が完成したのである。

ゲーム理論の発展は驚くほど地味な展開によって助けられた。これがなければゲーム理論は数学の世界だけでしか通用しない閉鎖的な学問のままで、ほかの学者からはほとんど注目されないで終わっていたかもしれない。種を明かせば、ひとりの聡明な数学者が巧妙なたとえを考案したのである。その人物、プリンストン大学の位相数学者アルバート・タッカーは一九五〇年の春、スタンフォード大学の心理学者たちにゲーム理論を説明してほしいと依頼された。そこでゲーム理論が妥当な学問であることを理解してもらうためのプレゼンテーション用に、〝囚人のジレンマ〟と呼ばれる非常にシンプルなゲームを発明したのである。[*12] このゲームには多くのバージョンが存在するが、どれも基本は同じで、ふたりのパートナーが容疑者として逮捕され、囚人となって隔離される。ゲーム（実際には尋問）のルールはあらかじめふたりに伝えられる。どちらの囚人も黙秘を貫いてパートナーへの忠誠を守るか、あるいは自白して相手を裏切るか、どちらかの行動を選ばなければならない。ふたりとも黙秘すれば、ふたりの刑期は短い。ふたりとも相手を裏切れば、どちらもやや長い刑期を同じだけ言い渡される。しかしひとりだけが裏切って自白すると、裏切り者は釈放される一方、相手のために黙秘し続けた容疑者には長い刑期が待っている。

この場合、パートナーが黙秘しようが自白しようが、どんなときでも合理的でベストの戦略は相手を裏切る選択である。[*13] パートナーが自白しないときに自白すれば、刑期が短くなるどころか釈放される。一方、相手が裏切って自白するケースでも、自白しておけば刑期が短縮されるのだ。相手の動きにかかわらず、裏切るほうが得になる。

囚人のジレンマの良いところは、〝ナッシュ均衡〟に代表されるゲーム理論の複雑なコンセプトがわかりやすく説明されている点だ。典型的な囚人のジレンマは、ふたりの囚人が関わる二人ゲームである。強制力を伴う合意があらかじめ認められないので、非協力ゲームである。さらに、ふたりの囚人の刑期の総和は常に同じわけではないので、非ゼロサムゲームでもある。さらに、合理的な人間にとっては裏切り戦略がベストの戦略なので、ナッシュ均衡〔訳注　自分だけ選択を変えても利得が大きくならず、お互いに戦略を変える誘因がない安定的な状態〕として通用する。ナッシュ均衡は、特定の戦略が明らかにほかよりも優れているときに発生するからだ。この均衡のコンセプトによって、ナッシュはゲーム理論に大きく貢献した。ただしナッシュ均衡は、常にこのようにシンプルな形をとるわけではない。ナッシュ均衡が存在しないゲームもあれば、数多く存在するときもある。囚人のジレンマの良いところは、均衡という抽象的な概念が存在していると同時に、シンプルな解がひとつだけ提供される点だ――合理的な囚人は常に裏切るべきだという解である。

囚人のジレンマのシンプルなストーリーは難解な数学的要素とは無縁なので、基本的なコンセプトを理解できるようになった多くの学者がその魅力に取りつかれた。実際、囚人のジレンマに対する興味は様々な学問分野で爆発的に増加して、何千もの論文が執筆された。

たとえば政治学者は、核兵器の問題にゲーム理論を応用している。ここでは、ふたつの超大国は軍拡競争か軍縮協定の二者択一を迫られる。相手が軍拡を選ぶのに軍縮協定を望む国はいないわけだから、囚人のジレンマは暗澹たる未来を描き出した――軍拡競争がまず避けられない。

心理学者も囚人のジレンマに興味を抱いたが、そこに独自のひねりを加えた。エピソードを一回に限らず何回も繰り返す形に修正し、ゲームの性質を大きく変化させた。最終的にどちらのプレイヤーも、相手を裏切る行為がいやになる展開を考えたのである。この繰り返しバージョンでは、裏切るより協力するほうが良い戦略のように見え始めてくる。プレイヤーがそれを理解するまでにどのくらいの時間がかかるのか、その点に心理学者は興味を持った。相手を「思いやり」「許す」戦略と、相手の真似をする「しっぺ返し」戦略と、どちらがベストかを考えたのである。

では経済学者はどうか。囚人のジレンマにどんな意味を見出したのだろう。なかには少数の企業で構成される市場の力学を理解するための手段として、囚人のジレンマを利用した学者もいる。競争するべきか協力するべきか、企業がジレンマに立たされるケースである。たとえば同じ市場に属するふたつの企業には価格を高く設定するか低く設定するか、ふたつの選択肢が考えられる。高い価格を相手に対する忠誠、低い価格を裏切りと見なせば、囚人のジレンマとよく似た状況が設定される。そして囚人のジレンマと同じように、ふたつの企業が合理的に行動するためには競争しなければならないという結論が導き出される。この結論は伝統的な自由市場経済学者に歓迎された。企業は常に競争するというアイデアが喜ばれたのだ。

では実際のところ、これはどの程度役に立つのか。囚人のジレンマは、現実の経済行動を正確に説明できるのだろうか。企業は常に低い価格をめぐって競争するものだろうか。もちろん違う。そういうときもあるが、そうでないときもある。残念ながらゲーム理論も、そこから生まれる囚人のジレンマのようなたとえ話も、実際の行動を予測するのに特にふさわしいとはいえない。囚人のジレンマは現実の生活のたとえにすぎない。創造力は刺激されるかもしれないが、現実の経済行動を予測するためのツールとしてはほとんど役に立たない。

当初、アメリカの空軍と原子力委員会は、ゲーム理論の価値に大きな期待を寄せた。ただし、フォン・ノイマンの二人ゲームに興味を抱いたわけではない。彼らが知りたかったのはチェッカーに勝つ方法、すなわちアメリカが冷戦で勝利をおさめる方法だった。しかし、ゲーム理論家からは大した貢献を期待できないことが次第に明らかになった。その良い例が、一九五一年の〈数学年報〉に発表されたナッシュの独創的な論文だ。ここで彼は、自分の証明を現実の世界での三人ポーカーゲームの事例に当てはめているが、カードは一枚、賭けは二ラウンドに限定されている。「ここで紹介する事例よりも」複雑なケースの分析は「近似算定法に頼らなければ不可能」だったからである。[*14]

ナッシュの研究の最大の貢献は、ゲーム理論の分野に有望な研究者が登場し、独創的な論文を発表するきっかけを作ったことである。フォン・ノイマンがナッシュのために扉を開け、今度はナッシュがほかのゲーム理論家のためにその扉を大きく開いたのだ。「われわれ研究者がゲーム理論で重要な疑問を見出す能力は、ナッシュの研究によって向上した」と同僚の数学者ハロルド・クーンは説明する。[*15] ただしナッシュの研究が経済学に革命をもたらしたかどうか、そもそも変化を引き起こしたかどうかはわからない。シカゴ大学の保守的な経済学者ジェイコブ・ヴァイナーはいう。「ゲーム理論がチェスのようなゲームすら解決できないなら、何の役に立つというのか。経済学はチェスよりもはるかに複雑である」[*16]

公平を期するために、ナッシュ均衡やフォン・ノイマンの原理は実際に応用されていることを指摘しておきたい。たとえばブラウン大学のイグナシオ・パラシオス＝ウエルタは、サッカーのペナルティゴールに注目した。キッカーとゴールキーパーのふたりがふたつの基本的な選択を求められるシナリオは、本質的に非常にシンプルなゲームであることに興味をそそられたのである。キッカーは左右どちらを狙ってもよいし、キーパーは左右どちらに備えてもよい。ボールと逆方向にキーパーが動けば得点するチャンスは高くなるが、同じ方向に動けば得点のチャンスは低い。大体において、右が利き足のキッカーは〔より狙いやすい〕キーパーの右側を狙う頻度が高く、左が利き足の場合はその逆になる傾向が強い。しかし、どのキッカーもほかの選択肢を取り混ぜてキーパーを惑わせようとするものだ。ここではゲーム理論から、ふたつの控えめな予測ができる。まず、均衡状態では、キッカーは左右どちらを狙おうとも、得点するチャンスは同じでなければならない。もしそうでなければ、キッカーはより得意とする方向〔右利きならキーパーの右側、左利きならその逆〕に蹴る回数を増やして、確率を均衡状態に近づけるはずだ。そして二番目に、キッカーは複数の選択肢を取り混ぜて、動きに一定のパターンが生じないように工夫しなければならない。パラシオス＝ウエルタは、ヨーロッパのプロサッカーの試合で一九九五年から二〇〇〇年にかけて記録された一四一七本のペナルティキックに関するデータを集めた。その結果、実際の試合結果は予測どおりであることを突き止めたのである。[*17] しかしヴァイナーの指摘にならっていえば、経済学はペナルティキックよりもはるかに複雑である。

交渉問題

ナッシュの二番目の貢献は、二人の当事者間の交渉を数学の問題として解を見出したことである。この「発見」を理解するために、従業員の給料について交渉するふたりの当事者を考えてみよう。従業員は年間の給料が四万ドルでも喜んで働く気持ちがあるが、できれば五万ドルを受け取りたい。対する雇用主は五万ドルを支払ってもよいが、できれば四万ドルで抑えたい。この場合、最終的な給料はどうなるだろうか。

このケースでは、結果は数学的には決まらない。ひとつではなく、多くの解が可能になるからだ。具体的には、給料は四万ドルと五万ドルの間のどこかで落ち着く。こうしたタイプの交渉は実生活のあちこちで見かけられるが、少なくとも数学的には結果が不確定なため、経済学者は目を向けない傾向が強い。

二人の当事者による交渉の不確定性には、一八三〇年代にオーギュスタン・クールノーが最初に注目した。[*18] そして一八八〇年代、オックスフォード大学のフランシス・エッジワースがふたつの変数を使ってこの問題に取り組んだ。[*19] 先ほどの例では、給料と利益というふたつの変数をめぐる問題になる。この場合、合計値を一定にしたままでは最適解が得られないことをエッジワースは明らかにした。つまり、給料と利益の一部をやりとりしても、双方にとって満足できる結果は導き出されないわけだ。洞察としては評価できるかもしれないが、これでは問題の解決には役立たない。それに数学的な解が得られなくても、こうした問題の解決に日々取り組んでいる交渉者は困るわけではない。交渉の結果は数学というよりも、交渉者のスキルや経験を含めた人間性に頼る部分が大きい。

しかし、難問に直面してもナッシュはあきらめるタイプではなかった。交渉にひとつだけ固有の解を導出するため、いくつかの数学的条件を取り入れることにした。具体的にはコンパクトで凸な部分集合、そして何よりも対称性が重視された。[20]こうしたシンプルな前提は、現実世界を扱う経済学よりも数学にふさわしい。たとえば、交渉問題で対称性が優先されるのはなぜか。最終的な結果が常に二人の当事者間の完全なバランスにもとづいているのはなぜか。ナッシュの交渉モデルでは対称性によって単独の解が保証されるからだ。しかし実際のところ、それは経済学であまり意味を持たない。アインシュタイン級の巨人が経済学にいたら、若きナッシュにもっと経済学を勉強しなさいとアドバイスしただろう。しかし、ナッシュは評判の悪い「交渉問題」に対して自らの「解」を書き上げ、経済学術誌に発表された解は仲間の数学者から賞賛されたのである。

一九五九年以降、精神的な病に冒されたナッシュの人生は想像を絶する悪夢のような毎日の連続だったが、やがてふたつの不思議な出来事が彼の身に降りかかった。ひとつは、八〇年代に入ってナッシュの病状は快方に向かい、九〇年代はじめにはかなり精神状態が安定した。非常に稀ではあるが、統合失調症から回復するケースはゼロではない。ナッシュは悲劇的な病から解放された一握りの幸運な患者のひとりになった。[*21] そしてもうひとつの出来事は一九九四年に訪れた。この年、スウェーデンの経済学賞選考委員会はゲーム理論に貢献した学者たちを受賞者に選んだが、受賞者のリストにはジョン・ナッシュの名も含まれていたのだ。〔訳注　ナッシュは二〇一五年、アーベル賞授賞式のために滞在していたノルウェーから夫妻で帰国中、交通事故に遭い死去。享年八十六歳〕

ラインハルト・ゼルテン（一九九四年受賞）

ノーベル経済学賞を受賞したドイツ人はラインハルト・ゼルテンただひとりである。ゲーム理論の功労者として一九九四年、ジョン・ナッシュやジョン・ハーサニと共に選ばれた。メルスンゲンの高校生だったとき、ゼルテンは一九五一年頃に出版された雑誌〈フォーチュン〉でゲーム理論に関する記事をたまたま目にした。興味が高じてフォン・ノイマンとモルゲンシュテルンの共著『ゲームの理論と経済行動』を読むと、たちまちその内容に魅了される。結局彼は、学者としてのキャリアのほとんどを数学的なゲームのバリエーションの考案に費やし、その合間に実験を行なって、研究結果を実際の人間の行動と比較した。

ゲーム理論が誕生した頃には難問が山積していたが、なかでも特に難しい問題があった。

ごくシンプルなゲームでも、しばしば複数の解が存在したのである。これは実に厄介な問題だった。たくさんの結果が考えられるのに、そのすべてが同じ可能性を持っているというのは、やはり数学者にとって都合が悪かった。ゼルテンは、多くの解から一部を取り除いたことを評価され、その功績によってノーベル賞を受賞した。この手間のかかる選別作業を、ゼルテンは〝部分ゲーム完全均衡〟と呼んだ。難しそうだが、要するに信頼できない戦略が取り除かれた状態である。信頼できない戦略とは、自分が勝てる見込みもないのに価格戦争をちらつかせて脅しをかけるようなケースである。そうした戦略を取り除いて数を絞り、可能性のある解だけを残したのがゼルテンの革新だった。選考委員会のカール・ゲラン・メーラーはゼルテンの貢献をつぎのようにまとめた。「実体のない脅威や約束をゼルテンが排除したおかげで、結果に関する予測の精度は高められた[22]」

そんな発見が人間の幸福にとって実際にどれだけの意味があるのだろう。わずかではないか。そもそもこれを発見と呼ぶことにも無理がある。このコンセプトはすでにハーバード大学のトーマス・シェリングが確認しており、「信憑性」という名で呼ばれていた[23]。実際、シェリング以外にも複数の経済学者が信憑性の問題を取り上げている。ただし、数学の視点から正確に表現したのはゼルテンが最初だった。

ゼルテンは、ナチス政権下のドイツから幸運にも脱出した。戦争が始まるとラインハルト少年の状況は悪化する一方で、ユダヤ人という理由でドイツ人の高校から閉め出された。

そんななか、一家はブレスラウを出発する最後の列車に乗り込んで、かろうじて脱出に成功したのである。その後はオーストリアのサクソニアで難民として暮らし、ヘッセンに移ってからドイツに帰国する。帰国後、ゼルテンはメルスンゲンの高校を卒業してフランクフルト大学のカレッジに進み、一九六一年に博士号を取得した。

ラインハルト・ゼルテンは一九九四年のノーベル賞で「非協力ゲーム理論の裾野を大きく広げた」功績を評価された。そしてノーベル賞記念講演の機会を利用して、彼はもうひとつの革新的なモデルを紹介した。「有限多段階ゲームと遅延型スーパーゲーム」に立脚したモデルである。やや乱暴になるが一言で表現するなら、多くの決断が必要とされるゲームがスーパーゲームである。決断を下すのは同時でも、結果の出る時期にばらつきがあるので遅延が生じるという発想である。これもまたゲーム理論の数学的なバリエーションのひとつにすぎず、経済学への応用は考えにくい。むしろ純粋数学の領域に属する。

一九九四年のノーベル経済学賞を報じた新聞記事は、ゲーム理論やゼルテンの発見が実際にどんな意味を持つのか説明に苦慮した。〝ナッシュ均衡〟や部分ゲーム完全均衡をどのように説明すれば、一般の人たちに理解してもらえるだろうか。結局のところ明確に理解できなかった新聞記者たちは、重要だという事実を誇張するしかなかった。よくわからないが、とにかくノーベル賞なのだ。たとえば〈ビジネスライン〉の記事は、ゼルテンの理論の影響に「経済学は圧倒されるばかりだ」という表現を使った。[*24]そして〈エコノミスト〉の記者は、ゲーム理論が「経済学の一分野である産業組織論に革命をもたらし、産業組織論に関連する多くの主題、特に金融政策と国際貿易に影響をおよぼした」と記した。[*25] しかし実際に理論やその応用について説明しようと思っても、実例はほとんど見つからなかった。〈エコノミスト〉さえ、つぎのような結論を下している。「目下、実生活への応用として評価できるものはほとんど見当たらない。戦略的な相互依存の複雑さを解明し、均衡という緻密なコンセプトを生み出す手段としてゲーム理論は優れているかもしれないが、政府や企業に現実的なアドバイスをする手段として優れているとは言えない」。[*26] 最後に、ロンドン・ビジネススクールのステファン・スジマンスキーの的確な評を紹介しておこう。曰く、ゲーム理論は問題を解決するわけでも疑問に答えるわけでもない。むしろ「人びとに考えさせるツール」である。[*27]〔訳注 ゼルテンは、二〇一六年八月に死去〕

ジョン・C・ハーサニ（一九九四年受賞）

一九九四年のノーベル経済学賞にはゲーム理論の研究者が対象に選ばれたが、特に非協力ゲームの分野に限定された。これはジョン・ナッシュを選ぶために意図したのかもしれないが、ひとりのほぼ無名の数理経済学者がその恩恵に浴した。カリフォルニア大学バークレー校のジョン・C・ハーサニである。実際、ほかの受賞者のような知名度のないハーサニは、ナッシュの受賞を確実にするための決断で思いがけず得をしたようなものだ。

ゲーム理論へのハーサニの貢献は、ナッシュの理論にわずかな修正を加えたことである。ナッシュは完全情報にもとづいてゲームを構築したが、ハーサニは不完備情報にもとづいたゲームを考案した。つまり、これから対決するのがどんな相手か、どちらのプレイヤーもわからないものと仮定する。その代わり相手のタイプは、確率がわかっているくじ引きによって決められるとする。たとえばアメリカとロシアが核兵器をめぐって交渉する場合、最初はどちらもどんな交渉相手が登場するかわからない。「強硬派」「妥協型」「政治家型」、あるいはそれ以外か。具体的な情報がないと、相手の戦略を予想するのはそれだけ難しくなる。

しかし、どちらも交渉相手についての情報を確実に得られない状況でも、どんなタイプとどんな確率で向き合うことになりそうかを予想することならできるとハーサニは考えた。つまり、アメリカ人は登場するロシア人が強硬派かどうかわからないが、その確率がたとえば六五パーセントだという数字ならわかるという発想である。ハーサニは、このささやかな革新がフォン・ノイマンやナッシュの考案した完全情報にもとづく解析作業にほとんど影響しないことを数学的に証明した。この結果は好意的に受け取られた。前提条件が少し異なった途端、ゲーム理論の数学的解析が成り立たなくなるような展開にはならなかったからだ。ハーサニは「不完備情報しか与えられないゲームを、不完全だが完備した情報のそろったゲームに転換し、ゲーム理論による分析を容易に」した点が自分の発見だと説明している。[*28] たしかにこれは、抽象的な数学の難問にとって賢明な解決策だった。しかしもっと大きな問題は解決されない。はたしてここから経済学はどんな洞察を得られるのか。[*29]

この発見よりも、むしろ彼が一九六〇年代にカリフォルニア大学バークレー校で教鞭をとるようになるまでのストーリーのほうが興味深い。一九二〇年代、ハーサニはハンガリーのブダペストで幸せな少年時代を過ごした。両親が薬局を経営していたので、金銭的には多少のゆとりもあった。学校はブダペストのルーテル・ギムナジウムに通ったが、本人によればここはハンガリーで最高の学校のひとつだったという。ハーサニ以前の卒業生のなかには、ふたりの高名な学者の名前も見られる。ひとりは数学者のフォン・ノイマン、もうひとりはノーベル物理学賞の受賞者ユージン・ウィグナーである。ハーサニの才能は早くから発揮され、一九三七年には全国高校数学コンテストで優勝した。

ただしハーサニはユダヤ人だったので、一九三〇年代にヒトラーが台頭すると幸せな少年時代は突然幕を閉じる。一九三七年にブダペスト大学に入学したとき、本当は専攻科目として哲学と数学を希望していたが、代わりに徴兵が猶予される薬学を選んだ。このとき徴兵されていたら、ハンガリー軍で兵役につくことは許されず、強制労働部隊に配属されていたはずだ。

こうしてハーサニはしばらく徴兵を猶予されたが、一九四四年三月にドイツ軍がハンガリーを占領すると、ついに労務班に配属され、オーストリアの強制収容所に送られることになった。ハーサニはブダペストの駅から何とか脱出し、イエズス会の修道士に助けられて修道院の地下室に身を隠した。しかし同じ班に所属する仲間は同じ幸運に恵まれず、ほとんどが強制収容所で命を落とした。

戦後、ハーサニは共産主義国家となったハンガリーで一からやり直し、哲学の博士号を取得した後ブダペスト大学の社会学研究所で教鞭をとり始めた。しかし反マルクス的な思想が災いして厄介な状況に追い込まれ、せっかくのポストを辞職した。そして一九五〇年四月、妻と共にハンガリーを脱出した。武装した国境警備隊が監視する湿地帯で国境を不法に渡ってオーストリアに入るのが、唯一考えられるルートだった。ようやくナチスからも共産主義者からも解放されたハーサニはオーストラリアに移住して、そこでまた新たに一から出直し、今度はシドニー大学で経済学を研究する。

そんな彼にもようやく運が向いてきた。一九五三年に修士号を取得すると、ロックフェラー財団の奨学金でスタンフォード大学に留学し、ノーベル賞受賞者ケネス・アローから経済学を学ぶ機会に恵まれたのだ。彼は「経済理論の数学的な優美さ」に魅せられた。そしてアローの指導の下で経済学の博士論文を完成し、カリフォルニア大学バークレー校に赴任して一九九〇年に退官するまで在籍した。[*30] その四年後、ノーベル経済学賞を受賞したのである。

ハーサニは自分の狭い数学の世界からたびたび離れたわけではないが、一度だけ、アメリカの名門の研究重視型大学には明るい未来がないと強い調子で警告した。「私には、どの大学も長続きしないように思えてならない。政治的な基準で決められる人事が多すぎる。学問的な業績は顧みられず、人種や民族や性別が判断基準にされている。これでは良い結果につながるはずがない」[*31]。二〇〇〇年八月九日、ジョン・ハーサニは亡くなった。享年八十歳。

ロバート・J・オーマン（二〇〇五年受賞）

二〇〇五年のノーベル経済学賞を発表した選考委員会は、ゲーム理論の冷戦への応用を評価したが、アラブ・イスラエル紛争については言及しなかった。しかしその年の受賞者のひとり、イスラエルの数学者ロバート・オーマンは、この紛争にゲーム理論を応用したことで有名だった。しかもその目的は、戦争の終結や平和の実現ではない。ここでゲーム理論は、イスラエルが中東紛争で勝者となるために応用された。この事実を経済学賞選考委員会は軽視したが、イスラエルをはじめ世界中の平和活動家は見逃さなかった。

アラブ・イスラエル紛争では、どちらの陣営にも過激な「強硬派」組織が存在する。「強いイスラエルのための教授たち」と呼ばれるグループもそんな強硬派のひとつだ。イスラエルのほうから譲歩することには無条件で反対し、「敵」への人道支援を認めず、ひたすら軍事行動での勝利を目指す。ロバート・オーマンもこのグループのメンバーである。イスラエルは費用のかかる長い戦争に向けて軍事的にも心理的にも準備を整え、いっさいの妥協を拒むべきだと信じていることは、発言内容からも明らかだ。アラブ・イスラエル紛争について訊ねられたオーマンは、つぎのように語った。「この戦争は少なくとも八〇年は続いてきた。私が判断するかぎり、今後さらに八〇年は続くだろう。残念だが、この問題には終わりが見えないとしか言えない[*32]」

平和はすぐに訪れないと確信していたオーマンは、イスラエルの同胞に長期戦への備えを呼びかけることを自分の使命だと考えていた。〈エルサレム・ポスト〉にはつぎのような発言が引用されている。「われわれ〔イスラエル人〕は自分たちの犠牲に対しても相手の犠牲に対しても敏感になりすぎている。たとえばヨム・キプル戦争（第四次中東戦争）では三〇〇〇人の兵士が命を奪われた。数字からは悲惨な印象を受けるが、実際には取るに足らない話だ[*33]」。そしてアリエル・シャロン首相の政府が紛争の続くガザ地区からユダヤ人入植者を撤退させたときには、オーマンはひどく腹を立てた。これは善意の表れではなく、弱さのしるしとしか思えなかったのだ。彼はこうした行動に政治的理由から反対したが、それを裏付けるのがゲーム理論だった。「ゲーム理論の見地からすれば、これは非常に悪い行動だ[*34]」。陣地を守ることも妥協しない姿勢を見せることもできないのは、戦略的に間違っているとオーマンは確信していた。ガザ地区の入植問題で従来の方針をすすんで転換するようでは、「すべての方針を転換できると認めるようなものだ。テルアビブも例外ではない」と恐れたのである。[*35]

このような姿勢にゲーム理論がどのように当てはまるのか。初期のゲーム理論研究の多くは、一回限りのゲームを対象にしていた。しかし、ゲームが何度も繰り返されたらどうなるのだろう。戦争のように、毎日決断が必要な場合はどうなるのか。今日も明日も、その次の日も攻撃することになるのだろうか。合理的な結果が変化し、ゲームを繰り返すにつれて予測が困難になっていくことはゲーム理論家にとって明らかだった。こうした繰り返しゲームの戦略は、強制力を伴う契約のような形で効果を発揮する。なぜなら違反者は罰せられるからだ。だから攻撃されたらかならずやり返す「報復」戦略が、非常に魅力的になってくる。

基本的にこれが、オーマンのアラブ・イスラエル紛争に臨むアプローチだった。「私の政治的な姿勢にはある程度、科学的研究の裏づけがある」と語っている。[*36] 実際のところ競争か協力かの選択は、戦争か平和かの選択に通じるものがある。両当事者が平和を選べば万事うまくおさまるのだろうが、現実はそれほど単純ではない。結局イスラエルは、アラブから攻撃を受ければかならず報復する戦略を採用した。問題なのはアラブも同じ戦略を採用していることで、それが紛争を長引かせている。この破滅のサイクルを断ち切るためには、両当事者が和平合意のような強制力を伴う協定を結ぶか、戦略を穏健化するか、その両方を採用するか、三つの選択肢が考えられる。そして、イスラエルには戦略を変更する責任がないとオーマンは確信していた。彼は国家イスラエルをつぎのように熱烈に擁護した。「何千年も育んできた夢が実現するのはなんと素晴らしいことだろう。だから私はここにやって来た。私はシオニストだから当たり前だ[*37]」

ゲーム理論にはもうひとつ、オーマンが政治的な立場に関して強調するコンセプトが含まれている。それは忍耐だ。より長く耐え続けるほど将来成功する可能性が高くなることは、ゲーム理論による証明も可能だ。これを忍耐と呼ぶか頑固と表現するかは見解次第だ。わかりやすく、ここでは拒否ゲームというシンプルなゲームを考えてみよう。一番目のプレイヤーは、二番目のプレイヤーとの間で一〇〇ドルを分配しなければならない。二番目のプレイヤーは提示された金額を受け入れても拒否してもよいが、拒否した場合にはどちらのプレイヤーも受け取る金額はゼロになる。ゲームが一度だけ行なわれる場合に一番目のプレイヤーが合理的だとすれば、相手に渡す金額を出来るかぎり少なく、たとえば一ドルにとどめる。二番目のプレイヤーが合理的なら、ゼロよりはましだと考えるはずだと決めつけているからだ[*38]。

しかし繰り返しゲームにおいては、両当事者とも相手にシグナルを送ってみようという気持ちが起こり、将来について考え始める。二番目のプレイヤーは、一番目のプレイヤーに次回はもっと寛容になったほうがよいと伝えるために、一方的な配分提案の拒否を考慮するはずだ。その際には、一番目のプレイヤーから許容できる金額を引き出すまで、どのくらいねばるべきか決めておく必要がある。あわてて譲歩すると取り分が少なくなることは、ゲーム理論による証明が可能だ。ここでも、アラブ・イスラエル紛争におけるオーマンの立場が擁護されている。あわてて和平協定を締結しようとするイスラエルを「あまりにも我慢が足りない」といってオーマンは非難した。そしてイスラエルの同胞にはつぎのように忠告している。「たしかに殺戮は日常化している……しかし、これだけは言っておかなければならない……今年の平和は大切だが、来年の平和も同じぐらい大切なはずだ[*39]」。イスラエルが「戦いに飽き飽きする」展開をオーマンは憂慮した。長く戦う気力がなくなれば、アラブに対する勝利も入植地での有利な展開も不可能である[*40]。イスラエルが先に武器を置くことなど言語道断だった。

こんな形で応用されるゲーム理論が、平和というよりは戦争のための戦略だと考える人たちが出てくるのは当然だ。オーマンを批判するグループは一〇〇〇人ちかくの署名を集めてスウェーデン王立科学アカデミーに嘆願書を提出し、オーマンならびに共同受賞者トーマス・シェリングへの授賞を取り消すよう求めた。その嘆願書にはつぎのように書かれていた。「どちらの受賞者も人類の状況を改善するために何ら貢献をしていない。むしろ何百万もの人びとの悲惨な境遇に加担している[*41]」。そして「領土を占領してパレスチナ人を抑圧するイスラエルの行動を正当化するために、オーマンは自分の分析結果を利用している」とも指摘した。[*42] 署名した人の多くはイスラエル人だったが、ほかにもアラブ諸国を含むおよそ五〇カ国の国民が署名に加わっていた。報道によれば、嘆願者の内訳は「イスラエルの平和運動家、経済学者、学者、ホロコーストの生存者、左派の政治家」などだったという。[*43] なかには「シオニズムに反対するユダヤ人」という組織のメンバーも含まれていた。[*44]

これに対してオーマンは、コメントの発表を控えた。「嘆願書に箔をつけるような」真似はしたくなかったのだ。一方、選考委員会は、ノーベル賞の取消しはできないと説明した。単に前例がなかったからである。[*45] 選考委員会のヨルゲン・ウェイブル委員長はオーマンの政治的発言について知っていたと認めたうえで、その正しさを判断するのは委員会の仕事ではないと強調した。「われわれの任務は、科学で最も重要な貢献を行なった研究を選ぶことに尽きる」[*46]

繰り返しゲームの特徴の多くについては、オーマンが研究を始める以前から知られていた。ゲームに関わる各プレイヤーの動機や戦略を想像するのは難しくない。では、オーマンは何をしたのか。このような繰り返しゲームでは協力が結果として浮上する可能性を、数学の定義や証明を使って一般論として提供したのである。このように洗練した形にすれば数学的な重要性が備わるかもしれないが、大抵は現実の世界にとって意味を持たない。

あるとき数学の証明をうまく説明できなかったオーマンは、「ひとことふたことで説明できる証明なら、賞なんかもらえない」と不満げにもらし[*47]「簡単には理解できないよ」と念を押した。[*48]

もうひとつ経済学賞選考委員会は、不完全情報ゲームに関するオーマンの研究も評価した。不完全情報ゲームとは、たとえばポーカーのようなゲームだ。プレイヤーは自分の手の内はわかるが、相手の手の内はわからない。あるいは、相手の情報を持っているプレイヤーが、その事実を相手に知られたくないような事例も該当する。たとえば第二次世界大戦中に連合軍はドイツ軍の暗号を解読し、非常に重要な情報を手に入れた。しかし暗号が解読されたという事実をドイツ軍に知られないよう、戦略を立てて慎重に行動しなければならなかった。不注意な行動によって暗号解読の事実が伝わってしまえば、ドイツ軍は暗号を変えてしまうからだ。こうした戦略的な配慮は人間同士の交流のなかではめずらしいものではないが、ゲーム理論家はこれらの行動を数学に変換した。そのうえで、人間の行動についての前提条件をあれこれ設定し、それにもとづいてどんな戦略が可能か、有力か、あるいは避けられないか、証明を試みたのである。

すべての反応がオーマンの受賞に批判的だったわけではない。オーマンのノーベル賞受賞は、イスラエルで大きな誇りとして歓迎された。同僚の数学者タマラ・レフコート・ルビーはオーマンの受賞について、イスラエルの数学教育の基準や評価を引き上げる良い機会だといって喜び、「オーマンの受賞は子どもたちを励まし教育するための絶好のチャンスだ」と語った。[*49] そのうえでゲーム理論を学校で教えるだけでなく、選挙や動物の行動や道徳的な対立にも応用するべきだと指摘した。

イスラエルに対するオーマンの傾倒は、ナチス支配下のドイツで育まれた。父親は第一次世界大戦でドイツ軍の一員として戦ったが、ナチスの脅威が高まってくると、一九三八年、一家はドイツを逃れてニューヨークに移住した。このときオーマンは八歳だった。両親はドイツから身ひとつで逃れてきたが、ふたりの息子にはユダヤ教の私立学校でレベルの高い教育を受けさせて、その後はニューヨーク市立大学シティ・カレッジに進学させた。[*50]

ノーベル経済学賞受賞者には経済学の教育をきちんと受けていない学者が何人かいるが、オーマンの場合は極端で、ほとんどゼロに近い。シティ・カレッジでの経済学の講義があまりにも「つまらなくて退屈なので」わずか数週間でやめてしまったという。[*51] その代わり数学を専攻し、最後はMITで博士号を取得する。彼は数論の抽象的なトピックに魅せられ、のちには結び目理論にも興味を抱き、それを学位論文のテーマに選んだ。結び目理論とは、読んで字のごとし。ロープなどの結び目の特性についての非常に抽象的な証明を伴う。オーマンにとってこの研究はきわめて魅力的だった。「非常に難解で奥が深い」と同時に、高等数学の問題の例に漏れず「まったく役に立たない」からである。[*52]

やがて大学を卒業して就職するとオーマンは応用数学の問題を課題として与えられ、はじめて現実的な問題と否応なく向き合うようになった。都市を飛行機の編隊が攻撃し、その一部が核兵器を搭載しているケースについて分析する問題である[*53]。オーマンはこうした問題を分析する準備が整っていなかったが、このときジョン・ナッシュがＭＩＴで取り組んでいたゲーム理論と呼ばれる分析法を思い出した。そこで新しい仕事のためにゲーム理論を研究し、最終的にそれが一生の仕事になった。

ロバートも兄のモシェも第二次世界大戦が終わるとユダヤ人のイスラエル国家建設に参加したいと熱望した。一九五〇年、家族のなかでは最初にモシェがイスラエルに移住する。ほどなくロバートも後に続き、五六年にはエルサレムのヘブライ大学に赴任した。ところが八二年、家族は悲劇に見舞われる。イスラエル軍に入隊していたオーマンの長男シュロモが死亡したのだ[*54]。

正統派ユダヤ教徒のオーマンには、ノーベル賞授賞式への出席にあたっていくつかの課題が浮上した。まずユダヤ教ではシャアトネズ、すなわち羊毛と亜麻を織り交ぜた服の着用が禁じられているので、式典で義務付けられている黒のタキシードのコートはそれ以外の生地で準備しなければならなかった。そして授賞式はユダヤ教の安息日（土曜日）に当たったので、日没前に会場に到着することができなかった。幸い十二月のスウェーデンは日没が早かったので、何とか時間通り会場に到着した。晩餐会のスピーチでは、「全宇宙の支配者であり、正しく善なる神」に対し、イスラエルの民のエルサレム帰還を感謝した後、「ゲーム理論の生みの親オスカー・モルゲンシュテルン」にも感謝を捧げた。[*55]

通常ゲーム理論では、倫理や宗教や同情を伴う行動の入る余地がない。ゲーム理論のプレイヤーは善悪といった高尚な要素には影響されず、合理的な思考だけにもとづいて行動する。それではなぜ、実生活では倫理的な行動が見られるのだろう。オーマンは、倫理的な行動のように見えても実は合理的な行動というものがあり、そうした行動は罰に対する恐れが原動力になっているのだと説明した。そしてノーベル賞記念講演で、ひとつのたとえを紹介した。合理的なドライバーは運転中につかまっても警官にわいろを提供しないが、それはいけないと思うからではない。警察官に告発されるのが怖いからだ。一方、警察官がわいろを受け取らないのも、いけないと思うからではない。ドライバーに後から告発されることが心配なのだ。つまり実際は倫理観と無縁でも、不安や不信感に後押しされると一見倫理的な行動をとってしまうのである。もちろん、自己犠牲のように合理性とは無縁で純粋に倫理的な行動もあるが、それは数学的な説明が難しく、まだゲーム理論の対象には含まれていない。

合理的な行動を前提とするゲーム理論の研究者が、宗教のルールや慣習に忠実だというのもおかしな話ではないだろうか。しかしオーマンはそう考えない。「合理的な行動が道徳的倫理的に正しいかどうかについて、ゲーム理論はいっさい触れない。ゲーム理論は、合理的で自分本位な人間や組織がどんな行動をとるか、明らかにしていく学問である」[*56]という。しかし現実には、人間は自分の行動が道徳的・倫理的に正しいかどうか思い悩む。そうなると彼の発言は、ゲーム理論の限界を図らずも認めていることになるのではないか。

トーマス・C・シェリング（二〇〇五年受賞）

第二次世界大戦が終わってまもなく、アメリカとソ連は将来の戦争に備えて核兵器の製造を始めた。核戦争が始まれば、どちらの国も消耗して最後は滅亡する恐れがある。ミサイル一発でも大都市を廃墟にする威力があるというのに、そんなミサイルを両超大国は何百発も備蓄していた。始まったばかりの冷戦は身の毛もよだつ出来事であり、どのように進めて何を期待するべきか説明してくれるようなマニュアルもなかった。アメリカが最初に攻撃を仕掛けるのを、ソ連は待っているだろうか。それとも最初に先制攻撃を仕掛けるほうが有利だと考えるだろうか。もしも実際にソ連が先制攻撃を検討しているとしたら、アメリカはさらに先制して叩きのめすべきだろうか。これは学問的に興味深い問題だが、当時は実際、米ソ両国の何百万人もの国民の命がかかっていた。

そんなとき、ハーバード大学の若くて聡明な学者トーマス・シェリングは慎重に検討した結果、絶対的とは言えないが希望的な洞察を導き出した。シェリングは一九四八年にハーバードで博士号を取得した後、同大学のソサエティ・オブ・フェローズのジュニアメンバーとしてエリートコースを歩み始める日を待ち望んでいた。ところが、戦争で荒廃したヨーロッパでマーシャルプランの実行に携わるアメリカ政府関係者のひとりに選ばれ、遠回りを余儀なくされた。シェリングはコペンハーゲンに赴任して、アメリカの外交官アヴレル・ハリマンのオフィスで勤務を始める。結果として国際交渉の舞台での経験は刺激的で、アメリカに帰国後もこの問題に取り組むことを胸に誓い、イェール大学を研究の場所に選んだ。彼は交渉戦略について現場で学んだ強みを生かし、この時代の最も危険な国際紛争、すなわち冷戦についての研究に着手した。[*57]

抑止力とタブー

冷戦を理解するための鍵は、相手の立場になって考えることだとシェリングは考えた。[*58]ソ連は何を考えているのか。何を望み、アメリカに何を期待しているのか。シェリングは、ソ連もアメリカもおおよそ同じ発想ではないかと推測し、両者を危険なゲームに参加する仲間同士で、どちらも合理的なプレイヤーだと想定した。このゲームのキーポイントとしてシェリングが考えたのは〝抑止力〟だった。攻撃を受けた場合、効果的に報復できる能力である。攻撃を仕掛けても相手が生き残り、今度は反撃されて大都市が壊滅する恐れがあれば、合理的な当事者はあえて先制攻撃を行なわないだろう。だから報復能力さえ備わっていれば、相手は先制攻撃の可能性を真剣に検討しない。どちらの超大国にとっても、先制攻撃から大勢の国民を守るためにできることはほとんどないが、報復攻撃能力を堅持するためにできることは多い。抑止力が効果を発揮するためには、先制攻撃を受けても残されたた核兵器で大々的に報復できることを相手にわからせる必要があった。これこそ冷戦時代の平和実現のキーポイントだとシェリングは考えた。

こうしたアイデアの数々は、シェリングが一九六〇年に上梓した話題作『紛争の戦略』でわかりやすく解説されている。ちなみにこれはシェリングの造語ではないが、〝相互確証破壊〟というコンセプトも登場する。一般にはMAD戦略として知られるものだ。たしかにMAD戦略を採用すれば先制攻撃が実現する可能性は少なくなるかもしれないが、まだ厄介な問題は残されていた。

誤って世界を滅亡させるような行動を「間違い」と呼ぶのはふさわしくないかもしれないが、冷戦の戦略家たちはそんな間違いの可能性を深刻に受け止めた。一方の当事者が攻撃を受けたと勘違いして、ありもしない先制攻撃に対する報復攻撃を仕掛けたらどうなるだろう。そんな事故の発生を最小限に食い止めるために、ホワイトハウスとクレムリンの間にホットラインを設けることをシェリングは救済策として提案した。[*59] ホットラインですべての間違いが予防されるとは誰も信じないが、核兵器による地球滅亡が間近に迫っている瞬間、早く電話が通じてくれと祈っても何にもならない。忠告どおり、ケネディはホットラインを設置した。[*60]

何だか映画のあらすじのような印象を受けるが、それもそのはず。偶発的核戦争のシナリオをいくつか紹介するシェリングの論文が雑誌に掲載された一九六〇年代には、地球最後の日をテーマにした作品が評判を呼んだ。たとえばこの記事を読んだスタンリー・キューブリックは、掲載されたシナリオのひとつをヒントにして映画『博士の異常な愛情』を制作した。それがピーター・ジョージの小説『赤い警報』である。映画のなかでソ連は核爆発によって全世界を滅亡させられる秘密兵器を開発しており、核の抑止力が新たなレベルにまで引き上げられている。しかしこの作品についてアドバイスしたシェリングは、内容に全面的に満足したわけではなかった。「映画『博士の異常な愛情』には明らかにおかしな点がある」と不満を漏らし、「相手があらかじめその存在を知らないようでは、地球滅亡を引き起こすソ連の兵器が抑止力にならない」と指摘した。[*61] 効果的な抑止力は、かならずしもドラマチックな映画作品のモデルにならないようだ。

シェリングは二〇〇五年のノーベル賞記念講演で、核兵器の軍事的使用を回避できたことは「過去半世紀で最も劇的な出来事……正確には、起こらなかった出来事」だと語った。[*62] では、なぜ回避できたのか。抑止力が一役買ったのは間違いないが、シェリングはもっと重要な要因を指摘している。どんな形であれ、核兵器の使用に対する強いタブー意識が効力を発揮したのだ。時の経過と共に両超大国がタブーを破ろうとする気持ちは薄れ、核兵器の使用が許されるようなリスクの高い環境を望まなくなったのである。

しかし、核兵器の使用に対するタブー意識が次第に強まることが必然とはいえない。実際、アイゼンハワー政権の国務長官だったジョン・フォスター・ダレスはそんなためらいに異議を唱え、アメリカの核兵器展開能力を制約する不幸な考え方だと指摘した。ほかの兵器よりも高い道徳的基準が核兵器に設けられてしまったら、アメリカ大統領は軍事的な優位を十分に生かせないという。一九五三年、ダレスはつぎのように語った。「こうした兵器の使用をためらう気持ちは、何としても取り除かなければならない」[*63]

ダレスの反対にもかかわらず、そして技術が大幅に進歩したにもかかわらず、タブーは継続した。一九五〇年代には、いちばん大きな通常爆弾よりも威力の弱い小型核兵器が開発され、核兵器の使用に反対する明確な理由がひとつ取り除かれた。戦場で味方の兵士たちを守るためならば、小型の戦術核兵器を使用できるようになったのだ。実際、朝鮮戦争では金門島を死守するため中国本土に対する核兵器の使用が、一九五四年にはベトナムのディエンビエンフーでフランス兵を救うために、核兵器の使用が真剣に検討された。しかし結局、「小型核」はひとつたりとも使われなかった。八〇年代にアフガニスタンに侵攻したソ連や七三年にエジプトと戦ったイスラエルは、核兵器の使用を控えたアメリカの決断に影響されたとシェリングは確信している。だからこそ、使うことのできた核兵器を使わなかったのだ。アメリカもソ連もタブーを尊重した結果、核攻撃が発生しない状態が「何と六〇年間も」継続したのである。[*64]

ではこうした発想は北朝鮮やイランなどのならず者国家、さらにはアルカイダのようなテロ組織にどんな形で適用されるだろうか。ふたつのならず者国家の行動に関しては、ほかの国と大差ないとシェリングは考えた。「イランや北朝鮮は、保有する核兵器を抑止力と見なすだろう」と説明する。[*65] ならず者国家でさえ、核戦争によって確実に引き起こされる滅亡を避けたいはずだ。しかし守るべき国や都市を持たないテロ組織は事情が違う。失うものがないテロ組織には、抑止力が同じように機能しない。

核兵器を持たないテロリストによる攻撃の危険について、シェリングはそれほど心配していない。「ニューヨークのツインタワーへの攻撃を除けば、テロリズムはごく些細な問題だ」という。[*66] そのうえで、9・11以降に関しては、アルカイダによるテロ攻撃の犠牲になったアメリカ人よりも、浴槽であやまっておぼれ死んだアメリカ人のほうが多いことを明らかにした調査結果を紹介している。[*67] さらにシェリングは、核拡散についても深刻に受け止めていない。核兵器の部品を扱う市場にアメリカが参入すれば「核兵器の購入を検討している誰よりも高い買値をつけて、買い占める」からだ。[*68]

信憑性と信頼

世界の安全保障や軍拡競争といった現実的な問題にゲーム理論のコンセプトを応用した点を、シェリングはノーベル委員会によって評価された。[*69] しかしシェリングがゲーム理論家のおかげをこうむったというよりは、むしろ逆だったのではないかと思える。一九五〇年代の終わりに協力や紛争や限定戦争についての論文を執筆するようになったとき、シェリングはゲーム理論の存在さえ知らなかった。そもそも従来のゲーム理論研究者とは違い、彼は高度な数学にあまり興味がなかった。「数学はあまりにも注目されすぎているのではないか。やたら数学の多い論文は怠慢だ」と記者に語っているほどだ。[*70] それよりはむしろ、わかりやすい文章で類推を交えながら、論拠の正しさを理解してもらうアプローチのほうを好んだ。たしかにこのアプローチは効果があったようだ。ハーバード大学の経済学者リチャード・ゼックハウザーは、シェリングのゲームが「大半のゲーム理論分析よりずっと中身が充実している」と評価している。[*71] 同じくジェイムズ・トービンも、シェリングの研究のおかげで「ゲーム理論はかつてないほど面白く、現実的な学問になった」と語った。[*72]

数学の型にはまった証明の制約にとらわれないおかげで、シェリングは戦略交渉に関してはるかにたくさんの要因を検討することができた。なかでも交渉では信憑性が重要だと考え、脅しにしろ約束にしろ最後までやり遂げる能力という言葉でそれを説明した。たとえば軍の指揮官は、絶対に撤退する意思がないことを敵にわからせれば戦略的に優位な立場を確保できるが、具体的にはどうすればそれを相手にわかってもらえるだろうか。味方が進軍した後で橋を焼き払い、退路を断つのはひとつの戦略だろう。古代ギリシャの歴史家クセノポンも、この戦略を評価している。[*73] そしてシェリングによれば、第二次世界大戦後の西ヨーロッパでアメリカが七個師団を駐屯させた決断も、信憑性にもとづいた戦略だった。その結果、西ヨーロッパへの攻撃はアメリカへの攻撃も同然だと本気で考えていることが、最高の形でソ連に伝えられたのだ。[*74]

同様に、信頼の構築も交渉で重要なコンセプトである。相手がきちんと義務を遂行することが交渉の成否の鍵を握っているとき、当事者はそのための合意をどのように取り付ければよいだろう。相手を納得させるためには、オスロ合意のイスラエルとパレスチナのように目標を段階的に達成する形の合意もひとつの方法だ。[*75]少しずつ段階を踏んでいけば、一方が約束を破って深刻な事態を招く展開も避けられるだろう。

では、こうした理論化がどれだけ重要だったのか。核戦争によるホロコーストを実際に防いでくれたということだろうか。二〇〇五年のノーベル賞に関する報道はゲーム理論とシェリングに対して実に寛容で、半世紀にわたって核戦争を阻止してきた「功績は実に素晴らしい」と褒めたたえた。[*76]〈アイリッシュ・タイムズ〉には「冷戦の加熱を防いだシェリング」という見出しが躍った。[*77]さすがにここまで来ると食傷気味で、スウェーデンのふたりの政治家はいくら核戦争が阻止されてきたといっても「ゲーム理論が何か重要な役割を果たしたというのは一方的な考え方だ」と不満を述べた。[*78]

ある意味シェリングの冷戦モデルはそれほど複雑なものではない。ピストルを向け合ったふたりの殺し屋にもたとえられる。ここでは相手が報復できないときに限り、先制攻撃は意味を持つ。「核を保有する超大国のにらみ合いを理論的に解明する際、実のところソ連の内情を理解する必要はなかった」とシェリングは二〇〇六年に打ち明けている。[*79] もちろん冷戦はふたりの殺し屋の対決よりも複雑である。やはり「ソ連の内情」は多少理解しておくほうが役に立つはずだ。

軍拡競争は、シェリングが興味を抱いた多くのトピックのひとつにすぎない。会長を務めるアメリカ経済学会で一九九一年に行なったスピーチでは、真剣に取り組むべき問題として地球温暖化に焦点を当てた。地球温暖化の影響を実感するのは先進国よりも途上国のほうだとシェリングは考えた。途上国は農業への依存度が高く、伝染病が蔓延しやすいからだ。だから途上国のために先進国が何らかの行動を起こすことが最大の課題だと指摘した。[*80] そして二酸化炭素削減の目標を定め、その達成のために市場を利用するやり方を支持する経済学者には共感を寄せず、「あんなものはだめだ」と切り捨てた。[*81] その代わり、先進国が車の燃費に関する基準を設け、発電所の排出物から二酸化炭素を分離するアプローチを奨励した。つまり、役に立つ行動を既知数のコストで実現するわけだ。さらにシェリングは、地球温暖化の影響を受けた途上国に対して先進国が金銭的な補償を行なうべきだとも提案した。温暖化の発生を実際に防ごうとするよりは、そのほうが費用の負担が少ないからである。[*82] たしかに独創的なアイデアには違いないが、素直に賛成されるとも思えない。だからロバート・ソローはつぎの発言をしたのだろう。「トムについては、他人とは思考回路が違うことを忘れてはいけない[*83]」

さらにもうひとつ、シェリングは人種差別にも興味を持ち、この分野での研究も選考委員会に評価された。チェスボードと駒から成る非常にシンプルなモデルを使い、シェリングは奇抜な結論を導き出した。スウェーデン王立科学アカデミーの説明によれば「近所に住む似たもの同士がまとまるだけで、強い差別意識のパターンが生まれるきっかけが提供される」ものだという[*84]。シェリングのモデルでは、人間は近所の住民の少なくとも三分の一が自分と同じような人間で構成されてほしいと願い、さもなければよそに移ることを考える。逆に、自分と同じような人間ばかりが住む地域に引っ越したときは、その結果として新たな隣人のひとりがよそに移る可能性が生まれ、カスケード効果が生まれる。つまりシェリングは、ほんのわずかな偏見が大きな差別につながることを発見したのである。スウェーデン王立科学アカデミーの言葉を引用するなら「ひとりひとりは大きな偏見を抱かなくても、深刻な社会問題は発生する」ものだ[*85]。この事例は、後に〝ティッピングポイント〟（転換点）として知られるようになった。

そして、シェリングは喫煙についても分析した。ケヴィン・マーフィーとノーベル賞受賞者のゲイリー・ベッカーは一九八八年に論文を発表し、タバコを吸うのは喫煙の利益がコストを上回るからだという、特に意外でもない結論を導き出していた[*86]。シェリングはこの論文の存在を知っていたが、その内容は受け入れられなかった。「ふたりとも自分が何を言っているかわかっていない」と語っている。[*87] 彼は禁煙がどんなものかよくわかっていたが、それは実際に自分が二〇年も挑戦し続けてきたからだ。そして人間は自分の行動を完全にコントロールできるわけではないと考えるほうが現実的だという前提で、モデルを構築した。トイレでタバコを水に流しながら、真夜中に代わりのタバコを買いにいく気持ちにならなければよいがと願うのが普通ではないかと考えたのだ。[*88] シェリングはこのアプローチについて「自制をめぐる心の葛藤」というエッセイで紹介しているが、ある記者はこれを「合理的な人間の自分自身との戦い」と適切な言葉で表現した。[*89] 喫煙に関して、シェリングはひとつびっくりするような結論を導き出している。タバコを吸う人は長患いせずに若死にする傾向が強いから、社会保障や医療費が節約されるというのだ。しかしそれでもシェリングはその悲惨な結果を望んだわけではなく、喫煙を思いとどまらせるためタバコに高い税金をかける政策を強く支持した。[*90]

冷戦を分析する研究者で、海軍士官の息子でもあるシェリングならば、ほとんどの問題に関してタカ派だという印象を受けるかもしれない。しかし彼はイラク戦争に最初から反対した。「どこかの国が核兵器を保有しているかもしれないという理由だけで一方的に攻撃するのは、アメリカにとって賢明な策ではない」と忠告している。[*91] そしてイランに対するアメリカの強硬姿勢も同じ理由で「間違っている恐れがある」と考えた。[*92] アメリカの軍事行動のあやまりを指摘して反対したのは、このときが最初ではない。一九七〇年にニクソン政権がカンボジアに侵攻したときには、十数人の仲間を引き連れてヘンリー・キッシンジャーのもとを訪れ、今後はこの政権を支持もしないし助言もしないと伝えた。[*93] 後日シェリングはカンボジアの件について振り返り、つぎのように解説した。「今日イラクについて大勢の人たちが考えているのと同じように、当時のわれわれは考えていた。口実をもうけて、秘密情報が悪用され操作されているんだとね[*94]」

彼の学説の多くは特に珍しいわけでも深い意味を持つわけでもないという批判に対し、シェリングの支持者は過敏に反応する。シェリングの教え子でありノーベル賞受賞者でもあるマイケル・スペンスは、つぎのように語っている。「いったんシェリング先生が何か言えば、みんなが「当然だ」という反応を示す。しかし科学や社会科学で最高の発見は「今までなぜそんなことに気づかなかったのだろう」という反応を引き出すものだ[*95]」。たしかに一理あるが、こうした反応は科学よりも社会科学のほうに多いのではないか。一般相対性理論やDNAの二重らせんや量子力学になぜ最初に気づかなかったのかと考えるような人はいない。

ハーバード大学に三一年間勤務した後、シェリングは一九九〇年に退官し、メリーランド大学に再就職した。その後二〇〇三年にここも退官するが、〇五年にノーベル賞を受賞すると資金集めの切り札として呼び戻された。このとき八十四歳。経済学賞選考委員会によれば、シェリングが自分の受賞について知らされたのは、ストックホルムで正式な発表が行なわれる直前だったという。委員会が電話番号を間違えたからだ。[96] シェリングは、自分の名前は電話帳にちゃんと掲載されているのにといって呆れた。[97]〔訳注　シェリングは二〇一六年十二月、九十五歳で死去した〕

レオニード・ハーヴィッツ、エリック・S・マスキン、ロジャー・B・マイヤーソン（二〇〇七年受賞）

「ノーベル賞を受賞すると、後はろくなものを書かなくなる」とアーネスト・ヘミングウェイは言ったとされる。[98] この発言は文学賞の受賞者に向けられたものだが、経済学賞はその反対で、全盛期をとっくに過ぎてから受賞するケースが実に多い。最高齢記録はミネソタ大学のレオニード・ハーヴィッツで、受賞したときは実に九十歳。評価の対象になった論文が発表されてから、半世紀ちかくが経過していた。受賞のニュースを聞いたハーヴィッツはつぎのように打ち明けた。「まさか認められるとは思わなかった。私の研究について知っている人は、少しずつあの世に行っているからね」[99]

そしてエントトレードのトレーダーたちも驚いた。エントトレードとは、ノーベル賞受賞者など未来の出来事を予測するために創設された市場である。二〇〇七年の市場ではシカゴ大学のユージン・ファーマが最も買われていた。何といってもファーマは、株式市場はすべての情報を適切に反映したうえで株価を決定するものだと考える効率市場仮説の考案者である。[*100] 本来ならファーマは研究を認められ、一五〇万ドルの小切手を手にしていたはずだが、二〇〇七年に株式市場は大暴落した。そこで代わりにエントレードの有力候補リストに名前もなかったダークホース、ハーヴィッツとエリック・マスキンとロジャー・マイヤーソンの三人が選ばれたのである。

ハーヴィッツはいわゆる〝メカニズムデザイン論〟のパイオニアであり、一九六〇年の論文でこの理論について紹介した。ハーヴィッツの研究を発展させたのがプリンストン高等研究所のマスキンとシカゴ大学のマイヤーソンである。ロンドンの〈タイムズ〉の記者は彼らについて「かなり抽象的な研究に取り組むほとんど無名のトリオ」と評した。[*101] しかし基本レベルでは、この理論はそれほど難しくない。特定の取引メカニズムが目標を達成する可能性を評価しているにすぎない。たとえば、ふたりでパイを分け合う状況を考えてみよう。ここでは双方にとって公平な結果が期待される。[*102] 〝直接メカニズム〟と呼ばれるやり方を採用するなら、公平な分け前についての意見をそれぞれに訊ねる。しかし、自分の答えが結果に影響をおよぼす可能性を考えると、ふたりとも無条件に素直にはなれない。合理的な人間なら嘘をつく。だから一方にパイをカットさせ、もう一方に好きなほうを選ばせるメカニズムのほうがうまく働く。母親が子どもによく使う手だ。これならどちらも結果に満足する可能性が高い。メカニズムデザイン論は基本的にこうしたプロセスの評価を行なうが、そこに数学がふんだんに盛り込まれている。

もうひとつ例を挙げよう。たとえばジュンがピアノを売りたい。売値は最低でも五〇〇ドルほしい。一方ジャックはピアノを買いたいが、六〇〇ドル以上は払いたくない。この場合、ピアノを取引するメカニズムのひとつは、ジュンには売値の最低価格、ジャックには買値の最高価格を訊ねるやり方で、両者の中間の五五〇ドルで取引が成立するはずだ。しかし訊ねられたふたりは嘘をつく可能性がある。そして嘘が大きいと取引は成り立たず、どちらにとっても不幸な結果に終わってしまう。メカニズムデザイン論者は、ピアノが確実に売れるメカニズムを探し求めたが、いまだに見つかっていない。[*103] 自由市場主義者にとっては残念なメッセージだが、情報の提供が戦略的に差し控えられると、どんなに単純な取引でも成立しないことがある。

メカニズムデザインの研究者は、公共財の問題にも同じように取り組んできた。たとえば電波などの公共財を社会に供給するために、必要な費用をすすんで支払う意思を持つ人たちはいるだろう。しかし具体的にいくら支払うつもりがあるかと訊ねられると嘘をつき、過少申告するかもしれない。結果として、公共財では自発的な支払いに頼ると十分な資金を確保できないケースが多く、その事実はメカニズムデザイン論によって確認された。ただし、数学的な証明をしたのはメカニズムデザイン論が最初かもしれないが、基本的な考え方はそれ以前から存在していた。すでに一七七六年、アダム・スミスが取り上げていることを目ざとい記者が見つけている。スミスはつぎのように記している。公共事業は「〔その〕対象となるのは、個人または少数の個人が建設・設立し維持しても、その経費を回収できないので利益をあげることはできないが、社会全体にとっては、その経費を回収してもあまりあるほど有益なものである」[*104]（『国富論』山岡洋一訳、日本経済新聞出版社）

経済学賞選考委員会は「今日、メカニズムデザインは経済学の多くの分野と政治学の一部の分野で重要な役割を果たし、様々な形での応用は大きな成果をあげている」と評し、[*105]特に顕著な例を紹介している。イギリスの農業がフランスの農業よりも優れている理由が、この理論で説明されるというのだ。沼地の排水など公共事業を始めるにあたり、フランス人はコンセンサスに頼る。その結果、事業はなかなか進展しない。これに対しイギリス人は、同じ問題を投票で決めるので大多数の意見が反映されやすく、沼地はすんなり排水される。メカニズムデザインの抽象的な証明は、この洞察の正しさを確認したという。

この事例から判断するかぎり、最初に抽象的な理論を考案し、あとから有意義な事例を見つけてくるのはやはり難しいのかもしれない。[*106]証明に取り組んでいるとき、数学者は現実世界の経済問題など考えられないのだろう。

戦略的行動

ゲーム理論のパイオニアたちは様々な分野への理論の応用を高く評価されている。しかし実際のところ、ほとんどはノーベル賞受賞者にふさわしい高尚な数学的証明とは呼べない代物である。なぜこのような混乱が生じるのか。ひとつの理由は、戦略的行動についての幅広い経済分析とゲーム理論との関係である。アダム・スミス以来の経済学者は、市場の情勢や取引の状況に個人や企業が戦略的にどのように対応しているかを分析してきた。このような戦略的な分析は、入札から冷戦に至るまで、幅広い分野の活動について私たちの理解を深めてくれた。一方、戦略的な行動についての知識を数学者は公理や証明に置き換え、そこからゲーム理論は誕生した。だからこれらの証明は、冷戦や経済理論について役に立つ洞察を提供してくれるだろうと期待が膨らんだ。しかし、概して結果は期待を裏切った。ノーベル賞を与えられてはいるが、実際の貢献は「人類のための最大の貢献」とはほど遠いケースが多い。

そもそも難解な証明などなくても、経済学者が実際の行動についてじっくり考え、将来の反応を予測するだけでも役に立つものである。そんな戦略的な考え方が功を奏した良い例が、複雑な入札形式の導入だ。一九九四年、アメリカ政府は携帯電話、ポケットベル、無線コンピューター、ポータブルファックスなどのパーソナル通信サービス（PCS）向けに周波数を売却するため、頻繁に入札を行なった。[*107] 入札は緻密に計画され、いくつかの革新的な要素が導入された。この新しい入札形式の発展と成果については、経済学者のプレストン・マカフィーとジョン・マクミランが解説している。[*108]

周波数の入札がとりわけ複雑なのは、どの周波数もほかの周波数に代わる存在であると同時に補完し合うときもあるからだ。実際、地球上の複数の地域区分にまたがるときは、ひとつの周波数よりも複数を組み合わせたほうが効果的である。なかにはアメリカ合衆国全域をカバーする周波数をひとつだけ確保する目的で入札に参加する企業もあるだろう。一方、すでに周波数を確保している地域で余分の周波数を確保したいと考えている企業もあるはずだ。その結果、獲得を目指すライセンスの組み合わせは各当事者によって異なり、入札の目的もばらばらで厄介なことになる。

一度の封印入札で落札者を同時に決定するやり方では、各当事者が望みどおりの組み合わせを獲得するのは明らかにむずかしい。かといって、周波数ごとに入札を順々に行なって落札者を一件ずつ決定していく単純な逐次方式も、同様の問題に直面するだろう。いずれの場合も、ほかの応札者の提示額を参考にして自分の希望価格を調整していくことができない。そこで解決策となったのが同時せり上げ入札と呼ばれる方式で、実際に連邦通信委員会では一九九四年から採用されている。すべての周波数が同時に入札されることから同時入札と呼ばれるが、価格は徐々に釣り上げられていくので必要ならば最初の戦略を放棄して、べつの組み合わせを選ぶ余裕が与えられる。

この入札を考案した経済学者はゲーム理論を理解しており、入札の参加者はそれぞれゲーム理論家の助言を受けて戦略を見直した。しかし入札の実際の形式は、ナッシュ均衡やゼルテンの〝部分ゲーム完全均衡〟から直接ヒントを得たわけではない。入札の問題はあまりにも複雑なので、ゲーム理論を土台にして数学的に最適な入札方式を考案するのはまず不可能なのだ。そこで経済学者は従来のアプローチに頼った。戦略的な行動を分析し、合理的な参加者が様々なルールにどのように反応するか予測を立てたのである。ゲーム理論とこの入札方式の関係から、マカフィーとマクミランは「理論の真の価値は、直感を養うことにある」という結論に達した。ゲーム理論の研究者の直感が実際に優れているかどうか、それは証明がむずかしい命題である。

第11章　一般均衡という隘路

モーリス・F・アレ　（一九八八年）
ケネス・J・アロー　（一九七二年）
ジェラール・ドブルー（一九八三年）

経済学と数学はこの数十年間でますます結びつきを深めているが、この展開はノーベル経済学賞によって促され、報われてきた。その結果、経済学賞選考委員会によって評価された研究なのに、本当に経済学なのかと首をひねるようなアイデアも散見される。経済に関する洞察なのか、単に応用数学の練習問題なのか、簡単には決めかねてしまう。この傾向が最も顕著なのが、一般均衡理論の分野だ。アダム・スミスによる市場メカニズムの記述から始まった経済学が、抽象的な証明へと進化を遂げた。このような証明は適切というよりも、エレガントとか力強いと表現したほうがふさわしい。

経済学と数学は多くの点で異なる。数学者は抽象的な問題や解を評価するが、経済学は最終的に現実世界の問題に取り組む。優れた経済理論は経済の出来事を解明することも予測することもできるし、経済政策の改善に貢献する。しかし経済学が数学的な傾向を強めるにしたがい、この現実的な目的は影を潜めてしまった。古い世代の経済学者は経済理論を方程式に置き換えたが、つぎの世代になると取り上げる問題もそれに対する解もどんどん複雑になっていった。挙句の果て、経済学としての原型をほぼとどめないまでになってしまった。

一般均衡理論はこうした進化の道のりをたどった。アダム・スミスや古典派経済学者が始めた歩みはノーベル賞受賞者のケネス・J・アローやジェラール・ドブルーへと続き、市場経済を記述する言語は文章から位相幾何学に変わった。この進化の過程でジョン・R・ヒックス卿は重要な役割を演じたが、モーリス・F・アレの貢献も見逃せない。彼はフランスの数理経済学のパイオニアであり、遅まきながらほかの国の経済学者に研究を認められてノーベル賞を受賞した。

これらの才能豊かな経済学者の研究のすべてが無味乾燥な数学というわけではない。全員がほかの分野でも貢献しており、特に俊才ケネス・アローは注目に値する。一般均衡の証明によって彼は経済学で不動の名声を手に入れたが、ほかにも多くの洞察によって多くの分野で重要なイノベーターとして評価されている。

モーリス・F・アレ（一九八八年受賞）

第二次世界大戦中にドイツが占領したフランスで、若きフランス人技師モーリス・F・アレはナント地方の鉱山や採石場や鉄道の管理を担当していた。ドイツの支配下にあったフランスでは最小限の公務をこなせば十分で、アレは時間をもてあました。そこで当時フランスで入手可能な数理経済学関連の古典を片っ端から読み始める。レオン・ワルラス、オーギュスタン・クールノー、ジュール・デュピュイなどのフランス人経済学者、イタリア人経済学者ヴィルフレド・パレート、アメリカ人経済学者アーヴィング・フィッシャーらの著作を読んだ後、アレは自分ならもっとうまく数学を使えると考える。そして一九四三年、二年がかりで書き上げた九〇〇ページにおよぶ処女作『経済的秩序の探求』を上梓、引き続き四七年には『経済と利子』が出版された。[*1]

九〇〇ページにもおよぶ数理経済学の大著を出版まで漕ぎつけるのは決して容易ではないが、ドイツ占領下のフランスでは特に困難がつきまとった。それでもアレはくじけず、事前予約によって十分な読者を確保したうえで出版社に原稿を持ち込み、一九四三年に出版の運びとなったのである。同じく四七年に出版された二冊目の著書のときも、事前予約で読者を確保した。[*2]後になってみると、この二冊が出版されたのはアレにとって幸運だった。一九八八年にノーベル賞を受賞して四〇万三〇〇〇ドル相当の賞金を手に入れたのは、これらの著作が評価されたおかげだった。合わせて一七〇〇ページもの記述のなかには、ポール・サミュエルソン、ジョン・ヒックス卿、エドムンド・フェルプスなどのノーベル賞受賞者が後日「発見した」研究結果と同じものも含まれていた。工学や物理学で使われる高度な数学を応用し、ワルラスやパレートが始めた研究に改良を加えて経済学を公式で表現しようと目指した点は、アメリカ人の学者にもアレにも共通していた。同じ数学的ツールを同じ経済理論に当てはめたのだから、同じ結果が得られてもおかしくはない。

数理経済学の論文を読んで刺激されたアレは、完全市場の仕組みを微積分で証明する作業に取り組んだ。情報や先見性や競争に関して完全な条件が整っている市場は、ほかの点においても完全であり、利益と満足度が最大化されることを証明しようと考えたのである。[*3] 彼は成長モデルと投資に注目し、ふたつの時期すなわちふたつの世代——若者と老人——から成るシンプルなモデルを考案した。このモデルでは、どちらの世代も生産活動は若い時期に限られるが、財やサービスの消費活動はふたつの時期を通じて行なわれるとする。抽象的なモデルといっても数学的な部分を除けば、いたってシンプルになりうることがよくわかる。このモデルは、サミュエルソンが考案した〝世代重複モデル〟とも類似している。[*4]

アレは数学のスキルを応用し、貨幣需要に関する公式の発案にも取り組んだ。これはシンプルなモデルで、もっともらしい結果も導き出されている。このモデルによれば、金利が高いときには富を現金として手元に残す傾向が小さくなるという。銀行が金利を支払ってくれるときに全財産を現金で簞笥にしまっておくなど、誰が考えても愚かな行為だろう。

このアイデアにもとづいてアレは公式を発案するが、のちにその事実を知らないまま、経済学者のウィリアム・ボーモルとノーベル賞受賞者ジェイムズ・トービンが同じような公式を研究に取り入れた。そして先に考えたのはアレだったことにずっと後から気づき、遅まきながらアレの功績を再評価したのである。[*5]

ほかにもアレは、様々な経済の概念を発見した功績を評価されている。たとえば、発展途上にある経済が最大限の収入を持続可能な形で得るために必要な貯蓄率、すなわち黄金律を算出し、「この定理が一般的な形で正確に証明されたのは初めてだろう」と自画自賛している。[*6]ほかのモデルと違い、アレのモデルでは専売制が考慮されているが、それは当時のフランスにその制度がまだ残っていたからだ。

経済学者に転身した同僚の数学者や物理学者と同じく、アレも無生物の研究につきものの難解で抽象的な原理を経済学に持ち込んだ。その姿勢はノーベル賞記念講演にも表れている。「私は次第にふたつの確信を抱くようになった。人間の心理はいつどこでも基本的に同じであることがひとつ。そしてもうひとつは、不変の法則に従って現在は過去によって決定されることだ」。[*7]天体や素粒子に対して予測可能で一貫した行動を期待することに異論はないが、このような前提が人間にどれだけ妥当だろうか。電子が物理学の法則に従うように、人間は心理学の法則に従うというのか。しかし数学で使われる最適化のテクニックを経済学に応用するためには、アレも仲間の経済学者も不変の法則を信じなければならなかった。

たいていの数理経済学者がモデル構築のために利用する心理学は、完全な合理性を前提にしている。これなら物理学と同じように一貫性があり、予測可能な行動につながるからだ。前提が合理的ならば便利で使いやすく、研究も前進しやすい。しかし経済学の前提としていくら優れていても、現実の世界では合理的な行動が限定される。現実には不合理な事例が多すぎて、無視するわけにはいかない。

アレ自身、一九五〇年代に不合理とも言える行動をとっている。数理経済学で認められてきた原則に異議を唱えたのだ。この原則は数学者のジョン・フォン・ノイマンと同僚のオスカー・モルゲンシュテルンが最初に提案したもので、個人の選択行動は基本的に無関係な要因に影響されないという内容だ。これは〝独立性の公準〟と呼ばれる原則で、合理的な行動との矛盾が見られないため、〝期待効用論〟の一部にもなっているが、アレは納得できなかった。そこで自分の仮説の正しさを試すため、独創的なくじを考案した。当選金額の異なる二種類のくじをいくつかのバリエーションで用意して、被験者にどちらかを選ばせたのである。常に同じ傾向のくじが選ばれれば独立性の公準の正しさが証明されるが、それ以外のパターンではこれが成立しない。ところが実際に試してみると、しばしば期待とは矛盾する選択が行われたのだ。[*8] そこでアレは、一九五二年の会議で一流の理論経済学者を相手に同じ実験を再現した。その結果、学者たち自身、独立性の公準とは矛盾する行動をとったのである！[*9]

アレはどんな行動を発見したのだろう。たとえば、ほぼ確実に当選するくじを持っている人に外れの確率が五パーセント高いくじを選ばせるには、賞金額をかなり釣り上げなければならない。これに対し、当選の確率が低いくじを持っている人なら、賞金額をそれほど高く釣り上げずに五パーセント高いリスクを受け入れてもらえる。ほとんどの人にとって、状況次第で妥当な選択が変わるのは当然だろう。しかしこれは独立性の公準には明らかに反する結果で、合理的な選択とは言えない。この現象は〝アレのパラドクス〟と呼ばれ、理論経済学者を長らく悩ませてきた。のちに、行動経済学者でありノーベル賞受賞者でもあるダニエル・カーネマンがこの現象の背景となる人間の行動を確認し、保有効果と呼んだ。カーネマンによれば人間は所有しているものに高い価値を置き、そのためには経済的に不合理な決断も厭わないのだという。

森の木が音もなく倒れるように

アレは間違いなく数理経済学のパイオニアであり、フランスの限界効用学派のリーダーでもあったが、その影響はフランス国内に限られていた。それにはふたつの原因がある。まず、彼の著作はフランス語で書かれており、翻訳される頃には時代遅れになっていた。そしてもうひとつ、とにかく長かった。たとえフランス語を読めるとしても、九〇〇ページもあって、しかも難解な数学がずらりと並んでいるようなものを苦労して読む気にはなれない。あるアメリカの経済学術誌の編集者によれば、アレから受け取った論文は一二〇ページもあり、どんな学術誌に掲載するにも長すぎたという。[*10] アレの著作の長さは経済学賞選考委員会にとっても悩みの種だったようだ。彼の受賞が遅れたのは、著書や一五〇〇本の学術論文に目を通すのに時間がかかったからだという。[*11]

ほかの多くの経済学者と違い、アレは経済学で新しい分野を始めたことや、「影響力の大きい」理論を考案したことを認められてノーベル賞を受賞したわけではない。ほかのノーベル賞受賞者と同じ証明や公式を、先に考案したからである。これについてポール・クルーグマンは、紙面でつぎのように語っている。「大変面白い選び方だ。研究によって何かが変わったわけではないから、たしかに影響力が大きいとはいえない。その一方、ヒックスの『価値と資本』やサミュエルソンの『経済分析の基礎』と比べても決して引けをとらない内容だ。哲学的な問題としては面白い。まるで森のなかで音もなく倒れる木みたいな話だな」[*12]

しかし、アレが大した学者ではないと思ったら大間違いだ。フランス国内で彼の教えや指導を受けた学生たちは、彼の学説に大きく影響された。社会に出て専売事業の運営を任された教え子は、価格設定の基準として〝限界費用〟の考え方を利用した。限界費用とは生産量を一単位増やしたことによる総費用の増加分を指し、限界費用と限界収益が一致する生産量で利潤最大化は達成される。一般に限界費用にもとづけば、真の費用を反映した正確な価格設定が実現するわけだ。

アレは決して欧米の多くの経済学者に影響をおよぼしたわけではないが、ひとりのフランス人経済学者に大きな影響を与え、その人物の業績は世間に広く知られた。それはノーベル賞受賞者のジェラール・ドブルーで、本人の話ではアレの処女作となった経済書に出会うまではあまり経済学の本を読んだ経験がなく、率直に言って大して興味もなかったという。「ところが最初の二、三ページを読んだ途端、著者の強い決意に魅せられてね、四〇ページもある序章を一気に読んでしまった。読み終えるのに三カ月もかかったけれど、ちっとも苦じゃなかった。これをきっかけに経済学、わけても数理経済学の素晴らしさの虜になった[*13]」

ノーベル賞を受賞すれば、それがすなわち優れた才能の証であり、ふつうはそれ以上の自己アピールは必要ない。ところがアレはそれでは満足できず、自分の素晴らしい研究成果を何とか評価してもらおうと常に考え続けた。だから、自画自賛としか思えないような発言もたびたびで、どんなに高く評価されても十分ではなかった。たとえばノーベル賞記念講演では、自分の成果についてつぎのように語った。「計量経済学の長い研究の歴史のなかでも……これほど多くの、これほど様々なケースで素晴らしい結果を出したのは私のモデルぐらいだ。後にも先にも、これほど優れた理論はどこにも見当たらない[*14]」。そしてべつのトピックをあげてこう結んだ。「貨幣の動学分析において遺伝性や相対性に注目した私の理論は、経験からも正しさが証明されている。実に素晴らしい。社会科学における最大の発見と言ってもよいほどだ。しかもこれは、社会生活に欠かせない分野でなされた研究なのだ[*15]」。アレの最も熱心なファンは、間違いなくアレ本人だった。

重力

ノーベル賞を受賞するまで、モーリス・アレの名はほとんどの経済学者に馴染みのないもので、その後も彼の影響力は限られている。アレは経済学よりもむしろ、振り子の奇妙な現象の観察結果によって後世に名を残すのかもしれない。一九五四年、アレは重力と電磁力の関係を調べるための実験を行ない、その一環としてフーコーの振り子の振動数を測定した。すると、わずかだが無視できない異常が見られた。まるで重力が一時的に増加したかのように、振り子がほんの一瞬だけ加速していた。しかもそれは、五四年の皆既日食の発生と時間が一致していたのだ。同様の結果はほかにもふたつの実験室から報告され、五九年の皆既日食でも同じ結果が再現された。アレはノーベル賞記念講演でつぎのように語った。「実際、こんな現象は現在認められている理論の枠組みではまったく説明できない[*16]」

アレがまた大風呂敷を広げたといって取り合わないのは簡単だが、この場合はそうも言えない。半世紀が過ぎても、科学者はいまだにこの異常現象を解明できていない。[*17] デルフト工科大学のオランダ人科学者クリス・ダイフは、いわゆるアレ効果は簡単な原因、たとえば潮の干満、気温、人間の動作、地殻変動の影響などでは説明できないとした。二〇〇四年の報告では「最初に観察されて以来、いまや「アレ効果」と呼ばれるようになった現象は物理学者を悩ませ続けてきた。もしもこれが本当に存在するなら、重力の仕組みについての従来の説明は成り立たなくなり、一般相対性理論にこれまで気づかなかった欠点が存在することになる」とされている。[*18]

しかしダイフの論文が発表される以前、すでにNASAはアレ効果の実験準備を整えていた。一九九九年八月十一日の皆既日食に合わせ、アラバマ州ハンツビルのマーシャル宇宙飛行センターに所属するNASAの科学者デイヴィッド・ノエヴァーは調査チームを編成し、メンバーを世界各地に派遣した。各メンバーは最新の重力計と昔ながらの振り子を使い、アレ効果を測定することになっていた。もしも同じ現象が各地で観察されれば、複数の測定場所と測定器具を生かし、実際に何が起きているのか確認できるはずだった。この実験に先立ち、報道関係者はNASAの準備作業について大々的に報じ、「まさかとは思うが、ひょっとしたらアレは何かすごい事実を発見していたのかもしれない」というノエヴァーの発言を紹介した。[*19] しかし八月十一日の皆既日食の後、不思議なことにプロジェクトは跡形もなくなっていた。データの分析に時間がかかるとしても、結局は何も発表されなかった。研究がなぜ消えたのか理由が明かされなかったため、インターネット上では様々な憶測が飛び交った。ノエヴァーは突然NASAを辞職して、そのとき彼がデータをすべて持っていったので、真相は闇の中へ消えたとの書き込みもあった。

実は当時アレ効果が最終的に確認されれば、重力に関して科学者を長年悩ませてきたもうひとつの問題が解明できるのではないかという期待も寄せられていた。一九七〇年代はじめに打ち上げられたふたつの宇宙船、パイオニア一号と二号は、計算よりもやや遅い速度で太陽系から離れていた。ここで紹介したふたつの現象はアレ効果と無関係かもしれないが、ひょっとしたら関係があるかもしれない。

アレの父親はパリでチーズ店を営んでいたが、第一次世界大戦でフランス軍に従軍し、ドイツ軍の捕虜になってから四年後に亡くなった。アレはこの経験に「深く心を傷つけられた」が、学業に没頭して大体はクラスでトップの成績をとった。高校ではラテン語と科学を学び、大学では数学と哲学に興味を移した。やがて数学の勉強を続けるためフランスの名門大学エコール・ポリテクニークに進学し、一九三三年にここもトップの成績で卒業した。一年間の兵役後、パリ国立高等鉱業学校で二年間学び、ナントの鉱業技師としてキャリアを始める準備を整えたのである。

ほどなくアレは経済学について考えるようになった。記者に語った話では、経済学に興味を持つきっかけは大恐慌の最中の一九三〇年代にアメリカを訪問した経験だったという。[*20]

貧困が蔓延している状況を目の当たりにして、経済学で社会状況を改善しようと決心したのである。第二次世界大戦後は学者としてのキャリアを重ね、一九四八年には国立高等鉱業学校で経済分析の教授に就任した。アレは経済学に関する著作と同様、科学者としての研究にも誇りを持っていた。科学の分野では一四の賞を受けているが、そのなかにはフランスでも最高の名誉とされるフランス国立科学研究センターによるゴールドメダルも含まれていた。ノーベル委員会に提出する履歴には、この賞を受賞した経済学者は自分ひとりだと記されていた。[*21]

ケインジアン、マネタリスト、それともただの変人

アレが一九八八年にノーベル賞を受賞した当時、すべての経済学者はケインジアンかマネタリストのどちらかに分類されると報道関係者は考えていた。しかしアレは型に当てはめにくい学者だった。ミルトン・フリードマンはアレを古い友人と呼ぶ一方、「頑固で」「少々変わり者」だと評した。[*22] アレ本人は「実のところ、私は自分以外、いかなるカテゴリーにも属さない。マネタリストでもないしケインジアンでもない。ある意味、どちらのグループとも共通点を持っている」という。[*23] しかし、そんな本人の主張とは裏腹に、〈ウォールストリート・ジャーナル〉はアレについて、フランスのケインズ主義的な政策に異議を唱え、自由市場を信奉する人物であるが、「フランスの指導者からはほとんど顧みら

れない」という人物評を紹介した。[*24]

ノーベル賞によって新たな名声を手に入れたアレは、様々な話題に関して見解を求められるようになり、期待以上に積極的に発言した。当時は貿易自由化とヨーロッパの統一通貨が大きな問題になっていた。アレは自由市場経済学者のひとりに数えられていたが、ヨーロッパで貿易が自由化されることの恩恵については疑問を抱いていた。なかでも特に、貿易自由化がコストの低い競合国との直接対決につながる事態を深く憂慮した。そして貿易自由化はヨーロッパにとって「自殺」行為だと、とりわけ強い調子で警告したのである。一方、ヨーロッパにおける統一通貨実現への動きは支持したが、ドイツが条件を設定してフランスやほかの国が自国通貨をそれに合わせるやり方を快く思わなかった。アレによれば「一〇年以上にわたり、歴代のフランス政府はドイツ政府が押しつけてくる財政基準に黙って従うだけで、後ろ向きの姿勢を続けてきた。しかもその理由は、ヨーロッパ統合の礎石となる仏独同盟を維持するためだという。フランス経済やフランスの一般国民にとって、これは悲惨な結果にほかならない」[*25]。さらにアレはアメリカの株式市場にも心を痛め、「紛れもなくカジノ」だと切り捨てた。[*26] そして投機熱をあおる市場の制度的な欠陥を列挙した後、一九八九年には「今日のウォール・ストリートの脆弱さは、一九二九年に大暴落を引き起こした当時の脆弱さと同じものだ」と断じた。[*27]

アレは経済問題に限らず、何にでも意見を述べた。特に報道関係者を喜ばせたのが、フランスの正統派の人びとへの歯に衣着せぬ発言である。たとえば、フランス語は明快で論理的で優秀だから世界共通言語に値すると信じる人たちを攻撃したこともあった。アレはそんな説をまったく認めなかった。フランス語がほかの言語よりも本質的に優れているわけがないと指摘したうえで、世界で広く使われる言語とは、世界経済を支配する国の言語だと主張した。世界言語としてフランス語の人気が低下しているとすれば、それはフランスが大国の座から滑り落ちた証拠にほかならないのだという。[*28] そしてさらにもうひとつ。アレは学者に早めの引退を迫る政治家を切って捨てた。「自分は引退しなくても許されるが、学者は引退すべきだと考えるのだから、政治家には本当に呆れてしまうよ」[*29]〔訳注　アレは二〇一〇年十月、九十九歳で死去した〕

ケネス・J・アロー（一九七二年受賞）

経済学賞選考委員会は、経済学でお馴染みのコンセプトを高度な数学で表現し直した数学者の功績をたびたび認めてきた。そうすれば経済学に科学としての信頼性が加わると考えたのだが、結果として経済学の理論は日常的な経済活動の現実からますます乖離してしまった。このギャップを埋めた実践的な経済学者のひとりが、一九七二年のノーベル賞受賞者ケネス・アローである。数学者アローは、社会選択理論や一般均衡理論を定式化して証明した。

アローは投票パターンの興味深い現象を定式化した功績を広く認められている。投票者個人は完全に論理的で言行が一致していても、多数決を行なうと不合理な結果が生じるケースは決してめずらしくない。このことはすでに一七八五年、数学者のコンドルセ侯爵によって発見されていた。このパラドクスを理解するために、つぎのような状況を考えてみよう。ある選挙で、新しいサッカースタジアム建設への資金提供を大多数の有権者が支持した。そしてべつの選挙では、同じ有権者が新しい学校建設への資金提供を反対多数で却下した。では、サッカースタジアムと学校のどちらを建設するかを投票すれば、スタジアムが選ばれるのではないかと考えられる。ところがコンドルセ侯爵によれば、かならずしもそうならない。学校とスタジアムの選択では、学校のほうが好まれる可能性があるのだ。なぜか。

コンドルセはつぎのように考えた。有権者の三分の一の投票は、つぎのような選好順序になっているとしよう。一番目がサッカースタジアム（f）、二番目がプロジェクトなし（n）、三番目が学校（s）。つまりサッカースタジアムを何よりも優先するが、サッカースタジアムの建設が不可能な場合、学校を建設するよりはプロジェクトを行なわないほうに投票する（f、n、s）。つぎに、べつの三分の一の有権者が、学校の建設を最優先するとしよう。そして学校の建設が不可能な場合、プロジェクトを行なわないよりはサッカースタジアムを建設するほうに投票する（s、f、n）。そして残りの三分の一はプロジェクトなしを最優先するが、それが不可能な場合、サッカースタジアムよりも学校を建設するほうに投票する（n、s、f）。こうした選好順序をまとめると、たとえ最初の投票で過半数の有権者がスタジアム建設に賛成し、同じく過半数の有権者が学校建設に反対していても、驚くことにサッカースタジアムよりも学校建設のほうが選好されるのだ。各有権者の選択は完全に合理的でも、多数決を重ねるうちに不合理な結果——もっと正確に表現するなら推移的とは言えない結果——が生じるという結論にいたる。[*30]

この〝コンドルセのパラドクス〟からは、多数決投票によってひとつだけ「正しい」社会的選好を決定するのは不可能であることがわかる。アローはこの現象を集合論に置き換え、同様の結論をもっと一般的な形で導き出した。つまり、社会的選好を決定するいかなる手段も、常に論理的であることは基本的に保証され得ない。これはアローの不可能性定理として知られるようになった。アローは、この問題が投票だけでなく、社会的選好を決定するいかなるアプローチにも適用されるという結論に達した。唯一の例外は、自分の選好を社会に押し付けることのできる独裁者である。独裁者の選好はかならずしも公平ではないが、合理的ではある。[*31]

この発見は、社会問題解決への政府の介入を支持する人たちにとって愉快なものではなかったが、逆の立場の人たちには歓迎された。しかしこの結果は必要以上に持ち上げられているのではないか。そもそも不可能性定理は、投票が常に不合理であることの証明ではない。一定の条件のもとでは、解せない結果が生じる可能性を示唆しているだけである。その場合、投票は完全ではないし、投票者の顔ぶれが成り行きを左右する。しかしそもそも人生に完全なものなど存在しないも同然だ。例外は完全であることのみを前提とする競争市場ぐらいだろう。そしてこれは、アローの貢献として高く評価されているもうひとつの研究のテーマになった。

アダム・スミスは、製品の価格変動によって単一市場では需給バランスが維持されると考えた。たとえば小麦が過剰なときは、市場で「需給が均衡する」地点まで価格が下がり、余剰が解消される。やがて経済学者は、この結果がすべての市場で同時に発生する可能性はないか考え始めた。市場全体で需給の均衡を成立させるような価格が、どの財にも存在するのだろうか。その価格セットの存在証明は、数理経済学者の聖杯探しのようになった。

この難問を解決するためには、実体経済の現実については考えず、完全市場を表現する抽象的な方程式に頼る必要があった。ある市場で発生した価格の変動は、ほかの市場で財の需要に影響をおよぼすと考えるので解は非常に複雑になる。数学的スキルに優れた経済学者は、早くからこの問題に取り組み、十九世紀にはウィリアム・ジェヴォンズやカール・メンガーやレオン・ワルラス、二十世紀に入るとジョン・ヒックスやポール・サミュエルソンが挑戦した。最終的に暗号を解読したのは数学者だった。まず一九三〇年代半ば、エイブラハム・ワルドが一般均衡の存在をはじめて証明した。[32] しかし微積分のみを使ったワルドの証明は、あまりにも複雑すぎた。

一九三〇年代には、数学者のジョン・フォン・ノイマンが新しい数学を経済学に持ち込んだ。そのひとつ、組み合わせ位相幾何学は、一九四一年に角谷静夫《かくたにしずお》が発表した不動点定理によって大きく進歩した。[33] これらの新しいツールは数学界で直ちに受け入れられ、古くからの経済問題の解決に応用された。一九五一年、アローは不動点定理を一般均衡に応用し、競争的均衡は経済にとって常に最高の解であるというお馴染みの結論を導き出したのである。[34] しかし彼は「この便利なツールは間違いなくほかでも使われている」と語った。ちょうど同じ頃、シカゴのコウルズ委員会に所属するジェラール・ドブルーもほぼ同じ証明にたどりついていた。[35]

偶然にもアローとドブルーは、新しいツールを使って競争的均衡の存在を証明する作業を同時期に別々に進めていた。ふたりとも競争的均衡が最善の解であることは示したが、大事な課題が残っていた。二〇年前にワルドが微積分を使って行なった競争的均衡の存在証明に新しいツールで臨むことだ。アローとドブルーはまたも同じ問題を抱えたが、今度はチームを組んだ。そして一九五四年、ひとつの証明を発表した。[36] 一六〇年前のアダム・スミスによる観察を、新しい数学によって再確認したのである。アダム・スミスはトウモロコシ市場を例として取り上げたが、アローとドブルーは「半正ベクトル」と「非正象限上の素集合系」を証明に使った。ふたつのアプローチはずいぶん異なるが、言っていることは同じ。完全競争市場では、価格の調整によって需給が均衡するのだ。

均衡の証明に成功したアローは自由市場を好意的に評価するようになったのだろうか。それともこれは彼にとって、単に面白い数学の問題のひとつだったのだろうか。実際、彼は市場についてやや慎重な見方をしているようだ。「私には、市場がどんな問題にとっても十分な解決策になっているとは思えない」と語ったこともあるほどで、収入の平等な配分が目標に設定されているときは特にその思いが強かった。[*37] 一九七二年のノーベル賞受賞スピーチでは、市場システムの実際の需給バランスは「完全とはほど遠い」ものだと認め、一九三〇年代の大恐慌における市場の失敗を例にあげた。[*38] さらに、「ワーキングプアの福祉が衰退した」のは「アメリカやイギリスにおける市場イデオロギー」の偏重が原因だと非難した。[*39] そして市場への依存を強めても「生産力の著しい増加」につながってないと不満を漏らした。[*40] 実際、「社会福祉制度がわれわれよりもずっと強力なヨーロッパ諸国、たとえばドイツやフランス、そしてもちろん北欧諸国は……全体的に見れば米国ほど成績が悪いわけではない」と指摘している。[*41]

こうしてアローは市場への過度の依存を批判したが、かといって依存を放棄するつもりもなかった。一九九五年のインタビューではウィンストン・チャーチルの言葉をもじって、資本主義は「かなりひどいシステムだが、ほかにもっとひどいものもある」と語っている。[*42]

もちろん資本主義には色々なタイプがあり、アローはリベラルな社会政策を伴った資本主義を好んだようである。

市場の失敗

アダム・スミスの時代から二〇〇年ちかくが経過しても、経済学者は相変わらず数学的分析作業のほとんどにおいて完全市場を前提にしていた。たとえば一九五〇年代にアローが行なった証明でも、完全市場が中心的な要素になっている。しかしアローはほかの経済学者に先立ち、不確実性や不完全情報について正式な分析を行なった功績も評価されている。一九六三年、アローは医療に関して非常に重要な論文を執筆し、それを学界で最有力の学術誌〈アメリカン・エコノミック・レビュー〉で発表した。この論文はモラルハザードと逆選択というふたつの概念を正式に紹介したもので、情報が不完全なときに市場が崩壊する仕組みについて解説している。実際には、アローは市場が不完全であることを「発見」したわけではない。これが研究のトピックとしてふさわしいことを、ほかの経済学者に理解させたのだ。それが可能だったのはふたつの概念を数式で表したからでもあるが、一般均衡理論の証明によってアローが経済学界のスーパースター的存在に近づいていたからでもあった。不確実性や情報に関するアローの研究は多くの経済学者に刺激を与え、教え子のひとりマイケル・スペンスはのちにノーベル賞を受賞した。

情報の問題が最も顕著なのは、保険市場だろう。いったん保険に加入すると、事故を回避しようとする気持ちが薄れてしまうもので、この現象はモラルハザードとして知られる。ここで情報の問題が発生するのは、保険の加入者が事故に無関心かどうか保険会社にはわからないからである。もうひとつの現象である逆選択は、リスクの高い人だけが保険に加入するときに発生する。加入者の人物や状況についてよく知っているのは、保険会社ではなくて本人なのだ。

アローは民間保険に伴うこうした問題を考慮した結果、果たして自由市場には自力で医療問題を解決する能力があるのかどうか、疑問を抱くようになった。そして「われわれに必要なのは基本的に単一の保険制度ではないか」という結論に達した。[*43] 競争的均衡の優位性と存在を「証明した」経済学者が「社会主義的な」医療と呼ぶしかないような政策を支持するのは奇異な印象を受けるが、これは事実である。政府が単一の保険制度を提供すれば、規模の経済の影響によって無駄が大幅に省かれるとアローは説明した。政府が医療費を負担する保険制度の効果を期待できる根拠としては、メディケアと社会保障制度を引き合いに出した。そしてもうひとつ、逆選択の問題が解消されるので、リスクの高い加入者が真っ先に保険料の受け取りを望み、そんな加入者のためにリスクの低い加入者が高い保険率を支払わなければならないような事態も発生しなくなると説明した。「みんなが対象になれば、つまみ食いも起こらない。特定のグループにだけアピールし、様々なゆがみを伴うようなプランは存在しなくなる」からである。[*44]

ただしアローは医療の分野で競争の可能性をすっかり放棄したわけではない。非競争的な負担システムを提唱する一方で、健康維持機構（HMO）など、医療の提供者の間で競争は可能だと考えた。さらに加入者が基本契約以外の商品を購入できるようにすれば、ある程度の競争が促され、かならずしも加入者の選択が制約されないとも考えた。[*45]

アローはニューヨーク生まれの数学好きで、一九四〇年に科学の学士号を取得してニューヨーク市立大学シティ・カレッジを卒業すると、四一年にはコロンビア大学で修士号を取得した。[*46] 当初は統計学に興味を持ち、経済学者のハロルド・ホテリングから経済学部に勧誘された。コロンビアで統計学を学ぶなら数学科よりも経済学部のほうが開放的だと説明を受け、おまけに資金援助も約束された。[*47] アメリカ空軍の研究者に採用されたり、一時的に保険数理士としてのキャリアを目指したり、シカゴ大学のコウルズ委員会で助手として勤務するなど、何度か中断をはさみながら、コロンビアで博士号を取得した。

アローは一九七二年のノーベル賞と賞金九万八〇〇〇ドルを理論家の同僚ジョン・R・ヒックス卿と分け合った。アローの貢献を最も賞賛したのは、おそらくノーベル賞の受賞仲間ポール・サミュエルソンだろう。アローの研究の難解さを否定せず、いつか現実的な意味を持つだろうと擁護して、彼の著作が「提供した新たな理論システムは、将来の法律を制定するための土台になるだろう」と予測した。[*48] アロー本人は、理論的な研究が正当に評価されないのは「現実との関わりを要求され、直ちに具体的行動が期待される風潮のせいだ」と考えていた。[*49] だから、理論的な研究が注目されるきっかけとなったノーベル賞受賞に喜びもひとしおだった。

サミュエルソンはアローの不可能性定理にも強く感銘を受け、「理想的な投票制度など発見できないことがはっきり」証明されたと評価した。そして「歴史上の多くの偉人が完全な民主主義を探し求めてきたが、結局探していたものは妄想であり、論理的には自己矛盾していたことが明らかになった」と指摘した。[*50] 実際アローは、完全情報の存在しないところでは投票に頼る民主主義にも市場にも欠点があることを指摘した。繰り返すが、現実の世界は完全ではない。〔訳注　アローは二〇一七年二月、九十五歳で死去した〕

ジェラール・ドブルー（一九八三年受賞）

十九世紀、レオン・ワルラスが抽象的な一般式で経済全体を表現する数理経済学を創始した。ジェラール・ドブルーはこの分野に単独で、そしてケネス・アローとの共同研究で貢献した。最初は市場では完全競争が最適であることを再確認し、つぎに一般均衡の存在を証明したのである。

ドブルーは学者としてのキャリアの大半を基礎的な一般均衡モデルの研究に費やした。

アローと一緒に考案した最初のモデルには政府部門の税金や支出、天然資源の消費や枯渇、製品ごとの微妙な差異、主な金融部門などが含まれていなかった。経済学者は最初に基礎的な一般均衡モデルについて学ぶと、そのつぎに、こうした特別なケースにも均衡状態が存在するのかどうか、もしも存在するなら最適であり続けるのかどうか、疑問を抱いた。[*51] アローと一緒に最初の数学的証明に成功したドブルーは、そうした細かい問題の研究でも指導的な立場をとった。その後モデルに細かい調整を加え、新たな経済概念を取り入れる方法は尽きることがなかった。たとえば一九八四年に経済学術誌をざっと調べてみると、若干異なる条件の下で一般均衡の存在を証明する論文は、三五〇本も確認された。

アローと同じく、ドブルーも不確実性を研究したが、一九八三年のノーベル賞で主に評価されたのは一般均衡理論の研究だった。一般均衡理論の研究者のほとんどは、研究が実体経済に応用できる印象を与えないように注意を払う。そして選考委員会のほうも、この研究はかならずしも自由市場を擁護するものではないと説明して同じ点を強調する。実際、ドブルーとアローが設定した一連の数学的条件は「経済の効率性を証明するには十分」だが、証明されたからといって、実体経済がそこまで完全になれるわけではない。数学的条件はあまりにも抽象的で理想的なので、実体経済との明らかな関連性は見出せない。しかし、深読みは禁物という警告にもかかわらず、一部の経済学者はいまだにドブルーの研究を自由市場への支持として解釈している。警告のラベルは時として無視されるものだ。

では、実体経済との関連性が限定される一般均衡理論は、どれだけ役に立つのだろうか。経済学賞選考委員会は、このアプローチが「経済学の基本を直感的に理解するのに役立つ」点を評価した。[*52] たしかに、何も教えてもらえないよりはましなのかもしれない。そしてカール・ゲラン・メーラー教授は「使われている数学は複雑だが、問題を簡単に理解するための一助になっている」というちぐはぐなコメントを残している。[*53] 実際、アローとドブルーが実際に「証明した」内容について、何らかの誤解が生じることは多い。ふたりが証明したのは、必要条件が満たされるかぎり、数学の問題に解が得られる、ということである。この証明の経済学との関わりは、需要と供給が定義に含まれている点のみだ。

経済学者のロバート・ドーフマンは、ドブルーやアローらが考案した一般均衡方程式の限界をいくつか指摘している。まずほとんどの場合方程式は、規模を問わずどの企業も同じように効率的であることを前提にしている。つまり小さな自動車メーカーが、トヨタやフォードと同じ低価格の車を製造できるはずだと見なされるのだ。[*54] そんな前提はあり得ないが、これは一般均衡モデルの典型的な考え方である。こうした前提が採用されるのは、現実的だからではない。そのほうが、数学的に都合がよいからだ。規模が有利になることを認めたら、その時点で完全な均衡の証明は成り立たなくなってしまう。しかし経済の前提が数学の都合に支配されるのは、やはり問題である。役に立つ経済理論を考案するために、最善の方法とは言えない。そしてドーフマンはもうひとつの限界も指摘している。存在を証明するといっても、均衡価格が完全な世界で存在することを証明しただけなのだ。だから、現実にかならずしも発生するわけではない。その証明は、はるかに難しいだろう。

ジェラール・ドブルーの経済学への興味は徐々に育まれた。一九四三年に高等師範学校で数学を学んでいるとき、将来のノーベル賞受賞者モーリス・アレの著作と出会い、そこではじめてレオン・ワルラスや一般均衡の存在を知った。これをきっかけに新たなインスピレーションを得ると、ドブルーはフランス国立科学研究センターで数理経済学を二年半学んだ。同センターがこの新しい学問分野の研究を許してくれたのは、「実体を伴う結果がすぐに出なくても非常に寛容だったからだ」とドブルーは説明している。[*55]

やがてドブルーはロックフェラー財団の奨学金を支給され、ハーバード、バークレー、シカゴ、コロンビアなどアメリカの複数の大学を訪問した。なかでもシカゴ大学の訪問は、幸運な転機になった。一九五〇年からコウルズ委員会で研究助手のポストを提供されたのだ。そしてコウルズ委員会で、ドブルーは一般均衡の分析を手掛ける。いくつかのポストを経験したのち、ドブルーは六二年、カリフォルニア大学バークレー校に移った。そして二一年後にノーベル賞を受賞したときも、ここに在職していた。

ドブルーとアローは研究仲間でもあり友人でもあった。アローによると、ニクソン大統領が政治犯罪で議会から弾劾されたとき、ドブルーはアメリカの民主主義にとりわけ強い感動を覚えたという。大統領のような地位の高い人間を犯罪行為で起訴できる政府は、尊敬に値すると考えたのだ。あまりにも感動したため、ついに一九七五年にはアメリカ市民になった。

バークレーの教授でノーベル経済学賞を受賞したのはドブルーが最初だったが、その後四人が受賞している。[*56] 同僚はドブルーについて礼儀正しく思いやりのある人物だと評し、なかにはエレガントという評価もある。自分の考えや感情を表に出さないシャイな面を持つが、経済学部のフットボールチームのコーチを志願して、一九七九年にはケネス・アロー率いるスタンフォード大学との親善試合を行なった。ドブルーはスポーツの才能があったのだろう。何しろゲームの初歩的なルールも知らないでコーチを引き受けたのだから。結局フットボール自体には興味がなかったが、ベイエリアのハイキングや旅行を楽しみ、グルメでもあった。二〇〇四年、八十三歳のジェラール・ドブルーはパリで穏やかに死を迎えた。

第12章

世界経済への視線

アマルティア・K・セン（一九九八年）
W・アーサー・ルイス卿（一九七九年）
ジェイムズ・E・ミード（一九七七年）
ベルティル・G・オリーン（一九七七年）
ポール・R・クルーグマン（二〇〇八年）
ロバート・A・マンデル（一九九九年）

国際貿易がもたらす恩恵の解明は、何世紀も前から経済学者の目標だった。何か新しい経済理論が考案されると、経済学者は早速それを貿易の問題に応用した。たとえばジョン・ヒックス卿が一般均衡モデルを考案するやいなや、ベルティル・オリーンはそのモデルに国際部門を加え、国ごとに輸出品目が異なる理由の解明に取り組んだ。そしてケインズ派のモデルが誕生してまもない一九五〇年代、ジェイムズ・ミードはそこに国際部門を加え、マクロ経済政策が国際貿易におよぼす影響について研究した。ミードの教え子ロバート・マンデルは、六〇年代にその問題をさらに掘り下げた。そして七〇年代末にはポール・クルーグマンが独占的競争と規模の経済というお馴染みのモデルを貿易に取り入れ、ハイブリッドとも言えるモデルを構築した。いずれの経済学者もノーベル賞を受賞して、国際問題への注目を集めた功績を評価されている。

同じ経済学者でもW・アーサー・ルイス卿とアマルティア・センは、貧困や飢えや飢饉が低開発国の広い範囲で引き起こされるのはなぜか、という問題のほうに興味を抱いた。多くの経済学者は低開発国について無視するか、先進国と同じ原理で機能するとしか考えなかった。しかしノーベル賞受賞者のルイスとセンは、こうした国々の窮状を無視するわけにはいかず、どんな特殊な問題が存在しているのか理解しようと努めた。自身がその問題を経験していたからだ。ルイスは西インド諸島セントルシア、センはインドの出身である。

アマルティア・K・セン（一九九八年受賞）

アマルティア・センは、ノーベル経済学賞受賞者のプロフィールにおさまりにくい人物である。主な研究の多くは高度な数学を使っているわけではないし、自由市場の役割の向上を狙ったわけでもない。その代わり、彼は一風変わった研究をテーマにした。貧困、飢饉、差別の問題を解明し、解決しようと考えたのだ。こうした人道的な姿勢は経済学者にはめずらしいが、ノーベル賞受賞者のような一握りのエリートのなかではさらにめずらしい。実際、かなり際立つ特徴で、一九八〇年代にノーベル賞の選考に関わっていたある人物は「センは絶対に受賞しない」[*1]と断言したが、それも無理はなかった。しかしこの予測は外れ、アマルティア・K・センは一九九八年にノーベル賞を受賞した。

では、選考委員会が従来の方針を改めたきっかけは何だったのか。その前年の不祥事で失われたノーベル賞の威信を回復するためだったとする憶測もあった。前年の一九九七年にはロバート・マートンとマイロン・ショールズが、金融商品に関する高度な公式を考案した功績でノーベル賞を受賞した。ところがふたりの参加していたヘッジファンドのLTCMが、それから一年もしないうちに破綻してしまった。その痛ましい破綻劇については業界紙で細かく紹介され、後にはロジャー・ローウェンスタインの『天才たちの誤算』によって記憶にとどめられた。しかしアマルティア・センと彼の人道的な理論なら、同じ不祥事に巻き込まれる心配がなかった。メダルの失われた威信を取り戻すため、委員会はあえてセンを選んだという憶測にはそんな背景があったのである。

飢饉と貧困

センの大きな貢献のひとつに、一九九二年の観察結果がある。アジアと北アフリカの一部で一億人もの女性が消えていることに注目したのだ。消えたといっても牛乳パックの探し人の欄に印刷されているような行方不明の女性のことではない。全国調査で集められたデータから女性がごっそり消えていたのである。人口の半分が女性だとすれば——通常は男性よりも一、二パーセント多い——女性の人数が明らかに不足している国がいくつか認められた。理由を考えたセンは、男性に比べて女性は医療や栄養面で不適切な環境に置かれているからではないかという結論にいたった。全国調査のデータを統計的に見直して、そんな厄介な結論を引き出した学者はほとんどいなかった。しかしセンの指摘の正しさは、その後の人口統計学による研究で裏付けられた。*2

さらにセンは追跡調査を続けるが、二〇〇三年になってもほとんど進展は見られなかった。しかしこの年にはひとつ、ポジティブな現象が確認された。女性が医療を受けやすくなり、栄養状態も改善されたのだ。ただ残念ながら、事態が改善されても女子の出生率の低下が成果を打ち消してしまった。女子の出生率が低下したのは、「女の子だと確認された段階で中絶される」からである。胎児の性別を確認する技術が向上した結果、悪しき習慣が可能になってしまったのだ。シンガポール、台湾、韓国、中国では、女子の出生率が不自然に低い。通常、女子の出生率は男子よりも五パーセント低いという事実を考慮しても、中国などでは男女のギャップが一四パーセントにも達する。単に統計上の誤差とも思えない。インドの一部の地域でも同じパターンが確認されているが、これも女子が選択的に中絶されていると考えれば納得できる。*3

このように、センは独特のアプローチで研究に臨んだ。たとえば彼は飢饉の原因を解明する研究でも評価されているが、これも仲間の経済学者はおおむね無視するトピックである。センは過去に発生した四つの深刻な飢饉を見直し、飢饉の原因は食糧不足だけではないという結論に達した。同じように、いやそれ以上に重要なのは、食糧を購入できないことだった。言われてみれば当然のようだが、食糧の供給が減少しても常に飢饉が発生するわけではないという事実にセンは注目したのである。食糧供給の減少に加えて人口の一部がいきなり貧困状態に陥ると、飢えに苦しむ人が増え、飢饉は発生するのだ。たとえば、一九七四年にバングラデシュで発生した飢饉のきっかけは洪水だった。食糧生産は大きな打撃を受け、食糧価格が跳ね上がった。しかも洪水は農家の収入を著しく低下させたので、食糧を購入できない農民は飢えに苦しむようになったのである。[*4] 食糧の持続的な供給体制をいくら整備しても、それだけでは飢饉のリスクを解消できないとセンは訴えた。同時に貧困問題にも取り組む必要があった。

これはセンにとって学問的研究以上に切実な問題だった。一九四三年にインドのベンガル地方が深刻な飢饉に見舞われて二〇〇万～三〇〇万人が餓死した。その当時、センは十歳で、西ベンガル州のシャンティニケタンに暮らしていた。経済的に恵まれていたので、本人も家族も友人も恐ろしい飢饉の影響を直接受けることはなかった。しかしこの飢饉では中流下層階級ですら被害を免れず、最貧層の家族は壊滅状態だった。この悲惨な状況を目撃した経験が、その後の研究テーマの選択に影響を与えたのである。

飢饉に関するセンの研究からは、もうひとつ重要な結論が導き出された。飢饉には政治的側面があるという点だ。民主的な政府は国民の投票によって選ばれるので、飢饉を防ごうとする気持ちも強い。国民の監視の目があるところで飢饉が発生すれば、選挙民によって政権の座から追い出されてしまう。しかし独裁者は結果に対する責任を求められない。だから食糧不足に無関心になるときもある。「民主主義国家ならば飢饉は発生しない」とセンは考えた。[*5]

センはこうした飢饉研究を踏まえ、アメリカなどの先進国に途上国の民主化を支援するよう、たとえ戦略的な利点がなくてもそれが必要だと訴えた。またセンは、先進国が公平な貿易を心がけることの重要性も訴えた。経済状況を改善することが飢饉の発生を防ぐもうひとつの道だからだ。そして、識字率の上昇や病気の撲滅を目指したグローバルなイニシアチブを呼びかけ、そのために自分でもノーベル賞の賞金の一部を寄付した。[*6] センが設立したプラティチ・トラストは、インドとバングラデシュで識字率の上昇と健康増進を目的とするプロジェクトを支援している。[*7]

若い頃のセンはもっと一般的な経済分野を研究していたが、そのときすでに人道的な課題にも取り組んでいた。当時彼と一部の学者仲間は、アローの不可能性定理に困惑していた。この定理は合理性を伴う社会的選好の存在を否定しているからだ。アローによれば、国民投票が合理的な結果につながる保証はないという。しかしそれでは、国家の優先事項を決定するための信頼できる手段がなくなってしまい、政府が所得分配や貧困などの重要な経済問題に取り組んでも、十分な効果があがらないのではないかとセンは憂慮した。「「社会はあちらよりもこちらを好む」とか「社会はあちらよりもこちらを選ぶべきだ」とか「これは社会的に正しい」といった大事な判断をするとき、合理的な基準をどのように見出せばよいのだろう」と悩んだ。*8

同じく経済学で長年問題になってきたのが、〝個人間の比較〟を避けたがる傾向である。たとえば、金持ちから食べ物を取り上げて、それを飢えている人に与えるのは正しい行為だという発想には、個人間の比較が関わっている。ここでセンは、ローマの炎上を尻目に竪琴を弾き続けた皇帝ネロを例に取り上げた。*9 ローマの存続は、ネロの快楽よりも重要ではないだろうか。同じく金持ちが余分な食べ物を持っているよりは、飢えた人に分け与えるほうが大切ではないか。しかし多くの経済学者にとって、これは禁じられた領域である。経済学では、すべての人の幸せや効用を同じ条件で客観的かつ科学的に比較できることが前提になっているからだ。その結果、個人間の比較は経済学で長らくタブー視されてきた。一九三八年、ロンドン・スクール・オブ・エコノミクスの経済学者ライオネル・ロビンズは「人は他人の心の中など決してわからない。感情は共通項になり得ない*10」という見解を述べている。経済学の世界では個人間の比較が事実上禁じられ、新古典派経済学者は自分の研究にわずかでもその徴候が含まれないよう細心の注意を払った。当然ながらアローの不可能性定理でも、個人間の比較はいっさい認められなかった。

しかしセンは、経済学者は個人間の比較を積極的に活用すべきだと考えた。実際、限定的に取り入れることで、センはアローの不可能性定理を論破できたのである。個人間の比較が許されるときには、一貫して合理的かつ推移的な社会的選好が存在した。しかし、ほとんどの経済学者はこの発見に取り合わなかった。そんな分析は絶対に認められないと教えられてきたからだ。経済学者の圧倒的多数は、センの画期的な発見に無関心を貫いた。

アローの不可能性定理は、一定の条件下では社会福祉が合理的に機能しない可能性を指摘しているにすぎない。同じくコンドルセも、一定の条件下では社会的選好が推移しない可能性を指摘しているだけだ。だからセンも仲間の研究者も、悲観する必要はなかった。多数決でも社会的選好は正しく反映されると信じ、社会的選好が一貫して維持される条件を決定する研究に打ち込んだ。ただしこれは新しい研究分野ではない。たとえば学校の資金調達のように、投票の議題がわかりやすくて各投票者の好みがはっきりしているケースでは、多数決でも妥当な結果が表れることが、すでに一九四八年、ダンカン・ブラックによって証明されていた。[*11] センはもっと一般的な条件でも合理性が存在することを証明し、それを〝価値制限〟と呼んだ。たとえば市役所の壁を赤、白、青のどの色で塗るか、三人で投票するとしよう。このとき三つの色のうちのひとつから、順位の可能性をひとつだけ排除すると（全員が白を最下位には考えない）、投票のパラドクスは消滅してしまう。[*12]

こうした理論的な研究をセンが重視したのは、貧困や飢えや飢饉への反対が一時的な感情によるものではないことを理解してほしかったからだ。個人間の比較と価値制限のふたつが考慮されるようになれば、貧困や飢えや飢饉の問題に社会全体として取り組むための論理的な根拠が備わると信じたのである。部外者はそこまでこだわらなくてもよいと思うかもしれないが、哲学や経済理論の教育を受けているセンのような人物には絶対に必要だった。

通常の統計からは見えないもの

ここまでセンの様々なアイデアを紹介してきたが、それでもまだ目覚ましい研究成果の一部にすぎない。一九九八年にノーベル賞を受賞したときには、およそ二〇冊の本を出版し、およそ二五〇本の論文を発表していた。センの関心は多岐にわたったが、そのひとつが貧困に関する統計の質の改善だ。通常は収入の閾値《いきち》が設定され、そのレベルを下回る人は貧困者として判断される。ここで問題なのは、貧困者が貧困ラインをどの程度下回っているのかわからないことである。たとえば最貧層を対象に行なった政府プログラムが効果を上げても、貧困ラインを超えるほどには改善されなかったらどうだろう。貧困ラインを超えなければ改善された事実は統計に反映されず、プログラムは役に立たなかったという誤解が生じる。そこでセンは、もっと複雑な代替案を考えた。基本は従来のやり方と変わらないが、貧困の程度がわかるように修正が加えられた。さらにセンは、国民所得を評価する際に所得分配の平等性を反映させることも提案した。経済的福祉をより正確に測定するためである。センの尺度では、国民所得が高くて所得配分が平等な国が高位にランクされた。[*13] ただし、せっかく考え出された基準も学者の間で話題にのぼった程度で、実際には普及しなかった。[*14]

貧困の統計にはほかにも欠陥がある。たとえば収入が同じふたつの家族でも、一方の家族の誰かがお金のかかる病気になれば状態は大きく変わってしまう。このようなケースでは、欠乏のレベルは収入だけでは正確に測定できない。そこでセンは、貧困を「最低限度の生活をおくる」能力の欠如と考えるアプローチを提案した。[*15] お金が足りないときにこの能力が限定されるのは間違いないが、健康問題や金銭的な負担も要因として働く。このような発想は、従来のミクロ経済学者とはかなり異なったものだ。高額の医療費を支払うとき、犯罪率の高い地域に居住しているとき、あるいは天災に見舞われるリスクの高いときには、相応の支出を覚悟しなければならない。それをいっさい考慮せず、一律的な収入の基準を設けても、センには不十分としか思えなかった。

人道的な経済学者を選んだ選考委員会の決断は、世間でそれほど意外には感じられなかったかもしれない。しかし、従来の方針と様変わりした結果に内部関係者は驚いた。それでも保守的な経済学者はこの決定に反対しても、それをあまり口に出さなかった。ところが業界紙でも過激な論調で有名なある人物は、センを公然と批判したのである。〈ウォールストリート・ジャーナル〉のヨーロッパ版の編集員ロバート・ポロックは、センのノーベル賞受賞を聞いて激怒した。ミルトン・フリードマンやフリードリヒ・A・フォン・ハイエクのように「適切な」人物を選んできたノーベル委員会が、「愚かな左翼的見解を表明する以外に能のない人物」のセンを選ぶとは何事かと非難したのである。[*16] そして自由市場を支持せず、所得の再分配を奨励する方針は間違っていると指摘し、「セン氏の洞察にも正しいところはあるが……いたって平凡だ」とまで言って切り捨てた。[*17] そして最後には、センは「難癖をつけて何でも「問題にする」ことだけは得意だが、それをあまりにも多くの学生が真に受けて、博士論文のテーマにしている」といって嘆いた。[*18]

ノーベル賞を受賞した経済学者のほとんどは学者としての経歴が華やかなものだが、センは特にすごい。とにかく典型的な学者である。ハーバード、マサチューセッツ工科大学、スタンフォード、バークレー、ロンドン・スクール・オブ・エコノミクス、オックスフォード、ケンブリッジなど世界中の最高峰の名門大学の数々に在籍しただけではない。一九三〇年代にこの世に生を受けた場所もインドのシャンティニケタンにある大学のキャンパスだった。父親は大学で化学を教え、母方の祖父はサンスクリット語のほかにインドの古代と中世の文化も教えていた。ノーベル賞が発表されたときには、センはハーバードを離れてケンブリッジ大学トリニティ・カレッジの学長になっていた。アメリカなら大学の総長に匹敵するポストだ。

少年時代のセンはシャンティニケタンの学校で学んだ。インドの窮状からはほとんど隔離された環境だったが、まったく無縁だったわけではない。ある日、イスラム教徒の日雇い労働者が助けを求めてセンの家に駆け込んだ。過激派ヒンドゥー主義者に路上で刺されたのだという。家族の食べ物を確保するため、危険を覚悟で敵のテリトリーに侵入した結果だった。センの父親は男を病院に連れていくが、治療の甲斐なく亡くなった。この出来事はセンの胸に深く刻み込まれ、ノーベル委員会に提出した履歴でも紹介しているほどだ。家族が飢えていくのを黙って見ているか、救うために自分の命を犠牲にするか、どちらにしても苦しい立場に同情を禁じえなかった。そしてこのような対立が宗教的な背景を持っている事実には、特に心を痛めた[*19]。

高校を卒業したセンは一九五一年から五三年までカルカッタのプレジデンシー・カレッジで学び、その後ケンブリッジのトリニティ・カレッジに進み、二つ目となる経済学の学士号を二年で取得して大学院での研究を始めた。当時ケインズはすでに没していたが、キャンパスでは派閥争いが続けられていた。ジョーン・ロビンソンのグループは、ケインズ派経済学の抽象的かつ理論的な傾向を強め、新古典派経済学に難癖までつけた。ケインズ派と新古典派の争いは学術誌上やシンポジウムにかぎらず、ケンブリッジ大学のホールや学部教授会の選挙でも続けられた。センはこうした不毛の対立には興味がなく、「どちらの陣営の経済学者とも親しいのは幸運だった」と語っている。[20] そして論文の指導教授だったロビンソンについては「きわめて聡明だが、いたって偏屈な人物だ」と評した。

一九六三年、センは名門大学行脚を始めた。デリー大学を皮切りに、六四年にはバークレーに一年滞在、七一年にはロンドン・スクール・オブ・エコノミクスを訪れる。七七年にはオックスフォードでの勤務を始めるが、八五年に妻をガンで失うと、十歳と八歳のふたりの娘を連れて同大学を離れた。そしてシングルファザーとして子育てをするかたわら、名門大学を渡り歩いた。親子三人はすでに紹介した大学以外にも、イェール、プリンストン、UCLA、テキサス大学オースティン校などを経験した。その後しばらくハーバードに落ち着くが、九八年にケンブリッジのトリニティ・カレッジに戻った。[21]〈マンチェスター・ガーディアン〉紙にはセンを皮肉る記事が掲載された。記事によれば、貧困や飢饉の研究でノーベル賞を受賞した経済学者も「実生活ではイギリス有数の大地主のもとで教育者として勤務している。その資産は推定四億ドル……しかも、このカレッジは絶品の料理とワインセラーで有名だ」[22]

W・アーサー・ルイス卿（一九七九年受賞）

一九七九年、経済学賞選考委員会はアーサー・ルイスを受賞者に選んだ。豊かな教養を備え、経済理論や事実や統計にも明るい学者として、経済学に実用的なアプローチを試みた功績が評価された。アーサー・ルイスが最も興味を持ったのは、豊かな国は成長し繁栄を謳歌しているのに、なぜ貧困国はいつまでも貧しいのか、である。ほかの経済学者、特にアメリカの経済学者はこの問題にほとんど関心がなかった。豊かな国の経済学者は貧困国の窮状など眼中になかったからだが、もうひとつ、抽象的な数学モデルではこの厄介な問題を解明できなかったからでもある。ルイスはそんな学者と一線を画した。彼自身、カリブ海の貧しい国セントルシアの出身なので、「低開発国」での暮らしを身をもって知っていた。そして彼は数学のパズルを解くことにはほとんど興味がなかった。解決したいのは経済問題だった。

途上国への新しい見方

ルイスはまず、途上国の特徴を明らかにするところから研究を始めた。最初に注目したのは、農村部と都市部の間に大きな不均衡が存在する事実だ。農村は広大な土地を抱えながら、それを経済的に有効活用できず、職のない労働者があふれていた。一方、近代的な都市は商業や工業が盛んで賑わっている。途上国の経済を分析する際には、農村と都市のふたつの部門を考慮するべきだとルイスは主張した。このコンセプトは〝二重経済〟と呼ばれるようになった。都市の工業部門で成長を妨げる何らかの制約が存在したとしても、その制約のなかに労働力の不足は含まれない。農村には安い労働力が有り余っているのだ。これはかなりシンプルなコンセプトのような印象を与えるが、現状を正確に反映している。不完全就業に苦しむ途上国の未来を分析する枠組みとしては、ふさわしい考え方だった。

ルイスの二番目のアイデアも比較的シンプルな観察結果にもとづいているが、それまで経済学であまり顧みられなかった話題に注目している。為替レートだ。多くの国は得意分野の製品を生産するが、食糧はほとんどすべての国が生産する。特産品は気候条件などによって異なるが、食糧はかならず含まれる。そうなると、国内で生産された食糧は輸入品と競合することになり、食糧生産が為替レートの決定要因になる。ルイスによれば、食糧生産の効率が著しく悪い国は、比較的為替レートが低い。正確を期するなら、〝交易条件〟が悪くなる。実際、発展途上国のほとんどは食糧生産の効率が悪いので、それが途上国の交易条件の悪さにつながっているという考え方は十分に通用する。しかし、この発想は当時評価されていた比較優位の考え方と矛盾した内容だったため、経済学者の間ではあまり関心を持たれなかった。

結局、経済学賞選考委員会はいま紹介したふたつのコンセプトを評価したのだが、ルイスはノーベル賞記念講演でべつのトピックに触れた。一九七九年、ルイスは貧困国が経済成長のレベルをどうしたら維持できるかという問題に頭を悩ませていた。[*23] 平均すると、一九五三年から七三年まで低開発国は順調に成長していたが、ルイスにはそれがいつまでも続くとは思えなかったのである。その理由として、これらの国の経済成長は先進国の成長に依存している現実が考えられた。そして当時は先進諸国の成長が減速する事態が予想されたので、ルイスは前方に垂れ込める暗雲に不安を隠せなかったのだ。

そこでルイスは、世界の貧困国を助けるための簡単な解決法を提案した。先進国が輸入障壁を引き下げれば、途上国はその恩恵にあずかり、豊かな国と貧しい国の格差も小さくなるというのだ。しかしノーベル賞記念講演で、ルイスはその実現をあやぶんだ。現実には「不思議な世界」の存在が観察されたからだ。先進国同士は貿易障壁を引き下げているが、逆に貧困国に対しては引き上げる現象が発生していた。これではほとんどの貧困国がいつまでも追いつけないと案じたのである。

ところが経済の動向は、ルイスの予想とは異なった展開を見せた。それには様々な理由が挙げられる。まず一九八〇年代にエネルギー危機が終わり、その後二五年間は原油価格が比較的低価格で推移した。そしてこの時期、ほかの低開発国が苦しみ続けているのを尻目に、中国、韓国、台湾、シンガポールなど一部の低開発国は爆発的な成長を経験した。

そしてさらに長期的な展望として、一部の先進国が低開発国に対して関税障壁を徐々に引き下げ始めたのである。

ルイスは一九三七年に産業経済学で博士号を取得したが、そこに至るまでの道のりは、ほかの多くの経済学者とはずいぶん違うようだ。セントルシアをはじめとするカリブ海諸国は裕福な人びとが訪れる観光地として有名だが、かなり貧しい先住民のふるさとでもある。アーサー・ルイスもそんな先住民のひとりで、父親が亡くなると悲惨な状況に陥った。[*24]幸いルイスは勉強がよく出来たので、政府から奨学金を支給された。しかしいくら勉強が出来ても、大好きな工学の分野を専攻することはできなかった。当時、工学は黒人学生に門戸を閉ざしており、かりに卒業しても黒人がエンジニアとして採用されるチャンスはほとんどなかった。そこで代わりにロンドン・スクール・オブ・エコノミクスで経営学の学位取得を目指し、経済学と出会った。

一九三八年、ルイスはロンドンで教職につき、マンチェスター大学の正教授にまで出世した。四〇年代には経済史の研究を始め、五〇年代には開発経済学についての執筆に取り組んだ。こうした研究は、当時ロンドン・スクール・オブ・エコノミクス経済学部の学部長代理だったノーベル賞受賞者フリードリヒ・ハイエクの影響も大きい。ルイスはハイエクから、大戦間の時代の世界経済について講義を行なうよう要請されたが、あまりよく知らない分野だと答えた。しかしハイエクはそれくらいでひるまず、ならば勉強する良い機会じゃないかと激励した。そこでルイスは勧めに従い、専門分野を国際問題にまで広げたのだった。

キャリアを通じ、ルイスは官職と学者のポストの間を自由に往来した。一九五七年から六三年までは国連の様々な役職を歴任し、その後は西インド諸島の大学の副総長に就任した。そのおかげで六三年には、女王エリザベス二世からナイトに叙せられた。そしてその年、学究生活に戻り、プリンストンで教鞭をとるようになった。[*25]

一九七九年にルイスのノーベル賞が発表されると、プリンストンの経済学部長はこう評した。「お人よしはビリになるということわざがあるが、まさにそれを地でいくような人物だ」[*26]。多くの点で、ルイスは伝統的なスタイルを貫いた経済学者としてノーベル賞を受賞した数少ない人物のひとりに数えられる。彼は実際の経済活動を鋭い目で観察し、貧困や低開発の問題に関して明快で説得力のある著作を残した。その一方、特別の定理を証明したわけでも、経済学の新分野を発見したわけでも、新しい統計テクニックを考案したわけでもない。経済学の大きな問題に触発されて広い視野で考える学者であり、瑣末な問題にあれこれ解を探すことには興味がなかった。経済学の専門技術の訓練を受けるだけで満足している同僚と違い、彼のアプローチには歴史や政治、さらには文化についての広い理解が必要とされた。

ノーベル賞を受賞した黒人はルイスが最初ではないが、平和賞以外の分野では彼がはじめての黒人受賞者だった。[*27] ルイスは、黒人が学者の世界で直面しなければならない障壁を十分に認識していた。一九三八年には、仲間の経済学者につぎのように語ったと報じられている。「私はみんなにいちばん嫌がられるタイプの人間だ。学問のある先住民だからね[*28]」。一九六〇年代、ルイスは黒人学者としてはリーダー的存在だったが、大学内に黒人研究の学科を設置することにはあまり乗り気でなかった。それが間違っていると考えたわけではない。十分とは思えなかったのだ。人種的な劣等感を解消するには、もっと多くの努力が必要だった。大学進学などまだ考えられないような早い時期から、人種のステレオタイプが間違っていることを教えるべきだと考えた。[*29]

一九九一年にルイスがバルバドスの自宅で亡くなると、〈ニューヨーク・タイムズ〉はつぎのように生前の栄誉をたたえた。「どんな学者も際限なく複雑な状態にはまり込むものだ。しかし鋭い洞察力を持つアーサー卿は、経済を発展させる王道を理解していた[*30]」。さらに〈タイムズ〉はつぎのように記した。「黒人唯一のノーベル経済学賞受賞者であるルイスは、経済学が何よりも人間を扱う学問だという事実を決して忘れなかった[*31]」

ジェイムズ・E・ミード（一九七七年受賞）

国際貿易は、アメリカよりもヨーロッパ諸国にとって常に重要な問題だった。国内経済の規模が大きいアメリカでは、貿易問題が国内経済の陰でかすんでしまうからだ。国際貿易に関する研究を評価された最初の二人の経済学者がアメリカ人ではなかったのも無理はない。ジェイムズ・ミードはイギリス人、ベルティル・オリーンはスウェーデン人である。オリーンと同じくミードもモデル構築を得意とし、一般均衡理論とケインズのコンセプトを組み合わせた方程式を導出した。その一方、学術書のなかで方程式を使わずに、ある程度の知識をもつしろうとを対象に長い文章でモデルを説明した。アメリカの経済学者は、会議に出席したり、執筆した論文を専門学術誌で発表したりするほうを好む。そして論文で経済理論について説明するときには文章よりも方程式に頼る。当然ながら、ミードのやり方は評価されなかった。たとえばシカゴ大学のハリー・ジョンソンは、ミードの「長たらしい作品」にうんざりした。「こんな本を読まされる学生は、さぞ退屈だろう。我慢すれば知識が得られるといって納得させるのもむずかしい」と語っている。[*32]

それでも一九七七年、ジェイムズ・ミードはノーベル賞を受賞した。二冊の「長たらしい作品」――『国際収支論』（五一年）と『貿易と厚生』（五五年）――で紹介された研究が評価されたのだ。具体的には、誕生したばかりのケインズ派のマクロ経済モデルを複数の国がかかわる貿易や為替レートの問題へと拡張した。このモデルは、〝国内バランス〟すなわち完全雇用の達成だけでなく、〝対外バランス〟すなわち国際収支の均衡も目指した。[*33] ミードは、ケインズの政策が国際的な環境でも正しく機能するか、という疑問に興味を持つ少数派に属していた。ジョンソンによれば「固定相場制では対外バランスと国内バランスの政策的な釣り合いがうまくとれない」とミードは考えていたという。[34]

ハリー・ジョンソンは、ヒックスの一般均衡理論とケインズ経済学を最初にうまく結びつけたのはミードではなかったかもしれないと考えている。「ケインズとヒックスの理論の統合はすでに実現していた。シカゴ大学のアーノルド・ハーバーガーやスヴェン・ルセンやロイド・メッツラーが、ほぼ同じ時期にモデルを構築していた。為替レートの調整に言及しているし、むしろこちらのほうが洗練されている」と指摘している。[35] さらにジョンソンは「やはり同じ時期、ティンバーゲンは政策目標やその実現手段を考案している。こちらのほうが数学的に優れているし包括的だ」とも語っている。[36] ミードの研究はある意味では独自のものではないかもしれないが、彼は馴染み深いコンセプトを独特の方法で結びつけた。それがきっかけとなり、みんなが考えて議論するようになったのだ。さらにミードは、ロンドン・スクール・オブ・エコノミクスで優秀な学生の指導にも貢献している。教え子のひとりロバート・マンデルは、国際経済学での功績を認められてノーベル賞を受賞した。[37]

経済学賞選考委員会は、ミードが〝関税同盟〟の効果について分析した研究成果についても言及している。これはシカゴ大学のジェイコブ・ヴァイナーの研究を引き継いだものだ。関税同盟とはずいぶん古めかしい言葉だが、実は今日、その重要性は高まっている。

関税同盟という代わりに、自由貿易圏という言葉が使われており、たとえば欧州連合（EU）の前身の欧州経済共同体（EEC）がそれに該当する。関税同盟の参加国の間では貿易が自由に行なわれるが、域外との貿易は障壁によって制限される。ヴァイナーやミードなどの経済学者は、関税同盟が世界を自由貿易に近づけているのか、それとも遠ざけているのか、判断しかねた。月並みだが、どちらになるかは状況次第としか言えない。理論的に見て同盟内の自由貿易の利益は、外部に対する貿易障壁の存在によって相殺される可能性を秘めているからだ。

アンチ労働組合

ノーベル賞記念講演に臨んだミードは、受賞理由となったアイデアではなく、一九五〇年代以降の自分の貿易理論の具体的な修正について触れることにした。五〇年代、インフレはそれほど深刻な問題ではなかった。そのためほとんどの政策分析は完全雇用の維持に重点が置かれ、ミードの分析も例外ではなかった。これは彼の「国内バランス」の目標である。ところが一九七七年に世界中でインフレが猛威を振るうようになると、それを境に完全雇用だけでは明らかに不十分になった。ほとんどの国で物価の安定が必要とされるようになったのだ。

ミードは、インフレと失業の同時発生、すなわち〝スタグフレーション〟を発生させた最大の責任は労働組合にあるといって非難した。強力な組合が賃上げを強要し、それが物価を上昇させるから、賃金と物価の悪循環が生み出されてしまう。賃金と物価の上昇は確実に失業を引き起こすから、労働組合は制限されるべきだというのがミードの言い分だった。彼はケインズ派と評されたが、この見立てはジョン・メイナード・ケインズよりもミルトン・フリードマンに近い内容である。一九三〇年代にケインズは明らかに正反対のケースを主張しているが、七〇年代は事情が変わったとミードは説明した。だからもしもケインズが生きていたら、状況を理解できなかったと決めつけるのは僭越だと指摘した。いずれにしてもインフレと失業を引き起こす犯人は労働組合であり、政府による規制が必要だというのがミードの結論だった。

ノーベル賞記念講演の最後に、ミードは労働組合の影響力を制限するための方法をいくつか紹介したが、なかには「文明的なアプローチ」と呼ばれるものもあった。「公平な外部の審判機関」が広い国益を考慮しながら、賃金要求を規制するやり方を提案したのである。このような審判機関が労働組合の要求を抑えて賃上げを制限すれば、完全雇用や物価の安定を達成する道が開けるというわけだ。

こうしたアプローチは労働組合に敵対的で、保守主義的な政治理念に通じるような印象を受けるが、ミードにそのつもりはなかった。彼は所得分配への関心がきわめて強く、「私が住みたいのは自由で効率的、そして人間的に正しい社会」であり、そういう社会を創造するためであれば政府の介入も支持した。[*38] 彼は、所得分配は労働組合による交渉ではなく、税制や社会保障など政府の政策によって決定されるべきだと考えていた。ミードは決して厳密な形にこだわるタイプではないが、これではほとんどの経済学者から社会主義者と見られても仕方ない。[*39]

GATTの生みの親

一九三〇年、ケンブリッジ大学でデニス・ロバートソンとの研究に取り組んだミードは「ケインズの魅力にとりつかれてしまった」という。そしてケンブリッジの若き経済学者グループとの研究に熱中し、ジョーン・ロビンソンをはじめ将来のケインジアンたちが結成した自称「サーカス」のメンバーになった。[*40] 当時サーカスではケインズの最初の大作『貨幣論』について討論を重ねていた。これは『一般理論』のさきがけとなったものである。サーカスのメンバーになったミードはメインテーブルでの食事に招かれ、ケインズの両親が住むハーヴェイロードでのランチに招待されたこともあった。[*41]

しかしケンブリッジでケインズの取り巻きに加わっても、ミードのアイデアが無条件で受け入れられる保証はなかった。オックスフォード大学に戻った後、ミードは『金利』という著書の初稿を仕上げてマクミラン社に渡した。その原稿についてケインズは「中途半端」で特に役に立つとは思えないとコメントしたが、ミードは前途有望な経済学者であると付け加えるのを忘れなかった。一方、ジョーン・ロビンソンは出版された本を好意的に評したが、「ずいぶんわかりやすい。まるでガイドブックの説明のようだ」と皮肉った。[*42]

第二次世界大戦が始まると、イギリス政府は、ドイツ経済の主要部門を破壊してドイツ軍を無力化する作戦の考案に経済学者を起用した。しかしこうした現実的な任務には、一般均衡モデルやケインズのマクロ経済学についての専門知識はまるで役に立たなかった。そこでミードは戦時内閣官房内のべつの部署に移り、母国イギリスの経済問題の解決に専念した。ここで彼の人生はふたたびケインズの人生と交錯する。当時ケインズは大蔵省に所属して、戦後の世界経済をいかに立て直すか頭を悩ませていた。このときミードは、ケインズとちょっとした口論になった。戦後の金融政策の役割についてふたりの意見が食い違ったのだ。ケインズは金利を低く据え置いて投資を促し、政府の借入債務を抑えればよいと考えた。一方ミードは金利を柔軟に変化させ、マクロ経済を微調整すべきだと考えた。[*43]結局、少なくとも終戦直後はケインズの意見が通った。

一方、政府に勤務していた時代、ミードは同僚のリチャード・ストーンと一緒に複式簿記を国民会計に導入するための研究にも取り組んだ。後日ストーンは、この功績を評価されてノーベル賞を受賞している。さらにミードは、第二次世界大戦後の貿易や金融を統治する機構の創設にも参加した。国際通貨基金(IMF)、国際復興開発銀行(世界銀行の前身)、そして関税および貿易に関する一般協定(GATT)の創設にもミードは関わっている。彼が変動相場制と自由貿易の信奉者であったため、GATTもその方向へ世界を動かすための強力なメカニズムとして誕生した。〈エコノミック・レコード〉に掲載されたミードの追悼記事には「GATTの生みの親のひとり」とあった。[*44]

一九四七年にミードは政府を離れ、ライオネル・ロビンズの在籍するロンドン・スクール・オブ・エコノミクスに移り、その後さらにケンブリッジに移った。一九七四年に退任し、七七年にノーベル賞を受賞したときは七十歳だった。その一八年後、この世を去った。かつてポール・サミュエルソンはこう記した。「ジェイムズ・ミードが震えている乞食に自分のマントを与えるとしたら、それが正しくフェアな行為だと考えているのは間違いない。しかし、政治経済学を研究する裕福な教授よりは、乞食のほうがマントをありがたく思うと確信しているからでもある」[*45]。ミードは誠実な知識人として仲間から尊敬された。誠実な知識人だったからこそ、完全にケインズ派でも新古典派でもない結論を導き出したのである。[*46]

ベルティル・G・オリーン（一九七七年受賞）

一九七七年にはふたりの経済学者が国際貿易での研究を認められてノーベル賞を受賞したが、ひとりが前出のミード、そしてもうひとりがベルティル・G・オリーンだった。貿易論を研究する経済学者にはお馴染みの名前である。有名な〝ヘクシャー＝オリーンの定理〟のオリーンとは彼のことで、この定理は国際貿易を取り上げた教科書にかならず記載されている。

オリーンが評価されたシンプルなモデルは経済学の基準となり、ノーベル賞受賞者ポール・サミュエルソンらによって利用された。このモデルは、ふたつの製品を製造するふたつの国の価格と輸出入の量について、労働と資本というふたつの要因から取り組んでいる。モデルは数学的にシンプルである一方、国際貿易の基本原則を詳しく説明することができる便利なものだった。

貿易に携わるいかなる国も、何らかの財を輸出して何らかの財を輸入するものだ。しかし車を輸出するのが日本かアメリカか、決定するものは何なのか。この疑問に対し、十九世紀はじめにデイヴィッド・リカードは最も有名な回答を与えた。リカードの比較優位説によれば、国はほかの財よりも安く生産できる財を輸出するのだという。つまり、衣料などの財に比べて車を効率的に生産できる国は、車に関して比較的優位な立場を確保しているわけだ。優れた技術や教育程度の高い労働者など、専門知識の充実している国は生産プロセスの効率性が高いので、比較優位を確保できるはずだ。[*47]

しかし標準的な競争モデルを信じる経済学者にとって、これはひとつの問題を引き起こした。完全情報を前提とする競争モデルでは、入手可能なすべての技術と知識に対してどの国も同じようにアクセスできることが期待されるからだ。では何が比較優位を決定するのだろうか。この質問への回答は、一九三〇年代にヘクシャーとオリーンによってもたらされた。たとえすべての国が同じ情報や生産技術にアクセスできるとしても、何らかの製品に特化して輸出する機会は存在するはずだ。ふたりのアイデアは、生産要素の相対的な賦存量に注目している。たとえばアメリカのように資本が豊富な国、すなわち工場や機械をたくさん持っている国は飛行機のような資本集約型の製品を輸出して、衣料のような労働集約型の製品を輸入する。そして労働集約型の国の場合には、この逆の現象が発生するという発想である。

このようにシンプルに物事が運べばよいが、実際には多くの複雑な問題が残される。まず、資本の集約度を正確に測定するのはむずかしい。オリーンの著書が出版されてからおよそ二〇年後、ノーベル賞受賞者のワシリー・レオンチェフは投入産出分析を使って資本の集約度の正確な測定を試みた。ところがこのツールを応用してヘクシャー＝オリーンの定理を試してみると、資本集約型の国から輸出される製品のすべてがかならずしも資本集約型ではないという事実が明らかになった。アメリカが資本集約型の製品を輸入して、労働集約型の製品を輸出しているようなケースも見受けられ、この結果はヘクシャーとオリーンのモデルに矛盾する。[*48] このパラドクスに関心を持った学者によって様々なアイデアが考案され、多くの論文が執筆されたが、結局のところ問題の解決には至らなかった。一九九三年、ハーバード大学のある学生の博士論文にはつぎのような結論が記された。ヘクシャー＝オリーンの定理は、第二次世界大戦後よりも戦前の貿易パターンに当てはまる。戦後はとにかく「そう何もかもうまくいく状態ではなかった」[*49]。理論経済学者にとってこの定理はその後も重要であり続けたが、実践的な活用は限られてしまった。

ヘクシャー＝オリーンの定理はなぜ実際に機能しなかったのか。戦後に考案されたモデルの多くと同様、これも完全競争を前提としていた。したがって、マクロ経済学や世界貿易にとって決して正確なモデルとは言えなかったのである。今日のアメリカは飛行機のような資本集約型の財を輸出する一方で、同じく資本集約型の自動車などを輸入する。昔のモデルでこうしたパターンを説明することはできない。

ヘクシャー＝オリーンの定理は実際の貿易の流れとほとんど関係ないばかりか、実はオリーンともほとんど関係ないかもしれない。ハーバード大学のリチャード・ケイブスはオリーンの研究を見直した結果、この定理については「ヘクシャーが一九一九年に発表した論文に明記されており、そのヒントはさらに古く、ウィクセルの研究に記されている」という[*50]。この定理のわずかな部分についてオリーンの功績を認めるだけでも、十分すぎるほど寛容だったのかもしれない。

ケインズとの確執

オリーンはもうひとつ、ヘクシャーのアイデアを取り入れている。すべての国で労働の代価が等しくなる傾向である。自由貿易と完全競争の下では同等の仕事への代価は平等になっていくはずだという発想で、経済学者はこれを〝要素価格均等化定理〟と呼んだ。この考え方に従えば、メキシコや中国の労働賃金も最終的にはスウェーデンやアメリカの賃金と等しくなるわけだ。しかしこれは自由貿易の批判者、特に賃金の高い国の労働組合にとって悩みの種である。自由貿易によって先進国の賃金が下がる可能性はたしかに否定できないが、そもそも世界中で賃金が同じになる展開が実際にあり得るだろうか。正直なところ、完全競争と自由貿易を前提とするモデルのなかでのみ発生する現象としか思えない。現実の世界の競争は完全ではないし、貿易は概して自由とは言えず、財の輸送コストも発生する。同一の仕事の賃金が同レベルに収束するという事態は、実際には考えられない。[*51]

関税はかなり以前に誕生し、誕生とほぼ同時に経済学者は関税を非難し続けてきた。アダム・スミスは一七七六年に、そしてオリーンは一九三〇年代に非難している。たとえば自動車の輸入関税は国内のメーカーやそこで働く従業員にとって利益になるかもしれない。しかし一般均衡モデルによれば、消費者や国内のほかの業種のメーカーは犠牲を強いられる。オリーンは、関税のコストが経済のほかの部門によって負担されることの証明に成功した。自動車の費用を支払うと、ほかの財に対して消費者が使えるお金は減ってしまうからだ。[*52]

ジョン・メイナード・ケインズとケンブリッジの同僚が〝総需要〟というコンセプトを考案している頃、ストックホルムではオリーンをはじめとするスウェーデン人の小グループが同じようなコンセプトを考案していた。ふたつのアプローチには相違点も存在するが、重要な特徴をいくつか共有している。具体的には、どちらも投資が不安定に推移する傾向や、政府の政策が景気回復を早める可能性に注目している。

しかしストックホルム学派でイギリスと並行してケインズ経済学が発達したといっても、オリーンとケインズは常に意見が一致するわけではなかった。たとえば一九二〇年代末、第一次世界大戦後のドイツに戦争賠償を課すことの影響について、ケインズとオリーンの見解は食い違った。ベルサイユ条約を押し付けて報復が無制限に続けば、ドイツ経済は過重な負担を背負い込むことになるとケインズは憂慮した。賠償の条件が厳しすぎるとドイツは不安定な状態に陥り、新たな戦争の火種になると考えたのである。[*53]

ケインズとオリーンは、戦争賠償の細かい事柄をめぐって意見が対立した。戦争賠償がドイツの購買力を直接弱めることは誰もが認めていたが、その結果として輸出入の価格に変化が生じ、ドイツの賠償金支払い能力がさらに低下する可能性が考えられた。[*54]ここで問題となったのは、賠償金の支払いによってドイツの交易条件に悪影響がおよび、すでに重い負担を背負い込んでいるドイツはさらに追い込まれるのではないかという点だった。[*55]理論に関する問題は抽象的で決着がつかなかったが、戦争賠償の影響はケインズの予言どおりに展開した。一九二〇年代のドイツ経済は危険なほど不安定になっただけでなく、ドイツのナショナリズムと軍事侵略という新たな展開を招いてしまった。

ケインズは、オリーンの新古典派貿易モデルの初期バージョンに目を通す機会があったが、それを評価しなかった。オリーンはストックホルムでグスタフ・カッセルの指導を受けながら学位論文用のモデルの構築に取り組んでいた一九二二年、フランシス・エッジワースに自分の論文を送った。当時〈エコノミック・ジャーナル〉でケインズの共同編集者だったエッジワースは、ケインズにその論文を見せた。しかしケインズは一言「だめだ、却下する」とだけコメントした。[*56] それを聞かされたオリーンは、多忙をきわめるケインズは実際に論文に目を通す時間がとれなかったのだろうという結論に達した。きちんと読んでいれば、自分の論文についてもドイツの賠償問題についても正しく理解できたはずだと考えたのである。[*57]

一九三八年、オリーンはスウェーデンの国会議員に選ばれ、研究活動は著しく制約された。一九四四年には自由党の党首に選ばれ、六七年までその地位にとどまった。この時期の自由党は、社会民主党が与党の国会で野党第一党だった。そしてオリーンは雑誌論文の代わりに、新聞への寄稿記事を書きまくった。その数は実に二三〇〇本とも報じられている。[*58] 自由党とオリーンは「スウェーデン産業の国有化、すなわち経済生活の細部まで政府が不必要に管理する体制」に反対した[59]。自分の政治的キャリアのなかで最も記憶にとどめてほしいことについて、オリーンはつぎのように語っている。「私はスウェーデンの経済が順調に発展するように、そして社会主義化の動きが食い止められるように、長年努力を重ねてきた[60]」

やがてオリーンは経済学全体、特に貿易理論の発展に不満を募らせていった。自分の定理に触発されて行なわれた研究の成果を評価できなかったのである。どれもあまりにも専門的で、そこから有益な洞察がほとんど導き出されていなかった。経済学者はモデルの構築に執着しすぎるのではないかと憂慮したオリーンは、経済学への実際的なアプローチを考えようとしない学者を「モデルマニア」と呼んだ[61]。現実的な問題を思い描かず、高い数学能力を見せびらかすためだけに経済モデルを構築する習慣が一般化している事態は、何よりも許せなかった[62]。

一九七七年のノーベル賞記念講演で、オリーンはこの点を強調し、受賞理由となった貿易論については触れなかった。代わりに、この年に進行中の経済問題、すなわち景気回復の遅れについて取り上げた。一九七九年八月三日、ベルティル・オリーンは帰らぬ人となった。

ポール・R・クルーグマン（二〇〇八年受賞）

スウェーデン王立科学アカデミーは、時代の傾向に著しく影響されることを非難されてきた。しかし二〇〇八年にノーベル賞が発表されると、歴史のこの時点では理想的な経済学者が選ばれたと一部では評価された。当時はあらゆる兆候が、アメリカ経済は奈落に向かって危険な落下を始めていることを示していた。株価は前年より四〇パーセントも落ち込み、住宅価格は暴落し、抵当流れが急増していた。さらに不吉だったのが、ウォール・ストリートの主要銀行の破綻である。これは大恐慌以来、はじめての出来事だった。この急展開に仰天した全米の市民は、規制緩和や自由市場を売り込む山師にだまされたのではないかと疑心暗鬼に陥った。こんなとき、選考委員会にとって自由市場信者は最悪の選択である。そこで、委員会が選んだのは通念に挑む姿勢ですでに有名だったポール・クルーグマンだった。

国際経済学にいくばくかの常識を吹き込んだことは、クルーグマンの貢献として評価できる。それまでの経済学者は、どの国が何を輸出するか説明する際、十九世紀はじめにデイヴィッド・リカードが考案した比較優位説のバリエーションを相変わらず利用していた。一九三〇年代にはヘクシャーとオリーンによって書き換えられたが、それでも本質的な部分は同じだった。国がどんな品を輸出するかは、その国が労働や資本や天然資源をどのくらいたくさん持っているかによって決まると考えられていた。だからフランスはワインを、イギリスは加工織物を、インドは綿のような原材料を輸出するというわけだ。

十九世紀なら、この理論は立派に機能しただろう。しかし第二次世界大戦後の世界では貿易が文字通り爆発的に拡大し、比較優位説では基本的な貿易パターンを説明できなくなってしまった。たとえばひとつの国が特産品にこだわらず、同じような製品を輸出も輸入もする現象が頻繁に発生するようになった。「スウェーデンのような国は、自動車を輸出も輸入もしている」と経済学賞選考委員会は記している。[*63] ボルボがスウェーデン国外に出荷される一方、BMWが国内に入ってくるのだ。

では、クルーグマンはこの問題をどのように解決したのだろう。いたってシンプルだ。ボルボとBMWは同じではない。そして、人間には好き嫌いがある。消費者の集団は、様々な車種からそれぞれ好きなタイプを選ぶものだ。さらに、クルーグマンは規模の経済にも注目した。大量生産をすれば車の価格は安くなる。だからスウェーデンはボルボを、ドイツはBMWを大量生産し、お互いに製品を交換する。実際、大してむずかしい問題ではない。[*64]

「基本的な発想はむしろ自明といっていい」と経済学賞選考委員会も認めているほどだ。では、クルーグマンが一九七九年に一〇ページの論文を発表する以前、なぜほかの経済学者は気づかなかったのだろう。[*65] いや、実際には同じ頃、ほかの経済学者も同じようなコンセプトの一部を貿易論に取り入れ、同じような数学モデルを仮定している。[*66] そしてクルーグマンによれば、さらにそれ以前にもほかの経済学者が「実際の国際市場における規模の経済や不完全競争の重要性に注目している」のだ。[*67] しかしその多くは無視されてしまった。いくら興味深いアイデアでも経済学の世界で受け入れられるためには、数式での表現が欠かせない。そのうえで論文査読者が斬新なアイデアに共感し、完全競争以外の条件下でのモデルについて積極的に検討してくれることが必要になるが、これまた難しい。クルーグマンはこうした障壁を打ち破り、当たり前のものを実際に発見した功績を評価された。「理論の構築で最もわくわくするのは、当たり前に思われてきたことをモデルで証明できた瞬間だ」とクルーグマンは語っている。[*68]

クルーグマンはこうしたアイデアを拡張し、貿易や地理に関する一般的な理論を構築することに成功した。たとえば、世界の人口の半分以上は都会で暮らし、それ以外は大体が農村地域で暮らしている現状は誰でも知っている。都市には大きな企業が存在するので、仕事は多く、賃金は高く、消費財やサービスのバラエティも豊富だ。しかしそもそも、なぜほとんどの企業は都市に立地しているのだろう。一箇所に集約された産業の一部になれば、有利なことは間違いない。供給業者や顧客が近くにいるので、メーカーは輸送費だけでなく情報交換や宣伝や契約に関する費用も節約できる。そして供給業者の選択肢が広がれば、それだけコストが下がる。大きな市場にアクセスできれば利益が拡大するのは当然だろう。これは経済学では古くから存在する概念で、〝規模の外部経済〟と呼ばれる。つまり規模の利益は一企業ではなく、産業全体に生じるというわけだ。クルーグマンは国際貿易に関する持論をこの枠組みに当てはめて、ひとつの都市に産業を集約させる要因のリストを拡大した。たとえば輸送費が低くなれば貿易が刺激され、結果として企業も都市も大きくなるのだという。

イェール大学に入学した当時、クルーグマンは歴史に興味を持っていたが、三年生になる頃には経済学に関心が移り、経済学者ウィリアム・ノードハウス〔訳注 二〇一八年ノーベル経済学賞受賞〕の研究助手になった。[*69] その後、MITで貿易問題を研究して博士号を取得する。一九八二年から八三年にかけての一年間、レーガン政権の大統領経済諮問委員会に所属したが、リベラルな価値で妥協することはなかった。この時期について「当時も今も、私は福祉国家を全面的に支持している。これまでに考案された社会的な仕組みのなかで、福祉国家は最も素晴らしい」と語っている。[*70]

プリンストン大学に教授として在職中にノーベル賞を受賞する以前、クルーグマンは〈ニューヨーク・タイムズ〉のレギュラーコラムニストならびにブロガーとして活躍した。コラムでは、ジョージ・W・ブッシュ大統領や、後には共和党の大統領候補ジョン・マケインの政策を容赦なく非難した。ときには共和党員を「愚か者の集まり」と切り捨てるなど、毒舌は評判になった。経済学賞選考委員会はクルーグマンの受賞が研究に対する評価だと明言しているが、「元気なブロガーとして、そして辛口のコラムニスト」としての役割も認めた。[*71]

ロバート・A・マンデル（一九九九年受賞）

「一九二〇年代の終わりに金の価格が上昇していれば、あるいは主要国の中央銀行が金本位制にこだわらず物価安定策を選んでいれば、大恐慌もナチスの台頭も世界大戦も起こらなかっただろう」。一九九九年にロバート・マンデルはそう言った。[*72]

一九三〇年代になって主要国の中央銀行はようやく金本位制を廃止したが、その対応の遅れがさらなる経済危機を招いてしまった。この遅れが大恐慌からナチスの台頭、さらには第二次世界大戦の原因になったという発言は、ノーベル賞受賞者というよりは頭のおかしな人間のたわごとにしか思えない。しかしこの発言の主であるロバート・マンデルは、一九九九年にノーベル賞を受賞した。そして彼は駆けつけた記者たちに向かって、賞金はイタリアに所有する城の修復費に当てると語った。この城はかつて、カトリック教会から購入したものだった。学者には変人が多いが、そんな学者の基準からしてもかなりの変人である。

大恐慌やナチスの台頭や第二次世界大戦を引き起こした原因として金本位制を非難する人物なら、金本位制に反対かと思うのも無理はない。しかしロバート・マンデルは違う。廃止されてからずいぶん時間がたっても、金本位制の復活を強く訴えていた。

ノーベル賞受賞者は履歴を公表することになっているが、マンデルはそれをしなかったため、変人という評判はさらに高まった。もしも提出していれば、審査にパスした最後の論文が主要学術誌に掲載されたのが三四年前だったことが明らかになったはずだ。[*73] さらにマンデルは、ノーベル財団に提出した経歴もおそまつな内容だった。一九三二年にカナダで生まれたという以外、大学に入学するまでの出来事についてはほとんど記されていない。したがって、彼のストーリーはブリティッシュ・コロンビア大学の大学院生として経済理論に魅せられたところから始まる。彼は裕福な家の娘と結婚して経済的基盤を安定させるべきだとひとりの教授からアドバイスされるが、それを無視して借金でＭＩＴに進み、国際経済学を学んだ。学位論文を執筆する際には、貿易の専門家であり将来のノーベル賞受賞者のジェイムズ・ミードと一緒に研究を行なった。当時、ミードはロンドン・スクール・オブ・エコノミクスに在籍していた。

やがてマンデルはシカゴ大学に赴任するが、本人の話では心の葛藤が原因で六年後にはここを離れた。新聞報道によれば、大学の厳格な生活のおかげで学者としても一個人としても生活が破綻したのだという。[*74] シカゴを離れたマンデルは、ウォータールー大学というオンタリオの無名の大学に赴任した。イタリアの城を購入したのもこの時期である。しかし二年後の一九七三年、名誉あるマーシャル・レクチャーの講演者としてケンブリッジから招かれ、翌年にはコロンビア大学に採用された。そして一九九九年にノーベル賞が発表されたときもここで研究を続けていた。[*75]

サプライサイドの経済学

マンデルは、ノーベル賞を受賞した理由よりも、〝サプライサイド経済学〟の提唱者で、金本位制の復活を望んでいた点が最も有名である。そもそもサプライサイドの経済学は、本格的な経済理論というよりも政治的な話題としての側面が強く、一九九九年にはすっかり輝きを失ってしまった。学術誌や研究論文で取り上げられるモデルにはお馴染みの数学的要素が欠けていた。それなのになぜ注目されたのかといえば、レーガン政権や〈ウォールストリート・ジャーナル〉に信奉者がいたからである。たとえば論説委員のロバート・バートレーとその子分のジュード・ワニスキーである。

減税による景気浮揚策は、サプライサイド経済学のオリジナルではない。ケインジアンは何十年も前からこの政策を支持してきた。しかしサプライサイド経済学が唱える減税は、すべての税を対象にしない。富裕層のみを対象にした減税である。この新しい発想は富裕層には喜ばれたが、ひとつ問題があった。大衆へのアピールが欠けていたのだ。そこで、経済学者のアーサー・ラッファーとロバート・マンデルが提唱する理論が解決策として利用された。減税は富裕層を対象にしなければ経済にポジティブな効果をおよぼさない、とふたりは論じた。減税によって富裕層の勤労意欲や投資意欲が促されるからだ。だから減税によって赤字が生じても、経済が活性化されてすぐに相殺されるという危険な予測まで立てた。ところが実際には、レーガン政権の減税によって生じた赤字は、解消されるはずの時期をとっくに過ぎても継続した。サプライサイド経済学がほとんど支持を得られなかった原因としては、特にこの面での失敗が大きい。ポール・サミュエルソンとウィリアム・ノードハウスは「ラッファー曲線は減税の後は歳入が増加すると予測していたが、その間違いが証明された」と記している。[*76]

サプライサイド「革命」は一九八一年と八二年、レーガン政権の財務副長官として経済政策を担当したポール・クレイグ・ロバーツによって熱烈に支持された。ロバーツはノーベル賞受賞者ジェイムズ・ブキャナンの教え子で、八三年から九八年にかけて〈ビジネスウィーク〉のコラムニストを務めた。サプライサイド「革命」に不可欠な人物だったロバーツが、九九年のマンデルのノーベル賞受賞を手放しで喜んだのも無理はない。古巣の〈ビジネスウィーク〉からマンデルの受賞についての記事を依頼されると、この受賞によってサプライサイド経済学もついに正しさが証明されたと強調した。そしてまるで迫害の犠牲者のように、「アメリカ経済学のエスタブリッシュメント」は「一握りのサプライサイダー」を不当に攻撃してきたと不満を述べた。その攻撃は執拗で、「ブードゥー経済学」という言葉まで使われた。この言葉はジョージ・H・W・ブッシュによる造語で、一九八〇年に共和党の大統領予備選で対立候補のレーガンに向けられたものだ。しかしロバーツの見解では、一九九九年にマンデルが「サプライサイドの理論家として初のノーベル賞受賞者」になったことで、状況は一変したのである。

マンデルはサプライサイド経済学での功績を認められ、ノーベル賞を受賞したと〈ビジネスウィーク〉の読者が思ったとしても無理はない。しかし実際は違う。イタリアに所有する城が受賞理由でないのと同様、サプライサイド理論も一九九九年の受賞理由ではなかった。実際選考委員会は、報道陣への発表でもプレゼンテーションスピーチでもサプライサイド経済学についてひとことも触れていない。一九八〇年代にマンデルがサプライサイド経済学で果たした役割について、委員会のメンバーが知らなかったはずはない。しかし結局は完全に無視され、ロバーツが望むような正当な評価は与えられなかった。

マンデル＝フレミング

では、ノーベル委員会がマンデルに認めた人類に対する貢献は何だったのか。具体的にはふたつのアイデアが評価された。ひとつはケインズ理論を国際市場の分野にまで拡張したこと、そしてもうひとつは統一通貨についての分析である。最初の貢献はマンデル＝フレミング・モデルと呼ばれ、ケインズ経済学の従来の教科書には補足事項として記載されている。

ケインズのモデルでは、貨幣供給量の増加は停滞する経済を活性化する。金利が低下し、消費者の購買意欲が刺激され、企業の借り入れが増えるからだ。[*77] この政策には国際的な影響もあることにマンデルは注目した。為替が変動相場制であれば輸出が間接的に刺激され、良い結果がもたらされるのだ。[*78] マンデルは固定相場制で財政政策が採用されるケースを含め、これを数式で表現した。[*79]

マンデルが導き出した結論はかなりシンプルなものだ。変動相場制では金融政策が、固定相場制では財政政策が機能するという結論である。[*80] これが現実の世界に当てはまるかどうかは証明されていないが、かりにノーベル賞受賞者ジェイムズ・トービンの意見が正しければ、これは理論としても正しくない恐れがある。マンデルのモデルの前提の一部を修正したトービンは、正反対の結論を導き出した。皮肉にも、トービンはマンデルと矛盾するモデルについて一九八一年のノーベル賞記念講演で紹介している。そしてその一八年後、マンデルはノーベル賞を受賞した。

マンデルのもうひとつの功績は、国際通貨に関するものだ。貿易を行なうふたつの国は、何らかのレートで通貨を交換しなければならない。為替レートを設定するために世界は様々なアプローチで取り組んできた。しかし何といっても最もシンプルなのは、統一通貨の採用である。現在ではほとんどの西欧諸国で採用されている形だ。関税や貿易障壁の撤廃を除けば、単一通貨は貿易を促進するために最も確実な方法である。

共通通貨圏の最も良い例のひとつがアメリカ合衆国である。アメリカで通貨が統一されているのは当たり前のような印象を与えるが、常にそうだったわけではない。自国通貨が導入されたのは、やっと独立戦争が終わる頃でしかなく、それ以前には金が信頼できる通貨として使われていたが、同時に各銀行や州は様々な種類の紙幣を発行し、それも社会で流通していた。最終的に十九世紀にドル紙幣が発行され、二十世紀になると連邦準備券が発行され、国内単一通貨の時代が到来したのである。今日の経済では、アメリカで単一通貨が採用されていなかったら不便で仕方がないはずだ。

それぞれ独立した国家を説得して単一通貨を導入するのは、並大抵の苦労ではない。独立の象徴でもある自国通貨を放棄することは、国家としてのプライドが許さないだろう。しかし実際に国家が共通通貨を受け入れる場合、経済的に何を放棄するのだろうか。まず、共通通貨の参加国は、経済を微調整するために独自のマクロ経済政策を利用する能力を放棄することになる。たとえばルイジアナ州の失業率が高いときには、貨幣供給量を増やして金利を引き下げ、消費者の需要を刺激する政策が効果的かもしれない。しかし自分の州の通貨がなければ、一方的にそんな行動はとれない。共通通貨を採用する際には、これが最も深刻な障害になるだろう。

マンデルは一九六一年に最適通貨圏について考察しているが、そこでこの問題についてささやかな洞察を行なった。具体的には、労働力の移動性が高ければ障害はそれほど重要ではないと考えたのである。ルイジアナ州の失業者が職のあるテキサス州やカリフォルニア州に移動すれば、地域的な失業の問題は解消されるというわけだ。[*81] これは理論的には大した発見ではなかったかもしれないが、ある歴史的な出来事のおかげで脚光を浴びた。一九九〇年代末、ヨーロッパは実際に欧州中央銀行を創設し、ユーロを単一通貨として採用したのである。マンデルはヨーロッパ統一通貨を強く提唱していた。そして一九六〇年代に理論的な問題を考察していたおかげで、時代を先取りした人物としての評価が高まったようだ。

経済学者は概してふたつの主な陣営のいずれかに属する。変動相場制を支持するグループと共通通貨を支持するグループである。マンデルは共通通貨を支持したが、そこには〝金本位制〟という特別の条件が加えられた。すべての通貨の価値を金に対して固定するというもので、金を世界共通通貨と見なした。この独特の立場はマンデルを多くの経済学者と対立させる結果になったが、シカゴ大学の元同僚でノーベル賞の受賞仲間のミルトン・フリードマンもそのひとりだった。フリードマンの受賞理由のひとつが変動為替レートを支持する研究の成果で、これはマンデルの金本位制と相容れない。ここでも選考委員会は、重要な問題に関して対立するふたつの陣営から受賞者を選んだ。

ユーロの創設は、世界の通貨の未来についてすでに活発な議論を引き起こしている。世界はドル、ユーロ、円の三つから成る通貨圏に統一されるのだろうか。その場合、これら三つの通貨の間の為替レートは相変わらず不安定だろうか、それとも落ち着くのだろうか。あるいは、最終的にひとつの世界統一通貨に集約されるのだろうか。これまでも現実の世界では、国際金融制度がいろいろと試されてきた。この重要なトピックに関しては、すべての回答が得られるとは期待できない。

第13章 数字へのこだわり

ラグナル・A・フリッシュ（一九六九年）
ヤン・ティンバーゲン（一九六九年）
トリグヴェ・M・ホーヴェルモ（一九八九年）
クライヴ・W・J・グレンジャー卿（二〇〇三年）
ロバート・F・エングルⅢ世（二〇〇三年）
ダニエル・L・マクファデン（二〇〇〇年）
ジェイムズ・J・ヘックマン（二〇〇〇年）

第二次世界大戦後の経済理論は、経済の概念を数式に変換するための研究を中心に発展してきた。この研究で決定的な結論を出すのは容易ではなかったが、数学好きの経済学者には絶好の機会が提供された。あるグループが経済の原則を導き出せば、すぐにべつのグループが反証を持ち出した。経済学者に必要なのは、誰の理論が優れているか決定するための具体的な数字だった。そして、統計の数字からは真実が発見されると期待された。

一九二〇年代、統計学者は物理学などからテクニックを借りてきて、実際の経済データに方程式を順応させた。やがてこの研究分野は計量経済学として知られるようになった。ここでは一般的な統計技術が洗練され、経済のデータ収集やモデル構築に応用された。計量経済学（エコノメトリクス）は名前どおりの学問である。経済学と統計学すなわちメトリクス（評価尺度）を組み合わせて作られた。この言葉の考案者でありノーベル賞を受賞したラグナル・フリッシュは、計量経済学について「純粋経済学の法則を統計的に立証する学問」と定義している。[*1] フリッシュと教え子のトリグヴェ・ホーヴェルモは計量経済学の基本的な枠組みを構築した。そしてもうひとりのノーベル賞受賞者ヤン・ティンバーゲンは、計量経済学のテクニックを単一の方程式から連立方程式に応用した。その目的は経済の出来事を納得できる形で説明し、未来を正確に予測することだった。

その後にノーベル賞を受賞した世代の統計学者は、経済学者に特に関心の高い問題に集中的に取り組んだ。クライヴ・グレンジャー卿とロバート・エングルは、長期間にわたって集めたデータを分析するための新しい方法を考案した。ダニエル・マクファデンは、離散的選択を研究するための方法を改善した。これはたとえばホンダのアコードとトヨタのカムリのどちらを購入するかといった選択である。一方、ジェイムズ・ヘックマンは、経済仮説の検定で個人からなる集団を対象にする際に発生する問題に取り組んだ。

計量経済学では「はじめに理論ありき」が標準的なアプローチである。たとえば、消費者が要求する自動車の量は、自動車の価格に左右されるはずだと考える。そのうえでデータの収集と分析は、価格が上昇すれば車の需要は少なくなるという前提で行なわれる。こうした統計的な関係を模索するときには、現実の世界の様々な複雑な要素が障害として立ちはだかる。だからアプローチの成功は、人間の行動を公式によっていかに正確に表現できるかに左右される。そこには気まぐれや自発性、嗜好や価値観の変化の入り込む余地はない。人間性に一定のパターンが持続しなければ、結果を測定して将来の予測に役立てることは不可能なのだ。ノーベル賞受賞者が考案したテクニックが、こうした問題の分析にとって貴重なツールを提供したのは間違いない。しかし経済学と同様に、それは現実の世界でかならずしも通用しない前提に制約されている。

ラグナル・A・フリッシュ（一九六九年受賞）

ラグナル・フリッシュは一九二〇年代から経済学の計量化にキャリアを捧げ、応用科学としての成長を目指した。性質をうんぬんする経済学には拒絶反応を示した。それは、「どんな「結果」も引き出せるし擁護できる」[*2]のが我慢できなかったからである。だから、経済分析にあたって可能なかぎりのものを計量化した。そのかたわら計量経済学会を設立し、さらに学術誌〈エコノメトリカ〉を創刊して一九三三年から五五年まで編集に携った。経済の方程式を統計の数字に変換した功績は高く評価されている。

計量化は大変なプロジェクトだが、フリッシュの研究はコンピューター普及以前のことだからさらに驚かされる。紙に書いて計算するしかなかったので、当時はシンプルな分析ですら実に退屈だった。必要に迫られ、たいていの研究者は最も重要な方程式や変数にモデルを限定せざるを得なかったが、ラグナル・フリッシュのような猛烈な研究者は常に限界に挑戦した。計算を手伝ってくれる学生が必要になれば、オスロ大学に経済学研究所を設立し、ロックフェラー財団から資金を確保した。一九六〇年代にコンピューターが普及するまで、退屈な計算の大半は学生アシスタントによって行なわれた。

計量経済学は、経済のデータを収集・分析するだけの学問ではない。現実の世界を観察した結果にもとづいて理論を構築していくやり方、すなわち帰納的なアプローチには、フリッシュにかぎらずほとんどの計量経済学者が反対した。最初に明確な定義を持つ理論があって、つぎに方程式を作成し、そこに統計の数値を当てはめていくような、演繹的なアプローチを好んだ。事実は雄弁に物語るという考え方に、フリッシュはきわめて批判的だった。「事実は雄弁に物語るというが、語る言葉は呆れるほど単純だ」とノーベル賞受賞スピーチで指摘している。[*3]

しかし、厳密に演繹的なアプローチでは、経済学者にできることは限られてしまう。むしろ経済事象やデータを見直して、歴史や制度を十分に理解したうえで理論を構築すれば役に立つのではないか。ところが、計量経済学者はそうしたアプローチを「非科学的」だと考える。そもそも計量経済学の理論は、完全な情報と完全な合理性を前提に考案されるケースが多い。だから、公式を導くために現実の世界を深く理解する必要はない。経済学者にはオフィスと紙と鉛筆があれば十分なのだ。一九六九年、〈ニューヨーク・タイムズ〉の社説はフリッシュとティンバーゲンの科学的貢献をたたえたが、「あまりにも数学的な正確さを追究しすぎると、計量化のむずかしい現実の問題から経済学者が遠ざかるのではないか」と警告することも忘れなかった。[*4]

経済モデルを評価する際には、それが過去の出来事をどれだけきちんと説明しているか、未来をどれだけ正確に予測できるかに目を向けるのが確実な方法である。この方法で評価する場合、計量経済学は成功したとも失敗したとも言いきれない。フリッシュがノーベル賞を受賞した一九六九年、〈ニューヨーク・タイムズ〉の記事はつぎのように報じた。「計量経済学は経済の将来を確実に予測しているとは言えない。その事実は、計量経済学者自身が真っ先に認めている」。そのうえで、成功の基準はむしろ名声や給料ではないかと指摘した。この基準からすると「理論経済学や応用経済学の数学的テクニックが儲かる」ことは紛れもない事実である。[*5]

フリッシュはミクロ経済学とマクロ経済学のどちらについても方程式を導出した。実は、ミクロとマクロという名称を考案して経済学を二つに分類したのは彼である。しかし、選考委員会から評価されたのは主にマクロ経済学の分野での功績だった。投入産出モデルの初期バージョン、好況と不況から成る景気循環モデル、経済成長の目安となる動学モデルなどを創造した点を評価されたのだ。さらにフリッシュは同僚に先んじて、統計モデルへの複数の方程式の導入も試みた。このようにフリッシュの研究が土台を築いたおかげでマクロ経済学では多くのモデルが誕生し、コンピューター時代が本格化すると学問として大きく花開いたのである。

ノルウェーで産声をあげた瞬間から、ラグナル・フリッシュは金細工師になることが運命づけられていた。父親は金銀の細工を家業として営んでいた。一八五六年に商売を始めたのはラグナルの祖父だったが、実際の歴史はさらに古い。一六三〇年にノルウェーのコングスベルで銀鉱床が発見されたとき、クリスチャン四世はザクセン公子に対して専門家チームの派遣を要請したが、彼の先祖はそのメンバーに選ばれていたのだ。一九二〇年、フリッシュは年季奉公を終了し、いよいよ金細工師として独り立ちしようとしていたが、ちょうどそのとき、キャリアは思わぬ方向に進んだ。

このときフリッシュの母親は、オスロ大学の入学案内を息子に手渡した。かねてより母親は、金細工師が息子にふさわしい職業かどうか疑問を感じていた。ふたりは経済学部を選ぶが、フリッシュによれば「それがいちばん短期間で簡単に学べそう」だったからだ。[*6]やがて一九一九年に経済学の学位を取得して卒業すると、経済学と数学をさらに専門的に学び、数理経済学で博士号を取得した。

フリッシュによれば、アメリカ人経済学者アーヴィング・フィッシャーの招きでアメリカを訪問した後、彼はイェール大学のポストを打診されたという。給料の提示額はオスロの五倍だったが、それを断って帰国し、一度たりともその決断を後悔しなかった。それでもノルウェーでの生活は常に平穏だったわけではなく、特に第二次世界大戦中は苦労を重ねた。当時についてはあまり多くを語らないが、一九四三年にはほかの大学教授たちと共に一年間をナチスの強制収容所で過ごしている。[*7]

フリッシュは研究者として精力的に活動したが、膨大なメモやガリ版刷りのレポートを論文や書籍にまとめて出版する才能にはあまり恵まれなかった。フリッシュの研究成果について紹介記事を書いたオスロ大学の同僚レイフ・ヨハンセンもこの事実を嘆いた。[*8] フリッシュはせっかく独創的な方法で難問にアプローチしているのに、レポートがスカンジナビア語で出版されたり、大して出回らなかったりしたせいで評価されなかったことがいくつもあるという。

それでも、第一回のノーベル経済学賞の受賞者として評価されるには十分な数の出版物があり、フリッシュは栄えある賞をオランダのヤン・ティンバーゲンと同時に受賞した。ふたりは三〇人の候補者から選ばれてメダルを授与され、賞金七万三〇〇〇ドルを分け合った。残念ながらフリッシュはスウェーデンで行なわれた盛大な式典には出席できず、代わりに同僚を派遣した。モデル構築、数学プログラミング、国民所得勘定、計量経済学の誕生などへの貢献は、選考委員会から特に評価された。

経済学の研究者である一方、フリッシュは養蜂家でもあった。蜂蜜が大好物だとか、ハチと一緒に働くのが楽しかったからではない。ハチの遺伝子を研究し、生産性の高いハチを創り出すのが目的だった。フリッシュによれば、これは決して楽しく愉快な活動ではなかった。むしろ「凝り性でやめられなくなった」のだという。[*9] 一九七三年、ラグナル・フリッシュは七十八歳でこの世を去った。

ヤン・ティンバーゲン（一九六九年受賞）

一九六九年、経済学賞選考委員会は第一回経済学賞の受賞者として、ラグナル・フリッシュとヤン・ティンバーゲンの名を発表した。計量経済学の発展と大規模なモデル構築への貢献は、委員会によって特に評価された。さらに委員会は一九一九年から三二年にかけて、アメリカ経済に関して国際連盟が手がけた研究における彼の成果にも触れて、「パイオニア的な研究」として評価した。[*10]
ジョン・メイナード・ケインズはこの国際連盟の研究に目を通し、ティンバーゲンの「パイオニアとしての勇気ある取り組み」に賛辞を寄せ、これを仕上げるための労力は「並大抵のものではなかったはずだ」とねぎらっている。しかしティンバーゲンの研究全般に関しては、ケインズは手の込んだモデル構築にも統計を使った調査にもあまり好印象を受けず、どちらも「錬金術」であり「悪夢」だといって切り捨てた。そして「ティンバーゲン教授も私のコメントの大半に賛成してくれるはずだ。でも、計算要員を十人増やし、悲しみを計算で紛らわせるのだろうな」と語った。[*11] ケインズの批判の一部は取るに足らないものだったが、なかには無視できない内容も含まれていた。[*12] そして批判は確実にティンバーゲンの心を深く傷つけた。何しろ彼はケインズの研究を賞賛し、自分の統計学的アプローチによってケインズ理論をサポートできると信じていたのだ。[*13] その一方、ティンバーゲンの研究は、ほかの経済学者からケインズ的傾向が強すぎると批判された。当然ながら、彼の支持者は限られてしまった。[*14] しかしティンバーゲンのアプローチは、少なくともひとつの重要なグループから評価された。スウェーデンの経済学賞選考委員会である。

フリッシュの研究を踏襲したティンバーゲンは、データや統計をふんだんに利用して経済関係を評価する分野を切り拓いた。特に、国内の雇用や賃金レベルや貿易に関してマクロ経済学の方程式を導出した功績は評価される。一九三〇年代には手に入るデータが限られていたので、少ない情報でやりくりしなければならなかった。そんな姿勢はモデル構築に取り組むほかの研究者の励みとなり、そのひとりローレンス・クラインは後にノーベル賞を受賞した。

オランダの中央計画局の局長だったティンバーゲンは、経済問題を解決して経済成長を達成するための助言を期待される立場にあった。しかし一部の経済学者とは異なり、政策に関するティンバーゲンの提言は常に自由市場を擁護するわけではなかった。計画モデルの結果から判断して、為替レートの規制や公共支出の増加など、政府による何らかの介入を支持するときも多かった。

ティンバーゲンは、経済の計量化に単なる職業として取り組んだわけではない。経済学に数量的な数学モデルをもっと取り入れたいという使命感に燃えていた。「そうすれば、「完全な」理論を提供せざるを得ないから」だと考えたのである[*15]。同時に彼は経済学のなかでも数学と無関係な分野を軽蔑し、「文学的な理論」だといって切り捨てた[*16]。

初級経済学の教科書でよくお目にかかる〝クモの巣モデル〟はその文学的な理論のひとつだが、皮肉にもティンバーゲンはこれに関わっている。このモデルのオリジナルバージョンは、農産物市場がしばしば不安定になる理由を説明している。一年目に農家がトウモロコシを過剰に生産すると価格は下がり、その結果、翌年になると各農家は生産量の削減を決心する。しかしみんなが同じ決断をして生産量が一気に減少すると、価格が上昇して利益が増える。そうすると、その翌年には生産量を増やすことになり、このサイクルが繰り返されていく。このモデルは需要と供給にもとづいて収束と破綻を繰り返し、そのプロセスによってクモの巣のようなパターンが出来上がる。たとえ個人がもっともな決断を下しても市場を不安定に陥れる可能性があることを、このモデルはわかりやすく説明している。一九三一年、ティンバーゲンは論文のなかでこのコンセプトを使い、造船業の景気循環を分析した[*17]。

計量経済学によって経済の基本的な関係が理解できるとは限らない。ティンバーゲンはそのことを正しく認識していた。あるとき彼は、牛肉価格の変動を解明するために様々な変数を試していた最中に、奇妙な関係を見出した。牛の飼料価格が上昇すると、牛肉の価格がなぜか下がるのだ。飼料が高くなれば牛肉の価格も上昇するはずで、下がるわけはなかった。そしてこの疑問に取り組んだ結果、思いがけない事実を発見した。飼料の価格が上昇すれば、貧しい農家にとっての負担が増える。その結果、コストを削減するために余分な牛を殺す以外に選択肢がなくなる。すると市場に出回る牛肉の量が増えて、価格が押し下げられるのである。かくして思いがけない現象は解明されたが、それはティンバーゲンが実際の市場の仕組みについて理解を深めたからだ。この事例について彼はノーベル賞記念講演でも紹介している[*18]。

ティンバーゲンは博士号を取得しているが、それは経済学ではなくて物理学だった。では、なぜ研究分野を変更したのだろう。本人によれば、経済学に興味を持つようになったきっかけは、大恐慌時代に目撃した経済の不正行為だという[*19]。その結果、科学の分野の経験を景気循環の問題解決に生かすだけでなく、低開発国の貧困解消にも役立てたいと願ったのである。こうした取り組みについて経済学者のベント・ハンセンは「彼〔ティンバーゲン」は特権階級の世界で尊敬されているが、身分の低い社会的弱者からも愛されている」と語っている。[20] 同じくローレンス・クラインも、ティンバーゲンが「社会問題の分野で残した功績は、平和と紛争解決に貢献した」というコメントを残している。[21] そしてポール・サミュエルソンは一言「ヒューマニストの聖人」と評した。[22]

トリグヴェ・M・ホーヴェルモ（一九八九年受賞）

ほとんどの経済学者は狭い分野に閉じこもって研究に打ち込むが、なかには経済学全体で馴染み深い名もある。著作やテキストが評判になったり、アメリカ経済学会などの学会組織でリーダーとして活躍したりするケースである。そしてほとんどのノーベル賞受賞者はいずれかのカテゴリーに属する。ところが時として、経済学者の間でも無名の人物がノーベル賞を受賞してしまう。一九八九年の受賞者であるノルウェー人、トリグヴェ・ホーヴェルモもそのひとりだ。〈ウォールストリート・ジャーナル〉は、二〇人の経済学者に訊ねたところ、五人は名前を知らず、それ以外の数人から、たしか半世紀前に書いた論文があったという回答が得られたと無遠慮に報じた。[23] スウェーデンの委員会が計量経済学と大規模なモデル構築への貢献を指摘したこともあり、〈ウォールストリート・ジャーナル〉のある記者はマイケル・K・エヴァンスにコメントを求めた。エヴァンスは、大統領経済諮問委員会の元メンバーであり、計量経済学のモデル構築を専門に研究していた。訊ねられたエヴァンスは、ホーヴェルモの貢献は半世紀前なら評価されたかもしれないが、今ではほとんど価値がないと切り捨てた。一方、サミュエルソンはホーヴェルモを弁護した数少ない学者のひとりだった。ホーヴェルモの研究の重要性を解説し、その彼に「最近の研究は?」と訊ねるのは失礼だと指摘した。[*24]

このときは、ノーベル賞に対するホーヴェルモの反応も逆風になった。受賞が発表された日にロイターの記者が自宅に電話をすると「どうもこういった賞は気に入らないな。電話で話せる気分じゃない。考えたこともなかったんだ。何も書かないで結構」と言い出したのだ。[*25] 挙句の果てノーベル賞なんか「現実の問題と関わりがない」といって、会話を打ち切ってしまった。[*26] 結局、その日は行方知れずになった。おそらく日課にしている森の散歩に出かけたのだろう。アメリカでノーベル賞受賞の知らせを受けるときと違い、ヨーロッパの受賞者は早朝に電話を受けるわけではない。だからそんなに困惑する理由もなかった。あまりにもそっけない反応に、彼は本当にメダルと四六万九〇〇〇ドルの賞金を受け取るつもりだろうかと報道陣の間では憶測が飛び交った。しかしホーヴェルモはどちらも受け取った。結局は彼も経済学者だったのである。

研究が発表されたのがずいぶん昔の出来事であり、本人が受賞を喜ばなかったのだから仕方がないのかもしれないが、報道陣はなぜかホーヴェルモにあまり好意的でなかった。

選考委員会のプレス発表や学者仲間の賞賛に記者が言いがかりをつけるケースは滅多にないが、この年はまさにそんな展開になった。〈ウォールストリート・ジャーナル〉の記者は、そもそもなぜホーヴェルモが選ばれたのかと報じた。そしてある匿名記事は「ノーベル賞には政治的な要素が大きく関わっているものだが」、スウェーデンの委員会も今度ばかりは「アメリカ人でもイギリス人でもない受賞者を選ぶために少々やりすぎてしまった」と指摘した。[*27] MITでは、毎年誰が経済学賞を受賞するか賭けが行なわれているが、一九八九年には誰ひとりとして当たらなかったという。それでも選考委員会の委員長でホーヴェルモと個人的にも親しかったアサール・リンドベックは、ホーヴェルモは「近代計量経済学の父」だといって弁護した。しかし、これはいかがなものか。すでに選考委員会は、ラグナル・フリッシュを近代計量経済学の父と呼んでいる。[*28]

ホーヴェルモは、経済の統計作業で早くから発生していたふたつの問題に注目し、それが選考委員会から研究成果として評価された。ひとつは〝識別問題〟である。これは具体例で説明しよう。消費者が求める豚肉の量を決定するのは、価格のみだと考えるのがいちばんシンプルな形だ。経済学を実験科学と見なすならば、ほかの条件を変えずに豚肉の価格だけを計画的に変化させ、必要とされる豚の頭数の変化を記録していく。その結果、価格が高くなれば消費者が求める豚の頭数は少なくなっていく傾向が明らかになるはずだ。しかし、現実の世界のデータからはこうした結果を得にくい。なぜなら価格は需要と供給の双方によって決まるもので、どちらも一定ではないからだ。統計学者は長い間この問題に取り組み、方程式や変数にどんな数字を当てはめればよいか頭を悩ませてきた。ホーヴェルモは、そんな識別問題を認識した点を選考委員会から評価された。しかしジェイムズ・ヘックマンによれば、これはすでに一九一五年から経済学者の間でよく知られた問題だったという。ホーヴェルモの発見よりもずっと以前の話である。*29

これに関連したトピックとして、ホーヴェルモは〝同時決定問題〟についても指摘している。現実の世界では、豚肉の需要を決定する変数は、同時に牛肉や鶏肉の需要にも影響する可能性があり、そのサイクルがめぐりめぐって今度は豚の需要に影響すると考えられる。あるいはトウモロコシの価格といったひとつの変数が、豚肉の需要と供給に対して同時に影響をおよぼす可能性も考えられる。このように様々な関係がクモの巣のように依存し合っている状態では、ひとつの関係だけを抜き出すのは不可能ではないにしても難しい。ホーヴェルモはこの問題に最初に気づいたわけでも最終的な解決策を提案したわけでもないが、計量経済学者が直面する課題に対する認識を高めた点を評価された。

そしてもうひとつの貢献が、物議を醸したホーヴェルモ゠コウルズ・アプローチである。これは特別なテクニックではなく一般的なアプローチで、第二次世界大戦後に計量経済学では広く採用されてきた。具体的には、計量経済学の研究にふたつの段階が存在することを前提にして成り立っている。まず、経済行動を説明するための理論を考案する。そしてつぎに、理論の正しさを検証するためのデータを集める。そのうえでモデルと統計データの間に矛盾はないか、誤差は五パーセント未満にとどまっているか、検証していく。その結果、基準をクリアした理論は採用され、それ以外は切り捨てる作業が機械的に行なわれる。これなら経済学に科学的で客観的な学問としてのイメージが備わり、選考委員会のめがねにかなうものと期待された。

　ところが計量経済学者は何十年間もこのやり方を試してきたが、大した成果は得られなかった。やはりノーベル賞受賞者のジェイムズ・ヘックマンは「帰納的なアプローチによる実証的な分析を好む学者は、厳格な計量経済学を評価しないケースが多いが、その理由のひとつが」ホーヴェルモ＝コウルズ・アプローチだと指摘している[*30]。つまり、大体の経済学者は順序が逆で、最初に経済情報に目を通し、つぎに理論を考案する。少なくとも、統計結果がよくなるまで方程式をいじりまわす。「理論を選り分けた」うえで「真実が浮かびあがるまで数字をどんどん取り換えていく」やり方は、経済学として機能しないとクリストファー・シムズ〔訳注　二〇一一年ノーベル経済学賞受賞〕は指摘している[*31]。しかしもっと問題なのは、ホーヴェルモのやり方が経済についての私たちの理解を深めてくれるとは思えない点だ。論評記事のなかでヘックマンは「ホーヴェルモ＝コウルズのプログラムはなぜ実証研究として役に立たないのか」と問いかけている[*32]。このアプローチに関しては多くの学術文献が書かれ、内容もかなり難しいが、実際のところ新しい洞察はほとんど得られていない。
しかしホーヴェルモからすれば、そんな批判は見当違いだった。そしてノーベル賞記念講演でつぎのように語った。「計量経済学は、観察対象となる世界が過去にどのように機能してきたか、正確に解明できるような理論にもとづかなければならない」。そのうえで、いけないのは計量経済学ではなく、「いまある経済理論がこの目的にふさわしくない」ことだと指摘した。[*33] ホーヴェルモによれば、理論に落ち度があるのは、人間の行動を支配する政治的社会的な慣習の存在が無視されているからだった。政治的社会的な「ゲームのルール」によって、人間の行動は導かれるものだ。だからルールの仕組みを正しく理解すれば、もっと良い理論が生まれるとホーヴェルモは考えた。
トリグヴェ・ホーヴェルモはノルウェー人としては二人目のノーベル賞受賞者である。一人目のラグナル・フリッシュはオスロ大学での彼の指導教師であり、後にオスロの経済学研究所では上司になった。そんなわけで、ホーヴェルモのアイデアの一部は、彼とフリッシュのどちらが発案者なのかわからないという指摘もある。フリッシュは「素晴らしいアイデアの多くをアクセスできる形で残さない」ことで有名な人物だったからだ。[*34]
一九三九年に第二次世界大戦が始まると、ホーヴェルモはロックフェラー財団の奨学金でノルウェーを離れてニューヨークに向かい、結局七年間滞在する。その間、最初はノルウェー貿易委員会、後にはシカゴ大学のコウルズ委員会に所属した。しかしアメリカにはどうしても馴染めず、ノルウェーへの帰国を切望した。「出来るなら、船を漕いででも帰国しただろう」とポール・サミュエルソンは語った[*35]。

ノルウェーに帰国してほどなく、ホーヴェルモは「計量経済学の分野からほとんど足を洗った[*36]」。その代わり、計量経済学が取り組みやすい学問になるように、経済理論の改善に努めた。〈ボストン・グローブ〉はつぎのように報じている。「ハーバードの計量経済学者ツヴィ・グリリカスが一九六七年にホーヴェルモを訪問したときには、現在の経済状態よりもマス釣りのほうに興味を持っていた[*37]」

クライヴ・W・J・グレンジャー卿（二〇〇三年受賞）

二〇〇三年のノーベル経済学賞は、何か新しい経済の原理や理論が受賞理由ではなかった。長い時間をかけて集めたデータ、すなわち〝時系列〟データを分析する計量経済学者に、高度なツールを新たに提供した功績が認められたのである。この新しいテクニックは既存の方法よりもかなり優れたもので、これをきっかけに時系列分析は新たな脚光を浴びた。

計量経済学は正確には科学ではない。ハーバード大学の経済学者ジェイムズ・ストックは、その難しさをシンプルな例で説明している。たとえばアメリカの国民所得は少なくともこの一〇〇年間でかなり増加している。そして同じ時期、火星はゆっくりと、しかし着実に地球に近づいている。このふたつは同じ時期に長期的な傾向を示しているので、統計だけに注目すれば、アメリカの国民所得は地球と火星との距離によって決まるという仮説が相関関係として成り立ってしまう。[*38] この例からは、統計の分析結果を無差別に採用することはできないという教訓が得られる。

いまの例で使われたデータは時系列である。時系列と呼ぶのは、毎年、年に四回、毎月といった具合に、一定の時間間隔で観察結果が得られるからだ。このとき変数の値が常に同じならば問題ないが、時間の経過と共に変数が大きくなったり小さくなったり、変わってくると厄介である。これは統計学者が〝非定常性〟と呼ぶ現象で、非定常性が観察されるときにはデータの分布や平均を固定することができない。もともと統計学ではこうした現象に対処する事態を想定してこなかったが、残念ながらこれは経済学で決してめずらしいケースではない。

そもそも統計のコンセプトは、人間の経済的な行動にもとづいて考案されているわけではない。コイン投げのように、もっと客観的で機械的なプロセスにもとづいている。コインを一〇回放り投げたとき表の出る確率は、統計理論の土台となっている確率変数の典型例だ。表の出る確率は統計の原則にほぼ従うので、予測の信頼性も高い。しかし同じやり方は株式市場や消費支出にも通用するだろうか。明らかにコインのようなわけにはいかない。独特のパターンを持つ人間の行動に影響されるからだ。従来の確率変数と経済の変数との違いは、二〇〇三年にノーベル賞を受賞したクライヴ・グレンジャー卿とロバート・エングルにとって大きな関心事となった。[*39] グレンジャーはこの違いを認識し、もっと個別化された統計アプローチを提案した功績を認められた。

人口、国内総生産、生産性などの変数の値は時間と共に大きくなり、農業の相対的規模やドルの実質価値などの変数の値は小さくなる傾向がある。こうした長期的な傾向は錯覚を招きやすい。同じ時期のふたつの現象に注目すると、実際には因果関係が存在しないのに、統計的に意味のある相関関係が成立していると簡単に誤解される。統計学者はこれを〝疑似相関〟と表現している。時系列データを使って経済理論を検証する際には、どんなにやさしい理論であってもこうした見せかけの相関が問題として浮上する恐れがある。

統計学の専門家であるグレンジャーは、経済学者が非定常性を伴う変数にだまされやすいことを示した。たとえばケインズはその何年も前に、国の消費支出は主にひとつの変数、すなわち国民所得によって決まるというシンプルなアイデアを提唱した。国民所得が増加すれば、消費も増加するはずだと考えたのである。このコンセプトは時系列データを使って統計的に確認することができる。どちらも時間の経過と共に変数が大きくなっていくので、統計的に明確な相関関係を見出すのも無理はない。しかしどちらの変数も非定常なので、単なる見せかけの相関である可能性も捨てきれない。

そうした厄介な時系列の問題をすっかりあきらめた経済学者もいたが、非定常性に伴う問題を回避するため、シンプルなテクニックを考案した学者もいた。そのひとつが、時系列データのうち一年ごとの変化のみに注目するアプローチである。たとえば一九四五年から四六年にかけて所得の増加は消費の増加につながっているか、つぎの年はどうかと、毎年ごとに確認していく。こうして長い期間ではなく一年ごとの変化に注目するシンプルな形に修正するだけで、大体の問題は十分に回避された。しかしこのアプローチは十分に機能したが、統計的な見地からはあまり「エレガント」で高度な方法とは言えなかった。そこで一九八一年、グレンジャーはもっとエレガントな解決策を提案した。

グレンジャーのイノベーションを正確に理解するのは容易ではないが、基本的なコンセプトはそう難しくない。たとえばこう考えよう。ひとりの人間と一匹の犬がいて、どちらも好きな方向に自由に進むことができる。そして、私たちはその動きを追跡する。人と犬の間に関係がなければ、お互いの進む方向に明確な関係は存在しないだろう。しかし犬が人に飼われている場合には、お互いの進む方向が一致する頻度は増えるはずで、その場合、両者の進路の間には〝共和分〟が成立するとグレンジャーは表現した。[*40] グレンジャーはノーベル賞を同時受賞したロバート・エングルと共に、共和分の存在を確認する統計テストを考案した。これを使えば、ふたつの変数の関係を従来よりも良い方法で評価できるという触れ込みだった。たとえば消費と収入の間に「共和分」が成立することがわかっていれば、このふたつの関係をより適切に評価できるようになる。グレンジャーはこのアイデアを応用し、変数間に因果関係が存在するかどうか確認するためのテストも考案した。これは〝グレンジャーの因果性テスト〟と呼ばれる。

しかし、すべての経済学者が共和分を使った新しい方法を歓迎したわけではなかった。特にノーベル賞受賞者のローレンス・クラインは、このテクニックが誤解を招きやすいと考えた。本来の経済モデルとかならずしも一致しない関係が、テストの対象にされてしまうからだ。そして「共和分のテクニックは……かえってダメージをもたらすのではないか……共和分で使われる階差系列からは、思いもよらない関係が引き出されるかもしれない。なかには分析作業の妨げになるものもあるだろう」と語っている。共和分の採用によって「分析がシンプルになった」ことはクラインも認めたが、「世界はそれほどシンプルではない」と強調した。[*41]

グレンジャーとエングルは、それまでの計量経済学のテクニックでは歯が立たなかった問題に注目して確実な成果を挙げた。しかし名門学術誌〈エコノメトリカ〉に頻繁に登場するようなテクニックでも、最終的に評価されるためには歴史的なパターンを解明し、将来を正確に予測しなければならない。この基準に関しては計量経済学的なアプローチの例に漏れず、共和分も評価がまちまちである。そもそも計量経済的な分析結果だけで経済理論を受け入れたり拒んだりするのは、専門家といえどもむずかしい。最新の統計的手法も結局はさらに新しいものと取り替えられてしまうことは計量経済学者も承知している。だから計量経済学のイノベーションについて評価するときには、慎重さこそベストの戦略なのかもしれない。

第二次世界大戦中、グレンジャーと母親はイギリスのケンブリッジで祖父母と一緒に暮らしていた。従軍後に生還した父親はジャムやゼリーやマーマレードを販売する会社の営業マンだった。グレンジャーは数学が得意だったが、学業全体の評価はかんばしいものではなく、母親は教師から成功する見込みはないと宣言された。[*42] あまり当てにならない予測だったようだ。統計学を勉強する決心をしたきっかけは偶然のような出来事だった。どんなキャリアを考えているのか訊かれたとき、吃音症だったグレンジャーは「気象学《メテオロジー》」という単語をうまく発音できなかった。しかし「統計学《スタティスティクス》」はすんなりと発音できたのである。家族で最初の大学進学者となったグレンジャーはノッティンガム大学に入学し、まず数学と経済学を専攻した。そして一年目が終わる頃には経済学を放棄して、数学に専念する。一九五九年に統計学で博士号を取得するが、学位論文のテーマは時系列分析。後の研究の出発点となった。[*43]

ハークネス奨学金を取得したグレンジャーはアメリカを訪れ、ジョン・フォン・ノイマンの勧めでオスカー・モルゲンシュテルンと共同で時系列課題の研究を始めた。そしていったんノッティンガムに戻った後、カリフォルニア大学サンディエゴ校からのオファーを受け入れた。当時ここは世界有数の計量経済学課程の構築を目指していたのだ。これは成功し、カリフォルニア大学サンディエゴ校の計量経済学部は、最終的に世界で第三位にランクされるまでに成長した。[*44]

二〇〇三年のノーベル賞が発表されたとき、自分のように経済学の訓練を受けていない人間がノーベル経済学賞を受賞できたのはどうしてだろうとグレンジャーはいぶかった。「自分に対する評価なのか、それとも経済学の一分野が何らかの形で認められたのか」[*45]。彼が経済学で正式に受けた教育は、ノッティンガム大学の大学生だったときの数カ月間に限られていた。もちろんその後、経済学の書籍を読み、経済学者と交流して不足を補う努力は続けたが、数学や統計学で受けた正式の訓練に比べればずいぶん見劣りがする。結局のところ経済学には「数学や物理学や化学などの分野に比べ、核となるような基本がそれほど必要とされないのかもしれない」とグレンジャーは考えた。そのうえ、経済理論の裏づけとなる「共通のコンセプトや特性はずいぶん単純化されているし、かならずしも現実的ではない」との発言も残した。[*46]

ロバート・F・エングルⅢ世（二〇〇三年受賞）

大学の終身在職権を拒絶される経済学者や、そもそも申請をやめたほうがよいと勧められる経済学者はめずらしくないが、そんな部類の学者がノーベル賞を受賞するのは稀である。二〇〇三年の受賞者ロバート・エングルは、その稀なケースだった。エングルによれば「MITは私を準教授にしてくれたが、終身在職権をくれるつもりはなかった」という。[*47]そこで彼はほかの就職先を探してカリフォルニア大学サンディエゴ校に移るが、これは幸運な選択だった。なぜなら、同僚の計量経済学者クライヴ・グレンジャーと共同研究する機会が与えられたからだ。グレンジャーとエングルは多くの論文を一緒に執筆し、様々な問題を解決した功績を認められてノーベル賞を受賞した。

二〇〇三年の受賞者はどちらも時系列分析の専門家で、どちらも従来の統計理論を経済データに応用する問題に集中的に取り組んだ。古典統計学には重要な前提がある。コインを投げるときやさいころを振るときに生じる確率変数には固定された〝平均〟や〝分散〟〔訳註　平均からのばらつきを示す値〕が存在するという前提である。これは計量経済学の分析の多くに適用されているが、実際のところ経済の分散はさいころのようなわけにはいかず、固定された平均や分散がかならずしも存在しない。そこでグレンジャーは平均、エングルは分散の研究に専念した。分散が固定されていない場合、従来の時系列分析に修正を加えないかぎり間違った結果が引き出されてしまう。エングルは、ARCHモデルと呼ばれる修正を考案した。[*48]

ノーベル賞で評価される貢献としては地味な印象を受けるが、エングルの研究は驚くほど多くの注目を集めた。なぜなら、分散は経済の重要な部門、すなわちウォール・ストリートの大きな関心事だったからだ。ダウジョーンズ平均やＮＡＳＤＡＱ、スタンダード・アンド・プアーズ五〇〇に採用されている企業の株価は単独にせよ、複数の組み合わせにせよ、時間の経過と共に大きく変化していく。しばらくひとつの方向に進んだと思えば、今度はべつの方向に進む。この激しい動きは〝ボラティリティ（変動性）〟と呼ばれ、それを測定するのが分散である。ベテラン投資家はリスクの優れた指針として株価の分散に注目する。

株の分散は大体が安定しないものだ。株価や利益率をグラフにすれば、穏やかな変動が繰り返される時期と、そのなかに明確に大きな変動を示す部分、つまり高いボラティリティが散見される時期とがある。こうしたパターンでは、どの時期が選ばれ、そこに大きな変動がどれだけ含まれるかによって分散は決定される。大きな変動は無作為に配置されているように見えるが、実のところ市場の下降時のほうが頻繁に観察される。エングル曰く、「ボラティリティは下げ相場のほうが高くなる」[*49]。このような場合、ひとつだけ「正しい」分散が存在する可能性はきわめて低い。エングルのＡＲＣＨモデルの利点は、不安定な事象の直後にボラティリティが高くなること、分散が時間とともに変化することを認識した点にある。[*50]おかげで株の激しい値動きが単一の式で評価されるようになり、将来のボラティリティが新しい形で予測されるようにもなった。

エングルのモデルはオプションの評価にも利用された。ブラック＝ショールズ方程式でオプションの価値を決定する変数のひとつが、株の分散である。分散を新たな方法で評価するエングルのモデルによって、オプション価値の計算方法が新たにひとつ加わった。もちろん、時系列分析のためのＡＲＣＨモデルの応用範囲は広いが、これを最大限に利用したのが金融市場だった。ＡＲＣＨモデルは、金融計量経済学と呼ばれる新たな学問分野の誕生を促すきっかけのひとつになった。

このような取り組みは、金融商品のリスクや価値に関してより正確な情報を提供し、投資家に賢明な選択を促すことを目指した。しかしこのアプローチは複雑であるが、かならずしも成功が保証されない。エングルの統計尺度は過去のパターンにもとづいたものであり、これは将来の株価やボラティリティを決定する要因のひとつ、それも時として些細な要因のひとつにすぎない。現実には、ＣＥＯの仕事ぶり、将来の競争の激しさ、特定のマーケティング戦略の成功といった要素が株価の動向を大きく左右する。たしかに統計は興味深いが、こうした場合には限定的にしか意味を持たない。

ロバート・フライ・エングル三世はニューヨーク州シラキュースで生まれた。父親と同じく科学とアイスダンスが大好きだった。コーネル大学の博士課程では物理学を専攻し、ノーベル賞受賞者ハンス・ベーテと一緒に量子力学を研究した。核磁気共鳴という最先端技術を利用して修士論文を仕上げたが、物理学への興味をなくし、コーネル大学の経済学部の博士課程に移った。彼は数学や統計学の基礎がしっかりしていたので、ミクロ経済学も計量経済学も、統計学も確率も比較的簡単にマスターした。一九六九年、エングルは学位論文を完成してその日のうちに博士号を取得するだけでなく、同じ日にマリアンヌ・エガーと結婚した。

その後の五年間、エングルはMITに勤務して都市経済を専門に研究するが、心は常に時系列にあった。そしてMITを離れてカリフォルニア大学サンディエゴ校に移るとようやく、いわゆる「時系列計量経済学の黄金時代」に身を投じたのである。[*51] エングルやグレンジャーをはじめとするサンディエゴ校の計量経済学者はロンドン・スクール・オブ・エコノミクスの教授陣と協力し、時系列分析を発展させた。この協力の成果は二〇〇三年に経済学賞選考委員会から認められる。その年、カリフォルニア大学サンディエゴ校からは、本来なら常勤の教授ふたりがノーベル賞を受賞するはずだった。というのも、グレンジャーもエングルも発表のほんの数カ月前に退官していたからだ。エングルはニューヨーク大学に再就職していた。

エングルは、ノーベル賞とアイスダンスのふたつの分野で賞を受賞した唯一の経済学者かもしれない。一九九六年と九九年、彼はパートナーと一緒に出場した全米スケート選手権の成人の部で準優勝を果たした。

ダニエル・L・マクファデン（二〇〇〇年受賞）

計量経済学は二十世紀はじめ、経済の方程式に古典的な統計を取り入れることで大きな進歩を遂げた。一九六〇年代には大型汎用コンピューターが登場してデータが充実し、あらゆるタイプの統計的推測が可能になった。そんななか、一部の経済学者は需要関数の評価に研究を絞った。経済を考えるうえで欠かせない要素だからだ。たとえば、二者選択に伴う決断がある。われわれは消費者として、ペプシよりもコカコーラ、電車よりも自動車、働き続けるよりも退職することを選ぶ。こうした決断には選択、経済学で言うところの〝離散的選択〟が関わっている。

個人調査で集められるデータの多くは離散的選択にもとづいている。どの政党を好むか、どの製品を選ぶか、どの輸送機関を使うかといった場合の選択だ。計量経済学者は価格と数量という連続変数については方程式を導出できるが、離散変数は別問題だった。

この問題を数学的に扱う方法は比較的シンプルである。イエスまたはノーの二分変数を確率変数に変換すればよい。確率であれば、0から1の間の任意の値をとる連続変数になるので、お馴染みの統計テクニックで使いやすい。二〇〇〇年のノーベル賞の受賞者のひとりダニエル・マクファデンは、このアイデアを考案して経済学に名を残した。一九六五年、マクファデンはバークレー校の学生のひとりから相談を受けた。学生は、カリフォルニア高速道路局から高速道路のルート選択についての分析を依頼されていた。そこでマクファデンは確率変数を使って選択をモデル化し、六八年に結果を発表した。それから数年かけて、彼は同僚と共に、離散的選択を扱う評価テクニックを洗練させたのである。

ただし基本的なコンセプトは、マクファデンの発明ではなかった。離散的選択モデルにもとづいた予測はすでに一九四〇年代、生物統計学者によって始められていた。一九四四年にはジョセフ・バークソンがこれに該当するモデルを〈ジャーナル・オブ・ジ・アメリカン・スタティスティカル・アソシエーション〉で発表していた。六〇年代になると、三つ以上の選択肢が考えられる状況を説明するためのモデルも考案された。しかしそれよりもさらに古く一九二七年、生物統計学者のL・L・サーストンは離散的選択の基本的な枠組みを考案しており、これはランダム効用最大化（RUM）モデルと呼ばれた。[*52]マクファデンは心理学者が創造した離散的選択モデルに馴染みがあったので、ミクロ経済学を使ってそれを新しいモデルに作り変えたのである。彼のモデルでは、年齢、性別、職業、結婚などの個人的な変数によって選択が決定される。

もうひとつ、マクファデンは〝属性分析〟と呼ばれるコンセプトも取り入れた。このアイデアを理解するために、職場まで車を使うか電車を使うか決めなければならない通勤者を考えよう。このとき通勤者は、車を運転するとどうなるか、通勤時間は短縮されるか、便利になるか、歩く時間は最小限ですむか、時間に遅れないか、コストはどのくらいかかるかといった属性について頭のなかで評価する。マクファデンは分析範囲を拡大し、これらの属性もすべて考慮に入れた。本人によれば、サンフランシスコ湾岸地区高速通勤鉄道（BART）の乗車率について、BARTのプランナーの方式よりもこちらのほうが正確に予測できたという。

しかし経済学の統計分析は、評価の対象となる理論と同じで限界を抱えている。離散的選択モデルが最もうまく機能するのは、たとえばリッチモンドに家を所有して八万ドルの収入を持つ、三五歳の既婚の弁護士ふたりがまったく同じ選択をするときである。これだけ多くの共通点を持つふたりの弁護士が異なった製品を購入したり、異なった通勤手段を選んだりするだけで、離散的選択モデルはあまり機能しなくなってしまう。

マクファデンは、専門家としてのアドバイスを統計テクニックの考案に限定する方針を守っていたが、ノーベル賞の受賞後に二回ほど例外があった。一度は二〇〇一年二月、〈ウォールストリート・ジャーナル〉に署名入りの記事を寄稿し、カリフォルニアのエネルギー市場への政府の介入に反対した。西海岸で発生したエネルギー危機の最中、通常は一メガワットアワーにつき四〇〜五〇ドルの電気の卸売り価格が一〇〇〇ドルにまで跳ね上がってしまった。カリフォルニア州政府も連邦政府も価格規制を検討していたが、これはマクファデンをはじめ多くの経済学者を困惑させた。「国は前回の規制の過ちを繰り返そうとしている」とマクファデンは指摘した。[*53] 市場の仕組みがおそまつであることは認めたが、「機能不全でも部分的に規制が緩和されている市場」のほうが「規制が厳しく、しかも将来は確実に機能不全が深刻化する市場」よりはましだと考えたのである。[*54]

マクファデンの強硬な反対の甲斐もなく、しばらくすると連邦政府は電気に対する価格上限規制を実施した。その途端に価格は暴落してエネルギー危機は収まるが、結果としてカリフォルニアと西海岸の電気事業は巨額の債務を抱え込んだ。実は、規制緩和を強く要求してきたエンロンなどのエネルギー取引企業が、市場で価格を組織的に操作していたのである。この事実はエネルギー危機を経て初めて明らかになったが、消費者は大切な財産をむしりとられてしまった。この詐欺行為はとにかく途方もない規模で、カリフォルニアや西海岸の住民の支払い超過金額は実に何十億ドルにも達した。

そしてもう一度は二〇〇三年、マクファデンは、九人のノーベル経済学賞受賞者と一緒にジョージ・W・ブッシュ大統領の税制プランに反対する署名を提出した。減税の恩恵を受けるのは主に富裕層だったことが反対の理由だった。マクファデンは、減税は慢性的な赤字を引き起こし、政府は歳出削減を迫られると指摘した。[*55] ノーベル賞受賞者ミルトン・フリードマンをはじめとする保守派の経済学者は、マクファデンとは逆の立場をとって減税を支持した。マクファデンもフリードマンも減税によって政府の将来の支出が限られると予想した点は同じだったが、フリードマンはそれが良い結果につながると判断したのである。

マクファデンは電気も水道もないノースカロライナの片田舎で育ったが、両親はユニークだった。父親は正式な学校教育を四年間しか受けなかったが、五桁の暗算ができるという能力を買われて十四歳のときに銀行に雇われた。母親は建築家で、高校の数学教師になる前は大学で教えていた。近所に住人はほとんどいなかったので、家族の主な娯楽は読書だった。そしてダニエル少年は、ことのほか読書を楽しんだ。

ノースカロライナの田舎の公立学校でダニエル少年の勉強意欲を満たすために、教師は彼に本を読ませ、代数と幾何学の通信講座をとらせた。十六歳になると、マクファデンはミネソタに移って叔父の酪農場で働き、ほどなくミネソタ大学に入学した。そして十九歳で物理学の学位を取得して、優等の成績で卒業した。最初はミネソタの大学院で物理学の研究を続けるつもりだったが、フォード財団の支援で始められた行動科学の学際的プログラムに興味を惹かれた。

学位取得後、マクファデンはいくつかの大学に勤務するが、一九九一年にはカリフォルニア大学バークレー校に赴任して、二〇〇〇年にノーベル賞が発表されたときも在職していた。ベイエリアに暮らしていたが、マクファデンは田舎で育った少年時代とのつながりを保つためにナパバレーに小さな農場を所有して家族と一緒にブドウを栽培し、家畜も飼育している。

ジェイムズ・J・ヘックマン（二〇〇〇年受賞）

ノーベル経済学賞の動向に注目していると、独特の傾向に気づくはずだ。二〇〇〇年までに、シカゴ大学は八人の受賞者を輩出している。これは近いライバルであるハーバードやケンブリッジのほぼ二倍である。[*56] 保守的で、しかも市場を信奉するシカゴ大学は、スウェーデンの経済学賞選考委員会から絶大な人気があった。この事実に注目したひとりの記者は、シカゴ大学に在籍しながらノーベル賞をもらえないのはどんな気持ちかと、ジェイムズ・ヘックマンに訊ねた。これに対しヘックマンは「しばらくすると、やっぱり傷つくね」と答えた。[*57] そして二〇〇〇年にようやくノーベル賞を受賞したときには「心からほっとした」という。[*58]

ヘックマンはコロラドスプリングスのコロラド・カレッジの卒業生である。専攻は数学で、ほかにも物理学と哲学を学んだ。アダム・スミス、デイヴィッド・リカード、ポール・サミュエルソンらが執筆した経済学の古典を読んだ後、ヘックマンは自分は社会科学に関心があることに気づいた。最も感銘を受けたのは、一九七九年のノーベル賞受賞者アーサー・ルイスが著した経済発展に関する著作だった。「この本は最高だった」と回想しているように、これをきっかけに経済学にのめりこんだ。[*59]

シカゴ大学で短期間、経済学の講義を受けた後、ヘックマンはプリンストン大学に移り、アーサー・ルイスと一緒に開発経済学を研究する夢を実現させた。やがて彼の興味は国際的なトピックから労働経済学へと移り、個人の調査データを使った計量経済学の研究に熱中した。大学院を卒業するとコロンビア大学に赴任するが、同じ時期、ニューヨークの全米経済研究所（ＮＢＥＲ）で研究する機会も提供された。当時、ノーベル賞受賞者であるシカゴ大学のゲイリー・ベッカーは研究所を頻繁に訪れており、ヘックマンはベッカーをはじめ、目的を同じくする経済学者から多くを学んだ。一九七九年、ヘックマンはシカゴ大学に採用され、二〇〇〇年にノーベル賞を受賞したときもここに在職していた。

こうして見ると、ヘックマンがシカゴ大学の同僚と毛色の違った人物だとは考えにくい。大学を修了した後には短期間シカゴ大学で学んだ経験もあるし、ミルトン・フリードマンを「素晴らしい人物」と評した。彼の研究はミクロ経済学と計量経済学を結びつけ、いわゆる〝ミクロ計量経済学〟という分野を創造したぐらいだから、いかにもシカゴ向きだ。政府は効率が悪く、時には有害でさえあることの証明に取り組んだときには、紛れもなく自由市場支持の見解を持っていた。しかし、ヘックマンを典型的なシカゴ学派の経済学者と見なすのは無理がある。それまでの自身の見解とは異なる結論を導くことがあり、それは時としてシカゴの同僚たちとも食い違う内容だった。

若い頃、ヘックマンは公民権法第七編の一〇頁の効果について評価しようと考えた。

「政府の介入に理論的な偏見を持つシカゴ大学経済学部の一員として、第七編が黒人労働者の役に立っていない事実を証明したいと考えた」という。[*60] しかし一〇年後、データからは期待するような結論が得られなかった。「政府が影響を持たなかったことを証明したいと切望した」のだが、結局は「政府が大きな影響力をおよぼした」と認めざるをえなかった。[*61] この結論は、自由放任主義を信奉する仲間の経済学者のなかで彼を厄介な立場に追い込んだ。「正直に言えば、シカゴの同僚の一部はものすごい拒絶反応を示し、いまだにその姿勢を崩していない」という。[*62] 自分が経済学者として受けてきた訓練の多くと矛盾する内容で、しかも学者仲間から後ろ指を指されるような結論は、勇気がなければとても守り続けられるものではない。しかしこの結果は、ヘックマンの個人的な体験とは矛盾しなかったのである。

一九四四年にシカゴで生まれたヘックマンは、十二歳のときに短期間、家族と一緒に南部に引っ越した。そして一九五六年当時のケンタッキー州レキシントンで、人種差別を目の当たりにした。水のみ場や公園のベンチでは「白人専用」や「黒人専用」という看板を見かけた。レキシントンでバスに乗って、後ろの大きな窓から外を眺めるため後部座席に座ろうとしたところ、そこは白人の座る場所ではないと注意された。一家は隣人から、南部はシカゴとは違う、「南部には南部のやり方がある」と強迫まがいの警告を受けた。[*63] ヘックマン家はつぎにオクラホマに移るが、ここも人種差別が激しく、ジェイムズも妹も

「唖然と」するしかなかった。二〇〇五年にミネソタ連邦準備銀行で受けたインタビューでは、「人種問題に興味を持つようになったのは」当時の経験のせいだと語っている。[*64]

ヘックマンがつぎに「人種問題」を経験したのは一九六〇年代だった。コロラド・カレッジの学生だった彼は、冬休みにルームメイトと一緒にルイジアナまで車で旅行しようと計画した。シカゴ、レキシントン、バーミンガム、ハッティーズバーグ、ミシシッピと回り、最後にルイジアナに到着する大がかりな旅程だった。ヘックマンは自分も友人もただの「世間知らずの若者」だったと説明しているが、ふたりにはきちんとした行動計画があった。ヘックマンも、そしてナイジェリア出身の黒人ルームメイトのアビオドゥン・アフォンジャも、ジム・クロウ法が強制する人種隔離に「強い興味を持ち」、自分の目で確かめたかったのだ。しかし当時はバーミンガムもほかの地域も政治的に緊張した状況にあったため、ふたりは法の廃止を目論むフリーダム・ライダーズのような人権活動家とたびたび誤解され、単なる観察者とは信じてもらえなかった。ふたりがバーミンガムを通過するわずか数カ月前には、黒人の教会に爆弾が投げ込まれて四人の少女が死亡していた。[*65]

しかし、ジム・クロウ法を実際に体験したいと願うふたりは、そのくらいではくじけなかった。バーミンガムでは、食堂で人種ごとにべつのカウンター席で食事するよう要求された。YMCAでは黒人専用の部屋で一緒に泊まり、地元民の不興をかった。ハッティーズバーグでは、おまえらは町をひとつにするつもりか、べつのホテルに滞在しろと警官から命じられた。[*66] ニューオーリンズでさえ、バーボン・ストリートのクラブの呼び込みに煙たがられた。七年後に経済学の会議でニューオーリンズを再訪したヘックマンは、町の変わりように「驚いた」。隔離を連想させるものは、すっかり取り除かれていた。ヘックマンによれば、それには公民権法が大きく関わっていた。

やがてヘックマンは、一九九四年に出版されて論議を呼んだ本『ベル曲線』をきっかけに人種問題への関わりを再開した。著者のチャールズ・マレーとリチャード・ハーンシュタインは、IQは知能を測定する基準としてふさわしく、実際のところ犯罪だけでなく学業やビジネスでの成功をかなり正確に予測できると指摘していた。しかしなかでも最も問題視されたのが、白人は黒人よりも平均してIQが高く、これは遺伝的な差異によるところが大きいとの記述である。各方面からわきあがる批判に、ヘックマンも加わった。『ベル曲線』のあらゆる結論に反対する人たちもいたが、ヘックマンは遺伝の問題に的を絞った。そして知性とは遺伝と環境の双方の所産であり、それぞれがどの程度関わっているか正確に判断できるものではないし、その事実は著者らも認めているはずだと指摘した。

しかしそれ以外の部分では、どんな評者よりもヘックマンは『ベル曲線』の著者らを評価した。なぜなら、ふたりは学問やビジネスでの成功に関して人種間にばらつきが見られる現象など、厄介な問題に積極的に取り組んでいたからである。実際ヘックマンは、自分の書評は他の人ほどネガティブではないと認めている。「IQテストや適性検査には人種的な偏見があって、学校や職場で発揮される能力とは無関係だと主張する人たちもいるが、そんな批判が見事に論破されている」と記している。[*67] ヘックマンは、能力の分布にばらつきがあることも、その能力が学業やビジネスでの成功に欠かせないことも認めている。ただし、その能力が遺伝や人種によってすべて、いや一部でも決定されるという指摘には賛成できなかった。そして、本には「遺伝的決定論を正当化するような」統計がいっさい含まれていない点を強調した。[*68]『ベル曲線』が指摘するような遺伝子の絶対的な影響力には、統計的な証拠による裏づけがないと彼は断定した。

成功の決め手は認知能力だけでなく、向上意欲や態度なども重要な要因として関わっているともヘックマンは信じた。そしてこれらの特性は、ＩＱでさえも、「幼児教育に集中的かつ持続的に投資」することで改善されるとも確信していた。特に有効なのは、本の読み聞かせと子どもに親がきちんと受け答えすることだと指摘している。[*69] さらにこれは明らかに本の主題から外れるが、「集中的な取り組みが効果を発揮することは、著者らも認めている」と述べている。[*70]

一九九五年に『ベル曲線』の書評を発表したときには、ヘックマンの集中的な幼児教育への強い支持はほとんどニュースにならなかったが、彼がノーベル賞を受賞すると、ほどなく新聞で大きく取り上げられるようになった。ヘックマンは二〇〇四年に発表した論文で「アメリカが未就学児への投資を増やさなければ、将来は賃金も生産性も低下する」と予測した。[71] そしてミシガン州イプシランティで実施されているペリー・プレスクールというプログラムを紹介し、こうした良い制度は全米に広めるべきだと訴えた。[72] 彼が計算した一六パーセントという投資収益率は非常に高いが、ここには所得の増加、十代の妊娠率と犯罪率の減少など様々な恩恵が加味されている。[73] また二〇〇六年に〈ウォールストリート・ジャーナル〉に掲載されたべつの記事では、ペリー・プレスクールのプログラムは少人数編成のクラスや成人教育、さらには未成年犯罪者の更生プログラムよりも優れていると強調した。社会が「生まれ合わせた環境の違いを埋め合わせる」ために、このアプローチはベストの方法だと絶賛している。[74]

就学前の早期教育の提唱者にとって、ヘックマンのサポートは心強い味方になった。何といっても多くの点で、彼は信頼できる専門家として申し分ない。ノーベル賞受賞者であり、しかも公共政策への反対では定評のあるシカゴ大学経済学部に所属していた。思わぬ方向からの援軍はプログラムの評価を高め、従来では考えられないほど大きな注目を集めた。ただしヘックマンは就学前教育への政府の資金援助を支持はしたが、シカゴ学派のドグマからの乖離はそこまでだった。民間で運営されるプログラムに政府がバウチャーを発行し、競争を促して効率を高めるやり方を提案した。プログラムを公共施設に限定する理由はないと考えたからである。

しかしここまで紹介したような事例はむしろ例外である。ヘックマンは調査データを計量経済的に分析し、ミクロ経済モデルを評価することにキャリアの大半を費やした。モデルのなかには合理的で利己的な行動を前提とするシカゴ学派のモデルも含まれていた。そして研究を続けるうちに、重要ながら顧みられてこなかった問題のひとつ、〝自己選択バイアス〟に注目するようになった。この問題への貢献は、経済学賞選考委員会からも受賞理由として評価された。たとえば、大卒者の平均給料と高卒者の平均給料を比較して、金額の違いを生んだのは大学教育だという結論を導き出すのは可能だ。しかし大学の四年間だけがそんなに影響するものだろうか。そもそもふたつのグループは最初から違っていたとは言えないだろうか。大学を目指す学生のほうが賢くて目的意識が高く、しつけがよく、有力なコネを持つ裕福な家族の出身者ということはないだろうか。大学進学を選ぶような学生は入学以前から条件が違うから、そこに自己選択バイアス、つまり調査サンプルの選択自体の偏りが生じる可能性は十分に考えられる。その結果、賃金に関する大卒者の優位は、すべてとは言わないまでも部分的に自己選択バイアスで説明できるかもしれないのだ。同様の問題は、就学前プログラムでも発生する可能性がある。この場合、自己選択バイアスは子どもではなく親のほうに発生する。就学前プログラムに興味を持つ親は教育熱心だから、子どもにほかの機会も提供するはずだ。そうなると、最初から有利な環境で育った子どもが集まるから、早期教育は成果を挙げるという考え方もできるのではないだろうか。

　このような分析は驚くような内容ではないし、大きな話題にもならない。理論的には、具体的な測定ができれば何でも成功の決定要因かどうか調べることは可能だ。たとえば背の高い人は大学に進学する可能性が高く、高い給料をもらう可能性も高いと指摘されたら、みんなの身長を実際に測定すれば正しさを容易に確認できる。しかし意欲、態度、信頼性、一貫性など、抽象的な特徴の場合は厄介だ。簡単には測定できないものが多い。いわゆる〝観察不能データ〟であり、それが、自己選択バイアスの修正をむずかしくしている。

しかしひとつだけ、この問題を回避するために良い方法がある。それは〝無作為割当〟による実験である。もしも学生たちのグループから一部を無作為（ランダム）に選んで大学に入学させれば、大学教育が本当にためになるものかどうか確認できるという発想である。このアプローチが機能するのは、観察不能な特徴もふたつのグループの間でランダムに分かれるからだ。しかもサンプルの数が多ければ、偏りはその分だけ少なくなる。ただしこのアプローチにも問題はある。大学に行くかどうかコイン投げで決めたいと思うような人がほとんどいない点だ。かりにこの実験に積極的に参加する人がいても、そんな人は変わり者で、調査対象としてふさわしくない。自己選択バイアスがまた新たに浮上してしまう。結局、どんなに優れた統計テクニックも、経済学で発生する多くの興味深い問題の解決に役立つわけではない。大学教育の投資収益率や就学前プログラムの恩恵の測定も例外ではない。

無作為割当が使えないとなると、自己選択バイアスや観察不能な変数に伴う問題の解決に有効な手段はなくなってしまう。ヘックマンはこれらの問題を定義したうえで、導かれた結論には限界があることを研究者に理解させた点を大きく評価された。その一方ヘックマンは、偏りに多少の修正を加えるための統計テクニックを考案した。観察できない変数の性質について前提を立てていくわけだから、この作業は容易ではない。そもそも観察できない情報に頼るようなテクニックが正当化されるかどうか、証明するのは難しい。

第14章　歴史と制度

ロバート・W・フォーゲル（一九九三年）
ダグラス・C・ノース（一九九三年）
オリヴァー・E・ウィリアムソン（二〇〇九年）
エリノア・オストロム（二〇〇九年）

経済学賞選考委員会は科学や数学のイメージが強い分野を賞賛するあまり、もっと現実的な、歴史や制度に注目するアプローチを顧みない傾向が強くなってしまった。しかし、なかには例外もある。たとえばふたりの経済学者は、経済ガバナンスと呼ばれる制度上の問題に焦点を当てた功績を認められた。二〇〇九年の受賞者のひとりオリヴァー・E・ウィリアムソンは、企業によって含まれる活動と含まれない活動があるのはなぜかという狭い問題に的を絞った。それには、取引コストについての理解を深める必要があった。

一方、ウィリアムソンの共同受賞者エリノア・オストロムは、まったく異なる問題に注目した。女性ではじめて経済学賞を受賞したオストロムは、共有資源として知られる環境問題に興味を持った。経済学者は以前からこの問題の解決策を提案してきたが、そこでは自主管理組合組織の役割がほとんど見逃されてきた。オストロムは、競争ではなくて協力が、かなり効果を上げるときもあることを発見した。企業や自主管理組合組織の問題に制度の面から取り組む姿勢は、ノーベル賞受賞者ロナルド・コースの研究の延長線上にある。

本章に入れた残りのふたり、ロバート・W・フォーゲルとダグラス・C・ノースは、経済史での研究成果を認められて一九九三年にノーベル賞を受賞した。どちらもノーベル賞受賞者サイモン・クズネッツから学んだ経済理論やテクニックを使い、未解決の歴史的問題に取り組んだ。ふたりが発見した回答は、ほかの経済学者や歴史家をしばしば驚かせた。ただし、ふたりはアイデアや結論が異なるときもあり、たとえばアメリカの歴史で鉄道が果たした役割の重要性についても意見が分かれた。

ロバート・W・フォーゲル（一九九三年受賞）

一九九三年に経済学賞を受賞したロバート・フォーゲルは、人騒がせな人物だった。彼は一九七〇年代、これまでほとんどの歴史家が考えもしなかった問題を調査する決心をした。奴隷制は経済的に効率がよかったかという問題である。この問題に答えるため、シカゴ大学の経済学者フォーゲルは膨大なデータを集め、新古典派の理論を取り入れ、なんと奴隷制は実際に効率的だったという結論を導き出したのである。彼がスタンレー・エンガーマンと共にこの結果をまとめた著書『苦難のとき』は、一九七四年に上梓されてベストセラーになった。アフリカで誘拐してきた奴隷をアメリカで売りさばく奴隷制は効率的な生産形態だという発見のほかにも、多くの奴隷の物質的条件はそれほど悪くなかったという結論が紹介されている。奴隷の所有者は肉体的に健康な奴隷を望むので、奴隷には「自由な産業労働者と比べてもかなり良い」生活水準を提供していたというのだ。[*1]

なかにはそうした問題を研究する目的そのものを疑問視する人びともいたが、フォーゲルは、自分は人種差別主義者ではないし、奴隷制を正当化するつもりもないと強調した。しかしあまりにも強く非難されたので、二五年後にはべつの作品の執筆を迫られた。『同意も契約もなく』というタイトルで出版された作品では、全体の半分以上を反奴隷制イデオロギーの解説に費やし、奴隷制を非難する立場を強調した。[*2]

奴隷制の経済学とその波紋

経済学賞選考委員会はこの微妙なトピックを真正面から取り上げた。「奴隷制は非人道的で道徳的にも許されないが、効率市場の観点からは解決策のひとつだった」とスポークスマンは説明した。[*3] そもそもフォーゲルとエンガーマンにとっては、奴隷を使ったプランテーションが非効率的だと信じるほうがおかしかった。市場経済に存在している形態が、どうして非効率的になれるのだろうか。プランテーションがあれほど長年存続したという事実だけでも、経済的に効率がよかったことの証拠としては十分ではないか。何だか、自由市場の基本原理についてミルトン・フリードマンから講義されているようだ。たしかに企業が競争経済で生き残るためには、効率的でなければいけない。自分たちの言い分の正しさを証明するため、フォーゲルとエンガーマンは膨大な証拠をまとめ、奴隷を使ったプランテーションが効率的で利益をあげていた事実を示した。「それ〔奴隷制〕が利益をあげず効率も悪かったという言葉を私の口から聞きたいと思っても、残念だが無理だ」とフォーゲルは語った。[*4]

では、評論家にとってこの作品のどこが不愉快だったのだろうか。フォーゲルが「一部の評論家を激怒させたのは、南北戦争以前の奴隷制に対する弁明のように受け取られたからだ」とピーター・パッセルは〈ニューヨーク・タイムズ〉で指摘した。[*5] フォーゲル自身はつぎのように説明している。読者は経済問題と道徳問題をなかなか切り離して考えられないが、何かが非道徳的であると同時に効率的であることは十分に可能だ。たとえば「死にかけている親を犬のえさとして」売ってしまえば、埋葬費用を節約できる。[*6] このコンセプトは経済的に効率がよいが、実現しないのは「想像しただけで腹が立つからだ。この世には道徳感というものが存在し、それは経済学よりも高尚だと見なされる」という。[*7] しかしフォーゲルは経済学者だから、何事にも敏感に反応するモラリストの目を気にせず、親をリサイクルしたときの市場価格や奴隷制プランテーションの効率性について推定できるのだという。

では、奴隷制は経済的に効率がよいことを理解するのがなぜ重要なのだろう。結局、奴隷制が利益になるかどうかという事実にもとづいて、意見を変える人はまずいない。しかしフォーゲルの視点は違う。奴隷制が経済的に効率のよいシステムであれば、自ずから崩壊するはずがないと考えた。奴隷制のように収益率の高い産業を消滅させる唯一の方法は政府による介入であり、この場合にはそれが軍事行動だった。フォーゲルは自分の発見によって奴隷制が正当化されたとは思わなかったが、南北戦争は正当化された。利益の大きな産業であっても悪しき社会制度であれば、叩き潰すべきだということを南北戦争の歴史は証明していると考えたのである。

フォーゲルはさらなる面倒を引き起こす。何と、奴隷は怠け者で無能で生産性が低かったという仮説の検証を試みたのだ。おまけに、今日黒人の家庭が不安定なのは、かつて受けた残酷な仕打ちのせいだという仮説にも注目した。[*8] 社会科学者はどんな仮説の検証も許されるが、なぜわざわざ奴隷は「怠け者で無能で生産性が低い」という仮説を取り上げなければならないのか。そもそも、どこでそんなアイデアを見つけてきたのだろう。結局フォーゲルは、奴隷に関するこの仮説が間違いであるという結論に達し、奴隷の所有者に一定の評価を与えた。「典型的な奴隷労働者は怠け者でも無能でもないし、生産性も低くもなかった。平均的には白人労働者よりも働き者で効率がよかった[*9]」。その理由として、「奴隷の物質的な（心理的ではなく）生活状態は自由身分の産業労働者と比べても恵まれていたからだ」と指摘した。[10] もちろん、売り飛ばされ、鞭で打たれ、殺される可能性のある奴隷と自由労働者の労働環境を、正確に比較などできない。[11]

そもそも奴隷所有者は、奴隷の健康を気遣って行動したわけではないとフォーゲルは考えた。行動の原動力は自己利益だ。何といっても健康な奴隷のほうが生産性は高い。奴隷の所有者はロバにも奴隷にも同情心を持たないが、どちらにも働いてもらいたいから健康を気遣う。さらに、奴隷を良い状態で働かせるためにはかなりの投資が必要とされる。フォーゲルはこの点に関して調査を行ない、「典型的な奴隷は、自分の生産活動が生み出した収入のおよそ九〇パーセントを見返りとして受け取っていた」という結論を引き出した。[12]

ある意味、フォーゲルとエンガーマンは南北戦争以前の南部経済についてばら色の構図を描いた。南北戦争の直前の二〇年間を見ると、北部よりも南部のほうが収入の伸びは速く、農家の生産性も南部のほうが三五パーセントも高かった。しかし、そんなデータから引き出された結論は、やや度を過ぎてしまったようだ。奴隷の虐待のストーリーは誇張だったかもしれないと指摘したのだから。たとえば、奴隷の家族を一緒に住まわせ、子どもが「親元を離れるのが当然の年齢に達したら」手放すことは奴隷所有者にとって利益になっていたと指摘した。[13] このような発言がフォーゲルやエンガーマンを批判する人たちを怒らせたのだ。なるほどティーンエイジャーが十六歳で親元を離れるのは当然だ。しかしこの年齢に達した黒人を手放し、最も高い入札価格を付けた人物に売り飛ばすことが「当然」だという発想は理解されなかった。

こうした歴史的な調査をもとにフォーゲルとエンガーマンは、今日の黒人家族が直面する社会問題についての説明でさらなる騒動を引き起こした。問題の元凶は奴隷制に反対する論者だといって批判したのである。彼らが奴隷制の恐ろしさを誇張して、アフリカからやって来た奴隷は白人農園主の弾圧や暴力に抵抗するうちに、「怠け者の落伍者」になったと「作り話」を広めたのがいけなかったというのだ。[*14] 結局、そんな作り話が黒人を十字架に留めるくぎとなって、解放後も黒人を束縛し続けたのではないか。フォーゲルとエンガーマンは、自分たちが間違いを暴いて社会を啓発しようと、使命感を持って立ち向かったのである。「奴隷飼育や性的虐待や乱交が黒人家庭を崩壊させたというのは作り話だ……奴隷の家族の安定を確保することは農園主の経済的利益にかなう行為であり、実際にほとんどの農園主がそれを心がけていた」という。[*15]

要するにフォーゲルは、誤解され誇張された弾圧の歴史にもとづいて黒人は殉教者に仕立て上げられたと言いたかったようだ。自分は殉教者だ、状況を改善して生産的な生活なんて送れるはずがないと思い込んだ黒人は、社会的に成功した同胞の成果を不当に非難するようになった。その結果、「真面目に生きようとする黒人は「白人に媚を売る」しかなかった」と記した。[*16] 著者のフォーゲルらは、こうした研究結果を発表すれば、黒人が破滅的な傾向から解放されるとでも考えたのだろうか。「三五〇年間も十字架にくくりつけられていれば十分だ。そろそろ黒人も白人も、アメリカ史の知られざる部分に目を向けて、不運な境遇での黒人の実態を、理解しなければならない」と締めている。[*17]

騒動が静まるまでには、『苦難のとき』は同じジャンルのどの作品よりもたくさんの攻撃にさらされた。カリフォルニア大学バークレー校の経済学者であり批評家でもあるリチャード・サッチは「こんな見解は長続きしない」といって切り捨てた。[*18]〈サンフランシスコ・クロニクル〉は、フォーゲルの「結論は標準的な教科書で広く引用されているが、その意見に十分共感する学者はほとんどいない」と報じた。[*19]かなり好意的な評を寄せた経済学者のバリー・アイケングリーンも、『苦難のとき』で最も長く残る遺産は調査方法であり、作品の中身ではないとした。フォーゲルはこの本の執筆に当たり、統計学と経済学から高度な分析法を取り入れて、経済史の研究に応用するアプローチで臨んでいた。

仮想モデルの示すもの

奴隷制に関する風変わりなアイデアはさておき、フォーゲルの経済史へのアプローチはいたって普通だった。あちこちから歴史に関するデータを集めて整理したうえで、仮説を立ててそれを検証していくやり方で、ノーベル賞受賞者サイモン・クズネッツの十八番である。フォーゲルはジョンズ・ホプキンズ大学の大学院生のときこのテクニックをクズネッツからじかに学び、一九六三年には博士号を取得した。「私の博士論文を指導してくれたサイモン・クズネッツは、大学院生の私に誰よりも大きな影響を与えてくれた人物だった」とフォーゲルは説明する。[*20] しかしクズネッツは、調査によって実証されないような結論を導き出して非難されることはなかった。

経済学賞選考委員会はもうひとつ、鉄道の研究についてもフォーゲルの研究成果として言及した。ここでもフォーゲルの結論は、奴隷制のときほどヒステリックではないものの、あちこちで非難された。フォーゲルは何年もかけて包括的なデータを集めて分析した結果、鉄道は経済の牽引役として過大評価されているのではないかという結論を導き出したのである。一九五〇年代に経済学者のW・W・ロストウは、十九世紀に鉄道などの新しい技術が経済成長に計り知れない影響をおよぼした可能性があると指摘していた。農業のために新しい場所を開放し、鉄鋼や石炭産業を拡大させた鉄道は、経済の「離陸」を助けたというのだ。ヨーゼフ・シュンペーターも〝創造的破壊〟の波というコンセプトで同じようなテーマに取り組んだ。しかしフォーゲルはこれに反論し、こうした輸送のニーズが運河や馬や馬車で満たされたとしても、一八九〇年のGNPの減少はわずか五パーセントにとどまったはずだと指摘した。鉄道以外の輸送手段によってアクセスできない農地は全体の四パーセントにすぎず、余計な費用もわずかですんだはずだ。[*21] しかもレールの多くは輸入品だった。南北戦争以前に鉄道産業が購入した鉄の全体量のなかで、国内産が全体の一〇パーセントを超えたことはなかったという。[*22]

事実と反対の仮定を「もしも」といって提示するのは、フォーゲルが経済史に取り組むときの典型的なアプローチである。この場合には、もしも鉄道が発明されなければどうなっていたかという疑問を投げかけている。そして、経済はほんのわずか規模が小さくなっていたはずだという回答を出した。経済学者はフォーゲルのテクニックにこそ注目したが、導き出された結論には納得しなかった。現実に反する仮想モデルを立てるときには、経済の仕組みをほぼ完全に理解していなければならない。さもなければ、大きな出来事が発生しなかった歴史を想定し、どういう展開になるかを知るのは不可能である。一八三〇年から一八九〇年にかけて、鉄道はアメリカ経済の高速輸送手段の中心だった。たとえ運河や馬車がやや高い費用で財を運んだとしても、鉄道と同じ品質が得られただろうか。同じだけの発明や産業や成長が実現しただろうか。運河も馬車も鉄道ほど速くないが、経済発展にとってスピードは重要な要素ではないと言い切れるだろうか。多くの批評家が指摘しているように、フォーゲルは鉄道の利点を過小評価したとしか思えない。

ピーター・パッセルは〈ニューヨーク・タイムズ〉紙上で、鉄道に関するフォーゲルの研究結果を信じるならば、政府は新たに誕生した技術への支援を控えざるを得ないと指摘した。[*23] 当時鉄道が不可欠でなかったとするならば、同じ論法で今日の先端技術も重要ではない。自動車もコンピューターもバイオテクノロジーも、経済を変容させる技術はすべて過大評価されていることになる。しかしこれは度が過ぎているのではないか。十九世紀の鉄道に関するフォーゲルのあやしげな研究にもとづいて、社会を変容させうる技術への支援を政府が放棄してよいものだろうか。それは検討に値する選択肢だろうか。現実に反する仮想モデルに直感的に賛成できないときは、疑ってかかるほうが賢明である。

一方、何百万ドルもの資金と多くの研究助手を提供され、フォーゲルは栄養、健康、死亡率、疾病率、経済生産性といった要素間の関係を調べる大がかりなプロジェクトにも取り組んだ。このとき彼のチームは、孤児院や学校や軍など複数のソースから集めた雑多な情報にもとづいてデータベースを作成し、そこに現代の統計テクニックを応用した。教育への投資についてはすでにほかの経済学者が研究していたが、フォーゲルは一線を画した。人的資本にとって欠かせない投資、すなわち摂食量に注目したのである。歴史的に見ると、人は摂食量が増えると平均身長や体重が増加し、ひいては健康が改善され、寿命が延びて勤労年数がのびる傾向にあった。

フォーゲルはこうした研究結果をほかの研究者のケースも含めて短くまとめ、ノーベル賞記念講演で紹介した。それによると「十八世紀から十九世紀にかけて、ヨーロッパの人びとは今日の基準から見ると著しく発育が悪かった」という。[*24] 一七九〇年ごろ、三十歳のイギリス人男性の平均体重は約六〇キロ、フランス人はわずか五〇キロほどだった。イギリス人の場合は今日の平均を二〇パーセント、フランス人の場合は三三パーセント下回る。

そして十八世紀の男性はイギリス人もフランス人も、現代より身長がおよそ一〇センチ低かった。

フォーゲルはこの統計結果の原因と結果について説明した。原因は栄養状態の悪さで、それが身体の発達を妨げた。しかしその結果、小柄になった人びとは活動的になったという。体が小さい分だけカロリー消費量が少ないので、存分に働くことができた。もう少し体が大きかったらカロリーを余分にとられ、エネルギー切れになっていたはずだ。当時のイギリス人やフランス人が今日のアメリカ人と同じサイズだったら、「ものを食べて生み出されるエネルギーのほとんどが体を維持するために使われ、仕事を続けられなかっただろう」とフォーゲルは指摘した。[*25]

フォーゲルらは、当時の摂食量の分布についての推定も行なった。そして一七九〇年の最貧層の摂食量では、働きたくてもきちんと働けなかったはずだという結論に達した。たとえばフランスでは「労働力の底辺の一〇パーセントはエネルギー不足で、定期的に働くことができなかった。その上の一〇パーセントは、三時間未満の軽い労働なら毎日続けられるだけのエネルギーを確保していた」という。[*26] イギリスのほうが状態はよかったが、それでも最貧層に属する二〇パーセントは、毎日八時間の軽い労働を続けるために必要なエネルギーを確保できなかったと考えられた。[*27]

フォーゲルは身長や体重の統計を死亡率や疾病率と比較することによって、栄養不足が健康におよぼす影響を予測した。その結果、一七七五年から一八七五年にかけてイギリスとフランスとスウェーデンで死亡率が全体的に低下したのは、栄養状態が改善されたおかげだという結論に達した。

一方アメリカでは、栄養状態の改善がただちに長寿につながらなかった。近代化によって国民は平均的に豊かになったが、同時に社会の格差が拡大した。その結果、貧困者の物質的な満足が低下し、健康の平均は低下したという。二十世紀はじめになると近代化のネガティブな影響はようやくおさまり、平均寿命が伸び始めて一七九〇年のレベルにまで回復したのである。[*28]

ロバート・フォーゲルはニューヨーク市で育ち、コーネル大学で物理学と化学を学ぶ予定だったが、経済学と歴史に興味を持った。大学時代は過激な政治運動に参加して、ちょっとした有名人だった。〈サンフランシスコ・クロニクル〉の記事は、かつて彼が「共産党の青年組織のまとめ役で、一九四六年には雑誌〈コーリアー〉にキャンパスの過激派として特集記事が掲載された」と報じた。[*29] かつてどんな過激思想を持っていたとしても、経済学を研究するうちにそれは過去のものとなった。コロンビアの大学院生時代には、ノーベル賞受賞者のジョージ・スティグラーから自由市場経済学を、そして後にジョンズ・ホプキンズ大学に移ってからはサイモン・クズネッツから経済データの収集法を学んだ。

フォーゲルは一九四八年にヘンリー・ウォレスの選挙運動に参加したとき妻と出会った。

妻は子どもたちを育て、研究を手伝い、「私の一風変わった発見が騒動や批判を巻き起こしても常に支えてくれた」とフォーゲルは内助の功に感謝した。[*30] おそらく奴隷制の研究が社会を騒がせたからだろうか、ノーベル賞の受賞を〈ニューヨーク・タイムズ〉はつぎのように報じた。「フォーゲル教授に四四年間連れ添った妻のエニドはハーバードの元学生部長であり、黒人である」[*31]〔訳注　フォーゲルは、二〇一三年六月に死去〕

ダグラス・C・ノース（一九九三年受賞）

経済的に成功する国がある一方、多くの市民が最低限の生活も保障されない国があるのはなぜか。これは経済学では古くからある問題である。北米やヨーロッパの多くの国、そして日本が長期間にわたって経済成長を謳歌しているのに、アジアの一部やアフリカならびに中南米の大半の国は完全に乗り遅れている。従来の新古典派経済学は、この疑問に対してシンプルな回答を与えてきた。自由市場を持つ国は栄え、持たない国は失敗する。したがって、開発の遅れを取り戻すための従来の回答は、経済の自由を増やすことだった。税金を減らし、規制を緩和して、政府の介入を減らすのである。

しかし、一九九三年のノーベル賞受賞者ダグラス・C・ノースはそれが根本から間違っており、経済の成功にはもっと多くの要素が関わっていると考えた。まず何より重要なのは政府の役割で、企業に対しては法の支配を徹底すべきだと考えた。政府は自由市場を傍観したり、市場の好き勝手にさせてはならない。そんなことをすれば、すぐに大混乱に陥る。市場が機能するには、政府は資本主義のルールを定義しなければならない。さらに、そのルールを公平な立場で一貫して実施することが必要だ。政府が干渉しない自由市場という考えは、ノースにとって幻想にすぎなかった。政治システムが構築され、その裏づけとなるルールが守られることは、自由市場の存在におとらず経済の成功に欠かせないものである。アダム・スミスは経済の環境を改善するために政府の介入を減らすべきだと訴えた。それから二〇〇年間、経済学者はその実践に努めてきた。ノースはスミスのそのメッセージを若干修正した。経済環境を改善するために、より良い政府を目指したのだ。

経済における制度の役割

では、ノースはどのようにしてこのアイデアを思いついたのだろう。運河や鉄道が貿易や地域分化を促す仕組みについて研究しているとき、どちらも政府のサポートなしには実現できなかったという結論に至ったのである。鉄道のおかげで南部は綿花を栽培し、中西部は穀物を育て、北西部は財を製造するようになって、互いに取引を行なった結果として経済全体が短期間のうちに成長を遂げた。[*32] これに異論のある学者はまずいない。反対するのは、ノースとノーベル賞を分け合ったロバート・フォーゲルぐらいだろう。フォーゲルは、鉄道が歴史家の評価ほど重要ではなかったことの証明に努めた。では、鉄道はノースが主張するように重要だったのか。それともフォーゲルが主張するように重要ではなかったのか。同じ年にふたりにノーベル賞を与えることによって、スウェーデン王立科学アカデミーは安全策をとった。

鉄道と同じく主要な輸送機関である運河も、ノースに大事な原則を教えてくれた。運河の建設費は非常に高く、ひとつの企業、いや複数の企業が集まっても建設のリスクは高すぎるため、民間部門の投資を公的資金で補う必要があった。[*33] このプロセスでは、従来の経済学にはなかった新たな役割が政府に求められる。政府は厄介な政治問題を解決し、経済成長の道筋をつけなければならない。実際アメリカの歴史では、こうした政治的なプロセスがうまく機能して問題が解決された結果、運河が建設され、経済は繁栄した。このユニークな事例がきっかけとなり、ノースは政治制度の重要性を認識し、それが役に立つ可能性を確信したのである。[*34]

さらにノースはもうひとつ、政府が経済の成功を後押しした事例を紹介している。イギリスが十九世紀に経済大国になったのは、強力なイギリス海軍の支えがあったからだという結論を導き出したのだ。イギリス艦隊が民間の商船を海賊から守ってくれたおかげで、イギリスの貿易はほかの国よりも安全で大きな利益を上げることができた。安全が確保された商船は完全武装する必要がなくなり、余ったスペースを使って荷物を増やすことができたのである。[*35]

重商主義の時代、ヨーロッパ諸国はどこも同じように繁栄したわけではない。イギリスとオランダは貿易の発展と経済の成長に早くから成功していたが、フランスとスペインは後れをとった。ノースによれば、イギリスとオランダが成功したのは少なくとも一六〇〇年以降、独占行為に反対して特許権や所有権を法で守ったからである。こうした政府の啓発的な政策が、フランスやスペインよりも有利な立場につながった。[*36] 一方、現金不足が日常化していたフランスやスペインの政府は歳入を確保しようとするあまり、民間企業と簡単に裏取引を行なって、ひいては企業活動全般を損なってしまった。ノースは、中南米もスペインではなくイギリスの植民地になっていれば、もっと良い政策を引き継いで、もっと発展していたはずだとまで語っている。もちろん、どの国の政府も裏取引は行なっている。イギリスの東インド会社など、かなりひどかった。しかしノースによれば、情実的な政策が定着しているのはイギリスやオランダよりもフランスやスペインのほうだった。

では、政府による規制はどのようにして経済の役に立つのだろう。たとえば特許制度による規制がある。発明品の特許が一定期間守られれば、労働の果実が競合他社に奪われる心配がなくなり、独創性やイノベーションが奨励される環境が生まれる。政府は契約の履行を徹底し、企業や個人が約束を守れる環境を整えるべきだとノースはいう。所有権についても、何かが販売されるときには、それが盗まれたり奪われたり、取り上げられないような保証が必要である。このようなルール、あるいはルールを実施する何らかの方法がなければ、どんな経済も被害をこうむる。裁判所、検察、憲法、法律、立法、政党が経済の機能を支えてはじめて、経済は安定するものだ。

こうした公式な制度以外にも、ノースは非公式な制度に注目するべきだと考えた。大切な価値を育んで次の世代に伝えるためには、家族、隣人、教会、学校、企業などが効果的な形で社会に存在しなければならない。そうした非公式な制度はどの国でも独自の形で発展しているが、経済成長の助けになっているのはごく一部だろう。たとえば、社会のなかでは独創性、個性、勤勉、正直、物質的成功といった要素が評価され、努力が報われているだろうか。あるいは長年のうちに汚職や特権が蔓延するようになった影響で、市場への参加を促すはずの非公式な制度が損なわれていないだろうか。公式な制度も非公式な制度も、時間がたてば変化していく。だからこそ経済学者は歴史を学び、各国の経済を十分に理解するべきだとノースは主張した。

ソ連での失敗

ノースは、自分の理論をソ連やその衛星国における共産主義崩壊にも応用した。これらの国は、国家統制経済を近代的な市場経済に移行する課題に直面した。従来の経済学者にとって最善のアイデアは、単純にすべての企業を国家所有から無条件に解放し、それぞれの成功なり失敗なりにまかせることだった。大事なのは市場の自由化で、ほかのこと——法の支配や事業活動——は、自然に後からついてくるものだと考えた。このアプローチは「ショック療法」と呼ばれ、これで規制の厳しいソビエト経済も、効率的で十分に機能する市場経済にうまく生まれ変わると期待された。ところが結果は散々だった。アトランタ連邦準備銀行の経済学者アンドリュー・クリケラスはこう語った。「新古典派の訓練を受けた多くの経済学者が、中央計画経済から自由市場経済への移行に取り組む国家のリーダーへのアドバイスを求められた。しかし結局のところ、その多くは役立たずとは言わないが不適切だった」[*37]

なぜショック療法は機能しなかったのか。ノースによれば、こうしたケースで市場の行動を導くには公式なルールの存在が欠かせないが、そのルールは当事国の社会で発生したものでなければならない。たとえば、汚職や情実主義がはびこる環境で自由主義は成功しない。アメリカの制度を十分に理解しない国に持ち込んでも、うまくいくはずがないのだ。「よその経済の公式なルールを持ち込んだ国では、ずいぶん違った形のものが出来上がる。非公式な制度の基準やルールを実施する方法が違うのだから、それも当然だろう」とノースは説明した。[*38] ショック療法がソ連で成功しなかった理由はシンプルで、ビジネスのルールを作成して実行できるような政治制度が欠如していたからである。特許法も契約法も、所有権に関する法律がいっさいなかった。[*39] 世界銀行のアルベルト・デ・キャピタニは「常識も同然の事柄を、経済学の専門家はメッセージとして十分に理解していない」と語った。[*40]

アフリカが成功するには

ノースは同じアイデアを発展途上国にも応用した。数人の同僚と共に「経済学者が本当に賢いならば、なぜアフリカを貧困から救えないのか」という見出しの論文を執筆して質問を投げかけたのである。[*41]その答えとしてノースらは、新古典派の経済学者が政治制度の重要性を十分に理解していない点を指摘した。世界銀行の経済学者が対外援助に条件をつけるときには、規制緩和や減税や補助金の削減によって自由市場の成長を目指すケースが多い。そんな試みの大半が失敗に終わっている証拠に、アフリカはまだ非常に貧しい。

ノースらは、政治システムをおろそかにする経済学者の姿勢が問題であり、それを改めるべきだと考えた。ほとんどのアフリカ諸国に必要なのはもっと良い政府、すなわち契約をきちんと実行し、民間資産の没収などどちらつかせないような政府だった。そして失敗例としてリベリア、ナイジェリア、ブルンジ、ジンバブエを挙げた。いずれももっぱら政治システムが資本主義経済の発展を阻んでいた。

しかしノースらによれば、アフリカにもビジネス環境の安定している国はあって、そこでは経済が成功をおさめていた。成功例として挙げられたのは、独裁的な大統領ヨウェリ・ムセベニが支配するウガンダ、そしてアパルトヘイトで人種差別が正当化されていた南アフリカだった。このふたつの国がサクセスストーリーとして紹介されるのはやや意外かもしれないが、ノースらは「法の支配」がきちんと守られている点を評価した。どうやらビジネスに有利な規制を実行する政府のほうが、人権や民主的な価値を尊重する政府よりも大切だったようだ。[*42]

幸いノースたちはもっとよい例も紹介している。たとえばアメリカの権力分立システムでは、連邦政府が政治指導者の専制をうまく抑え込むことができると指摘している。同様に、連邦制度では州政府と連邦政府の間で権力が分散されるので、権力へのチェック機能が効果をあげやすい。どちらのアプローチも権力分散型なので、ビジネス活動の成功に欠かせないルールを政府が提供しやすい環境が整っている。

ノースの研究では、伝統的な新古典派経済学に対する懐疑的な姿勢が一貫している。彼は自由市場の活動を支持する一方で、完全に合理的な行動という前提には共感できなかった。むしろノーベル賞受賞者ハーバート・サイモンが考案した限定合理性というコンセプトを使い、新古典派経済学の限界を強調する。かつてノースは、合理性も自己利益も支離滅裂な前提だと語ったといわれる。[*43]その実例として、自分自身の行動を挙げた。彼が給料の四〇パーセントを雇用主であるワシントン大学に寄付する行為は合理的だろうか。合理的なはずはないが、でも自分はそんな不合理な行動を実践していると紹介した。[*44]こんな発言をするようでは、自由市場の熱烈な信奉者からにらまれるのも無理はない。ノースの研究に関して、ミルトン・フリードマンはこう語った。「時として、新古典派経済学の限界を超えた活動を公言する輩が出てくる。しかし実際、何もできなかった。まったく信用できない[*45]」

一九四〇年代はじめにバークレー校に通ったノースは、本人によれば「筋金入りのマルキスト」になった。過激な仲間と同じく、ソ連と不可侵条約を結んでいるドイツとの戦争には反対だった。ところが一九四一年ヒトラーがソ連に侵攻すると、アメリカのマルキストたちは一転してドイツとの戦争を支持するようになった。そこでノースは仲間と袂を分かち、平和を訴え続けたのである。

本人の話では、ノースはバークレーで平凡な学生だった。政治科学と哲学と経済学を専攻したが、いずれも平均のCをやや上回る程度だった。卒業すると商船隊に参加して航海士になった。これなら殺戮行為との関わりがないと考えての決断だった[*46]。そして商船の乗組員だった三年間にたくさんの本を読み、経済学への興味が芽生えた。船から下りた後は写真家への夢を封印し、バークレー校の大学院で経済学を学ぶ[*47]。やがて博士号を取得するが、経済理論をきちんと理解したのはもっと後のことだ。ワシントン大学の同僚ドン・ゴードンとチェスを始めたのがきっかけだった。ふたりはゲームの最中も経済学について語り合い、それが非常に役立ったという。

一九五六年から五七年にかけての一年間、ノースは全米経済研究所の研究助手として採用された。彼はここでの研究を楽しんだが、特に週一回、ボルティモアのジョンズ・ホプキンズ大学からやって来るノーベル賞受賞者サイモン・クズネッツと過ごす時間は貴重な体験だった。フォーゲルと同じく、ノースもデータ収集の方法をクズネッツから学んだ。そして一七九〇年から一八六〇年にかけてのアメリカの国際収支をまとめる大変な作業をまかされたときには、クズネッツの指導を受けた。

ノースは同僚と一緒に、経済史の研究において理論や統計を重視する新しいアプローチを立ち上げた。このグループは〝計量歴史学《クリオメトリクス》〟という言葉を創造するが、これは歴史の女神クリオにちなんだ命名である。ノースは〈ジャーナル・オブ・エコノミック・ヒストリー〉の編集者になると、この新しい基礎専門分野の発展で中心的な役割を果たした。この学術誌では、ノーベル賞を同時受賞したロバート・フォーゲルをはじめ、様々な経済史家の論文が発表された。こうした功績も、一九九三年のノーベル賞選考にあたって評価されたのである。

ノースは過激な青年だった過去と決別したようで、一時は共和党員にもなったが、一貫して保守派だったわけではない。[*48] 二〇〇三年には、四五〇人の経済学者と一緒に、ジョージ・W・ブッシュ大統領の減税案に反対した。この四五〇人にはノーベル賞受賞者がほかに九人も含まれる（ジョージ・アカロフ、ケネス・アロー、ローレンス・クライン、ダニエル・マクファデン、フランコ・モディリアーニ、ポール・サミュエルソン、ウィリアム・シャープ、ロバート・ソロー、ジョセフ・スティグリッツ)[*49]。彼らがブッシュの計画のなかで槍玉にあげたのは、所得税控除を増やし、配当税を廃止する部分で、これは所得の多い高額納税者に非常に評判がよかった。請願書には、ブッシュの減税は赤字を拡大させ、経済にはまったく役に立たないと記されていた。〔訳注　ノースは二〇一五年十一月、九十五歳で死去した〕

オリヴァー・E・ウィリアムソン(二〇〇九年受賞)

おそらくノーベル賞受賞者ロナルド・コースの最大の貢献のひとつは、シカゴ学派が提唱する伝統的なミクロ経済学の限界の先まで経済学を発展させたことだろう。コースはシカゴ学派の重要なメンバーだったものの、価格が支配する世界にとらわれず、所有権や取引コストなどの制度的な要因にも目を向けることの大切さを仲間の経済学者に訴えた。コースのアイデアを発展させたふたりの経済学者が、四一回目のノーベル経済学賞を分け合った。カリフォルニア大学バークレー校のオリヴァー・ウィリアムソンと、インディアナ大学の政治学者エリノア・オストロムである。

コースは自由市場経済学の重要な原則を借りてきて、大きな企業が存在する理由についての理論を考案した。企業が自由市場で存在するためには効率的でなければならない。この原則を〝垂直統合型企業〟に当てはめたのである。垂直統合型企業とは、本来の事業の枠組みを超えて、上流の部品供給業者から下流の顧客までもを取り込んだ企業である。自由市場の原則が正しければ、垂直統合型企業が実際に存在しているのは効率的であることの証拠にほかならない。たとえば、発電事業者は歴史的に垂直統合型である。発電所の燃料となる石炭を産出する炭鉱を所有する企業もあるし、電力を供給する送電線や配電線を所有するところは多い。コースの理論によれば、このような形の企業は炭鉱や送電線を所有する企業と交渉する必要がないので取引コストがかからず、それゆえ効率的だった。

垂直統合型企業の存在理由としては、かなり良い説明だ。では、なぜすべての企業が垂直統合型ではないのだろう。一部の企業が垂直統合によって取引コストを下げることができるならば、すべての企業が同じようにするべきではないか。その回答として、オリヴァー・ウィリアムソンはふたつの新しいコンセプトを持ち出した。〝資産の特殊性〟と〝契約の複雑さ〟である。このふたつが低いときは取引コストも低くなるので、独立企業は契約交渉をしやすい。逆に資産の特殊性と契約の複雑さが高いときは、取引コストが高くなるので、長期契約や垂直型統合を促す誘因が発生するのである。

電力業界がその良い例だ。発電事業者は、炭鉱を所有するケースもしないケースもある。こうした違いが生じる理由として、ウィリアムソンはほかの発電所や炭鉱との物理的な距離に注目した。競合する発電所や炭鉱がほかにない辺鄙な場所では、発電所と炭鉱の資産が密接に関わるようになり、いわゆる特殊性が高くなる。そんな状況で交渉を始めると、どちらも何とか有利な条件を引き出そうとするが、競争相手がいないので簡単には決まらない。このように資産の特殊性が高い状況では、交渉に時間がかかるし取引コストが高い。むしろ長期契約や共有化を選べば問題は回避できる。要するに、垂直型の統合が実現するか否かは資産の特殊性に左右されるわけだ。この理論は実証研究によっても裏付けられている。[*50] あるいは契約が複雑になる場合にも、契約交渉のコストを回避するために長期契約や共有化が好まれる。

経済学賞選考委員会は、こうした理論的なアイデアが公共政策に大きな影響をおよぼした点を評価した。スウェーデン王立科学アカデミーによれば、アメリカの独禁政策では「企業が統合する主な目的は効率性の改善であり、垂直統合の環境では特に効率性が高くなる」ことが認識されている。[*51] そしてこの認識をもたらし、アメリカの反トラスト感情を和らげた功労者としてウィリアムソンを評価した。実際、最近では政府が反トラスト関連法を施行するケースが減少し、ある記者は「〔ジョージ・W・〕ブッシュ政権の間、司法省が反トラスト法で有力企業を摘発したケースは一件もなかった」という。[*52]

しかし現実の世界では、企業の合併には様々な理由があり、取引コストの節約もそのひとつにすぎない。だから公共政策は、合併の決断によって生じる結果を、取引コストだけでなく合併が競合相手におよぼす影響まで含め、すべて知っておく必要がある。たとえばマイクロソフトのような企業が特定の産業を支配している場合、垂直統合を決断すれば上流でも下流でも市場の競合相手に大きな影響がおよぶ。そもそも、ひとつの企業ですべての活動をまかなえるものではない。限界を超えて抱え込めば効率が悪くなることは、ウィリアムソン自身が認めている。ひとつの企業に多様な機能を詰め込みすぎると、外部の企業と競争するときのような緊張感がなくなり、規律が失われる恐れもある。効率の改善についで考えなくなった役員は、べつの基準で決断を下すようになり、権力を乱用するかもしれない。

電力業界の垂直統合で実際に効率がよくなっているかどうかも、意見が分かれるところだ。一部の経済学者や政策立案者は送電事業と発電事業の排他的な関係を改め、業界内の競争を促すことを提唱している。では、競争を強制すれば本当に効率は改善されるのだろうか。あるいは、逆に取引コストが高くなって効率が悪くなるのだろうか。この問題にはまだ結論が出ていないが、取引コストの存在はやはり無視できないようだ。電力業界の契約は非常に複雑で、資産が特殊なケースもめずらしくない。そうなると競争市場では、どうしても取引コストが高くなってしまうだろう。

資産の特殊性というコンセプトは、ほかにも応用されている。ユニークな目的や特殊な資産を持つ企業は、債権者から資本を調達しづらい。なぜだろう。かりに企業が倒産した場合、特殊な資産は一般的な資産に比べて損失を取り戻すのがむずかしい。それが貸し手にとっては心配の種になる。だから、資産の特殊性が高い企業は資本市場での資金調達が困難になるのだ。取引コストの意味を研究したオリヴァー・ウィリアムソンは、役に立つコンセプトを経済学者に提供した。

エリノア・オストロム（二〇〇九年受賞）

二〇〇九年にエリノア・オストロムの経済学賞受賞が発表されると、従来の範疇におさまらない人物の受賞に関係者は驚いた。カリフォルニア大学ロサンゼルス校で政治学を学んだ学歴もユニークだが、経済学賞が四〇年前に創設されて以来はじめて女性が選ばれたのである。そしてケーススタディや学際的なアプローチを特徴とする研究スタイルも、過去の多くの受賞者とは異なった。さらにもうひとつ、競争よりも協力の研究に興味を持つ意味でも、彼女は歴代受賞者のなかで際立っていた。

共有資源が環境的なリスクを引き起こすという考えは、生物学者ギャレット・ハーディンが一九六八年に発表した有名な論文「コモンズの悲劇」で世間に広まった。[*53] 共有資源には自由にアクセスできるので乱用が発生しやすく、深刻な環境破壊につながることは、そのずっと以前から経済学者も認識していた。漁場、牧草地、森林、飲料水や灌漑用水、油田、さらに空気への無制限なアクセスが許されると、どうしても乱用されてしまう。この問題が明らかになるといくつかの解決策が提案されたが、そこでは政府の行動が必要とされた。一九二〇年にはアーサー・ピグーが共有資源に関わる活動への課税を提案し、六〇年にはロナルド・コースが共有資源の民営化を提案した。しかしその後、この問題の解決策として三つ目の方法が浮上した。自主管理である。このアプローチでは、共有資源に利害関係を持つ当事者が自主的に保全管理を行なうための組織を創設する。成功すれば資源の利用が最適化され、長期的な持続性も保証される。結局、協力を通じて共有地の問題を解決するための組織がいくつも作られたが、成功の度合いは様々だった。

エリノア・オストロムは学位論文で、そうした自主組織のひとつのケーススタディを行なった。地元ロサンゼルスの地下水補給計画の改善に取り組む組織である。この組織の自主管理がなければ、ロサンゼルスの地下水の大半は淡水から塩水に変わってしまうリスクがあった。オストロムにとってこのケースの実証研究は、自主管理組織の価値を理解するきっかけになった。ここでは、政府による課税や規制、あるいは民営化といった手段に頼らなくても環境が保全されていた。海岸で淡水を注入する方法を自主管理組織が考案し、それを実行に移すための法的ルートも確保していたのである。[*54] それからおよそ二〇年後、共有資源の保全に取り組む自主管理組織のケーススタディは非常にたくさん行なわれるようになった。そこでオストロムは、保全活動が成功と失敗に分かれてしまう理由についての研究に取り組んだ。その結果わかったのは、成功が絶対約束されるようなルールなど存在しないことである。ただし、成功の手がかりになるような原則はいくつか発見された。

たとえば共有資源を管理するいかなる自主管理組織も、一定の基本的な機能を果たさなければならない。利用者の間で権利を割り振る、その権利を明確に定義する、越権行為が行なわれないように資源の利用状況を監視する、違反者には罰則を加える、といった機能だ。オストロムは観察の結果、漁獲に関するルールは通年ではなく漁獲のシーズンに限定するほうが簡単で費用も安いこと、少人数のグループのほうが管理しやすいことなどを発見した。これは指摘されるまでもないが、なかには注目に値する発見もあった。たとえばオストロムは、処罰は段階的に行なわれるほうが効果的であり、違反を繰り返すほど厳しくするべきだという結論に達した。さらに、民主的な形で決定が下されるときや、資源利用から得られる利益に比例して利用者の責任を重くするときのほうが、成功する可能性は高くなるとも考えた。そして、もっと驚く内容もあった。監視役に最も適任なのは共有資源の利用者だとオストロムは確信していた。関係ない第三者に任せるよりは、資源について熟知している利用者のほうがふさわしいのだという。[*55]

これらの原則を実行に移せば、自主管理組織はうまくいくものと期待されたが、かならずしも成功しなかった。政府による規制や課税、あるいは民営化といった従来の戦略と同じで、自主管理のプロセスがまったく機能しないケースも見受けられた。結局、万能薬など存在しない。それなのに自主管理こそ成功の鍵だと解釈され、自分の研究がその秘訣を明かしているかのような印象を与えたことは、オストロムにとって気がかりだった。むしろ彼女は、どんなケースも固有の問題を伴うもので、それぞれ参加者が独自の解決策を探せばよいと認識していた。そして「万能薬が厄介なのは、人間には知恵を働かせる能力がないと決めつけてしまうことです。実際には法体系も裁判所もあって、工夫の余地はあるのですけれど」と語った。[*56]

オストロムは多くの経済学者とは異なるアプローチを選んだ。研究や分析ではケーススタディに大きく頼った。このいわゆる帰納的なアプローチは歴代の経済学賞受賞者と一線を画した。オストロムはゲーム理論にも従来の経済学にも造詣が深かったが、政治学などほかの学問分野にも目を向けた。そして学問の垣根を越えて様々な分野の学者との交流を深めるため、インディアナ大学に政治理論・政策分析ワークショップを設立して発展に努めた。〔訳注　オストロムは二〇一二年六月十二日、がんにより亡くなった。享年七十八歳〕

第15章 ノーベル賞再編へ向けて

四〇年間を振り返ってきたいま、ノーベル経済学賞の成功をどのように評価できるだろう。前年までに人類に最大の貢献をした経済学者を称えるミッションは、きちんと遂行されてきただろうか。ノーベル賞を受賞した経済学者――金融経済学者、リバタリアン、ミクロ経済学者、行動経済学者、ケインジアン、シカゴ学派、ツールの発明者、統計学者、経済史家など――は、この世界をより良い場所にしてくれただろうか。

なかには、発明したツールが私たちの生活を確実に豊かにしてくれた受賞者もいる。国民所得勘定のおかげで、私たちは特定の期間における経済のパフォーマンスをより明確に把握できるようになった。投入産出モデルや線形計画法を使って、興味深い問題や重要な問題に答えられるようにもなった。また、経済学に対する私たちの理解を深めるアイデア、時には理解に疑問を投げかけるようなアイデアが受賞者によってもたらされたケースもあった。良し悪しはともかく、こうしたアイデアのおかげで私たちは重要な社会問題について考えるようになった。しかし、犯罪者は合理的な人間で、犯罪のコストと利益を計算して行動するというゲイリー・ベッカーのアイデアに賛成できるだろうか。政府の役人は公共の利益を考えないものだとジェイムズ・ブキャナンは指摘したが、それは正しいだろうか。そしてダニエル・カーネマンのいう通り、人間は本当に、決断を迫られた状況で間違いやすいものなのだろうか。こうしたアイデアは私たち自身の経験、あるいは身の回りで観察する事柄と矛盾していないだろうか。ほとんどの場合に正しいのだろうか、それとも正しいときもある、という程度なのか。

良い経済学者は私たちの信念を強めてくれるが、もっと優れた経済学者は世の中に対する私たちの見方を変えてくれる。かつては企業活動しか見えなかったところに、今では取引コストを見ることができる。シンプルな消費者の選択しか見えなかったところで、その選択を形成する戦略的な枠組みについて考えられるようになった。連邦準備理事会がウォール・ストリートの無節操な銀行に資金援助をするのは不公平だと思っていたが、今ではモラルハザードについても心配するようになった。ウォール・ストリートの大手銀行は破綻させるには大きすぎる、だから救済するために他人の金で不要なリスクをとることも許される。そんなシグナルを連邦準備理事会は送っているのだろうか。経済学者によって提供されるシンプルな言葉やフレーズがレンズの役目を果たし、世界を見る私たちの目は鮮明になった。

改善の余地

ノーベル経済学賞は大体において興味深いアイデアを認め、時には偉大な業績を評価してきた。しかし、人類への最大の貢献を一貫して評価することを今後の目標にすれば、選考委員会はもっと良い成果を挙げられるはずだ。前世紀の最も偉大な経済学者のなかには賞の創設からまもなく評価されたケースもあるが、なかには長い時間待たされたケースもあった。そんな順番待ちのような状態は、ようやく解消されたようだ。「太い樅の木はすべて切り倒された。あとには藪だけが残された」という格言は、ノーベル経済学賞の実態を言い表している。[*1] いまや、決定的な候補がいない年は、ノーベル財団は受賞者を選ばなくてもよいという提案もあるほどだ。ノーベル賞は重要な経済のアイデアを認めるために積極的な役割を果たし、人類にとって最大の貢献を評価するために創設されたと言われるが、その高尚なゴールを達成するために変わっていかなければならない。

たとえばノーベル賞受賞者の多くは、合理的な行動にもとづいた理論が評価されている。なるほど自己利益は大切かもしれないが、それだけでは限界に突き当たる。実際、自己利益と無関係な行動はいたるところに見られるし、経済学者も例外ではない。

そんな経済学者のひとりムハマド・ユヌスは公共の利益のために身を捧げ、それでもかなりの成功をおさめてきた。ユヌスは一九六九年にヴァンダービルト大学で博士号を取得すると祖国バングラデシュに帰国して、チッタゴン大学の経済学部長になった。そして大学で抽象的な経済理論を教えているとき、キャンパスの外でまったく違う経済を発見したのである。貧しいバングラデシュの国民は、一日にわずか一ドルか二ドルの生活費しかなく、教育も受けられず未来は真っ暗だった。こうした気の毒な人びとのほとんどは金貸しに借金があり、金額はわずかでも法外な条件を押し付けられ、身に余る返済を抱えていた。[*2]

ユヌスはそうした少額の借金の一部を肩代わりして清算するだけでなく、やがて自分でもローンを提供するようになった。すると驚いたことに、こうした少額の取引が家族の幸福に実に大きな影響をおよぼしたのである。少額のローンのおかげで家族は借金地獄から解放されただけでなく、小さなビジネスを始める機会も得た。ローンが女性を対象にすると、その恩恵が子どもをはじめ家族全体にもたらされることも発見した。そして、貧しい人たちは借金の返済にとりわけ強い責任感を持っていることがわかった。

このささやかな発見をきっかけに、ユヌスは教え子と一緒にグラミン銀行、すなわち村の銀行を始めた。グラミン銀行は順調に成長し、今日では総額でおよそ六〇億ドルのローンを提供するまでになった。ローンは少額で貸し出され、七万三〇〇〇の村の七〇〇万人ちかくの貧しい人たちがその恩恵に浴している。さらに銀行はマイクロローンを通じて小さな事業を無数に立ち上げ、六四万戸の家を建設し、何万人もの若者を奨学金や大学の学資ローンで支えている。いまやモデルは世界中の一〇〇以上の国に広がり、直接の利益は何倍にも膨れ上がっている。これほど素晴らしい経済学者が、人類にとって最大の貢献を行なった人物にふさわしいことには誰も異論がないだろう。ところがユヌスはノーベル経済学賞を受賞していない。二〇〇六年に平和賞を授与された。

ノーベル賞記念講演で、ユヌスは従来の経済学への懸念を表明した。人間を一面的にとらえ、「生活のなかにある政治的、感情的、社会的、精神的、環境的側面」が無視されていることである。[*3] そして代わりに彼はつぎのように提案した。「われわれは理論の枠組みのなかに、これらの特質が花開くスペースを確保しておかなければならない。締め出すべきではない」。[*4] 経済へのこの斬新なアプローチは、経済学賞選考委員会が認めようとしなかった取り組みそのものである。いまだにノーベル経済学賞は、経済学を自然科学の一種にすること、つまり経済学者は科学者と同等であると証明することにこだわっている。だからムハマド・ユヌスのような、経済学は人間性に関わる学問であり、人間性を切り離すべきではないと確信する経済学者を無視し続けてきたのである。

実際、特に新しい洞察を得たわけでもないのに、経済でよく知られた考え方や行動を数学モデルに置き換えただけで、ノーベル賞に選ばれた学者が多すぎる。ノーベル賞は、アダム・スミスやジョン・メイナード・ケインズやジョン・フォン・ノイマンを乗り越えなければいけない。経済学者は新しい分野を創造し、高度なツールを新しい問題に応用しているが、のちのちまで成功として残る成果は少ない。貧困、深刻な景気後退、不安定な景気循環、債務問題などは、いずれも解消されていない。市場ではいまだに投機活動がおさまらない。株式、不動産、通貨、貴金属、エネルギーなど、投機の対象にならない分野はまずない。そして気候変動、原油の枯渇、金融規制、医療、グローバリゼーションなどが経済におよぼす影響については、いまだに解決策が見えない。いくら面白くても、むずかしい学問パズルの解答探しはそろそろやめるべきだ。これからは、現実の経済問題の解決につながる洞察を得るために、情熱を注がなければならない。人類にもっと意義のある貢献をするつもりならば、経済学賞選考委員会はもっと現実的な結果に専念するようになるべきだ。

経済学賞選考委員会が今後四〇年間の受賞者を選ぶに当たっては、以下のいくつかの改善案を真摯に検討してほしい。

●自然科学関連の賞の真似をしないこと。特定のアプローチが経済問題を解決してくれるかどうか試すために、機能の最小化や最大化が重要なときもかつてはあった。しかし問題が解決されるケースはほとんどなかった。自然科学者と違い、経済学者はアイデアや理論を黒板に書いても、研究室にこもっても何かを証明できるわけではない。どんな理由であれ、物理学のツールを応用したところで現実の経済行動への理解は深まらない。たしかにサミュエルソン、ソロー、ヒックス、ドブルーの時代は数理経済学者にとって黄金時代だったが、それはいまや通用しない。優れた経済のアイデアは、学術誌の論文で数学的に証明する必要などない。

●経済学賞は経済学に専念すること。当たり前のようだが、残念ながらきちんと指摘しておかなければならない。経済学賞の受賞者のなかには、数学や統計学に関して実に高度なテクニックの持ち主が何人か含まれている。たとえばジョン・ナッシュは、自分の研究は数学の問題を解くことだと信じており、実際にその通りだった。クライヴ・グレンジャー卿は、自分のように経済学者ではない人間が受賞できるのだから、経済学はずいぶん簡単な学問にちがいないと語った。しかしその発言は間違っている。経済学は簡単ではない。そもそも彼の研究分野は偉大なる経済学ではなく、統計学である。スウェーデン銀行がノーベル経済学・統計学・応用数学賞と名称を変更したくないのであれば、経済のアイデアに専念するのが賢明だろう。

●多様性を受け入れ、反対の立場をとる経済学者もいるという事実を受け入れること。マネタリストとケインジアン、計画経済の信奉者と自由市場主義者、ミクロ経済学者と行動経済学者など、すでにノーベル経済学賞は正反対の様々なアイデアを認めてきた。なかでも最も印象的だったのは、社会主義者のグンナー・ミュルダールと反社会主義者のフリードリヒ・A・ハイエクを同じ年の受賞者としたことである。しかし経済のアイデアはまだ広い範囲にあり、ノーベル経済学賞もそんな多様性を反映しなければならない。行動経済学者や新制度派から受賞者が選ばれるようになったのは、良い方向への第一歩である。

●いくら優れた経済理論でも長続きしないという事実を認めること。二〇〇～三〇〇年前に始まったときの古典経済学は、シンプルで便利な前提にもとづいていた。ミルトン・フリードマン、ロバート・ルーカス、エドワード・プレスコットは二十世紀後半にこの理論を復活させ、ほかの学者も後に続いた。しかしここからは新たな洞察がほとんど得られなかった。新古典派経済学者は古い理論の新しいバリエーションを今後も復活させるのだろうが、選考委員会にはそれを評価する義務はない。

●重要な経済問題を優先すること。たとえばこれまでに複数の学者が、入札制度を改善できるような理論を考案した功績を評価されている。たしかにこれは興味深い内容だが、重要な経済問題はほかにもある。選考委員会はこの問題に注目する一方、貧困、低開発、金融危機、景気循環、環境破壊、差別、マスマーケティング、資源の枯渇、企業のもつパワー、戦争のコストなど、重要な問題に目を向けてこなかった。選考委員会は小さくて扱いやすいトピックに目を向ける代わりに、人びとにとって最も重要なトピックを優先すべきである。

●現実的な価値を持つ研究を認めること。経済学で最も独創的かつ有益なアイデアの発案者としてはレオンチェフ、クズネッツ、カントロヴィチが挙げられるが、いずれも現実の世界を鋭い目で観察している。かつてレオンチェフは、抽象的な問題や証明ばかり考えて、現実の経済問題について十分な時間を費やそうとしない仲間に不満を漏らした。同じことは多くのノーベル賞受賞者にも当てはまる。評価された研究は、砂上の楼閣にすぎない。ノーベル経済学賞は単なる思いつきではなく、現実的な価値を基準に選ばれるべきだ。

●候補者の選考範囲を広げ、過去の受賞者にとらわれないこと。将来の受賞者選びに過去の受賞者が大きな役割を果たしているかぎり、変化はほとんど期待できない。たしかに偉大な経済学者も選ばれているが、すべての受賞者が同じレベルに達しているわけではない。ノーベル経済学賞が人類への最大の貢献を一貫して評価するためには、二十一世紀には新しい方向づけが必要だろう。選考範囲を拡大してこそ、意味のある変化は生じる。

●偉大な経済学者を政治的な理由で外さないこと。二十世紀、経済学賞選考委員会はふたりの偉大な経済学者をたたえる機会を失ってしまった。ジョン・ケネス・ガルブレイスとジョーン・ロビンソンである。どちらも経済学の超大物である。そんなふたりが選ばれなかったため、多くの人にとって賞の権威は失墜し、選考プロセスの客観性に疑問が持たれた。もしも死後の再評価が正式に認められないとしても、せめてノーベル財団はこのふたりの偉大な経済学者の生涯にわたる功績を何らかの形で評価すべきだ。

ノーベル財団は経済学者に名声と金銭的な報酬を与えているだけではない。優れた経済学者はどんな人物かという、重要なシグナルを発信している。そのシグナルは、大学院生が専門分野を選ぶ際にも、経済学者が研究テーマを選ぶ際にも大きな影響を与える。さらに、政治指導者や一般国民は、ノーベル賞を受賞した経済学者の見解に素直に耳を傾けるものだ。その意味でもノーベル賞は重要である。ノーベル賞に伴う名声や権威を考えれば、選考委員会は重要なアイデアを一貫して認めなければならない。

最初の四〇年間、経済学賞選考委員会はシカゴ大学経済学部を不当なまでに優遇してきた。科学に対する客観的な判断というよりは、シカゴ学派の経済学者が提唱する自由市場が好まれたのだろう。たしかに自由市場や規制緩和は強力で価値のあるツールかもしれないが、常に完全というわけではない。こうした偏った判断をするようでは、経済学賞選考委員会は世界に大きな貢献をしてきたとは言えない。二〇〇一年に電力の規制緩和がカリフォルニアと西海岸で失敗した理由を説明できたノーベル賞受賞者はどこにいたのだろうか。サブプライムローン問題が猛威を振るった二〇〇八年、アメリカの金融システムに対するリスクを正しく説明できたノーベル賞受賞者はどこにいたのだろうか。

金融市場の規制緩和を支持したノーベル賞受賞者は大勢いるが、将来に対する懸念をはっきりした形で表明した人物はまったく選ばれていない。このような偏見、いや、いかなる偏見もノーベル賞の価値を損なってしまう。たとえばノーベル賞がポスト・ケインジアンの経済学者ハイマン・ミンスキーに与えられていれば、二〇〇八年に「内在する脆弱性」が金融市場を損なった経過を理解できたかもしれない。あるいは『大きさのコンプレックス――産業、労働、政府』などの著書で知られるウォルター・アダムスが受賞していれば、大手銀行や保険会社は「破綻させるには大きすぎる」ことも、将来救済されることも事前に理解できたかもしれない。ふたりとも重要な理論を考案したが、どちらも自由市場の限界に正面から取り組んだため、明らかに選考委員会からは気に入られなかった。

ノーベル経済学賞の最も重要な恩恵のひとつは、素晴らしいアイデアについて学ぶ機会が世界に与えられることだ。この絶好の機会を無駄にしてはならない。二〇〇六年にムハマド・ユヌスが受賞した平和賞はこの目的にかなっている。世界で最も貧しい地域の一部でマイクロファイナンスが経済発展を支えている現状について、世界が知るきっかけになった。これは平和賞だったが、経済学賞を与えるべきだった。

ノーベル経済学賞は、経済のパフォーマンスの改善につながるようなイノベーションや発見を評価すべきであり、実際に評価することができる。過去にはこの基準を満たしたときもあったが、これからはこの基準が継続的に満たされるよう、さらに努力を重ねなければならない。経済学は非常に重要な学問であり、非常に多くの人の生活に関わっている。だからノーベル経済学賞が評価できるのは、人類への最大の貢献のみである。

文庫版解説

瀧澤弘和

本書はThomas Karier（2010）, *Intellectual Capital: Forty Years of the Nobel Prize in Economics*, Cambridge University Press の全訳である。本書はもともと、二〇一二年に『ノーベル経済学賞の40年』というタイトルのもとに筑摩選書の上下二巻本として出版され、多数の読者を獲得してきたものである。このたび上下二巻がまとめられ、新たにちくま学芸文庫の一冊となったことで、経済学に関心を持つさらに多くの読者を惹きつける可能性が開けたことは、まことに喜ばしい。

毎年一〇月の初めになると、ノーベル賞の各賞が連日発表されることは、多くの方がご存じだろう。これらの賞のうちノーベル経済学賞はもっとも新しく設けられたもので、一九六九年に授賞が開始されたが、それ以来、二〇一九年秋の授賞まで総数八四名のノーベル経済学賞受賞者が生み出されてきた。本書は、このうち二〇〇九年までの四一年間にわたる六四名の受賞者たちのすべてを対象として、彼らの業績を、必ずしも経済学に詳しくない人たちにもわかりやすく紹介してくれる。また研究業績のみならず、それぞれの経済学者がどのような生い立ちを持ち、どのような経緯で経済学研究に携わるようになり、現在の専門分野に行き着いたのかということや、その人の強烈な個性や思想を示すエピソードがちりばめられており、読み物としても十分に面白い。

実際のところ、ノーベル賞の授賞対象となる業績は、メディアでどんなに平易に紹介されたとしても、一般の人にはわかりにくいものである。もっとも自然科学系のノーベル賞の場合には、たとえば新薬の研究などのように、われわれの生活に役立つすごい発見がなされたのだと納得できるものもある。これに対して、経済学のノーベル賞の場合には独特のわかりにくさがあるかもしれない。一体、授賞対象となった経済学の業績は、本当にわれわれの世の中を良くすることに役立っているのだろうかと素朴な疑問を持つ人も多いに違いない。

本書の著者トーマス・カリアーの記述がわかりやすいのは、こうした素朴な疑問を読者と同じ目線で共有し、それに出来る限り寄り添う形で直接的に答えようとする姿勢のためだと考えられる。こうした観点から、受賞者たちの研究のみならず、授賞する側の経済学賞選考委員会に対しても、しばしば手厳しい批判がなされている。わたしの読後の感想では、特に自由主義者、ミクロ経済学者、金融経済学者、新しい古典派のマクロ経済学者、ゲーム理論家、計量経済学者たちに対して、かなり批判的な態度が見られるように思う。これに対して、行動経済学、GDPなどの国民経済計算等の発明、経済史、制度の経済学などに対しては、比較的優しめの印象を受ける。その背後にあるのは、現実の経済問題の解決に資する研究かどうかが重要であって、単に難しい数学的モデルを開発したり、学問的なパズル解きでは意味がないという考え方であろう。

　本書のいたるところで繰り返されているように、経済学には互いに矛盾する内容が多く含まれている。ということは、経済学者に分類される人であっても、経済学に対する見方はさまざまに異なりうるということだ。そこで、わたし自身の見方を若干説明して、カリアーの経済学に対する見方を中和させてもらうことも失礼には当たらないだろう。

　今日では経済学という学問はかなり複雑な構成物となっていて、基礎的な理論研究を行う人たち、基礎研究のより経済的な部面への応用を考える人たち、理論の現実への当てはまりを検証する人たち、世に存在するさまざまな研究を総合的に見たうえで経済政策に役立てようとする人たちなどが複雑に分業して成立していると思われる。このことの意味は、どの一人をとってみても、同時に理論的で現実関連的な研究をすることがきわめて難しいということである。

　これらの人たちのなかで、基礎的な理論研究を行う人たちは、カリアーの表現を用いるならば、「世の中に対する私たちの見方を変えてくれる」ような理論の創出を目指している人たちであるとわたし自身は考えているが、その多くはより現実に近い研究に使用されて初めて、その真価が理解されることになる。それ自身で現実関連的とはなかなかならないのである。経済学のモデルはネットワークを形成しているので、基礎的なモデルは応用モデルに組み込まれて使用される。その「使い勝手」の良さも、理論の評価対象の一つの側面なのである。

また、経済モデルに示された論理を直接的に現実と突き合わせることがいいのかどうかも、自明なことではない。今日では逆選択という概念を説明するものとして広く受け入れられているアカロフの中古車市場のモデルだが、本書によれば、専門雑誌の査読者たちから「中古車市場が最後には消滅するという極論」が厳しく批判されたそうである（p. 230）。しかし、このモデルは情報の非対称性が存在するときに作用するメカニズムを一般的に明らかにしたもので、実際に中古車市場が存在しないと言っているわけではない。このモデルの意義は、情報の非対称性が存在するとどのように市場の失敗が生じるのかというロジックを明確化することで、世の中に存在するさまざまな制度がそうした問題を解決するために存在していることを理解できるようにしてくれたことにある。これこそ、見方を変えてくれる経済理論の役割と言えるだろう。

ゲーム理論も同じで、それ自体としては数学理論にすぎないかもしれないが、ゲーム理論が登場することで初めて、気候変動問題や公共財供給問題におけるインセンティブ構造が正確に理解できるようになったという意味では、われわれの物の見方を大きく変えたものだと言えよう。

2010年以降のノーベル経済学賞受賞者

年度	受賞者	国籍	受賞理由
2010	ピーター・ダイアモンド	アメリカ	サーチ理論に関する功績を称えて
	デール・モーテンセン	アメリカ	
	クリストファー・ピサリデス	イギリス	
2011	トーマス・サージェント	アメリカ	マクロ経済の原因と結果をめぐる実証的な研究に関する功績を称えて
	クリストファー・シムズ	アメリカ	
2012	アルヴィン・ロス	アメリカ	マッチング理論と市場設計の実践に関する功績を称えて
	ロイド・シャプレー	アメリカ	
2013	ユージン・ファーマ	アメリカ	資産価格の実証分析に関する功績を称えて
	ラース・ハンセン	アメリカ	
	ロバート・シラー	アメリカ	
2014	ジャン・ティロール	フランス	市場支配力と規制に関する分析に対して
2015	アンガス・ディートン	アメリカ	消費，貧困，福祉の分析に関する功績に対して
2016	オリバー・ハート	アメリカ	契約理論に関する功績に対して
	ベント・ホルムストローム	フィンランド	
2017	リチャード・セイラー	アメリカ	行動経済学に関する功績に対して
2018	ウィリアム・ノードハウス	アメリカ	気候変動(ノードハウス)と技術革新(ローマー)を長期マクロモデルに統合した功績に対して
	ポール・ローマー	アメリカ	
2019	アビジット・バナジー	インド	グローバルな貧困を改善するための実験的アプローチに対して
	エスター・デュフロ	フランス	
	マイケル・クレマー	アメリカ	

さて、本書で取り上げられているノーベル経済学賞は二〇〇九年までのものである。その後の一〇年間で二〇人の受賞者が新たに生まれている。そこで以下では、それ以降のノーベル経済学賞について、簡単に補足することにしよう。

一九九〇年代以降のノーベル経済学賞は、ゲーム理論とその応用分野に関係する授賞が顕著に多くなってきたことに特徴がある。一九九四年のナッシュ、ゼルテン、ハーサニ、一九九六年のマーリーズ、ヴィックリー、二〇〇一年のアカロフ、スペンス、スティグリッツ、二〇〇五年のオーマン、シェリング、二〇〇七年のハーヴィッツ、マスキン、マイヤーソンなどである。ゲーム理論のこうした勢いはやや落ち着いてきたものの、この一〇年にも見られた。少なくとも、二〇一二年のロスとシャプレー、二〇一四年のティロール、二〇一六年のハートとホルムストロームは、ゲーム理論との関連が強い。

二〇一二年のロスとシャプレーに対する授賞は、マッチング理論と市場設計の実践に関する研究を称えるものであるが、マッチング理論は広い意味でゲーム理論の一分野である。たとえば合コンでは、男性の参加者たちも女性の参加者たちも、相手グループの参加者に対する好みをそれぞれに持って参加している。マッチング理論とは、このような状況で、どのようなペアを作るのが望ましいのかを考察したうえで、常に望ましいマッチングを作り出すような手続きとしてどのようなものがありうるのかを研究する分野である。ロスはこの理論を応用し、アメリカの研修医の配属先病院への割り当てのメカニズムを改革しているが、このメカニズムは日本でも導入されている。これまでの経済学はどちらかというと理学的で、もっぱら現象の解明に焦点をあててきたが、今日ではこの分野のように現実の市場設計のような工学的発想の研究も登場してきているのである。

二〇一四年に受賞したティロールの業績は多岐にわたるものの、ゲーム理論を用いて、産業組織論を完全に書き換えてしまったことが、もっともよく知られた業績と言えよう。完全競争ではない市場の分析はゲーム理論によって大きく進展し、規制のあり方についても、より深く分析できるようになったのだ。

二〇一六年にハートとホルムストロームが受賞した契約理論もまた、ゲーム理論の登場によって厳密な分析が可能となった分野である。たとえば、成果主義的なインセンティブ報酬は読者の多くにとって馴染み深いものだと思うが、その基礎理論が彼らによって据えられたのである。また、特にハートが展開してきた不完備契約の理論は、完全な契約が書けないときに何が起こるのかを追求するもので、それによって所有権の意味、企業の規模の決定要因、企業金融の理論などが深められてきた。

マクロ経済学の分野での受賞も堅調である。二〇一一年のサージェントとシムズ、二〇一八年のノードハウスとローマーがそこに含まれる。また、二〇一〇年のダイアモンド、モーテンセン、ピサリデスの「サーチ理論」も広い意味ではマクロ経済学に入れてよいかもしれない。

サージェントとシムズの貢献は、マクロ経済の現象に含まれる複雑な双方向の因果関係を整理して、政府の政策が経済に与える効果を実証的に分析する枠組みを発展させたことにある。ノードハウスとローマーの受賞は、これまでのマクロ経済学の長期モデルに対して、気候変動モデルを組み込んだり（ノードハウス）、技術革新の効果を組み込んだり（ローマー）した貢献に対して与えられている。特にノードハウスは、かなり以前から、気候変動問題とマクロ経済との相互作用のモデル化に取り組んできた。今日の気候変動問題に関する関心の高まりが、彼の受賞を後押ししたと見てもよいだろう。サーチ理論は、これまでのように摩擦のない完全な市場を考えるのではなく、売り手や買い手を探索するコストがあるような市場の細部を分析する手法を提供するもので、たとえば失業に関する分析を深める意味がある。

二〇一三年のファーマ、ハンセン、シラーの受賞は金融経済学での貢献である。本書でもたびたび触れられている「効率市場仮説」をめぐる実証研究の成果が認められた。効率市場仮説を主唱してきたファーマと、それと反対の意見を持つシラーとが同時に受賞しているが、それらの貢献を株式市場の「短期」と「長期」の振舞いにおける発見に関連づけて、授賞が行われた。

二〇一七年のセイラーの受賞は、二〇〇二年のカーネマンの受賞に続いて、行動経済学の分野で二度目の受賞である。セイラーは行動経済学という分野の創設者の一人でもあり、人間が必ずしも合理的ではないことが、既存の経済学にどのような変更をもたらすのかを、広範囲にわたって具体的に明らかにしてきた。

選択環境の違いが人びとの意思決定に大きな影響を与えるという洞察に基づき、人びとにより良い意思決定をさせるための手段として「ナッジ」という概念を提唱したほか、選択の自由を維持しつつ、それを温情主義と両立させるための制度設計の考え方（リバタリアン・パターナリズム）を提出したことでも有名である（憲法学者サンスティーンとの共同研究）。彼には一般読者向けの著書が多数あり、邦訳書も手に入りやすいので、読者にとってはアクセスしやすいであろう。

二〇一五年のディートンに対する授賞は、消費行動と福祉との関係を分析する手法の開発に対するものだが、貧しい国における経済政策をいかに展開すべきかを探っている点では、二〇一九年に開発経済学で受賞したバナジー、デュフロ、クレマーと共通点を持っている。特に後者の受賞は、きわめてインパクトの大きいものである。この間、フィールド実験によって因果関係を発見する有力な手法として、ランダム化比較試験（RCT、Randomized Controlled Trial）が経済学のあらゆる分野に応用されてきた。彼らはこの手法を開発経済学で精力的に応用して、きわめて実践的な政策評価を行ってきた。研究室でデータを解析するというこれまでの研究スタイルと対照的に、彼らは研究室の外に出て、現地で実験を行い、望ましい政策を実現しようとするものである。経済学者のイメージを根本から変えるものだと言ってよい。

以上のように、この一〇年のノーベル経済学賞のリストを眺めてみると、これまでの研究との連続性だけでなく、経済学が新たな領野を開拓して、制度設計やより実践的な政策評価に焦点を当てたものへと変化しつつある様子も窺うことができる。ノーベル経済学賞が設置されて五〇年。ノーベル経済学賞の推移は、経済学がどのように変化を遂げてきたのかを見るための良いバロメーターだ。今後の展開が楽しみである。

（たきざわ・ひろかず　経済学者）

1248.

54 Nick Zagorski, "Profile of Elinor Ostrom," *Proceedings of the National Academy of Sciences, U.S.A.* 103, no. 51 (19 December 2006): 19221–19223. www.ncbi.nlm.nih.gov/pmc/articles/PMC1748208/ 参照。

55 "Economic Governance: Scientific Background on the Sveriges Riksbank Prize in Economic Sciences in Memory of Alfred Nobel, 2009," The Royal Swedish Academy of Sciences, 12 October 2009, 11–12. www.Nobelprize.org 参照。

56 Zagorski, "Profile of Elinor Ostrom." www.ncbi.nlm.nih.gov/pmc/articles/PMC1748208/ 参照。

第15章

1 Sylvia Nasar, "The Sometimes Dismal Nobel Prize," *New York Times*, 13 October 2001, C3.

2 Mohammed Yunus, Nobel Lecture, 10 December 2006, The Royal Swedish Academy of Sciences. www.Nobelprize.org 参照。

3 同上

4 同上

30 "Robert Fogel," Autobiography.

31 Sylvia Nasar, "A Talent for Rewriting History," *New York Times*, 13 October 1993, D1.

32 Marshall, A3.

33 Johan Myhrman and Barry Weingast, "Douglass C. North's Contributions to Economics and Economic History," *Scandinavian Journal of Economics* 96, no. 2 (1994): 187.

34 同上, 192.

35 John Bremner, "An Economist Honored for his Unorthodoxy, Douglas North Receives Nobel Prize Today," *St. Louis Post-Dispatch*, 10 December 1993, 9D.

36 Myhrman and Weingast, 189.

37 Andrew Krikelas, "Review Essay – An Economist's Perspective on History: Thoughts on Institutions, Institutional Change, and Economic Performance," Federal Reserve Bank of Atlanta: *Economic Review* 80, no. 1 (January 1995): 28.

38 Douglass North, " Economic Performance through Time," Nobel Lecture, 9 December 1993, in *Nobel Lectures, Economics, 1991–1995*, 9.

39 Nasar, "A Talent for Rewriting History," D1.

40 Amanda Bennett, "An Economist Investigates the Irrationality of People," *Wall Street Journal*, 29 July 1994, B1.

41 Douglass North, Stephen Haber, and Barry Weingast, "If Economists Are So Smart, Why Is Africa So Poor?" *Wall Street Journal*, 30 July 2003, A12.

42 同上

43 Bremner, 9D.

44 Bennett, B1.

45 同上

46 同上

47 同上

48 Bremner, 9D.

49 "Economists Attack Bush Tax-Cut Plan," *Houston Chronicle*, 11 February 2003, 2.

50 "Economic Governance: Scientific Background on the Sveriges Riksbank Prize in Economic Sciences in Memory of Alfred Nobel, 2009," The Royal Swedish Academy of Sciences, 12 October 2009, 4–5. www.Nobelprize.org 参照。

51 同上

52 Peter Whoriskey, "Monsanto Draws Antitrust Scrutiny," Spokane, Washington: *Spokesman-Review*, 29 November 2009, A6.

53 Garrett Hardin, "The Tragedy of the Commons," *Science* 162 (1968): 1243–

October 1993, A22.

2 Barry Eichengreen, "The Contributions of Robert W. Fogel to Economics and Economic History," *Scandinavian Journal of Economics* 96, no. 2 (1994): 175.

3 Lennart Jorberg, Presentation Speech 1993, in *Nobel Lectures, Economics, 1991–1995*.

4 Lindsey Tanner, "Americans Win Economics Nobel, Slavery Impact, Property Rights Ideas Honored," New Orleans, Louisiana: *Times-Picayune*, 13 October 1993, C1.

5 Peter Passell, "Economic Scene," *New York Times*, 21 October 1993, D2.

6 Tanner, C1.

7 同上

8 "Nobel Economists: On Institutions and Slavery."

9 同上

10 同上

11 同上

12 同上

13 同上

14 同上

15 同上

16 同上

17 同上

18 Jonathan Marshall, "Novel Look at Economics Wins Nobel for 2 Americans," *San Francisco Chronicle*, 13 October 1993, A3.

19 同上

20 "Robert Fogel," Autobiography, in *Nobel Lectures, Economics, 1991–1995*.

21 Eichengreen, 172.

22 Peter Temin, "The Nobel Economics Prize, Explained," *New York Times*, 7 November 1993, F11.

23 Passell, D2.

24 Robert Fogel, "Economic Growth, Population Theory, and Physiology: The Bearing of Long-term Processes on the Making of Economic Policy," Nobel Lecture, 9 December 1993, in *Nobel Lectures, Economics, 1991–1995*, 77.

25 同上, 76.

26 同上, 78.

27 同上

28 Eichengreen, 176.

29 Marshall, A3.

51 "Robert F. Engle III," Autobiography.

52 RUM（ランダム効用最大化）はRandom Utility Maximizationの頭文字。

53 Daniel McFadden, "California Needs Deregulation Done Right," *Wall Street Journal*, 13 February 2001, A26.

54 同上

55 Kimberly Blanton, "Nobel Laureates Attack Tax Plan Predict Drag on Growth, Damage to Middle Class," *Boston Globe*, 11 February 2003, D1.

56 Louis Uchitelle, "2 Americans Win the Nobel for Economics," *New York Times*, 12 October 2000, C1. 以下も参照 Charlotte Denny, "Nobel winner says New Deal doesn't work," Manchester, UK: *Guardian*, 12 October 2000, section 1, 24.

57 Uchitelle, C1.

58 同上

59 Julie Ingwersen, "Lauding our First Laureate," Colorado Springs: *Colorado College Bulletin* (April 2001).

60 Steve Liesman, "Two U.S. Economists Win Nobel Prize - Heckman, McFadden Cited For Analyzing Decisions Made About Lifestyles," *Wall Street Journal*, 12 October 2000, A2.

61 同上

62 "Interview with James J. Heckman," Federal Reserve Bank of Minneapolis: *Region* (June 2005).

63 同上, 2.

64 同上

65 Ingwersen, "Lauding our First Laureate."

66 "Interview with James J. Heckman."

67 James J. Heckman, "Cracked Bell," *Reason Magazine* (March 1995).

68 "Interview with James J. Heckman," 3.

69 Heckman, "Cracked Bell," 5.

70 同上

71 "Nobel Economist Sees Decline in Productivity Unless U.S. Invests in Preschool Programs," New York: *PR Newswire*, 3 December 2004, 1.

72 さらにヘックマンは、連邦政府のヘッドスタートプログラムを「非常に集中的なプログラム」とは見なしていないことを明らかにした。彼の見解では、これは「中途半端だった」。Heckman, "Cracked Bell."

73 "Nobel Economist Sees Decline in Productivity."

74 James Heckman, "Catch 'em Young," *Wall Street Journal*, 10 January 2006, A14.

第14章

1 "Nobel Economists: On Institutions and Slavery," *Wall Street Journal*, 13

Times, 12 October 1989.

27 "Norwegian Professor Trygve Haavelmo is Awarded Nobel Prize for Economics."

28 "Norwegian Wins Economics Nobel Prize Awards."

29 James Heckman, "Haavelmo and the Birth of Modern Econometrics: A Review of The History of Econometric Ideas by Mary Morgan," *Journal of Economic Literature* 30, no. 2 (June 1992): 876.

30 同上, 883.

31 Sims, 167.

32 Heckman, 883.

33 Trygve Haavelmo, "Econometrics and the Welfare State," Nobel Lecture, published in *American Economic Review* 87, no. 6 (December 1997): 13–16.

34 Marc Nerlove, "Trygve Haavelmo: A Critical Appreciation," *Scandinavian Journal of Economics* 92, no. 1 (1990): 17.

35 Warsh, 1.

36 同上

37 同上

38 Jon E. Hilsenrath, "Nobel in Economics Is Given to 2 Professors; Engle, Granger Developed Tools for Tracking Trends, Measuring Investment Risk," *Wall Street Journal*, 9 October 2003, A2.

39 C. W. J. Granger and Newbold, "Spurious regression in econometrics," *Journal of Econometrics*, 2 (1974): 111–120.

40 Peter Hans Matthews, "Paradise Lost and Found? The Econometric Contributions of Clive W. J. Granger and Robert Engle," *Review of Political Economy* 17, no. 1 (January 2005): 17.

41 同上, 23.

42 "Clive W. J. Granger," Autobiography, in *Les Prix Nobel, The Nobel Prizes 2003*, Tore Frangsmyr, ed. (Stockholm: Nobel Foundation, 2004).

43 同上

44 同上

45 C. W. J. Granger, "Time Series Analysis, Cointegration, and Applications," Nobel Lecture, 8 December 2003, in *Les Prix Nobel, 2003,* 363.

46 同上, 364.

47 "Robert F. Engle III," Autobiography, in *Les Prix Nobel, 2003.*

48 ARCH（分散不均一）は auto regressive conditional heteroskedasticity の頭文字。

49 Robert F. Engle III, "Risk and Volatility: Econometric Models and Financial Practice," Nobel Lecture, 8 December 2003, in *Les Prix Nobel, 2003,* 334.

50 これは条件付分散と呼ばれる。

1980, 225.

2 同上, 221.

3 同上, 220.

4 "Nobel Economics," Editorial, *New York Times*, 5 November 1969, 46.

5 Harry Schwartz, "Econometrics: Equations Not for Everyday Use," *New York Times*, 2 November 1969, section 4, 10.

6 "Ragnar Anton Kittil Frisch," Autobiography, in *Nobel Lectures, Economics, 1969–1980*, 205.

7 同上

8 "The First Nobel Prize in Economics," The Royal Swedish Academy of Sciences. www.Nobelprize.org 参照。

9 "The First Nobel Prize in Economics," 206.

10 Robert M. Solow, "Progress in Economics Since Tinbergen," Leiden: *De Economist* 152, no. 2 (June 2004): 159.

11 Christopher Sims, "Econometrics for Policy Analysis: Progress and Regress," Leiden: *De Economist* 152, no. 2 (June 2004): 167.

12 ある書評家は、ケインズのコメントは「彼が重回帰の仕組みを理解していなかった証拠ではないか」と述べている。 Sims, 167.

13 Lawrence Klein, "The Contribution of Jan Tinbergen to Economic Science," Leiden: *De Economist* 152, no. 2 (June 2004): 155.

14 J. Kol, "Tinbergen in De Economist," Leiden: *De Economist* 152, no. 2 (June 2004): 273.

15 Jan Tinbergen, "The Use of Models: Experience and Prospects," Nobel Lecture, in *Nobel Lectures, Economics, 1969–1980*.

16 同上

17 Bent Hansen, "Jan Tinbergen: An Appraisal of His Contributions to Economics," *Swedish Journal of Economics* 71 (1969): 327.

18 Tinbergen, "The Use of Models," 245.

19 Kol, 273.

20 Hansen, 336.

21 Klein, 155.

22 Paul Samuelson, "Homage to Jan Tinbergen," Leiden: *De Economist* 152, no. 2 (June 2004): 153.

23 "Norwegian Professor Trygve Haavelmo is Awarded Nobel Prize for Economics," *Wall Street Journal*, 12 October 1989.

24 同上

25 David Warsh, "Economist's New Twist; A Nobel," *Boston Globe*, 12 October 1989, 1.

26 "Norwegian Wins Economics Nobel Prize Awards: The professor, however, calls the prize 'quite irrelevant to the real issues,'" *Los Angeles*

1999, E1.

74 同上

75 同上

76 Mark Skousen, "The Perseverance of Paul Samuelson's Economics," *Journal of Economic Perspectives* 11, no. 2 (Spring 1997): 137.

77 ジョン・ヒックスとアルヴィン・ハンセンは、ケインズが指摘した関係を表すための方程式と幾何学曲線を考案し、1930年代から40年代にかけて経済学を書き換えた。ふたりの考案によるIS-LMモデルは、ケインジアンの財政政策や金融政策の分析にとって便利な手段となった。財政政策にせよ金融政策にせよ、ケインズの政策は金利の変化を引き起こす可能性が高い。これは国際市場に大きく関わる問題である。資本が国境を越えて容易に移動できるときには、国内の金利を海外の金利に合わせて常に調整しなければならない。さもないと、リスクは同程度でも金利が比較的高い国に投資資金は流出してしまう。

78 アメリカの金利が下がればドルの需要が減少し、ひいてはドルの価値が下がって輸出が促進される。最終的には輸出品の生産が増加して、当初の予想以上に経済が刺激される。

79 マンデル＝フレミング・モデルでの結論は、連邦政府が1973年以前のアメリカのような固定相場制を維持するか、あるいは73年以降のドルのような変動相場制を採用するかによって異なってくる。固定相場制においては、金融政策が為替レートの回復に用いられるので、財政政策が特に効果的である。たとえば、拡張的財政政策では金利上昇圧力がかかるので、それを抑えるために連邦準備理事会は貨幣供給量の増加を迫られ、そのために拡張的金融政策が追加される。

80 一方、変動相場制での財政政策と固定相場制での金融政策は、国内にほとんど影響をおよぼさない。変動相場制における財政政策では、拡張的財政政策が金利の上昇とドル高を引き起こし、結果として輸出が減少し、当初の拡張政策が相殺される。そして固定相場制における金融政策で低金利を維持できなければ、連邦準備理事会は国内経済を拡大することができない。その結果、貿易相手国との間でバランスを回復するために、方針を変更して貨幣供給量を削減しなければならない。

81 他の経済学者も指摘しているが、たとえ労働者が移動できないときや移動の意思がないときでも、資本はそれほど制約されないだろう。投資家が余剰労働力を当て込んでルイジアナで新しい工場を建設し、新しい事業所を開設するようになれば、失業の改善は十分に可能だ。いずれにしても、州独自の通貨の導入は説得力を持たない。

第13章

1 Ragnar Frisch, "From Utopian Theory to Practical Applications: The Case of Econometrics." Nobel lecture, in *Nobel Lectures, Economics, 1969–*

的条件を正確に表した。

53 American Economic Association, *Readings in the Theory of International Trade*, Selected by a Committee of the American Economic Association (Philadelphia, Pennsylvania: Blakiston Company, 1949).

54 Andrea Maneschi, Review of *A Centennial Celebration (1899–1999)*, by Bertil Ohlin. *History of Political Economy* 36, no. 1 (Spring 2004): 220. 以下も参照 Peter Debaere, Review of *A Centennial Celebration (1899–1999)*, by Bertil Ohlin. *Journal of Economic Literature* 42, no. 2 (June 2004): 505.

55 Richard Caves and Ronald Jones, *World Trade and Payments: An Introduction* (Boston, Massachusetts: Little, Brown and Company, 1985), 54–55.

56 "Bertil Ohlin," Autobiography, in *Nobel Lectures, Economics, 1969–1980*.

57 同上

58 Maneschi, 218.

59 "Bertil Ohlin," Autobiography.

60 "2 Nobel Laureates in Economics: Bertil Ohlin," *New York Times*, 15 October 1977, 33.

61 Maneschi, 221.

62 Caves, 93.

63 "Press Release," 13 October 2008, The Royal Swedish Academy of Sciences. www.Nobelprize.org 参照。

64 "The Prize in Economic Sciences 2008," Information for the Public. The Royal Swedish Academy of Sciences. www.Nobelprize.org 参照。

65 同上

66 他の経済学者は、アビナッシュ・ディキシット、ヴィクトル・ノーマン、ケルヴィン・ランカスター。"Trade and Geography – Economies of Scale, Differentiated Products and Transport Costs," Scientific Background on the Prize, Prize Committee of the Royal Swedish Academy of Sciences. www.Nobelprize.org 参照。

67 Paul Krugman, "How I Work." web.mit.edu/krugman/www/howiwork.html 参照。

68 同上

69 同上

70 Justin Lahart, "Paul Krugman Is Awarded Nobel in Economics," *Wall Street Journal*, 14 October 2008.

71 "The Prize in Economic Sciences 2008," 1.

72 Robert A. Mundell, "A Reconsideration of the Twentieth Century," The Royal Swedish Academy of Sciences, 1999: 230. www.Nobelprize.org 参照。

73 David Warsh, "Coming in from the Cold," *Boston Globe*, 12 December

29 Leonard Silk, "Human Capital Is Nobel Focus," *New York Times*, 17 October 1979, D2.

30 "A Down-to-Earth Economist," *New York Times*, Events Edition, 18 June 1991, A18.

31 同上

32 Harry Johnson, "James Meade's Contribution to Economics," *Swedish Journal of Economics* 80, no. 1 (1978): 65.

33 今日、変動相場制を採用している諸国にとって、国際収支の均衡はそれほど大きな問題ではない。しかし原則的に固定相場制が採用され、平価を維持できないときのみ仕方なくレートが変更されていた1950年代には、そうもいかなかった。当時は、供給が需要を大きく上回るときや国際収支に問題が発生したときに通貨が打撃を受ける可能性が十分考えられ、その場合に政府は貴重な金や外貨を放出して違いを解消せざるを得なかった。今日では変動通貨のレートが下がり、それによって需要と供給のバランスが回復される。

34 Johnson, 68.

35 同上

36 同上

37 同上, 66.

38 James Meade, "The Meaning of 'Internal Balance,'" Nobel Memorial Lecture, 8 December 1977, in *Nobel Lectures, Economics, 1969–1980*, 318.

39 Johnson, 79.

40 Susan Howson, "James Meade," *Economic Journal* 110, no. 461 (February 2000): F123.

41 同上, 3.

42 同上

43 同上, 10.

44 W. Max Corden, "James Meade 1907–1995," *Economic Record* 72, no. 217 (June 1996): 172.

45 "James Meade," Obituaries, Florida: *St. Petersburg Times*, 29 December 1995, 4A.

46 Howson, 1.

47 Assar Lindbeck, Nobel Nominating Speech 1977, The Royal Swedish Academy of Sciences. www.Nobelprize.org 参照。

48 Richard Caves, "Bertil Ohlin's Contribution to Economics," *Scandinavian Journal of Economics* (1978): 91.

49 Antoni Estvadeordal, *Historical Essays on Comparative Advantage: 1913–1938*, Cambridge, MA: Harvard University, Dissertation, 1993, 189 pages.

50 Caves, 89.

51 同上, 90.

52 同上, 89. サミュエルソンはW.ストルパーの協力を得て、この効果の数学

3 同上

4 Press Release, 14 October 1998, The Royal Swedish Academy of Sciences, 5. www.Nobelprize.org 参照。

5 Amartya Sen, "Why half the planet is hungry," London, UK: *Observer*, 16 June 2002, 25.

6 Robert Pollock, "The Wrong Economist Won," *Wall Street Journal*, 15 October 1998, A22.

7 "Amartya Sen," Autobiography, in *Nobel Lectures, Economics, 1996–2000*, Torsten Persson, ed. (Singapore: World Scientific Publishing Company, 2003), 14.

8 Amartya Sen, "The Possibility of Social Choice," Nobel Lecture, 8 December 1998, in *Nobel Lectures, Economics, 1996–2000*, 178.

9 同上, 188.

10 Cited in Sen, "The Possibility of Social Choice," 182.

11 これは時として、単峰選好と呼ばれる。

12 Kenneth Arrow, "Amartya K. Sen's Contributions to the Study of Social Welfare," *Scandinavian Journal of Economics* 101, no. 2 (1999): 166.

13 同上, 170.

14 Anthony Atkinson, "The Contributions of Amartya Sen to Welfare Economics," *Scandinavian Journal of Economics* 101, no. 2 (1999): 183.

15 Sen, "The Possibility of Social Choice," 194.

16 Pollock, A22.

17 同上

18 同上

19 Sen, "The Possibility of Social Choice," 2.

20 "Amartya Sen," Autobiography, 5.

21 同上

22 Sabine Durrant, "Master of all he surveys, Amartya Sen is the new top don at the wealthiest college in Britain. But what does he actually do?" Manchester, UK: *Guardian*, 17 January 1998, 3.

23 Sir Arthur Lewis, "The Slowing Down of the Engine of Growth," Nobel Memorial Lecture, 8 December 1979, in *Nobel Lectures, Economics, 1969–1980*.

24 "Sir Arthur Lewis," Autobiography, in *Nobel Lectures, Economics, 1969–1980*.

25 同上

26 Jeff Gerth, "Nobel Winners Focus on Poor Economies, William Arthur Lewis," *New York Times*, 17 October 1979, D18.

27 Crittenden, 1.

28 Gerth, D18.

34 彼が実際に使った言葉はベストではなく「パレート最適」であるが、現状以上に好ましい経済状態を達成できない点ではベストに相当する。
35 Arrow, "General Economic Equilibrium," 223.
36 同上, 223.
37 同上, 209.
38 同上
39 同上
40 同上
41 Arjo Klamer, "An Accountant among Economists: Conversations with Sir John R. Hicks," *Journal of Economic Perspectives* 3, no. 4 (Fall 1989): 167–180.
42 同上
43 同上
44 同上
45 同上
46 "Kenneth Arrow," Autobiography, in *Nobel Lectures, Economics, 1969–1980.*
47 Klamer, 167–180.
48 Paul Samuelson, "Pioneers of Economic Thought," *New York Times*, 26 October 1972, 71.
49 "Harvard and Oxford Professors Share Nobel Prize in Economics," *New York Times*, 26 October 1972, 1.
50 Samuelson, 1.
51 これらの基準は、最初にヴィルフレド・パレートによって定義された。
52 Karl-Gorän Mäler, Presentation Speech 1983, in *Nobel Lectures, Economics, 1981–1990.*
53 同上
54 Robert Dorfman, "A Nobel Quest for the Invisible Hand," *New York Times*, 23 October 1983, section III, 15.
55 " Gerard Debreu," Autobiography, in *Nobel Lectures, Economics, 1981–1990.*
56 他のバークレー校の教授は、ジョン・ハーサニ（1994年）、ダニエル・マクファデン（2000年）、ジョージ・アカロフ（2001年）、オリヴァー・ウィリアムソン（2009年）である。

第12章

1 Sylvia Nasar, "Indian Wins Nobel Award in Economics," *New York Times*, 15 October 1998: C1.
2 Amartya Sen, "Missing women-revisited," London, UK: *British Medical Journal* 327, no. 7427 (6 December 2003): 1297.

'Original' and 'Tenacious'," *Wall Street Journal*, 19 October 1988, 1.

11 "A Prize Choice for France," Review and Outlook (Editorial), *Wall Street Journal*, 19 October 1988, 1. 以下も参照 Warsh, "Frenchman Wins Nobel in Economics."

12 Warsh, "Frenchman Wins Nobel in Economics."

13 Jacques H. Dreze, "Maurice Allais and the French Marginalist School," *Scandinavian Journal of Economics* 91, no. 1 (1989): 8.

14 Allais, "An Outline of My Main Contributions," 380.

15 同上, 383.

16 同上, 348.

17 Alexandra Ravinet, "Solving the Enigma of a Total Eclipse," *Christian Science Monitor*, 5 August 1999: 14.

18 "Science and Technology: An Invisible Hand? Gravitational Anomalies," London, UK: *The Economist*, 21 August 2004, 74.

19 Ravinet, 14.

20 Clark Jr., 1.

21 "Maurice Allais," Autobiography.

22 Clark Jr., 1.

23 Arthur Max, "Maurice Allais of France Wins Nobel in Economics; First Frenchman Ever to Win Award," *Washington Post*, 19 October 1988, f01.

24 Clark Jr., 1.

25 Bernard Kaplan, "Europe Reluctant to let Germany Decide its Currency," Cleveland, Ohio, *The Plain Dealer*, 3 October 1995, 2C.

26 Dan Fisher and Rone Tempest, "Allais: 'Wall Street Has Become a Veritable Casino.' Nobel laureate Marice Allais says the weaknesses on the global exchanges are the same as those that led to the 1929 crash," *Los Angeles Times*, 26 October 1989, 1.

27 同上

28 Keith Spicer, "French Nobelist Attacks the Noblest Language," Ottawa, Ontario, Canada: *The Ottawa Citizen*, 13 July 1989, A8.

29 Clark Jr., 1.

30 "Kenneth Arrow," The Concise Encyclopedia of Economics, The Library of Economics and Liberty. www.econlib.org/library/Enc/bios/Arrow.html 参照。

31 Carl Christian von Weizsacker, "Kenneth Arrow's Contribution to Economics," *Swedish Journal of Economics* 110, no. 6 (1972): 498.

32 Kenneth Arrow, "General Economic Equilibrium: Purpose, Analytic Techniques, Collective Choice," Nobel Lecture, 12 December 1972, in *Nobel Lectures, Economics, 1969–1980*, 219.

33 同上, 219–220.

101 Gabriel Rozenberg, "At 90, Hurwicz Becomes the Oldest Winner of Nobel Prize," London (UK): *Times*, 16 October 2007, 46.

102 David Cho, "3 U.S. Economists Share Nobel for Work on Flawed Markets," *Washington Post*, 16 October 2007, D1.

103 "The Prize in Economic Sciences," Information for the Public, 2007, The Royal Swedish Academy of Sciences, 3. www.Nobelprize.org 参照。

104 Rick Wilson, "Real World Markets Act Differently," Charleston, West Virginia: *Sunday Gazette-Mail*, 21 October 2007, 1C.

105 Announcement of the 2007 Prize in Economic Sciences. www.Nobelprize.org. 参照。

106 "Mechanism Design Theory," Scientific background on the Sveriges Riksbank Prize in Economic Sciences in Memory of Alfred Nobel 2007, The Royal Swedish Academy of Sciences, 9. www.Nobelprize.org 参照。

107 R. Preston McAfee and John McMillan, "Analyzing the Airwaves Auction," *Journal of Economic Perspectives* 10, no. 1 (Winter 1996): 159.

108 同上

第11章

1 Ingemar Stahl, Presentation Speech, 1988, in *Nobel Lectures, Economics, 1981–1990*, 344.

2 "Maurice Allais," Autobiography, in *Nobel Lectures, Economics, 1981–1990*, 374–375.

3 特にアレは、完全競争市場が社会的にも効率が高いことを示した（パレート最適）。

4 Robert Pool, "Market Theorists Gets Nobel Nod," *Science*, 28 October 1988, 511–512.

5 William Baumol and James Tobin, "The Optimal Cash Balance Proposition: Maurice Allais' Priority," *Journal of Economic Literature* 27, no. 3 (September 1989): 1160–2. 以下も参照 Maurice Allais, "An Outline of My Main Contributions to Economic Science," Nobel Lecture, 9 December 1988, in *Nobel Lectures, Economics, 1981–1990*, 22.

6 Allais, "An Outline of My Main Contributions," 378. 以下も参照 Pool, 511–2.

7 Allais, 383.

8 Jean-Michel Grandmont, "Report on Maurice Allais' Scientific Work," *Scandinavian Journal of Economics* 91, no. 1 (1989): 24.

9 David Warsh, "Frenchman Wins Nobel in Economics," *Boston Globe*, 19 October 1988, 87.

10 Lindley H. Clark Jr., "Professor in France Wins Nobel Award in Economic Science – Maurice Allais' Contribution to Market Theory Cited

71 Henderson, A16.

72 同上

73 David Leonhardt, "To Prove You're Serious, Burn Some Bridges," *New York Times*, 17 October 2005, C4.

74 同上

75 Uchitelle, C2.

76 Johan Lonroth and Maons Lonroth, "Game Theory Is Not Conceptually That Remarkable," London, UK: *Financial Times*, 21 October 2005, 12.

77 "Schelling Helped Stop the Cold War Turning Very Hot," Dublin, Ireland: *Irish Times*, 15 October 2005, 13.

78 Lonroth and Lonroth, 12.

79 David Washburn, "Nobel Winner, Other Discuss World Conflicts and Cooperation in La Jolla," Washington, D.C.: *Knight Ridder Tribune Business News*, 22 March 2006, 1.

80 Tim Harford, "Man with a Strategy for the Games of Life," Ontario, Canada: *National Post*, 24 December 2005, FW2.

81 同上

82 Henderson, A16.

83 Clark, 52.

84 "The Prize in Economic Sciences," Information for the Public, 2005. www.Nobelprize.org 参照。

85 同上

86 Harford, FW2.

87 同上

88 同上

89 同上

90 Clark, 52.

91 同上

92 同上

93 Harford, FW2.

94 同上

95 Leonhardt, C4.

96 Uchitelle, C2.

97 Harford, FW2.

98 Wolfgang Munchau and Nigel Hawkes. "Slavery Made Sound Economic Sense to Nobel Prize-Winner," London (UK): *Times*, 14 October 1993.

99 "The Week," *New York Times* (late edition, East Coast), 21 October 2007, section 4, 2.

100 Bill Barnhard, "Nobel Forecast Yields No Return," *Chicago Tribune*, 16 October 2007, 1.

45 Ibid and Krieger 13.
46 Krieger 13.
47 同上
48 同上
49 Tamara Lefcourt Ruby, "What Israel's Education System Can Learn from Aumann's Nobel," *Jerusalem Post*, 15 December 2005, 16.
50 "Robert Aumann," Autobiography, in *Les Prix Nobel, The Nobel Prizes 2005*, Karl Grandin, ed. (Stockholm: Nobel Foundation, 2006).
51 "Robert Aumann," Autobiography, 2.
52 同上
53 同上
54 Krieger, 13.
55 Robert J. Aumann, "Banquet Speech," 10 December 2005, in *Les Prix Nobel, 2005*.
56 Krieger, 13.
57 Michael Spence, "The Weekend Interview with Thomas Schelling: Mr. Counterintuition," *Wall Street Journal*, 17 February 2007, A9.
58 David Henderson, "The Great Game," *Wall Street Journal*, 11 October 2005, A16. Kim Clark, "In Praise of Original Thought: Tipping Points and Nuclear Deterrence Lead to the Nobel in Economics," *U.S. News & World Report*, 24 October 2005, 52.
59 Kim Clark, 同上
60 同上
61 Louis Uchitelle, "American and Israeli Share Nobel Prize in Economics," *New York Times*, 11 October 2005, C2.
62 Thomas C. Schelling, "An Astonishing Sixty Years: The Legacy of Hiroshima," Nobel Prize Lecture, 8 December 2005, in *Les Prix Nobel, 2005*, 365.
63 同上, 367.
64 同上
65 Jon E. Hilsenrath, "A Nobel Economist Analyzes the Strategies of the Deadly Serious Games Nations Play," *Wall Street Journal*, 7 November 2005, A2.
66 同上
67 同上
68 同上
69 "The Prize in Economic Sciences," Information for the Public, 2005, The Royal Swedish Academy of Sciences, 10 October 2005. www.Nobelprize.org 参照。
70 Clark, 52.

25 "The Games Economists Play," *Economist*, 5 October 1994, 96.
26 同上
27 Stuart Crainer, "Not Just a Game," London, UK: *Management Today* (July 1996): 66.
28 "John C. Harsanyi," Autobiography, in *Nobel Lectures, Economics, 1991–1995*, 131.
29 不完備情報と不完全情報の微妙な区別は、ハーサニのノーベル賞受賞の根拠になっている。プレイヤーが誰を相手にゲームをしているのかわからないときには、情報が不完備である。しかし、相手が具体的にどんなタイプか双方が正確に見当をつけられるときには、情報は完備しているが不完全だと見なされる。さらにハーサニはくじ引きのアイデアを取り入れて、ロシア人の相手が強硬派かどうかを明らかにしようとした。このシンプルなアイデアを採用すると、情報が不完備で解決不能な数学の問題は、情報が不完全で解決可能なものへと転換される。
30 "Nobel Laureate John C. Harsanyi, UC Berkeley economist and game theory pioneer, dies at 80." Press Release: University of California Berkeley, Haas School of Business.
31 Ben Wildavsky, "Berkeley Economist Shares Nobel; Research on Game Theory Shed Light on Complex Decision Processes," *San Francisco Chronicle*, 12 October 1994, A1.
32 Chris McGreal, "Calls Grow for Withdrawal of Nobel Prize: Israel Group Objects to Awards for 'Warmongers,' Game Theory Used for Political Bias, Say Critics," London, UK (Jerusalem): *Guardian*, 10 December 2005, 16.
33 M.J. Rosenberg, "Supporting Israel to death," *Jerusalem Post*, October 2006, 9.
34 McGreal, 16.
35 Hilary Leila Krieger, "He's Got Game," *Jerusalem Post*, 1 November 2005, 13.
36 同上
37 同上
38 ゲーム理論の分析では、将来を重んじるプレイヤー、経済用語を使えば割引率の低いプレイヤーのほうが、大きな勝ちにこだわる可能性が高いと見なされる。
39 Krieger, 13.
40 Rosenberg, 1.
41 McGreal, 16.
42 同上
43 同上
44 McGreal, 16.

第10章

1 "John F. Nash, Jr." Autobiography, in *Nobel Lectures, Economics, 1991–1995*, 155.

2 同上, 156.

3 同上, 156, 強調は引用者による。

4 同上, 156 and 162.

5 "The Work of John Nash in Game Theory," in *Nobel Lectures, Economics, 1991–1995*, 162.

6 Sylvia Nasar, *A Beautiful Mind* (New York: Simon & Schuster, 1998), 71.〔シルヴィア・ナサー『ビューティフル・マインド：天才数学者の絶望と奇跡』塩川優訳、新潮社、2002年〕

7 "The Work of John Nash in Game Theory," 164.

8 Nasar, *A Beautiful Mind*, 244.

9 同上

10 Sadie J. Gillett and Joseph L Parham, "Game Theory," Projects for the History of Mathematics, University of Rhode Island. hypatia.math.uri.edu/~kulenm/mth381pr/HistTopics.htm 参照。ウェブサイトのみ。未公刊。

11 "The Work of John Nash in Game Theory," 161.

12 Nasar, *A Beautiful Mind*, 161.

13 Keith Devlin, "Mathematics: It's not only a game. Keith Devlin on the math pioneer whose work in 'game theory' netted a Nobel Prize," Manchester (UK): *Guardian*, 17 November 1994.

14 John Nash, "Non-Cooperative Games" *Annals of Mathematics* 54, no. 2 (September 1951): 295.

15 "The Work of John Nash in Game Theory," 165.

16 Nasar, *A Beautiful Mind*, 87.

17 Ignacio Palacios-Huerta, "Professionals Play Minimax," Brown University, unpublished manuscript, July, 2002.

18 Karl-Gorän Mäler, Presentation Speech 1994, in *Nobel Lectures, Economics, 1991–1995*, 127.

19 Nasar, *A Beautiful Mind*, 88.

20 John F. Nash, "The Bargaining Problem," *Econometrica* 18, no. 2 (April 1950): 155.

21 Nasar, *A Beautiful Mind*, 350.

22 Karl-Gorän Mäler, Presentation Speech 1994, in *Nobel Lectures, Economics, 1991–1995*.

23 David Warsh, "A Phone That Didn't Ring," *Boston Globe*, 12 October 1994, 45.

24 "If Life Is a Game, Why Not Play by the Rules?" Chennai, India: *Businessline*, 11 January 2003: 1.

19 各産業は主な商品カテゴリーで結びついている。ある産業で生産された商品が、今度は様々な産業によって利用される。

20 Robert Reinhold, "Economist Who Speculates in Ideas: Wassily Leontief," *New York Times*, 19 October 1973, 18.

21 Holcomb B. Noble, "Wassily Leontief, Economist Who Won a Nobel, Dies at 93," *New York Times*, 7 February 1999, 50.

22 Wassily Leontief, "Free Market has Crippled our Economy," *New York Times*, 11 March 1992, B3.

23 Noble, 50.

24 Leif Johansen, "L. V. Kantorovich's Contribution to Economics," *Swedish Journal of Economics* 78, no. 1 (1976): 61–79.

25 たとえば工場経営者は、最終製品の部品製造にどんな機械が必要とされ、工場は工作機械を何台まで使用できるかを知ることができる。工場への電気の割り当てなどの条件も、シンプルな数式で表わされる。線形計画法はこのような問題を取り上げ、各部品の製造に何台の工作機械を割り当てれば生産が最大化されるかを決定する。

26 "Economist Leonid Kantorovich Dies at 74, Nobel Laureate Played Key Role in Reforms of Soviet Economy," *Los Angeles Times*, 12 April 1986, 7.

27 Leonid V. Kantorovich, "Mathematics in Economics: Achievements, Difficulties, Perspectives," Nobel Memorial Lecture, 11 December 1975, in *Nobel Lectures, Economics, 1969–1980*, 266.

28 同上, 270.

29 "Leonid V. Kantorovich", Autobiography, in *Nobel Lectures, Economics, 1969–1980*.

30 同上, 262.

31 "Economist Leonid Kantorovich Dies at 74," 7.

32 Julie Ingwersen, "Lauding our First Laureate," Colorado Springs: *Colorado College Bulletin* (April, 2001). 設立当初の参加者のなかには、ローレンス・クライン、ケネス・アロー、ジェイムズ・トービン、トリグヴェ・ホーヴェルモ、ポール・サミュエルソンの名も見られる。

33 同上

34 Tjalling Koopmans, "Concepts of Optimality and their Uses," Nobel Memorial Lecture, 11 December 1975, in *Nobel Lectures, Economics, 1969–1980*, 281.

35 "Tjalling C. Koopmans," Autobiography, in *Nobel Lectures, Economics, 1969–1980*, 279.

36 Richard Cottle, Ellis Johnson, and Roger Wets, "George B. Dantzig (1914–2005)," *Notices of the American Mathematical Society* (AMS) 54, no. 3.

no. 433 (November 1995): 1530.

2 このシンプルなケースでは、付加価値の合計が総生産への貢献と見なされる。鉄（100万ドル）、鉄鋼（300万ドル－100万ドル＝200万ドル）、自動車（600万ドル－300万ドル＝300万ドル）の合計もやはり600万ドルになる。最終売上にせよ付加価値にせよ、いずれのアプローチでも同じ答えが得られる。

3 Mark Skousen, "Business Europe: Chasing the Wrong Numbers," Brussels, Europe: *Wall Street Journal*, 16 July 2001, 11.

4 Steven Pearlstein, "New GNP Measure Tries to Take 'Green' Approach," *Chicago Sun-Times*, 26 May 1993, 56.

5 このパターンはクズネッツの逆U字理論とも呼ばれる。所得分配の平等度が逆U字型の曲線を描くからだ。

6 Alan Krueger, "When It Comes to Income Inequality, More Than Just Market Forces Are at Work," *New York Times* (late edition East Coast), 4 April 2002, C2.

7 Kapuria-Foreman and Perlman, 1530.

8 同上, 1525.

9 同上, 1527, and "Simon Kuznets," Autobiography, in *Nobel Lectures, Economics, 1969–1980*.

10 "Harvard Economist Wins Nobel Prize," *New York Times*, 16 October 1971, 1.

11 Kapuria-Foreman, and Perlman 1545.

12 同上, 1544.

13 "Passion for Truth," Editorial, *New York Times*, 17 October 1971, section IV, 10

14 Nicholas D. Kristof, "Simon Kuznets is Dead at 84; Nobel Laureate in Economics," Obituary, *New York Times*, 11 July 1985, B6.

15 Erik Lundberg, Presentation Speech 1984, in *Nobel Lectures, Economics, 1981–1990*.

16 Lindley H. Clark Jr., and George Anders, "Briton Wins Nobel Economics Prize for Work on National Income Accounts," *Wall Street Journal*, 19 October 1984, 1.

17 Barnaby Feder, "Briton Is Awarded Nobel in Economics," *New York Times*, 19 October 1984, section IV, 1.

18 石炭の需要を増やすためには、鉄鋼産業だけでなく、ほかにも石炭の供給に関わる多くの産業での増産が必要とされる。これを計算するのは非常に厄介だが、レオンチェフは問題を鮮やかに解決した。新しい表の計算で最初の情報を操作するだけで、最終需要の変化に対する直接間接の反応が算出される。たとえば建設業に対する石炭の投入の合計が0.8と記されていれば、建築物の完成には１ドルにつき８セントの石炭が必要とされることを意味する。この場合、石炭のほとんどは建築資材となる鉄鋼の生産に使われる。

術の着実な進歩など、もっと現実的な前提を導入すると、数学はもう少し厄介になる。

68 同上, 18, 脚注19. しかしフェルプスは経済が黄金律に移行できることを説明するために、新たな計算を付け加えた。

69 同上, 11. フェルプスはある程度の独占力や価格設定力を持つ企業の行動を研究した。そして、これらの企業が短期間価格を上昇させれば利益に結びつくかもしれないが、それが将来的には売上と市場シェアの減少につながる可能性に注目した。彼の研究によれば、短期的な利益を確保すると同時に、長期的な利益を失わない程度に高くない価格設定を企業は最適戦略として考慮すべきだという。

70 同上

71 Henderson, "Laureate Phelps."

72 同上

73 同上

74 "Edmund Phelps' Contributions to Macroeconomics," 24.

75 Stefan Theil, "It's All About Attitude," *Newsweek* (International Edition), 30 April 2007.

76 同上

77 "Worthy Nobelist," Editorial, Washington, D.C.: *Knight Ridder Tribune Business News*, 17 October 2006, 1.

78 Donald Kalff, Letters to the Editor, Brussels: *Wall Street Journal* (Europe), 21 February 2007, 14.

79 Mark Whitehouse, "Why Americans Should Pay More Taxes: A Nobel Winner View on Productive Economies," *Wall Street Journal*, 16 October 2006, A2.

80 同上

81 Henderson, "Laureate Phelps."

82 同上

83 同上

84 Whitehouse, A2.

85 同上

86 Edmund Phelps, Banquet Speech, 10 December 2006, The Royal Swedish Academy of Sciences. www.Nobelprize.org 参照。

87 同上

88 Uchitelle, "American Wins Nobel in Economics."

89 同上

第9章

1 Vibha Kapuria-Foreman and Mark Perlman, "An Economic Historian's Economist: Remembering Simon Kuznets," London: *Economic Journal* 105,

2004, A22.

47 Finn E. Kydland, "Quantitative Aggregate Theory," Nobel Prize Lecture, 8 December 2004, in *Les Prix Nobel, 2004*.

48 同上, 352.

49 同上, 351.

50 同上, 354.

51 同上, 353.

52 Varadarajan, 1.

53 同上。プレスコットは自らの理論が抱える重要な問題をつぎのように指摘した。「私たちの理論は、経済全体の生産性に変化を引き起こすものを扱っているわけではない」。しかし、景気循環が経済全体の生産性に変化を引き起こすことは理論的にも明らかである。実際、景気循環のなかで生産量と雇用の変化が生産性の変化につながることは多くの経済学者が支持しているが、これはプレスコットとキドランドの指摘とは正反対である。

54 "Finn E. Kydland," Autobiography, in *Les Prix Nobel, 2004*.

55 同上

56 Charles Seife, "Macroeconomists Showed Why Good Intentions Go Wrong," *Science*, 15 October 2004, 401.

57 David Leonhardt, "Smart Money Is on Two For Nobel in Economics," *New York Times*, 8 October 2003, C3.

58 Louis Uchitelle, "American Wins Nobel in Economics," *New York Times*, 10 October 2006, C1.

59 Nobel Prize Press Release, 2006, The Royal Swedish Academy of Sciences, www.Nobelprize.org 参照。

60 David Henderson, "Laureate Phelps," *Wall Street Journal*, 12 October 2006, A18.

61 "Edmund S. Phelps," Columbia University. www.columbia.edu/~esp2/ 参照。

62 Uchitelle, "American Wins Nobel in Economics."

63 同上

64 同上

65 フェルプスのモデルでは、企業は賃金を減らしてもなお新規雇用を増やすことができるが、これはほとんどのミクロ経済学者にとって理解しがたい展開である。

66 "Edmund Phelps' Contributions to Macroeconomics," The Royal Swedish Academy of Sciences, 17, 脚注18. www.Nobelprize.org 参照。

67 同上, 17, 脚注17. 直感的に考えれば、黄金律はそれほど難しくない。最もシンプルな形では、これ以上の投資が生産量の増加に結びつかないところまで資本を投入する。将来のすべての世代が最大量の消費財を永久的に生産する資本量は、それによって決定される。資本の償却、人口の着実な増加、技

of Time Consistency and Real Business Cycle Models," *Review of Political Economy* 18, no. 1 (January 2006): 18.

25 同上, 13.

26 Siddharth Varadarajan, "Business Cycles and Free Markets," Chennai, India, *Hindu*, 15 October 2004, 1.

27 Alan Bock, "Off the Charts. The 2004 Nobel Prize Winners in Economics Challenged commonly held models of economic behavior," Santa Ana, CA: *Orange County Register*, 28 November 2004, Cover page.

28 Hartley, "Kydland and Prescott's Nobel Prize," 22.

29 Prescott, "The Transformation of Macroeconomic Policy and Research," 383.

30 同上, 370.

31 Louis Uchitelle, "2 Mavericks in Economics Awarded Nobel," *New York Times*, 12 October 2004, C21.

32 Peter Coy, "Nobel Winners Without Much Impact," *Business Week*, 25 October 2004, 41.

33 Jon Hilsenrath, "American, Norwegian Win Nobel: Prescott, Kydland Honored in Economics for Research Crucial to Central Banking," *Wall Street Journal*, 12 October 2004, A2.

34 ふたりは数学に詳しく、当然ゼロ除算を切りぬける方法を知っていた。ノーベル賞記念講演で、プレスコットは定式の分母を$\sigma-1$にし、つぎに$\sigma=1$とした。Prescott, "The Transformation of Macroeconomic Policy and Research," 381. 以下も参照 "Finn Kydland and Edward Prescott's Contribution to Dynamic Macroeconomics: The Time Consistency of Economic Policy and the Driving Forces Behind Business Cycles," The Royal Swedish Academy of Sciences, 19–20. www.Nobelprize.org 参照。

35 John Havelock, "America Must Preserve Social Security," Anchorage, Alaska: *Anchorage Daily News*, 7 May 2005, B8.

36 同上

37 Mike Meyers, Chris Serres, and Neal St. Anthony, "Politics Is Pain for New Laureate," Minneapolis, Minnesota: *Star Tribune*, 18 October 2004, 1D.

38 "Edward Prescott," Autobiography, in *Les Prix Nobel, 2004*.

39 同上

40 同上

41 同上

42 同上

43 同上

44 同上

45 Uchitelle, C1.

46 "The Nobel Prize Market," Editorial, *Wall Street Journal*, 12 October

Movements," *Econometrica* 29 (July 1961): 315–335.

6 Carl E. Walsh, "Nobel Views on Inflation and Unemployment," Federal Reserve Bank of San Francisco: *Economic Letter*, 10 January 1997.

7 Peter Passell, "A Nobel Award for a University of Chicago Economist, Yet Again." *New York Times*, 11 October 1995, D1.

8 Lucas, "Monetary Neutrality."

9 Barro, "A Rational Choice."

10 V. V. Chari, "Nobel Laureate Robert E. Lucas, Jr.: Architect of Modern Macroeconomics," Federal Reserve Bank of Minneapolis: *Quarterly Review* 23, no. 2 (Spring 1999): 2–12.

11 同上

12 Edward C. Prescott, "The Transformation of Macroeconomic Policy and Research," Nobel Prize Lecture, 8 December 2004, in *Les Prix Nobel, The Nobel Prizes 2004*, Tore Frangsmyr, ed. (Stockholm: Nobel Foundation, 2005), 372.

13 Thomas Karier, *Great Experiments in American Economic Policy*, 1997, 37–51.

14 John Kenneth Galbraith, *The Great Crash, 1929* (Boston: Houghton Mifflin Company, 1954), 99.［ジョン・ケネス・ガルブレイス『大暴落1929』村井章子訳、日経BPクラシックス、2008年］

15 同上, 151.

16 Ellen McGrattan and Edward Prescott, "The 1929 Stock Market: Irving Fisher Was Right," *International Economic Review* 45, no. 4 (November 2004): 1003.

17 Prescott, 390. 具体的には、組織資本、ブランド名、特許といった無形資産の価値をアメリカ企業の資産価値に加えるだけで、アメリカの普通株の価値はそれを下回った。

18 同上, 390.

19 同上

20 プレスコットとキドランドのモデルによれば、各消費者は生涯獲得賃金を把握しており、死ぬまでに毎年どれだけ働き消費すればよいか決めることができる。これが決定されれば貯蓄率も決定され、さらには投資率などほとんどのマクロ経済変数が決定される。ミクロ経済の行動をマクロモデルの一部に織り込むことで、マクロの諸問題はコンパクトにひとまとめにされる。

21 Prescott, 370.

22 Edward Prescott, Banquet Speech 2004, The Royal Swedish Academy of Sciences. www.Nobelprize.org 参照。

23 Sergio Rebelo, "Real Business Cycle Models: Past, Present and Future," *Scandinavian Journal of Economics* 107, no. 2, (2005): 229.

24 James Hartley, "Kydland and Prescott's Nobel Prize: The Methodology

124 Robbins, 1.
125 Malley, 152–157.
126 Robbins, 1.
127 Malley, 152–157.
128 Robbins, 1.
129 同上
130 同上
131 Paul Samuelson, "Nobel Choice, Economists in Contrast," *New York Times*, 10 October 1974, 69.
132 Erik Lundberg, "Gunnar Myrdal's Contribution to Economic Theory," *Swedish Journal of Economics* 112, no. 2 (1974), 477.
133 Samuel Brittan, "The not so noble Nobel Prize," London, UK: *Financial Times*, 19 December 2003, 21.
134 別の経済学者ゲイリー・ベッカーは、かなり異なったというよりは、矛盾さえする差別理論を60年代に考案し、その功績をノーベル賞で認められた。
135 Gunnar Myrdal, "The Equality issue in World Development," Nobel Memorial Lecture, 17 March 1975, in *Nobel Lectures, Economics, 1969–1980*, 274.
136 同上, 278.
137 同上, 269.
138 同上, 272.
139 同上, 280.
140 同上, 280.
141 他の２組は、マリーとピエールのキュリー夫妻、カールとゲルティーのコリ夫妻。
142 Samuelson, "Nobel Choice, Economists in Contrast," 69.
143 "Nobel Economics," Chennai: *Hindu*, 3 November 2003: 1.
144 Samuelson, "Nobel Choice, Economists in Contrast," 69.

第8章

1 Martha Groves, "Economist's Former Wife Cashes in on His Nobel Prize: Thanks to her foresight in crafting a 1989 divorce agreement, Rita Lucas gets half of the $1 million award," *Los Angeles Times*, 21 October 1995.
2 Robert J. Barro, "A Rational Choice," *Wall Street Journal*, 11 October 1995, A14.
3 "Robert Lucas," Autobiography, in *Nobel Lectures, Economics, 1991–1995*.
4 Robert E. Lucas, "Monetary Neutrality," Prize Lecture, 7 December 1995, in *Nobel Lectures, Economics, 1991–1995*.
5 John F. Muth, "Rational Expectations and the Theory of Price

95 "Economist at MIT Awarded Nobel Prize."

96 同上

97 Jonathan Fuerbringer, "Congress Hears Notes of Caution on Plan to Balance U.S. Budget," *New York Times*, 22 October 1985, 25.

98 Hiltzik, 1.

99 "Economist Wants People to Know He Did Not Paint the Sistine Chapel." *Seattle Times*, 27 October 1985, A5.

100 同上

101 同上

102 Modigliani, "How Economic Policy Has Gone Awry."

103 Uchitelle, C8.

104 同上

105 同上

106 William Robbins, "Father of Econometric Models; Nobel Winner Lawrence Klein 'Still a Teacher,'" *New York Times*, 16 October 1980, section IV, 1.

107 Deborah DeWitt Malley, "Lawrence Klein and His Forecasting Machine," *Fortune*, March 1975, 155.

108 同上, 152–157.

109 Lawrence Klein, "Some Economic Scenarios for the 1980s," Nobel Memorial Lecture, 8 December 1980, in *Nobel Lectures, Economics, 1969–1980*, 271.

110 John Vinocur, "Pennsylvania Professor Wins Nobel for Economics," *New York Times*, 16 October 1980, A1.

111 Leonard Silk, "Highly Regarded Klein Models Sometimes Falter in Predictions," *New York Times*, 16 October 1980, D6.

112 同上

113 Malley, 157.

114 同上, 157.

115 R.J. Ball, "On Lawrence R. Klein's Contributions to Economics," *Scandinavian Journal of Economics* (1981), 89.

116 同上, 84.

117 Malley, 156.

118 Klein, "Some Economic Scenarios for the 1980s," 277.

119 Malley, 278.

120 Klein, "Some Economic Scenarios for the 1980s," 274. インフレ率はGDPデフレーターを基に算出したもの。

121 Malley, 277.

122 Robbins, 1.

123 Malley, 156.

72 同上

73 同上

74 "Professor James Tobin," Obituaries, United Kingdom: *Times Daily Register*, 14 March 2002.

75 Stille, B7.

76 John Vinocur, "Tobin of Yale Wins Nobel in Economics," *New York Times*, 17 October 1981, A1.

77 Karen Arenson, "Tobin Always 'Ahead of Field,'" *New York Times*, 14 October 1981, D1.

78 Noble, B10.

79 Arenson, D1.

80 Noble, B10.

81 Franco Modigliani, "Life Cycle, Individual Thrift and the Wealth of Nations," Nobel Lecture, in *Nobel Lectures, Economics, 1981–1990*, 270.

82 モディリアーニは1985年の受賞スピーチで、それまで未発表でほとんど顧みられなかったマーガレット・レイドの論文に言及し、興味深い発言を行なった。この論文は自分の仮説にとって「重要なインスピレーションの源」になったが、それと競合するミルトン・フリードマンの説明、すなわち恒常所得仮説にはさらに大きな影響をおよぼしたと語った。

83 Louis Uchitelle, "Economist Won Nobel Prize: Taught at MIT. Italian Immigrant Had Lifelong Hatred for Fascism," Montreal, Quebec: *Gazette*, 27 September 2003, C8.

84 Michael Hiltzik, "MIT Professor Modigliani Wins '85 Nobel in Economics," *Los Angeles Times*, 16 October 1985, 1.

85 Steve Lohr, "A Professor at M.I.T. Wins Nobel; Studied Market Shifts and Saving," *New York Times*, 16 October 1985, A1.

86 Uchitelle, "Economist Won Nobel Prize," C8.

87 Franco Modigliani, "How Economic Policy Has Gone Awry..." *New York Times*, 3 Nov. 1985: Business Sec.

88 同上

89 Louis Uchitelle, "Franco Modigliani, Nobel-Winning Economist, Dies at 85," *New York Times*, 26 September 2003, A22.

90 Modigliani, "How Economic Policy Has Gone Awry."

91 Hiltzik, 1.

92 "Economist at MIT Awarded Nobel Prize, Blasts Reagan, Hits 'Disastrous' Federal Deficit, Urges Tax Hike," *Los Angeles Times*, 15 October 1985, 2.

93 Eric Berg, "Trailblazer and Team Player," *New York Times*, 16 October 1985, D1.

94 Modigliani, "How Economic Policy Has Gone Awry."

51 Feder, 6.

52 Holcomb Noble, "James Tobin," Obituary, *New York Times*, 13 March 2002, B10.

53 Douglas Purvis, "James Tobin's Contributions to Economics," *Scandinavian Journal of Economics* 84, no. 1 (1982): 61–88.

54 ケインズはこれを債券との比較で説明した。金利が低下すると債券価格が上昇し、利回りは低下する。このような状況では、慎重な投資家は現金を多く手元に置こうとするものだ。

55 ケインズの説明では、投資家はすべてを現金か債券のどちらかで保有しなければならない。これは明らかにあり得ないとトービンは考えた。

56 Purvis, 61–68.

57 Assar Lindbeck, Presentation Speech 1981, in *Nobel Lectures, Economics, 1981–1990*.

58 同上

59 同上

60 James Tobin, "Money and Finance in the Macro-economic Process," Nobel Memorial Lecture, 8 December 1981, in *Nobel Lectures, Economics, 1981–1990*, 333. マンデルのモデルは、変動相場制では政府による減税や歳出増が効果を発揮しないことを明らかにした。しかしトービンは異なった前提に基づいて、反対の結果、すなわち財政政策は効果を発揮することを発見した。自分の新しいモデルを評価して、トービンはつぎのように語った。「従来のマンデルの結論（1963年）によれば、変動相場制において金融政策は機能するが、財政政策は機能しない。しかしそれどころか、どちらも景気拡大策として効果を発揮している」

61 Tobin, "Money and Finance," 331.

62 Leonard Silk, "Portfolio Theorist: Tobin's Ideas on Investments Inspired Research on Effects," *New York Times*, 14 October 1981, D22.

63 同上

64 Noble, B10.

65 "Tobin, Nobel Winner, Slams Reaganomics," *Boston Globe*, 16 October 1981.

66 同上

67 "James Tobin," Autobiography, in *Nobel Lectures, Economics, 1981–1990*.

68 同上

69 同上

70 Alexander Stille, "Europeans, Wary of Globalization, Embrace American Economists Who Heed Social Needs," *New York Times*, 11 November 2000, B7.

71 同上

24 Leonard Silk, "Samuelson Contribution: Nobel Prize-Winner Has Demonstrated The Uniformity of All Economic Theory," *New York Times*, 28 October 1970, 67.

25 Silk, "Nobel for a Critic of Nixon Policies," 2.

26 Steven Greenhouse, "The Man Who Wrote the Book Suggests Econ 101 for Presidents," *New York Times*, Current Events Edition, 31 October 1993, 47.

27 同上

28 同上

29 Weintraub, 1.

30 "Robert Solow," Autobiography, in *Nobel Lectures, Economics, 1981–1990*, 278.

31 John Berry, "M.I.T. Economist Robert Solow Wins Nobel for Study of Growth," *Washington Post*, 22 October 1987, section C, 1.

32 Robert Solow, "Growth Theory and After," Nobel Lecture, 8 December 1987, in *Nobel Lectures, Economics, 1981–1990*, 280.

33 同上, 281.

34 David Warsh, "So Where Does Growth Theory Stand Now?" *Boston Globe*, 2 October 1994, 81.

35 Solow, "Growth Theory and After," 279.

36 Howell Raines, "Nobel in Economics to M.I.T. Professor," *New York Times*, 22 October 1987, section IV, 6.

37 David Wessel, "M.I.T. Economist Solow Wins Nobel Prize," *Wall Street Journal*, 22 October 1987, 1.

38 Ralph Vartabedian, "M.I.T. Prof. Robert Solow Wins Nobel Prize in Economics," *Los Angeles Times*, 22 October 1987, 1.

39 同上

40 Warsh, 81.

41 同上

42 同上

43 同上。以下も参照 "Robert Solow," Autobiography.

44 Barnaby Feder, "Briton Is Awarded Nobel in Economics," *New York Times*, 19 October 1984, section IV, 6.

45 Vartabedian, 1.

46 Solow, "Growth Theory and After," 280.

47 Vartabedian, 1.

48 "Nobel Economist no Stuffed Shirt," *USA Today*, 22 October 1987, 2B.

49 同上

50 "Valentine for an Economist," Editorial, *New York Times*, 23 October 1987, section I, 38.

Andrew Spence Gets Chance to Test His Skill at Management," *Boston Globe*, 15 March 1984, 1.

第7章

1 Paul A. Samuleson, "How I Became an Economist," Nobel Foundation. www.Nobelprize.org 参照。
2 同上
3 同上
4 Bernard Weintraub, "Samuelson, M.I.T. Economist, Wins a Nobel Memorial Award," *New York Times*, 27 October 1970, 1. 以下も参照 "Paul Samuelson," Autobiography, in *Nobel Lectures, Economics, 1969–1980*, 265.
5 Leonard Silk, "Nobel for a Critic of Nixon Policies," *New York Times*, 1 November 1970, section IV, 2.
6 Samuelson, "How I Became an Economist."
7 "Paul Samuelson," Autobiography, 278. 以下も参照 Paul Samuelson, "Maximum Principles in Analytical Economics," Nobel Memorial Lecture, 11 December 1970, in *Nobel Lectures, Economics, 1969–1980*, 279.
8 Assar Lindbeck, "Paul Anthony Samuelson's Contribution to Economics," *Swedish Journal of Economics* 107, no. 6 (1970): 345.
9 同上, 275.
10 "Samuelson's Economics," Editorial, *New York Times*, 27 October 1970, 44.
11 Paul Samuelson, "Maximum Principles in Analytical Economics," 268.
12 Robert Reinhold, "Leader of Economic Mainstream, Paul Anthony Samuelson," *New York Times*, 27 October 1970, 8.
13 Mark Skousen, "The Perseverance of Paul Samuelson's Economics," *Journal of Economic Perspectives* 11, no. 2 (Spring 1997), 137.
14 同上
15 Bennett Kremen, "Speaking of Books: Samuelson's 'Economics,'" *New York Times*, 1 November 1970, section VII, 2.
16 Skousen, 137.
17 Samuelson, "Maximum Principles in Analytical Economics," 287.
18 同上, 287.
19 Skousen, 137.
20 同上
21 Hal R. Varian, *Microeconomic Analysis* (New York: W.W. Norton & Company, 1978), 101–102. [ハル・R.ヴァリアン『ミクロ経済分析』佐藤隆三、三野和雄訳、勁草書房、1986年]
22 Lindbeck, "Paul Anthony Samuelson's Contribution," 345.
23 Samuelson, "Maximum Principles in Analytical Economics," 279.

Economist: The Contented Malcontent," Manchester, UK: *Guardian*, 6 July 2002, 26.

82 Rogoff, "An Open Letter."

83 同上

84 Ed Crooks, "The Odd Couple of Global Finance," London, UK: *Financial Times*, 6 July 2002, 11.

85 Press. 以下も参照 Robert Hunter Wade, "Joe Stiglitz's Bum Rap," Washington, D.C: *Foreign Policy*, no. 139 (Nov/Dec 2003): 85.

86 Denny, 26.

87 Joseph Stiglitz, "Comment & Analysis: The Myth of the War Economy." Manchester, UK: *Guardian*, 22 January 2003, 18.

88 Joseph Stiglitz, "Odious Rulers, Odious Debts," *Atlantic Monthly*, November 2003, 39.

89 Kimberly Blanton, "Nobel Laureates Attack Tax Plan," *Boston Globe*, 11 February 2003, D1.

90 Alwyn Scott, "Nobel Laureate Says Jobless Recovery Remains a Puzzle," *St. Louis Post-Dispatch*, 12 January 2004, C1.

91 "U.S. Economist Suggests Japan Print Money to End Deflation," Tokyo: Jiji Press, English News Service, 27 March 2003, 1.

92 "Nobel Laureates at Odds in Long-Term Capital Case: Joseph Stiglitz Testifies in the Hedge Fund's Tax Suit that a Transaction Had No Economic Value," *Los Angeles Times*, 18 July 2003, C11.

93 Jon E. Hilsenrath, "Columbia Acquires Expensive Residence to House Professor," *Wall Street Journal*, 21 November 2002, 6.

94 Joseph Stiglitz, "Information and the Change in the Paradigm in Economics," Prize Lecture, 8 December 2001. In *Les Prix Nobel, 2001*, 475.

95 A. Michael Spence, "Signaling in Retrospect and the Informational Structure of Markets," Nobel Prize Lecture, 8 December 2001, in *Les Prix Nobel, 2001*.

96 同上

97 Gene Epstein, "Economic Beat: The Great Unknown," *Barron's*, 15 October 2001, 36.

98 David, R. Henderson, "What the Nobel Economists Missed," *Wall Street Journal*, 12 October 2001, A14.

99 スペンスの両親はカナダに在住していたが、彼はたまたまアメリカ国籍を手に入れた。母親が旅行中、ニュージャージー州のモントクレアで誕生したのである。

100 Nina McCain, "Harvard Picks Economist, 40, as Faculty Dean," *Boston Globe*, 9 February 1984, 1.

101 Nina McCain, "Centerpiece; The Economist Becomes Dean; Harvard's

52 Kahneman, Krueger, et al., "Toward National Well-Being Accounts."
53 "Kahneman," Autobiography.
54 同上, 1.
55 同上
56 同上
57 同上, 5.
58 同上, 9, 14, and 18.
59 同上, 9–10.
60 Lars-Göran Nilsson, Presentation Speech, 10 December 2002, in *Les Prix Nobel, 2002.*
61 "Kahneman," Autobiography, 14.
62 同上, 14.
63 同上, 13. Daniel Kahneman and Amos Tversky, "Prospect Theory: An Analysis of Decisions under Risk," *Econometrica* (1979). プロスペクト理論という名称はふたりのアイデアに言及するために選ばれたもので、それ以上の意味はない。
64 "Kahneman," Autobiography, 16.
65 Kahneman, "A Psychological Perspective on Economics," 165.
66 "George A. Akerlof," Autobiography, in *Les Prix Nobel, The Nobel Prizes 2001*, Tore Frangsmyr, ed. (Stockholm: Nobel Foundation, 2002).
67 同上
68 George Akerlof, "Behavioral Macroeconomics and Macroeconomic Behavior," Nobel Prize Lecture, in *Les Prix Nobel, 2001.*
69 同上
70 同上
71 Paul Krugman, "Reckonings: Harvest of Lemons," *New York Times*, 14 October 2001, section 4, 13.
72 同上
73 "Joseph E. Stiglitz," Autobiography, in *Les Prix Nobel, 2001*, 3.
74 ここにはノーベル賞受賞者のポール・サミュエルソン、フランコ・モディリアーニ、ロバート・ソロー、ケネス・アローが含まれる。
75 Eyal Press, "Rebel with a Cause: The Re-Education of Joseph Stiglitz," *Nation*, 10 June 2002: 11 (5 pages).
76 Krugman, "Reckonings."
77 Press.
78 "Joseph E. Stiglitz," Autobiography, 14.
79 Kenneth Rogoff, "An Open Letter To Joseph Stiglitz," Washington, D.C.: International Monetary Fund, 2 July 2002, 19. www.imf.org 参照。
80 同上
81 Charlotte Denny, "Interview: Joseph Stigllitz, Nobel Prize-Winning

初の２秒」の「なんとなく」が正しい』沢田博、阿部尚美訳、光文社、2006年]

24 Daniel Kahneman, "Maps of Bounded Rationality: A Perspective on Intuitive Judgment and Choice," Nobel Prize Lecture, 8 December 2002, in *Les Prix Nobel, 2002,* 451.

25 Matthew Rabin, "The Nobel Memorial Prize for Daniel Kahneman," *Scandinavian Journal of Economics* 105, no. 2 (2003): 162.

26 Kahneman, "Maps of Bounded Rationality," 470.

27 同上, 457.

28 Daniel Kahneman, "A Psychological Perspective on Economics," *American Economic Review* 93, no. 2 (May 2003): 164.

29 Rabin, 166.

30 "Daniel Kahneman," Autobiography, in *Les Prix Nobel, 2002,* 13.

31 Rabin, 171.

32 Dan Lovallo and Daniel Kahneman, "Delusions of Success," *Harvard Business Review* 81, no. 7 (July 2003): 56–63.

33 同上

34 同上

35 Daniel Kahneman and Robert Sugden, "Experienced Utility as a Standard of Policy Evaluation," *Environmental & Resource Economics* 32 (2005): 170.

36 同上, 172.

37 同上, 169.

38 同上, 166.

39 同上, 166.

40 Rabin, 175.

41 Daniel Kahneman, Alan B. Krueger, David Schkade, Norbert Schwarz, and Arthur Stone, "Toward National Well-Being Accounts," *American Economic Review* 94, no. 2 (May 2004): 429.

42 Peter Singer, "Happiness, Money and Giving It Away," Bangkok: *Bangkok Post,* 17 July 2006, 1.

43 Kahneman, Krueger, et al., "Toward National Well-Being Accounts," 429.

44 Richard Tomkins, "Why Happiness Is Greater than the Sum of Its Parts," London, England: *Financial Times,* 10 December 2004, 13.

45 Daniel Kahneman, "Maps of Bounded Rationality," 460.

46 Kahneman and Sugden, 175.

47 Kahneman, Krueger, et al., 431.

48 同上

49 Kahneman, "Maps of Bounded Rationality," 479.

50 Rabin, 172.

51 同上, 171.

第6章

1 Bruce Bower, "Simple Minds, Smart Choices: For Sweet Decisions, Mix a Dash of Knowledge with a Cup of Ignorance," *Science News* 155, no. 22 (29 May 1999): 348.

2 Herbert Simon, "Rational Decision-Making in Business Organizations, Nobel Memorial Lecture," 8 December 1978, in *Nobel Lectures, Economics, 1969–1980*, 277.

3 Roger Frantz, "Herbert Simon, Artificial Intelligence as a Framework for Understanding Intuition," *Journal of Economic Psychology* 24, no. 2 (April 2004): 265–277.

4 同上

5 同上

6 同上

7 同上

8 "Herbert A. Simon," Autobiography, in *Nobel Lectures, Economics, 1969–1980*, 271. 以下も参照 Byron Spice, "Obituary: Herbert A. Simon/Father of Artificial Intelligence and Nobel Prize winner," Pittsburgh, Pennsylvania: *Post-Gazette*, 10 February 2001, 2.

9 Spice, 18.

10 Spice, "Obituary." 以下も参照 Byron Spice, "CMU's Simon Reflects on How Computers Will Continue to Shape the World," Pittsburgh, Pennsylvania: *Post-Gazette*, 16 October 2000.

11 Spice, "CMU's Simon."

12 David Klahr and Kenneth Kotovsky, "A Life of the Mind: Remembering Herb Simon," *American Psychological Society Observer*, News & Research 4, no. 4 (April 2001).

13 Spice, "CMU's Simon," 4.

14 Jonathan Williams, "A Life Spent on One Problem," *New York Times*, 26 November 1978, section III, 5.

15 Simon, "Rational Decision-Making," 290.

16 同上, 297.

17 同上, 299.

18 同上, 299.

19 Leonard Silk, "Nobel Winner's Heretical Views," *New York Times*, 9 November 1978, section IV, 2.

20 Bower, 348.

21 Spice, "Obituary." 以下も参照 Klahr and Kotovsky, "A Life of the Mind."

22 Klahr and Kotovsky, 5.

23 Malcolm Gladwell, *Blink: The Power of Thinking Without Thinking* (Boston: Little, Brown, 2005). [マルコム・グラッドウェル『第1感——「最

2002, Tore Frangsmyr, ed. (Stockholm: Nobel Foundation, 2003), 8.

40 Lars-Göran Nilsson, Presentation Speech, 10 December 2002, in *Les Prix Nobel, 2002*.

41 Vernon L. Smith, "Constructivist and Ecological Rationality in Economics," Nobel Prize Lecture, 8 December 2002, in *Les Prix Nobel, 2002*, 511.

42 Jon E. Hilsenrath, "Nobel Winners for Economics are New Breed," *Wall Street Journal*, 10 October 2002, B1.

43 Michael Maiello, "Professor Bubble," *Forbes*, 10 November 2003, 190.

44 同上

45 Smith, "Constructivist," 538.

46 Jeremy Clift, "The Lab Man," Interview with Vernon Smith, Washington D.C.: *Finance & Development* 40, no. 1 (March 2003): 6.

47 Smith, "Constructivist," 542.

48 同上, 540.

49 Clift, 6.

50 Smith, "Constructivist," 542, 脚注 70.

51 Smith, "Constructivist," 519–520.

52 Rana Foroohar, "An Experimental Mind; Having Shaken the Ivory Tower and Reshaped Big Government, Vernon Smith's Ideas Are Revolutionizing Business," *Newsweek*, 6 October 2003, 46.

53 同上

54 Smith, "Constructivist," 524.

55 同上, 525.

56 同上

57 Peter Coy, "Laurels for an Odd Couple: A Psychologist and a Traditionalist Share This Year's Nobel," *Business Week*, 21 October 2002, 50.

58 Vernon Smith, "Banquet Speech," 10 December 2002, in *Les Prix Nobel, 2002*.

59 Smith, "Constructivist," 551.

60 Clift, 6.

61 同上

62 Foroohar, 46.

63 同上

64 Maiello, 190.

65 同上

66 Smith, "Constructivist," 526.

67 同上, 518.

68 Foroohar, 46.

of Economic Literature 25 (June 1987): 699–738.

20 David Lucking-Reilly, "Using Field Experiments to Test Equivalence Between Auction Formats: Magic on the Internet," *American Economic Review* 89, no. 5 (December 1999): 1063.

21 David Lucking-Reilly, "Vickrey Auctions in Practice: From Nineteenth-Century Philately to Twenty-First-Century E-Commerce," *Journal of Economic Perspectives* 14, no. 3 (Summer 2000): 183–192.

22 同上

23 同上

24 ヴィックリーが入学したのと同じ年にフィッシャーは退官したが、ふたりは面識があり、のちにヴィックリーがイェールを去ってからも長く交流は続いた。

25 Robert Dimand and Robert Koehn, "From Edgeworth to Fisher to Vickrey: A Comment on Michael J. Boskin's Vickrey Lecture," *Atlantic Economic Journal* 30, no. 2 (June 2002): 205.

26 Richard Holt, David Colander, David Kennett, and J. Barkley Rosser Jr., "William Vickrey's Legacy: Innovative Policies for Social Concerns," *Eastern Economic Journal* 24, no. 1 (Winter 1998): 1.

27 同上

28 Robert Dimand and Robert Koehn. "Vickrey, Eisner, the Budget, and the Goal of Chock-Full Employment," *Journal of Economic Issues* 34, no. 2 (June 2000): 471 (7 pages).

29 Hal R. Varian, "In the Debate over Tax Policy, the Power of Luck Shouldn't Be Overlooked," *New York Times*, 3 May 2001, C2.

30 "James A. Mirrlees," Autobiography, in *Les Prix Nobel, The Nobel Prizes 1996*, Tore Frangsmyr, ed. (Stockholm: Nobel Foundation, 1997).

31 同上

32 Varian, C2.

33 同上

34 James A. Mirrlees, "Information and Incentives: The Economics of Carrots and Sticks," Nobel Lecture, 9 December 1996, in *Les Prix Nobel, 1996*.

35 Ambrose Leung, "Nobel Laureate Urges SAR to Increase Salaries Tax Rate," Hong Kong: *South China Morning Post*, 8 October 2002, 3.

36 Jing Ji, "Expert Backs Preferential Tax Policy," *China Daily* (North American edition), 6 July 2006, 11.

37 James A. Mirrlees, "Banquet Speech," 10 December 1996, in *Les Prix Nobel, 1996*.

38 同上

39 "Vernon Smith," Autobiography, in *Les Prix Nobel, The Nobel Prizes*

別の効果も考えられる。光熱費を増やさなければならない家庭が、ほかのすべてのものへの出費を抑えようとする場合である。灯油価格の上昇が収入の減少と同じように作用するので、消費者は燃料に限らず多くのものの購入を控える可能性が出てくる。これが所得効果である。

2 ここでは、価格上昇によって引き起こされる不利益が、一定の金額によって相殺されるものだと仮定している。補償によって価格変化を相殺する発想が導入されている。

3 食糧価格の減少値は、食糧購入費の減少値にほぼ比例する。

4 William J. Baumol, "John R. Hicks' Contribution to Economics," *Swedish Journal of Economics* 110, no. 6 (1972): 509. ふたつの評価法が存在する理由は、消費者の満足度を維持するための補償が価格変化の前と後のどちらに行なわれるかに関係している。たとえば価格上昇後、消費者が以前と同レベルの満足度を得るために支払われるべき金額は、ヒックスによって「補償変分」と呼ばれた。もうひとつは、価格上昇後も最初と同レベルの満足度を維持できるように、あらかじめ消費者から一定の金額を徴収しておく方法である。これは「等価変分」と呼ばれた。ある意味、どちらの金額も価格上昇に伴う損失を表しているが、ふたつの数字は同じではない。

5 ヒックスは、ある生産要素を他の生産要素によって代替することの難易度を方程式のなかでも特に重視して、これを代替の弾力性と呼んだ。たとえばこの値が高いときには、賃金のわずかな上昇が労働から機械への代替を大きく促進する。

6 Arjo Klamer, "An Accountant among Economists: Conversations with Sir John R. Hicks," *Journal of Economic Perspectives* 3, no. 4 (Fall 1989): 167–180.

7 同上

8 同上

9 同上

10 "Sir John R. Hicks, 1904–1989," New School for Social Research. www.cepa.newschool.edu/het/profiles/hicks.htm 参照。

11 Klamer, 167–180.

12 John R. Hicks, "The Mainspring of Economic Growth," Nobel Memorial Lecture, 27 April 1973, in *Nobel Lectures, Economics, 1969–1980.*

13 同上, 237.

14 Klamer, 167–180.

15 Baumol, 523.

16 "John R. Hicks," Autobiography, in *Nobel Lectures, Economics, 1969–1980.*

17 Klamer, 167–180.

18 "John R. Hicks," Autobiography.

19 R. Preston McAfee and John McMillan, "Auctions and Bidding," *Journal*

Company, 2003).
9 "Robert Merton," Autobiography, in *Nobel Lectures, Economics, 1996–2000.*
10 Roger Lowenstein, *When Genius Failed: The Rise and Fall of Long-Term Capital Management* (New York: Random House, 2000)［ロジャー・ローウェンスタイン『天才たちの誤算：ドキュメントＬＴＣＭ破綻』東江一紀、瑞穂のりこ訳、日本経済新聞社、2001年］, and "Nobel Laureates at Odds in Long-Term Capital Case: Joseph Stiglitz testifies in the hedge fund's tax suit that a transaction had no economic value," *Los Angeles Times*, 18 July 2003, C11.
11 "Robert Merton," Autobiography.
12 同上
13 借入金99ドルに対する利息の支払いを考慮すれば、収益率は100パーセント未満になる。
14 Lowenstein, 35.
15 David Wessel, "Capital: Taxes Still Haunt the Ghost of LTCM," *Wall Street Journal*, 3 October 2002, A2.
16 David Wessel, "Capital: U.S. Scores a Win Against Tax-Shelter Abuse," *Wall Street Journal*, 31 August 2006, A2.
17 同上
18 Eric Quinones, "2 Americans Win Nobel for Economics," New Orleans: *Times-Picayune*, 15 October 1997, C1.
19 同上
20 David Dreman, "Nobel Laureates with Black Boxes," *Forbes*, 14 December 1998, 283.
21 Barbara Donnelly, "Efficient-Market Theorists Are Puzzled by Recent Gyrations in Stock Market," *Wall Street Journal*, 23 October 1987, 1.
22 同上
23 同上
24 Keith Devlin, "A Nobel Formula," Devlin's Angle, Mathematics Association of America, November 1997. www.maa.org 参照。デヴリンは市場の崩壊が1978年だったと間違って記したようだ。
25 同上
26 同上
27 同上
28 Dreman, 283.

第５章

1 所得効果を説明するために、灯油価格が大幅に上昇した状況を考えよう。人びとが灯油の消費を減らそうとすれば代替効果が発生するが、もうひとつ

76 Ronald H. Coase, "Banquet Speech," in *Nobel Lectures, Economics, 1991–1995*, 17.

77 Ronald H. Coase, "The Institutional Structure of Production," Prize Lecture, 9 December 1991, in *Nobel Lectures, Economics, 1991–1995*, 17.

78 Johnnie Roberts and Richard Gibson, "Friction Theorist Wins Economics Nobel," *Wall Street Journal*, 16 October 1991, B8.

79 David Warsh, "Nobel Winner Coase Blends Theories of Economics, Law," *Boston Globe*, 16 October 1991, 63.

80 David Warsh, "When the Revolution Was a Party: How Privatization Was Invented in the 1960s," *Boston Globe*, 20 October 1991, A33.

81 Paul Craig Roberts, "How Liberals Purged a Pair of Future Nobel Laureates," *Business Week*, 25 November 1991, 18.

82 同上

83 Thomas Karier, *Great Experiments in American Economic Policy* (Westport, Connecticut: Praeger, 1997), 158.

84 Coase, "The Institutional Structure of Production," 19.

85 Warsh, "When the Revolution Was a Party," A33.

86 Warsh, "Nobel Winner Coase Blends Theories of Economics, Law," 63.

87 Peter Passell, "Economics Nobel to a Basic Thinker," *New York Times*, Current Events Edition, 16 October 1991, D1.

88 "Nobel Prize News Catches Up to Coase," *USA Today*, 17 October 1991, 2B.

第4章

1 "Merton Miller," Autobiography, in *Nobel Lectures, Economics, 1981–1990*.

2 James Risen, "3 Americans Get Nobel Prize in Economics Award," *Los Angeles Times*, 17 October 1990, 1.

3 のちにアナリストは、配当金や有価証券譲渡益に対する税率の違いが異なった結果につながる可能性を警告として付け加えた。

4 "Harry M. Markowitz," Autobiography, in *Nobel Lectures, Economics, 1981–1990*.

5 "William F. Sharpe," Autobiography, in *Nobel Lectures, Economics, 1981–1990*.

6 ベータは個別株の独立したリスク尺度になり得ると誤解されるときがあるが、これは全面的に正しいとは言えない。個別株のリスク尺度としては、分散のほうが優れているだろう。

7 Risen, 1.

8 "Myron S. Scholes," Autobiography, in *Nobel Lectures, Economics, 1996–2000*, Torsten Persson, ed. (Singapore: World Scientific Publishing

49 Werin, "Presentation Speech."

50 George Will, "Passing of a Prophet," *Washington Post*, 8 December 1991, C7.

51 同上

52 Peter Passell, "George Joseph Stigler Dies at 80; Nobel Prize Winner in Economics," *New York Times*, 3 December 1991, B12.

53 Friedman, "Biographical Memoirs."

54 Sandra Salmans, "An Incisive Teacher: George Joseph Stigler," *New York Times*, 21 October 1982, section IV, 1.

55 Friedman, "Biographical Memoirs."

56 "George Stigler," Autobiography, 2.

57 Will, c7.

58 "Theodore W. Schultz," Autobiography, in *Nobel Lectures, Economics, 1969–1980*.

59 Gale D. Johnson, "In Memoriam: Theodore W. Schultz," *Economic Development and Cultural Change* 47, no. 1 (October 1998): 209.

60 Peter Passell, "Theodore Schultz, 95, Winner of a Key Prize in Economics," Obituary, *New York Times*, 2 March 1998, A15.

61 Martin Weil, "Nobel-Winning Economist Theodore Schultz Dies," *Washington Post*, 3 March 1998, D6.

62 Passell, A15.

63 Johnson, "In Memoriam: Theodore W. Schultz."

64 Mary Jean Bowman, "On Theodore W. Schultz's Contribution to Economics," *Scandinavian Journal of Economics* 82, no. 1 (1980), 86.

65 Theodore Schultz, "The Economics of Being Poor," Nobel Memorial Lecture, 8 December 1979, in *Nobel Lectures, Economics, 1969–1980*, 251.

66 "Theodore Schultz," Chicago, Illinois: *The University of Chicago Chronicle* 17, no. 11 (5 March 1998).

67 Bowman, 85.

68 Schultz, 245.

69 同上, 246.

70 同上, 242.

71 同上, 250.

72 同上, 249.

73 同上, 248.

74 Press Release, Announcement of the 1991 Prize in Economic Sciences. www.Nobelprize.org. 参照。

75 Peter Passell, "For a Common-Sense Economist, a Nobel – And an Impact in the Law," *New York Times*, Current Events Edition, 20 October 1991, 42.

24 Clement, "Interview," and Mufson, F01.

25 同上

26 同上

27 Clement, 3–4.

28 同上

29 同上

30 Beth Belton, "Does crime pay? Economist's answer wins," *USA Today*, 14 October 1992, 4B.

31 George Stigler, "The Process and Progress of Economics," Nobel Memorial Lecture, 8 December 1982, in *Nobel Lectures, Economics, 1981–1990*.

32 George Stigler, "The Economist as Preacher: Reflections of a Nobel Prize Winner," *New York Times*, 24 October 1982, section III, 2.

33 Stigler, "The Process and Progress of Economics."

34 "George Stigler," Autobiography, in *Nobel Lectures, Economics, 1981–1990*, and Milton Friedman, "Biographical Memoirs: George Stigler, January 17, 1911–December 1, 1991." National Academy of Sciences. www.nap.edu/html/biomems/gstigler.html 参照。

35 Friedman, "Biographical Memoirs."

36 "George Stigler," Autobiography.

37 Friedman, "Biographical Memoirs."

38 同上, 3.

39 同上

40 Lars Werin, "Presentation Speech", in *Nobel Lectures, Economics, 1981–1990*.

41 Friedman, "Biographical Memoirs."

42 同上

43 Richard Cottle, Ellis Johnson, and Roger Wets, "George B. Dantzig (1914–2005)," *Notices of the American Mathematical Society* (AMS) 54, no. 3: 349.

44 大匙7杯のラードを使う食事に栄養学者たちは反対した。アメリカ人の死因の第1位である心臓病と、ラードに多く含まれる飽和脂肪酸との関連性がその根拠として指摘された。これに対しラード製品業界のスポークスマンは、ラードはこれまでずっと流通しており、今後も長く流通し続けるだろうといって反論した。 Drew Sefton, "Professor, Nutritionists Chew the Fat Over Cheap But Lard-Heavy Diet," New Orleans: *Times-Picayune*, 21 April 2000, 6.

45 Friedman, "Biographical Memoirs," 5.

46 同上

47 Stigler, "The Process and Progress of Economics," 263.

48 同上

第3章

1 Alfred Malabre and Richard Gibson, "Becker Wins '92 Nobel Prize for Economics," *Wall Street Journal*, 14 October 1992, B1.

2 同上

3 Gary Becker, "The Economic Way of Looking at Life," Nobel Lecture, December 9, 1992, in *Nobel Lectures, Economics, 1991–1995*, Torsten Persson, ed. (Singapore: World Scientific Publishing Company, 1997), 28.

4 同上

5 言い換えれば、ティーンエイジャーは割引率が高い。

6 Gary Becker, "The Economics of Crime," Richmond, VA: *Cross Sections*, publication of Federal Reserve Bank of Richmond (Fall 1995).

7 同上

8 同上

9 "Gary Becker," Autobiography, in *Nobel Lectures, Economics, 1991–1995*, 29.

10 Steven Mufson, "Economics Professor Wins Nobel: Chicago's Becker Cited for 'Human Analysis,'" *Washington Post*, 14 October 1992, F01.

11 Assar Lindbeck, Presentation Speech 1992, in *Nobel Lectures, Economics, 1991–1995*, 23–24.

12 Gary Becker, "A Theory of Marriage: Part I," *Journal of Political Economy* 81, no. 4 (July 1973): 822.

13 "Gary Becker," Autobiography, 30.

14 Christopher Farrell, Michael Mandel, and Julia Flynn, "An Economist for the Common Man: Nobel winner Becker has applied economic principles to people's lives," *Business Week*, 26 October 1992, 36.

15 Jonathan Marshall, "U.S. Professor Wins Nobel for Economics: Gary Becker known for challenging orthodoxy," *San Francisco Chronicle*, 14 October 1992, A3.

16 Douglas Clement, "Interview with Gary Becker," Minneapolis: *The Region*, Federal Reserve Bank of Minneapolis, online, June 2002.

17 同上

18 正しく計算するためには、大学進学者を無作為に割り当てる方針にサンプルの学生が同意しなければならない。しかしもちろん、これは現実的ではない。

19 Marshall, A3.

20 Gary Becker, "When the Wake-Up Call is from the Nobel Committee," *Business Week, Economic Viewpoint*, 2 November 1992, 20.

21 同上

22 同上

23 Mufson, F01.

38 "Prickly Laureate," *New York Times*, 15 October 1976, 30.

39 "Monetarism Reaps Its Own Reward," *New York Times*, 25 December 1976, 19, and "Prickly Laureate," 30.

40 Robert Hershey, "An Austere Scholar: James McGill Buchanan," *New York Times*, 17 October 1986, section IV, 1.

41 Ingemar Stahl, Presentation Speech 1986, in *Nobel Lectures, Economics, 1981–1990*, Karl-Gorän Mäler, ed. (Singapore: World Scientific Publishing Company, 1992), 329–330.

42 James Buchanan, "The Constitution of Economic Policy," Nobel Lecture, 8 December 1986, in *Nobel Lectures, Economics, 1981–1990*, 334–343.

43 James M. Buchanan and Richard E. Wagner, *Democracy in Deficit: The Political Legacy of Lord Keynes* (New York: Academic Press, 1977), 2. ［ジェームズ・M・ブキャナン、リチャード・E・ワグナー『赤字の民主主義』大野一訳、日経BPクラシックス、2014年］

44 同上

45 同上, 4.

46 David Warsh, "The Skeptic's Reward," *Boston Globe*, 26 October 1986, A1, and "George Mason – Little School Got Big Name," *San Francisco Chronicle*, 30 October 1986, 11.

47 Redburn, "Economic Theorist."

48 Warsh, A1.

49 Hershey, 1 and Warsh, A1.

50 同上

51 Hershey, 1.

52 Lindley H. Clark Jr., "Critic of Politicians Wins Nobel Prize in Economic Science – James Buchanan Examines How Governments Make Decisions on Fiscal Policy," *Wall Street Journal*, 17 October 1986, 1.

53 "George Mason – Little School Got Big Name," 11 and Hershey, 1.

54 Michael Kinsley, "Viewpoint: How to Succeed in Academia by Really Trying," *Wall Street Journal*, 30 October 1986, 1.

55 Milton Friedman, Thomas DiLornzo, and David Shapiro, Letters to the Editor, Choice Remarks, *Wall Street Journal*, 10 November 1986.

56 同上

57 同上

58 "In celebration of Armen Alchian's 80th birthday: Living and breathing economics." *Economic Inquiry* 34, no. 3 (July 1996): 412–426.

59 Robert Lekachman, "A Controversial Nobel Choice?; Turning In to These Conservative Times," *New York Times* (Late edition, East Coast), 26 October 1986, section III, A2.

13 Kresge and Wenar, 145.

14 同上

15 Sylvia Nasar, "Friedrich von Hayek Dies at 92; An Early Free-Market Economist," *New York Times*, 24 March 1992, D22.

16 Friedrich August von Hayek, "The Pretence of Knowledge," Nobel Memorial Lecture, 11 December 1974, in *Nobel Lectures, Economics, 1969–1980*, Assar Lindbeck, ed. (Singapore: World Scientific Publishing Company, 1992).

17 Kresge and Wenar, 148.

18 Leonard Silk, "Milton Friedman – Nobel Laureate," *New York Times*, 17 October 1976, section III, 16

19 Milton Friedman, "A Case of Bad Good News," *Newsweek*, 26 September 1983.

20 ケインズ派の説明はシンプルかつ率直である。失業率の低下は需要拡大の徴候であり、ひいてはそれが物価上昇とインフレを引き起こす。

21 George Wald and Linus Pauling, Letters to the Editor, *New York Times*, 24 October 1976, section IV, 14 and David Baltimore and S. E. Luria, Letters to the Editor, *New York Times*, 24 October 1976, section IV, 14.

22 "Americans Who Swept 5 Nobels Get $160,000 Prizes," *New York Times*, 11 December 1976, 3.

23 "Friedman Given A Nobel Award; 2 Share a Prize," *New York Times*, 15 October 1976, 1, and Milton Friedman and Rose Friedman, *Two Lucky People: Memoirs* (Chicago: University of Chicago Press, 1998).

24 Friedman and Friedman, 399.

25 同上, 397.

26 同上, 594.

27 同上, 407.

28 Bernard Weintraub, "Friedman, in Nobel Lecture, Challenges a Tradition," *New York Times*, 14 December 1976, 55.

29 同上

30 William Breit and Roger L. Ranson, *The Academic Scribblers* (New York: Holt, Reinhart and Winston, Inc. 1971), 209.

31 同上

32 Freidman and Friedman, 217–218.

33 同上, 219.

34 Silk, 16.

35 "Milton Friedman," Autobiography, in *Nobel Lectures, Economics, 1969–1980*, 233.

36 同上, 239.

37 同上, 239.

注

第1章

1 Steve Lohr, "American Economist Gets Nobel: Public Choice Theory Cited," *New York Times*, 17 October 1986, 1.

2 Stephen Kotkin, "Aiming to Level a Global Playing Field," *New York Times*, 3 September 2006, 3.

3 David Leonhardt, "Two Professors, Collaborators in Econometrics, Win the Nobel," *New York Times*, 9 October 2003, C1.

4 Thomas Petzinger, "The Wall Street Journal Millennium: Industry & Economics," *Wall Street Journal*, 31 December 1999, R36.

5 Sylvia Nasar, "The Sometimes Dismal Nobel Prize," *New York Times*, 13 October 2001, C3.

6 この慣習は途中で変更された可能性も考えられる。経済学賞創設当初の関連印刷物のひとつでは、経済学賞記念講演が「ノーベル賞記念講演」として紹介されているからだ。

第2章

1 Mont Pelerin Societyのウェブサイト (www.montpelerin.org) を参照。

2 同上

3 同上

4 ハイエク、フリードマン、ブキャナンのほかには、以下の経済学賞受賞者がモンペルラン・ソサエティに所属していた。ジョージ・スティグラー（会長)、ゲイリー・ベッカー（会長)、モーリス・アレ（メンバー)、ロナルド・コース（メンバー)、ヴァーノン・スミス（メンバー)。

5 Tom Redburn, "Economic Theorist of Public Choice School James M. Buchanan Wins Nobel Prize," *Los Angeles Times*, 17 Ocotober 1986.

6 Stephen Kresge and Leif Wenar, eds., *Hayek on Hayek: An Autobiographical Dialogue* (Chicago: The University of Chicago Press, 1994), 94.［クレスゲ、ウェナー編『ハイエク、ハイエクを語る』嶋津格訳，名古屋大学出版会，2000年］

7 同上，125.

8 同上，93.

9 同上，89.

10 同上，82.

11 同上，83.

12 Paul A. Samuelson, "Nobel Choice: Economists in Contrast," *New York Times*, 10 October 1974, 69.

ナ　行

ハ　行

マ　行

ヤ　行

ラ　行

ワ　行

サ　行

タ　行

事項索引

英字

ア行

カ行

マ　行

ヤ　行

ラ　行

ワ　行

タ 行

ナ 行

ハ 行

人名索引

（ノーベル経済学賞受賞者には*を付した）

ア 行

カ 行

サ 行

ちくま学芸文庫

ノーベル賞《しょう》で読《よ》む現代経済学《げんだいけいざいがく》

二〇二〇年七月十日　第一刷発行

著者　トーマス・カリアー
訳者　小坂恵理（こさか・えり）
発行者　喜入冬子
発行所　株式会社　筑摩書房
東京都台東区蔵前二―五―三　〒一一一―八七五五
電話番号　〇三―五六八七―二六〇一（代表）
装幀者　安野光雅
印刷所　中央精版印刷株式会社
製本所　中央精版印刷株式会社

ISBN978-4-480-09997-6 C0133